UNIVERSITÉ DE MONTPELLIER

FACULTÉ DES LETTRES

La Psychologie Économique

CHEZ

LES ANGLO-AMÉRICAINS

THÈSE POUR LE DOCTORAT ÈS LETTRES

Soutenue devant la Faculté des Lettres de Montpellier

PAR

Maurice ROCHE-AGUSSOL

DOCTEUR EN DROIT (SCIENCES JURIDIQUES)
DOCTEUR ÈS SCIENCES ÉCONOMIQUES ET POLITIQUES
AVOCAT A LA COUR D'APPEL

R.-V. DARSAC

Éditeur-Imprimeur (Ecole de Typo-Lithographie)

9, Boulevard du Jeu-de-Paume, 9

MONTPELLIER

LIBRAIRIE
de la Société du " RECUEIL SIREY "

Ancienne Maison LAROSE & FORCEL

LÉON TENIN, DIRECTEUR

22, Rue Soufflot, PARIS (5e)

MDCCCCXVIII

UNIVERSITÉ DE MONTPELLIER

FACULTÉ DES LETTRES

La Psychologie Économique

CHEZ

LES ANGLO-AMÉRICAINS

THÈSE POUR LE DOCTORAT ÈS LETTRES

Soutenue devant la Faculté des Lettres de Montpellier

PAR

Maurice ROCHE-AGUSSOL

DOCTEUR EN DROIT (SCIENCES JURIDIQUES)

DOCTEUR ÈS SCIENCES ÉCONOMIQUES ET POLITIQUES

AVOCAT A LA COUR D'APPEL

R.-V. DARSAC

Éditeur-Imprimeur (Ecole de Typo-Lithographie)

9, Boulevard du Jeu-de-Paume, 9

MONTPELLIER

LIBRAIRIE
de la Société du " RECUEIL SIREY "
Ancienne Maison LAROSE & FORCEL

LÉON TENIN, DIRECTEUR

22, Rue Soufflot, PARIS (5ᵉ)

MDCCCCXVIII

AVANT-PROPOS

Les idées étudiées dans l'ouvrage qui va suivre ont déjà suscité en France une curiosité légitime; elles n'avaient pas encore
fait l'objet d'un exposé développé. Un intérêt réel a paru s'attacher à l'analyse des directions, des conséquences générales
d'un mouvement scientifique si imprégné encore d'actualité,
mais, à certains points de vue, déjà fixé dans ses traits caractéristiques.

Ce travail constitue l'aboutissement d'études, de disciplines
d'ordres différents envisagées dans leurs rapports, dans leurs
résultats communs.

Nous ne pouvons nous empêcher de rappeler avec reconnaissance le concours si bienveillant que nous avons trouvé auprès
des Maîtres de la Faculté des Lettres et de la Faculté de Droit.
La direction de ce travail, dans sa partie philosophique, a
appartenu à MM. les Professeurs Foucault et Delvolvé, de la
Faculté des Lettres de Montpellier. Quand M. Delvolvé qui,
à l'origine, s'en était plus spécialement occupé, a été éloigné
par la mobilisation, M. Foucault a bien voulu nous soutenir de
ses conseils précieux, qui nous ont permis de continuer et d'ache-
ver notre travail pendant la période difficile de notre propre
mobilisation.

Dans sa partie économique, cet ouvrage a été encouragé par
M. Rist, Professeur à la Faculté de Droit de Paris, qui nous
en avait suggéré l'idée première. M. le Professeur Germain
Martin, Correspondant de l'Institut, a bien voulu s'y intéresser

directement et nous permettre d'utiliser sa connaissance si profonde des idées et des milieux économiques américains.

Les Maîtres dont nous venons de prononcer les noms nous
permettront de leur exprimer ici nos remerciements; ce qu'il peut
y avoir d'utile dans notre travail est dû pour une part très large
à leur direction, aux encouragements et aux conseils qu'ils ont
bien voulu ne pas nous ménager.

INTRODUCTION

Le mouvement d'idées qui a si profondément marqué sa place dans l'histoire des doctrines économiques sous le nom d'*école psychologique*, après avoir eu son principal centre d'activité en Autriche, pénètre très largement à l'heure actuelle l'économie politique anglo-américaine. C'est sous ce dernier aspect que nous l'étudierons, après en avoir retracé les origines et noté les caractéristiques essentielles.

I. — DÉVELOPPEMENT DE L'IDÉE PSYCHOLOGIQUE DANS LA SCIENCE ÉCONOMIQUE

Une vue d'ensemble sur les principales étapes de la science économique montre chaque progrès important marqué par une accentuation plus intense, une pénétration plus profonde du point de vue psychologique.

Cette observation se vérifie déjà chez les physiocrates comparés aux mercantilistes : une compréhension plus large de l'idée de richesse, encore si incomplète, si imprégnée de matérialisme, mais plus émancipée de son enveloppe monétaire, plus étroitement subordonnée déjà à la notion de désir, suggère la première vue vraiment scientifique des phénomènes économiques (1).

---

(1) « Obtenir la plus grande augmentation possible de jouissance par la plus grande diminution possible de dépenses, c'est la perfection de la conduite économique. » (Quesnay, *Dialogue sur les Artisans*, cité par Gide et Rist, *Histoire des Doctrines économiques*, Paris, Larose et Tenin, 2ᵐᵒ éd., p. 12. L'objectif de l'action économique se trouve déjà détourné du but reconnu artificiel, déce-

Ce réalisme s'affermit encore avec l'élargissement de l'horizon psychologique chez Adam Smith et la longue série de ses disciples, l'école classique vue d'ensemble, à travers ses innombrables diversités. Une notion essentiellement humaine (l'idée de travail, de sacrifice) est à la base de la théorie classique de la valeur, il en résulte immédiatement un concept beaucoup plus vaste de la production économique (1), lié à l'idée de forme et non plus à l'idée de matière, faisant pressentir chez Adam Smith déjà l'intellectualisation totale du concept de richesse. L'école traditionnelle est donc unanime à reconnaître que les réalités profondes de la vie économique sont d'ordre psychologique, mais elle a souvent fait preuve d'une défiance excessive en ce qui concerne la valeur explicative de ces éléments; leur indétermination, leurs variations individuelles risqueraient d'égarer une science qui mesure sa perfection à la netteté et aussi à l'immobilité de ses concepts, de ses classifications, de ses lois. Aussi l'école classique anglaise en particulier s'efforce-t-elle d'envisager les faits économiques sous leur aspect impersonnel, objectif, comme des choses. Ce désir de netteté l'a conduite à la simplification excessive, à la sécheresse (dans cet ordre d'idée la régression de Ricardo à l'égard d'Adam Smith a été souvent et justement signalée).

L'abstraction, l'isolement scientifique semblent avoir été sa préoccupation initale; cependant elle porte l'empreinte attardée et aggravée peut-être des tendances qui avaient dominé la phi-

---

vant à lui seul, que lui avaient assigné le bullionisme et (à un moindre degré toutefois) le mercantilisme : l'accroissement du stock métallique. On entrevoit déjà le but progressivement dégagé, formulé avec une netteté complète par la psychologie économique, c'est-à-dire l'augmentation du pouvoir non plus médiat, mais immédiat, non plus nominal, mais réel, le progrès économique étant mesuré en dernier ressort non par l'accroissement de la fortune physique, mais par celui de la fortune morale.

(1) « Le travail annuel de chaque nation est le fonds primitif qui la fournit des objets nécessaires et utiles à la vie qu'elle consomme chaque année. » (A. Smith, *Richesse des Nations*, t. I, liv. 1, chap. I). Ce transfert d'hégémonie économique de la terre au travail entraînait avec lui l'intégration de l'industrie parmi les forces sociales productrices, formellement reconnue par A. Smith, et impliquait logiquement l'omniproductivité du travail, affirmée déjà par Condillac, plus tard (encore que d'une manière incomplète) par J.-B. Say. (V. Gide et Rist, *op. cit.*, p. 128. J.-B. Say, *Traité*, liv. 1, ch. II, Paris, Guillaumin, 6me éd., 1841).

losophie du XVIIIme siècle. La psychologie associationniste, intimement unie à la morale hédonistique, a façonné visiblement *l'homo œconomicus*, présenté comme une moyenne d'ensemble de l'humanité dans ses rapports avec la richesse, alors qu'il n'est qu'une construction artificielle, une fiction.

Deux caractéristiques distinguent *l'homo œconomicus* : c'est d'abord son détachement à l'égard de toute fin autre que la richesse, ce qui implique l'hypothèse de toute une vie, ou plus exactement de toute une partie de la vie humaine exclusivement asservie à l'intérêt personnel (1). On a pu observer très justement qu'une telle conception ignorait volontairement la plus grande partie des mobiles individuels et tous les mobiles sociaux proprement dits. Il semble y avoir au fond de cette abstraction la croyance en une indépendance possible, en une séparation réelle des diverses formes de l'activité humaine.

Le second caractère, plus essentiel encore peut-être, de *l'homo œconomicus*, consiste dans son absence de spontanéité proprement dite. Il est dans une large mesure agi par une finalité externe, tout contact avec son milieu l'amène à réagir dans le sens du maximum de plaisir avec le minimum d'effort, sans que les notions du plaisir, de la douleur, de l'effort soient à quelque degré son œuvre propre. C'est ainsi que s'expliquent cette identité historique, cette infaillibilité et aussi cette impersonnalité qui apparaissent comme ses attributs essentiels : rien ne trouble la vision exacte de son intérêt, rien non plus ne vient détourner son activité vers d'autres fins. A proprement parler, l'élément humain finit par devenir presque négligeable, comme un milieu transparent, inerte, sans réfraction et sans réaction propres. Les éléments objectifs, les forces matérielles de la production agissent à travers ce milieu comme s'il n'existait pas, les phénomènes économiques tendent à se succéder selon

(1) V. Tarde, *Psychologie économique*, Paris, Alcan, 1902, t. I, pp. 113-8. — J.-B. Clark, *Philosophy of Wealth*, Boston, Ginn, 1887, p. III : « The better elements of human nature were a forgotten factor in certain economic calculations : the man of the scientific formula was more mechanical and more selfish than the man of the actual world. A degraded conception of human nature vitiated the theory of the distribution of wealth. » (V. dans le même sens pp. 32-35). — V. dans le même sens appréciation de Carey citée par Tarde, *Psychologie économique*, t. I, *loc. cit.*

des lois procédant de l'ordre physique, relevant des idées de
conservation des forces, d'équilibre, comme la théorie classique de la valeur-coût par exemple. L'économie pure, surtout
sous sa forme mathématique, rattachera aussi la théorie de la
valeur à une notion d'équilibre, non plus d'équilibre stable
entre des choses, mais d'équilibre entre éléments vivants, équilibre instable, aux formules complexes, mouvantes, limite d'action qui se déplace avant d'avoir été atteinte.

En même temps qu'elles participent à quelque degré de la
rigueur des lois mécaniques, les lois économiques ont une valeur
morale propre. A travers des troubles passagers, elles expriment à la fois la réalité et la vérité sociale. Sans doute, elles
n'ont plus, comme chez les physiocrates, un caractère normatif;
pas plus que le système physiocratique elles n'impliquent un
déterminisme fatal, une négation de la liberté intérieure, elles
ne sont que des prévisions de conduite, mais des prévisions
affirmatives parce qu'elles supposent en jeu l'action d'un seul
mobile. La morale utilitaire rejoint sur ce point l'optimisme
métaphysique commun aux physiocrates et à Adam Smith, elle
suppléera plus tard à son effacement, expliquera la survie de
l'ancien concept d'ordre naturel (1). L'ordre naturel consiste

(1) Thorstein Veblen (*Why is Economics not an evolutionary
Science? Quaterly Journal of Economics*, t. XII, pp. 373-97. *The
Preconceptions of economic Science, ibid.*, t. XIII, pp. 121-50,
396-425, t. XIV, pp. 240-69), montre la théorie classique anglaise
placée sous la dépendance directe des théories morales de Bentham, trad isant l'action humaine en une résultante des forces
du milieu, l'agent humain étant un mécanisme commutateur
par lequel l'action des forces environnantes se transforme sans
pertes en actes moraux ou économiques. Directement inspirée
de la théologie naturelle en honneur au XVIIIme siècle en Angleterre, elle considère la nature humaine comme un élément
simple, constant. La théorie de la valeur normale est une conception essentiellement mécaniste, reposant sur l'égalité de la
cause et de l'effet, se traduisant aussi dans la formule d'équilibre
hédonistique du sacrifice égal au gain (t. XIII, pp. 414-15). — La
nature humaine n'étant qu'un élément simple et constant dans ses
réactions aux impulsions pécuniaires, la théorie de l'évaluation
devient une théorie de l'interaction pécuniaire des faits évalués,
une théorie de l'évaluation privée de son élément essentiel, une
théorie de la vie constituée de ce qui n'est que l'accessoire de la
vie (t. XIII, p. 426). L'auteur considère l'école autrichienne
comme n'ayant renouvelé que dans une mesure assez réduite ce
point de vue initial.
En réalité, l'économie psychologique a commencé par développer, en les prenant pour centre principal de son attention, des

essentiellement dans l'harmonie spontanée des intérêts individuels (1), dont l'activité simplement juxtaposée doit réaliser

formules jusque-là indiscutées, prises pour point d'appui des
théories classiques; l'attitude hédonistique a donc été d'abord
maintenue et même accentuée par elle, mais pour être ensuite
rectifiée.

Il est intéressant de rapprocher le caractère intellectualiste de
la construction de *l'homo œconomicus*, que l'on suppose dirigé
par de continuels, inflexibles et infaillibles calculs, et le caractère
matériel des mobiles qui sont supposés diriger et coordonner ses
actes; ce rapprochement pourrait être considéré comme un exemple de plus de cette attraction de l'intelligence par la matière qui
est devenue l'une des constatations de base d'une métaphysique
nouvelle (V. Bergson, *Évolution créatrice*, Paris, Alcan, 1913,
12me édit., intr., pp. I-III). C'est en réintégrant dans son domaine
toutes les formes de l'action, au lieu de se limiter aux seules
actions accomplies à la suite d'un calcul minutieux que la psychologie économique est parvenue à considérer les mobiles humains
sous un aspect assez général pour pouvoir les embrasser tous.

(1) Sur le caractère métaphysique de l'optimisme des physiocrates et d'Adam Smith. v. Thorstein Veblen, Q. J. O. E., t. XIII,
pp. 423-5, Bonar, *Philosophy and political Economy*, pp. 145-
173 (Londres, Sonnenschein, New-York, Macmillan, 1893), Gide
et Rist, *Histoire des Doctrines*, pp. 10, 105. L'optimisme économique se réclame de cette théologie naturelle si répandue au
XVIIIme siècle, qui suscite la théorie de l'ordre naturel, d'où procèdent à la fois les doctrines des droits naturels et des lois économiques naturelles, l'affirmation de base de ce système est celle de la
coïncidence du fait et du droit (de l'ordre physique, de l'ordre
moral) et de la bonté de la nature (Bonar, *op. cit.*, p. 145, ratt
che cette croyance à la tradition stoïcienne).

C'est ainsi que Quesnay définira la science nouvelle qu'il s'efforce d'édifier : étude de la Physiocratie ou de cette constitution
de gouvernement qui est la meilleure pour l'homme, parce qu'elle
est la plus conforme à la nature (V. passage cité par Bonar, *op.
cit.*, pp. 139-40). Dupont de Nemours définira le droit naturel :
le droit qui appartient aux hommes de faire ce qui leur est avantageux et le droit qu'ils possèdent sur les choses propres à leur
satisfaction (cité *on. et loc. cit.*).

Le caractère philosophique de l'optimisme d'Adam Smith se
trouve défini dans le passage si souvent cité : « The produce of
the soil maintains at all times nearly that number of inhabitants wich it is capable of maintaining. The rich only select from
the heap what is most precious and agreable... They are led by an
invisible hand to make nearly the same distribution of the necessaries of life wich would have been made had the earth been divi-
ded into equal portions among all its inhabitants, and thus, without intending it, without knowing it, advance the interest of
the society, and afford means to the multiplication of the species...
(*Moral Sent.* 1re édit., pp. 348-51, cité par Bonar, *op. cit.*, p. 173).

Tarde (*Psychologie économique*, t. I, pp. 136-41) considère comme
une véritable contradiction, chez les successeurs d'Adam Smith, la
survie de l'optimisme économique séparé de l'optimisme métaphysique, qui en était le support primitif.

L'alliance des deux optimismes reparaîtra avec le maximum
d'intensité chez Bastiat.

l'intérêt social. Sans doute cet optimisme individualiste n'a pas été sans éclipse ou tout au moins sans réserve, on a même pu observer la facilité avec laquelle il s'adaptait parfois à une interprétation pessimiste (1), mais sous ces divers aspects la théorie classique anglaise demeure imprégnée de l'idée d'immobilité psychique. La confiance indéfinie, inconditionnée dans le laisser-faire, a peut-être pour explication, pour correctif, cette notion de psychologie réceptive, passive en quelque sorte, dont l'école classique anglaise ne s'est pas complètement dégagée.

Jevons a pu dire qu'en faisant pénétrer largement la psychologie dans l'économie politique, il rompait avec la tradition anglaise et renouait un mouvement de pensée de vraie source française (2). C'est en remontant le plus haut parmi les contemporains des physiocrates que l'on retrouve le plus intacte la tradition longtemps négligée (sinon tout à fait oubliée), représentée surtout alors par Turgot et Condillac, fortement reliés l'un et l'autre au courant d'idées suscité par Galiani : Turgot, physiocrate à moitié dissident, qui entrevoit la formule psychologique de l'intérêt, Condillac demeuré presque entièrement en marge du mouvement physiocratique et dont certaines pages célèbres renferment déjà la vision des théories les plus modernes de la valeur (3). Plus tard, l'école classique

(1) Théories de la population de Malthus, de la rente de Ricardo.
(2) V. Jevons : *La Théorie de l'Économie politique*, trad. Barrault, Paris, Giard, 1909 (p. 43; v. aussi p. 371).
(3) L'ouvrage de Condillac, véritable traité de science économique (sous un titre qui n'en révèle pas la vraie portée : *Essai sur le Commerce et le Gouvernement*), paraît la même année que l'*Essai sur la Richesse des Nations d'Adam Smith* (1776). Ce sont les deux théories de la valeur qui s'affrontent en quelque sorte; la théorie objective commence une carrière de longue prospérité, la théorie psychologique donne sa première formule nette et attend pendant un siècle environ un succès devenu, semble-t-il, définitif (V. Ch.-Henri Turgeon : *La Valeur d'après les Économistes anglais*, Rennes, 1913, Intr., pp. 7-13). L'opposition des tendances économiques de Condillac et d'Adam Smith se complique d'une autre antithèse entre leurs tendances économiques. et leurs tendances psychologiques respectives. Condillac fortement rattaché à cette psychologie associationniste, mécaniste, réceptive, qui sert de prolégomènes à l'économie classique, Adam Smith jetant déjà, par sa théorie de la sympathie, les premières bases de l'idée interpsychologique, reconnu comme l'un des précurseurs de cette explication par ceux-là même qui lui ont donné le plus de déve-

française, si liée qu'elle soit à l'école d'Adam Smith, affirmera son originalité nationale sur le terrain de l'idée psychologique : la valeur énergiquement rattachée à l'utilité, dès J.-B. Say, l'immatérialisation progressive de l'idée de richesse, ces deux concepts fondamentaux pénétrés par la notion de service, le règne du consommateur, sont autant d'affirmations, intuitives en quelque sorte, dont l'économie pure tentera plus tard la démonstration (1).

loppement. — Tarde (*Psychologie économique*, t. I, pp. 131-6) aperçoit dans sa théorie de la sympathie les premiers linéaments de l'interpsychologie, approuve sa définition de la vie sociale : être tous en spectacle à tous, considère que sa théorie économique, impressionnée par les conceptions matérialistes des physiocrates, n'aurait pu subsister à côté de sa conception psychologique si une cloison étanche ne les avait séparées; — Baldwin rattachera lui aussi à l'idée de sympathie l'explication la plus générale et la plus efficace des faits sociaux (*Interprétation sociale et morale des Principes du Développement mental*, trad. Duprat, pp. 495-500) : il est vrai que la théorie de Smith, qui n'expliquait pas le passage du sentiment privé, individuel, au sentiment social, doit être élargie, transformée par la notion de « l'émotion sympathique en tant qu'elle s'attache à l'homme en général ».

Il convient de rappeler d'ailleurs que le caractère objectif des théories classiques a été fort aggravé par les successeurs d'Adam Smith; ils ont introduit à la fois plus de consistance et plus de vues systématiques dans l'œuvre qu'ils continuaient. On a souvent reproché à Adam Smith une diffusion, une imprécision amenant une inconsistance de vues assez fréquente, quelquefois même des contradictions. Du moins cette absence de systématisation ne peut-elle être constatée sans que l'on soit immédiatement amené à rendre témoignage à l'abondance d'aperçus, de documentation dont elle est comme la rançon et à l'absence presque complète de système fermé : tous les aspects de la réalité passent dans cette œuvre à la contexture insuffisamment serrée, mais extrêmement riche. C'est ainsi que les caractères psychologiques de l'idée de valeur n'ont pas échappé à Adam Smith, qui a vu dans la vie économique non pas uniquement la mise en œuvre docile de forces matérielles, extérieures à l'homme et déterminant impérieusement ses actes, mais l'expression d'un ensemble d'idées, de sentiments, parfois d'« illlusions ». D'autre part, il a constamment rappelé l'action continuelle, parfois tout à fait prépondérante des mobiles autres que le désir d'accroissement de la richesse, l'information économique devant tendre non à n'ouvrir les yeux que sur l'action des seuls mobiles intéressés, mais à mesurer l'action combinée de tous les mobiles humains sur l'état général de la richesse. L'hypothèse psychologique de *l'homo œconomicus* ne peut être considérée comme son œuvre directe.

(1) J.-B. Say, *Cours complet d'Economie politique* (3me édit., 1852, 1re partie, ch. III, pp. 71-91), considère l'utilité comme le premier fondement de la valeur, ajoutant il est vrai que la valeur d'un objet s'élève non au niveau de l'utilité totale, mais au niveau de l'utilité communiquée par l'homme. Cette théorie finit donc par n'être pas très éloignée de la théorie de la valeur-travail, elle

·ʿParmi les sources françaises directes de l'économie pure, l'une des plus riches devait être trouvée dans les travaux de Cournot (1), qui introduit en économie politique la notion de dynamique psychique, montre dans l'idée de fonction l'expression exacte des rapports qui unissent le plus souvent les faits sociaux entre eux et, découvert en quelque sorte dans une assez large mesure par Jevons, exerce à la fois sur le mouvement psychologique et sur le mouvement mathématique une influence qui est allée en grandissant. A défaut d'horizons aussi vastes, une contribution plus précise a été apportée par Dupuit qui, dès 1844, formulait la théorie centrale de cet ensemble de conceptions (2). Hors de la France, on ne cite guère qu'un

est cependant fondée et orientée d'une manière différente : l'utilité n'est plus la condition simplement négative, préalable, mais le soutien permanent de la valeur; la valeur est proportionnelle non à la quantité de travail, mais à la quantité d'utilité procurée par le travail, le travail appartient au domaine économique non par son aspect pénible, par ce qu'il coûte, mais par ce qu'il produit. De plus, comme l'on cesse de considérer une force de travail abstraite, impersonnelle, mécanique, ce n'est plus le travail physique mais le travail intellectuel qui est surtout pris en considération (*Op. cit.*, pp. 81-93).

Cet élargissement de vues entraîne de lui-même l'immatérialisation de l'idée de richesse (*Op. cit.*, pp. 93-97). Le dernier trait caractéristique de l'œuvre de J.-B. Say consiste dans l'affirmation non seulement des droits, mais de la fonction active du consommateur, manifestée notamment par la théorie des débouchés, la production devant s'intensifier, répondre à l'appel de la consommation au lieu de retenir son propre essor, le développement de la richesse étant fait non de la rareté conservée au produit actuel, mais de l'abondance générale des richesses comparées, échangées, écoulées avec d'autant plus de sûreté qu'elles sont plus abondantes et plus variées, c'est au fond le caractère relatif, psychique et non matériel de la rareté qui se trouve affirmé. Ces idées directrices, malgré des divergences et quelques déformations ultérieures, continueront de marquer l'école française d'une empreinte distinctive, l'aspect psychologique de l'activité ne lui sera pas dissimulé comme il l'a été, aux yeux de l'école anglaise, par son aspect pécuniaire.

(1) Cournot : *Recherches sur les Principes mathématiques de la Théorie des Richesses* (1838). — *Principes de la Théorie des Richesses* (1863). — *Revue sommaire des Doctrines économiques* (1877). — Sur l'influence de Cournot, v. Jevons : *Théorie de l'Economie politique*, trad. Barrault, préf., pp. 26-8; Gide et Rist : *Histoire des Doctrines économiques*, liv. V, ch. I, p. 619; Fisher : *Cournot and mathematical Economics* (*Quartely Journal of Economics*, vol. XII, p. 118-38).

(1) Dupuit, *Mesure de l'Utilité des Travaux publics* (*Annales des Ponts et Chaussées*, 1844), *Utilité des Voies de Communication* (*ibid.*, 1849, contenant déjà l'affirmation de base de la théorie

précurseur tout à fait direct du mouvement psychologique, Gossen, dont l'ouvrage est mis en lumière pour la première fois
dans la préface de Jevons (1).

Mais les fondements psychologiques de l'école traditionnelle
se sont trouvés nécessairement mis en question, à l'occasion de
toutes les querelles de doctrine ou de méthode qu'elle a suscitées, par toutes les écoles rivales qui se sont formées contre
elle. A la thèse de l'immobilité psychologique développée par
les économistes, on a pu opposer celle, toute aussi excessive
peut-être, de la mobilité humaine presque illimitée qu'impliquent à divers degrés, dans leur ensemble, les systèmes socia-
listes (2). D'une façon générale, toutes les doctrines élevées
contre le laisser-faire ont rappelé la complexité, la solidarité
des mobiles humains, l'interventionnisme sous toutes ses formes, depuis Sismondi, peut être rattaché à une tentative plus
ou moins accentuée, plus ou moins heureuse en vue d'élargir,
de vivifier la psychologie économique traditionnelle (3). Comme
les réactions à tendances sociales, la réaction nationale, protec-
tionniste, s'élèvera aussi contre l'hypothèse psychologique de
l'homo œconomicus, critiquée non plus dans son immobilité,
mais dans son impersonnalité, son universalité. La doctrine de
List est à certains égards un essai de réintégration de l'activité
économique dans cet ensemble de forces qui constituent la synthèse vivante d'un groupe national (4).

Un intérêt encore plus direct s'attache à la période qui a
immédiatement précédé l'économie pure. La notion même de
science économique était en effet remise en question par l'historisme allemand; en abandonnant sa psychologie rudimentaire,

marginale : l'utilité d'un morceau de pain va de zéro à la fortune
entière d'un individu (p. 185).

Parmi les précurseurs de l'école psychologique on place également Auguste Walras (*De la Nature de la Richesse et de l'Origine
de la Valeur*, Evreux, 1831, cité par Wieser, *Der natürliche
Werth*, Vienne, 1889, introduction, p. IX, et par Jevons, *op. cit*,
p. 36).

(1) Entwickelung der Gesetze des menschlichen Verkehrs und der
daraus fliessenden Regeln für menschliches Handeln (Brunswick,
1854).

(2) V. Bouglé, *Les Sciences sociales en Allemagne*, Paris, Alcan,
1896, ch. III, p. 80.

(3) V. sur Sismondi, Gide et Rist, *op. cit.*, liv. II, ch. I, p. 207.

(4) V. Gide et Rist, *op. cit.*, liv. II, ch. IV, pp. 316-19.

impersonnelle, sans perspective, réduite à une « histoire naturelle de l'égoïsme », la science économique devait aussi dépouiller ses ambitions universelles pour se vouer avant tout à la
reconstitution et au rapprochement des milieux et des époques (1).

L'école psychologique s'efforcera d'utiliser ces critiques
accumulées, d'en enrichir la substance des théories classiques,
dont elle est à certains égards une renaissance variée.

II. — ORIGINES DE L'ÉCONOMIE PSYCHOLOGIQUE

L'économie pure, dans ses deux expressions mathématique
et psycholgique (aussi unies à leur origine que progressivement
accentuées dans leurs divergences), apparaît sous sa forme et
avec ses directions actuelles vers le dernier quart du XIXme siècle, mouvement aux origines multiples, créé par concordance
de découvertes et qui peut être directement rattaché sans emprunts réciproques à Jevons (1862 et 1871), Menger (1871),
Walras (1874), Clark (1877-1886) (2). A leur origine,

---

(1) V. sur l'attitude psychologique de l'historisme allemand, Gide
et Rist, *op. cit.*, liv. IV, ch. I, pp. 464-6. Il convient de noter que
l'œuvre accomplie n'a pas, à beaucoup près, la même importance
au point de vue positif qu'au point de vue critique. L'œuvre positive se borne à des énumérations des principaux mobiles, sans que
l'unité de mécanisme de l'acte économique, sa faculté d'adaptation
à tous les mobiles se trouvent pénétrées.

(2) A ne consulter que les dates, la priorité appartiendrait in-
discutablement à Jevons qui, dès 1862, expose son système dans un
mémoire à la *British Association* (v. Wicksteed, *Alphabet of economic Science*, Londres, Macmillan, 1888, préf., p. XI). La *Theory
of Political Economy*, où se trouve l'exposé définitif de la réforme
jevonienne paraît en 1871 ; — l'originalité respective des divers
fondateurs de l'économie pure s'établit moins par des dates que
par la comparaison de leurs formules, de leurs procédés de découverte qui sont réciproquement indépendants ; leur groupement
chronologique indique d'autre part leur dépendance à l'égard
d'un même courant collectif.

Karl Menger publie à Vienne, en 1871, l'ouvrage : *Grundsätze
der Volkswirthschaftlehre*. Les *Éléments d'Economie pure* de Léon
Walras sont de 1874 (Lausanne), la théorie de la valeur se trouve
exposée dans la première partie. On a pu ranger parmi les précurseurs de la théorie psychologique Auguste Walras (*De la Nature de la Richesse et de l'Origine de la Valeur*, Evreux, 1831).

La *Philosophy of Wealth* de Clark (Boston, Ginn, 1886, 2e édit.,
1887) est, dans une assez large mesure (v. préface, p. III), la réap-

l'école psychologique et l'école mathématique sont intimement unies; la première se réclame surtout de Menger et de Clark, la seconde de Walras, toutes deux au même titre de Jevons. Elles ont eu pour première substance une même théorie de la valeur (1), conservent encore plusieurs disciples communs, mais tendent à se séparer dans leurs directions respectives, l'économie mathématique rejoignant de plus en plus la tradition classique, affirmant ainsi les affinités profondes que l'on a souvent indiquées entre elles, méritant plus complètement que l'école psychologique la qualification d'hédonisme, qui a été appliquée à l'une et à l'autre.

L'école autrichienne, pendant vingt-cinq ans environ, s'identifie en quelque sorte avec le mouvement psychologique, elle développe dans toute son ampleur et toute sa subtilité la notion, devenue encyclopédique, de valeur et montre les aspects nouveaux que fait apparaître la projection de ce concept sur tous les points de la réalité économique.

Parmi les auteurs les plus représentatifs de cette école, on doit citer en premier lieu Menger, qui en est le créateur original, lui donne ses thèses essentielles, marque sa place exacte dans la filiation des idées; son œuvre positive est complétée, expliquée par l'attitude nette qu'il a prise dans la controverse méthodologique contre l'historisme allemand (2). Si avec Jevons, en Angleterre, l'économie pure devait être considérée surtout comme une réaction contre l'économie politique traditionnelle, en Autriche elle apparaît au contraire comme une défense de la tradition classique, défense d'autant plus efficace qu'elle s'accompagne d'un effort nécessaire de renouvel-

---

parition d'articles publiés dans le *New englander* en 1877 et 1881, notamment.

(1) La théorie de l'utilité finale ou marginale, malgré ses origines, son empreinte mathématique ineffaçable, est demeurée beaucoup plus complètement solidaire de la psychologie que de la mathématique économique; il a pu être dit que les théories de l'équilibre économique sont indépendantes de l'utilité finale. Pareto, *Économie pure*, cité par Gide et Rist, *op. cit.*, livre V, ch. Ier, p. 610.

(2) V. Menger : *Untersuchungen über die Methode der Social wissenschaften und der politischen Oeckonomie insbesondere* (1883), *Die Irrthümer des Historismus* (1884) (V. Gide et Rist, *Histoire des Doctrines économiques*, livre IV, ch. Ier, pp. 450, 460-7).

lement et s'attache à sauvegarder moins l'ensemble des doctrines d'une école que la notion même de science économique.

Wieser reprend et complète les théories de Menger et s'attache, dans son principal ouvrage « Der natürliche Werth » (1),
à dégager l'indépendance de l'idée de valeur à l'égard des rapports d'échange, parmi lesquels l'école classique et Jevons
lui-même avaient eu le tort de l'absorber.

Par sa contribution à la théorie des prix, sa critique historique et son étude positive du capital et de l'intérêt, Böhm-Bawerk (2) a été peut-être le principal intermédiaire du mouvement entre l'Autriche et les Etats-Unis. Des liens de collaboration, une pénétration réciproque de plus en plus accusée entre
les économistes de ces deux pays ont préparé la succession de
l'école américaine à l'école autrichienne comme représentant
essentiel de la psychologie économique.

Le mouvement autrichien, transplanté aux Etats-Unis et
d'une façon plus générale dans les pays de langue anglaise, où
il rejoint la tradition de Jevons (relativement isolée d'abord
dans son pays d'origine), loin d'être une simple continuation,
se renouvelle dans ses thèses essentielles, dans son allure philosophique, dans ses sources propres d'intérêt, comme va le
montrer une revue rapide de ses principales tendances, qui peuvent être ramenées à trois : effacement de l'empreinte associationniste, émancipation à l'égard de la morale utilitaire, correction du point de vue individualiste (3).

(1) Vienne, Holder, 1889 — *Theory of Value (Annals of american Academy of political and social Sciences,* 1892).
(2) Les principaux ouvrages de Böhm-Bawerk sont : *Grund-
züge der Theorie des wirtschaftlichen Güterwerthes* (ds *Iahrbü-
cher für Nationalökonomie und Statistik* (1886). — *Kapital und
Kapitalzins :* I. *Geschichte und Kritik der Kapitalzinstheorien*
(1884) II. *Positive Theorie des Kapitales* (1889). V. bibliographie
complète de l'école autrichienne dans l'*Ecole économique autrichienne* d'Adolphe Landry, *Rivista di Scienza,* année 1907, vol. II,
nos 3 et 4.
(3) Parmi les noms les plus représentatifs de l'école psychologique anglo-américaine, on peut citer J.-B. Clark, Giddings, Patten,
Carver, Taussig, Irving Fisher, Fetter, Hawley aux Etats-Unis,
Smart, Wicksteed en Angleterre; au nombre des auteurs demeurés
indépendants, antagonistes même sous certains rapports de cet
ensemble de théories, mais cependant imprégnés dans une large
mesure des directions psychologiques, on peut mentionner aux
Etats-Unis Walker, Thorstein Voblen, en Angleterre Hobson et
Marshall.

III. — TENDANCES ESSENTIELLES DE L'ÉCONOMIE PSYCHOLOGIQUE

En plaçant la valeur dans les désirs et non dans les choses, le mouvement psychologique devait modifier les tendances, les méthodes et jusqu'à l'objet même de la science économique. De plus en plus l'économique cesse d'être la science objective de la richesse, la *chrématistique* et devient l'étude des directions de l'activité des hommes pour la réalisation mutuelle de leurs désirs. La richesse elle-même existe moins comme élément matériel que comme reflet des tendances humaines sur le monde extérieur, reflet continuellement changeant (1). Selon l'expression de Gossen, l'un des précurseurs du mouvement, c'est une « révolution copernicienne » qui s'accomplit dans la science économique comme dans l'ensemble des sciences morales et sous l'action plus ou moins lointaine d'influences générales identiques. Si l'économie politique à ses débuts réfléchissait d'une façon particulièrement visible l'état, surtout les imperfections, les limites de la psychologie du XVIIIme siècle trop subordonnée à l'étude de la sensibilité, peu ouverte à l'idée de personnalité, de développement, fixée dans une conception trop exclusivement mécaniste (2), la double empreinte associationniste et hedonistique du début est allée en s'atténuant. Elle était encore très accentuée au début de l'évolution chez

(1) L'école psychologique américaine revient souvent sur la notion de richesse, image changeante du désir, simple moyen sans pouvoir propre d'attraction; on a pu noter ses tendances spéculatives, en réaction peut-être contre son milieu (Gide et Rist, *Histoire des Doctrines*, livre V, chap. Ier, pp. 606-38); v. notamment la réflexion de Fisher sur les sacrifices des hommes d'affaires américains « à ce qu'ils appellent la richesse », *Nature of capital and income*, p. 176). L'illusion mercantiliste de la richesse-fin se trouve dissipée par une conception nette de l'action économique, par une représentation des rapports qui unissent le moyen et le but; le moyen incorpore légitimement toute la force attractive du but dans la mesure où il le sert, cette incorporation doit être aussi énergique qu'éphémère, devient un anachronisme si elle survit aux nécessités de l'action, étant en tout état de cause déraisonnable si elle les dépasse. La seule richesse positive est intérieure.

(2) V. Thorstein Veblen, *The Preconceptions of economic Science*, Q. J. O. E., XIII, pp. 121-50, 396-426; XIV, pp. 240-69; comp. Tarde, *Psychologie économique*, t. I, chap. IV, pp. 113-3.

Jevons, qui se rattachait à l'utilitarisme quantitatif, à l'arithmétique morale de Bentham (1) (plus qu'à l'utilitarisme qualitatif de Stuart Mill). L'école psychologique commence par
dégager les thèses latentes dans la théorie classique, elle en
accentue même d'abord les contours, la dénomination d'hédonisme qui lui a été donnée en même temps qu'à l'école mathématique s'explique par cet aspect originaire. En mettant à nu
les thèses psychologiques enveloppées jusque-là dans la trame
des démonstrations, en les développant pour elles-mêmes, elle
est arrivée à les dépasser. Par le seul fait que l'intérêt principal de la science se trouvait transporté de l'aspect extérieur
des phénomènes vers leur aspect interne, les vues traditionnelles,
conventionnelles, simplificatrices à l'excès, acceptées comme
fondement de la science économique primitive, ne pouvaient
être conservées telles quelles. De plus en plus, à l'empreinte
associationniste et hédonistique graduellement effacée se substitue l'influence, si vivante aux Etats-Unis en particulier, du
dynamisme psychologique (2) (représenté notamment par la psychologie génétique) et du pragamtisme moral.

Le signe le plus visible de ce changement peut être trouvé
dans la substitution, par Fisher (3), du terme désir au terme

(1) V. *Théorie de l'Economie Politique*, trad. Barrault, introd.,
Relations de l'Economique et de l'Ethique (pp. 76-82).
(2) V. Définition de la méthode génétique dans Baldwin, *Interprétation sociale et morale des Principes du Développement mental* (trad. Duprat, introd., p. 2) : la méthode génétique étudie l'individu aux premiers moments de son développement mental pour
éclairer sa nature sociale et l'organisation sociale dans laquelle
il a une part. — L'essentiel de la psychologie génétique consiste à
suivre, dans l'ordre de ses études, l'ordre même de la vie, à s'appuyer sur une histoire intérieure.
(3) V. *Mathematical Investigations in the Theory of Value and
Prices.* (Transactions of the Connecticut Academy, 1892, p. 11) : il
y a un plan de contact entre l'économique et la psychologie : le
désir. Bornons-nous à ce simple postulat psychologique : chaque
individu fait ce qu'il désire (que l'antécédent du désir soit le plaisir, le devoir ou la crainte). — *Nature of Capital and Income*
(p. 168) : nous définissons donc le revenu subjectif comme le courant de conscience (stream of consciousness) de tout être humain.
Toute sa vie consciente, de sa naissance à sa mort, constitue son
revenu subjectif. Sensations, pensées, sentiments, volitions, événements psychiques de tous genres font partie de ce courant de revenu. Toutes celles de ces expériences conscientes qui sont désirables sont des articles positifs de revenu, des services; toutes celles
qui sont indésirables sont des articles négatifs *(disservices)*. Nous
avons évité avec soin de faire consister le revenu subjectif dans le

plaisir employé (bien qu'avec un effort notable de généralisation) par Jevons. C'est la réserve, l'extrême prudence psychologique de Fisher, soucieux de l'indépendance de la pensée économique à l'égard des controverses extérieures qui suscite ce renouvellement important dans la formule de l'ancien axiome hédonistique. Au lieu de placer à la base de ses spéculations la proposition admise jusque-là comme évidente : tout homme recherche le maximum de plaisir avec le minimum d'effort et de souffrance, proposition qui n'était qu'une survie de l'axiome classique du *self interest*, la psychologie économique se borne à constater que toute activité humaine s'efforce vers la réalisation la plus énergique de ses désirs.

Le changement est loin d'être purement verbal : c'est la direction initiale de l'activité économique indiquée dans un sens inverse de celui tracé par les théories traditionnelles. Cette activié obéit non à une attraction extérieure, prévue, subie, mais à une finalité interne largement autonome, à un élan spontané. Fisher ne s'est d'ailleurs pas borné à cette simple rectification de formules, déjà très significative cependant; il insiste sur l'allègement, la purification dans les concepts qui résultent de l'élimination des catégories hédonistiques, montre dans toute activité économique la recherche de l'expérience consciente désirable, dans l'édifice économique tout entier une préparation, un résultat, une fonction de la vie intérieure. L'expression la plus positive, la plus vivante de la richesse : le revenu, consiste, en dernière analyse, dans le courant de la conscience *(stream of consciousness)*, c'est-à-dire dans l'ensemble des émotions, des représentations, des tendances, des désirs, des croyan-

---

plaisir, ou dans le plaisir déduction faite de la peine. Ces mots ont été employés avec trop peu de précision par les économistes, qui se sont ainsi trouvés amenés à d'inutiles controverses avec les psychologues. Il vaut mieux éviter de telles discussions et nous borner à constater que les événements subjectifs désirables sont des services, les événements non désirables des services négatifs *(disservices)*. Cette proposition concorde avec la définition du service et du service négatif donnée au début et ne nous compromet avec aucune théorie psychologique du plaisir ou de la peine. Quelques psychologues pourraient soutenir que la douleur pour un ascète peut être un objet de désir aussi impérieux que le plaisir. — A rapprocher de la formule de Baldwin qui considère que l'on peut définir l'intérêt d'un homme : ce qu'il désire *(Interprétation du Développement mental*, p. 15).

ces qui sont les empreintes diverses d'une même source d'activité et l'expriment chacun toute entière dans son unité profonde et son continuel devenir. La prédominance de l'idée de temps, déjà visible il est vrai chez Jevons, mais que nous trouverons beaucoup plus accentuée chez Fisher, est un des résultats de ce rattachement, de cette subordination du monde économique à la vie intérieure.

C'est là d'ailleurs une idée générale dont l'expression plus ou moins accusée se retrouve à travers toute l'école psychologique anglo-américaine : l'affirmation du principe d'Auguste Comte sur l'inintelligibilité de la vie économique isolée de l'ensemble de la vie psychique et de l'activité sociale sert d'épigraphe au principal ouvrage de Wicksteed (1). Sans doute les conséquences méthodologiques n'en sont point admises, nous verrons au contraire que l'indépendance de l'économie politique en tant que science est énergiquement soutenue, mais si l'activité économique peut et doit être isolée, dans un intérêt de clarté, on doit sans cesse se souvenir que cette abstraction n'est qu'une abstraction, que la réalité économique, intégrée dans l'ensemble de la vie sociale, doit en être rapprochée sans cesse pour pouvoir être pleinement comprise. De même, dans son ouvrage *Philosophy of Wealth*, Clark (2) s'élève contre cet appauvrissement, cette désintégration du caractère presque nécessairement impliqués par l'hypothèse psychologique de base des doctrines classiques et déclare qu'il n'est de science économique complète que celle qui ne néglige aucune des expressions de la nature humaine.

Par cette position initiale, le groupe anglo-américain s'apparente au vitalisme psychologique de Cournot, renouvelé chez Tarde, continuant chez l'un et l'autre la tradition dynamique de Leibnitz (dont Clark lui aussi se réclame expressément) (3);

---

(1) « L'analyse économique proprement dite ne me semble pas devoir finalement être conçue ni cultivée, soit dogmatiquement, soit historiquement, à part de l'ensemble de l'analyse sociologique soit statique, soit dynamique. » (Auguste Comte, passage servant d'épigraphe à *The common Sense of political Economy*, de Wicksteed, Londres. Macmillan, 1910.)

(2) *Philosophy of Wealth*, « The science... needs to be built on a permanent foundation of anthropological fact » (p. 34 : v. dans le même sens, pp. 111, 55).

(3) Cournot, *Principes de la Théorie des Richesses* (Paris, 1863),

il se rapproche, par une sorte d'attraction du milieu, des tendances psychologiques auxquelles s'attachent surtout en Amérique les noms de William James, Baldwin, Dewey, tendances qui s'affirment par une réaction contre le morcellement associationniste, par une reconstitution énergique de la personnalité.
Au lieu d'apparaître comme des éléments façonnés par une
expérience plus ou moins passive puis jetés dans le champ de
la conscience, s'y combinant après coup dans une organisation
tardive, précaire, les faits psychiques doivent être envisagés
comme les expressions variées d'une même synthèse mouvante;
au lieu d'une diversité originaire aboutissant à l'unité factice,
c'est l'unité originaire s'exprimant dans une diversité harmonieuse (1). Ces idées d'ensemble avaient d'ailleurs une réper-

déclare placer au nombre des idées dominantes de son système économique une notion dynamique supérieure inspirée de Leibnitz
(liv. I, chap. IV, pp. 53-72) —; au point de vue dynamiste ou vita-
liste, les circonstances extérieures doivent être considérées comme
l'excitation au moyen de laquelle on élève à leur summum d'énergie des forces dont l'élément organisateur est interne, consiste en
un principe de vie (livre III, ch. II, pp. 279-92); la richesse est
un instrument de puissance et d'action plutôt qu'un moyen de
jouissance (livre I, ch. I, p. 6).
    L'influence de la philosophie leibnitzienne sur la psychologie
économique et sociale de Tarde s'exprime notamment dans la conclusion des *Lois sociales* (Paris, 1899) : tout vient de l'infinitésimal. Le monde est une réalisation de virtualités élémentaires.
En vertu de cette même tendance, Tarde critique la méthode des
monographies ouvrières de l'école de Le Play, par exemple, en
leur reprochant de s'attacher à des éléments trop complexes, de ne
pas pénétrer assez avant jusqu'aux faits vraiment élémentaires
dont est construite la vie sociale (*Psychologie économique*, t. I,
pp. 143-8). Clark se réclame de la tradition leibnitzienne dans des
termes analogues à ceux que l'on trouve chez Tarde : les dernières
forces sociales et physiques sont atomiques, l'individu est la cause
première et la fin de tout mouvement (*Philosophy of Wealth*,
p. 90).
    (1) William James (*The Principles of Psychology*, vol. I, p. 239),
exprime cette idée dans un passage qu'il est intéressant de rapprocher du passage de Fisher cité p. 20, note 3 (*Nature of Capital
and Income*, p. 168) : la conscience ne s'apparaît pas à elle-même
comme morcelée. Des mots tels que ceux de chaîne, de suite, ne
parviennent pas à la décrire telle qu'elle se présente au premier
abord. Elle ne consiste pas en un assemblage, elle coule. Une
rivière ou un torrent, telles sont les métaphores qui la dépeignent
de la façon la plus naturelle. En parlant d'elle désormais, appe-
lons-la courant de pensée, de conscience ou de vie subjective.
    Cpr. Dewey (*L'École et l'Enfant*, trad. Pidoux, Int. de Clapa-
rède sur la Pédagogie de Dewey, p. x) : la vie psychique n'est pas
l'aboutissement d'une multiplicité d'éléments qui s'agrègent sous
la poussée de circonstances extérieures, mais au contraire une

cussion nécessaire sur la psychologie économique, elles condamnaient la notion réceptive de plaisir-fin, dissocié de l'exercice même de l'activité, la notion de désir abstrait impersonnel ou plus exactement interpersonnel, quantité fixe se mesurant par le nombre d'individus qui ressentent ce même désir, pris comme des unités de même espèce. Sur ce point, l'école psychologique anglo-américaine réagit incontestablement. Le sens de la personnalité y est présent : l'autonomie psychique respective des personnes y est affirmée, ainsi que l'incommensurabilité directe de leurs désirs, dans la formule *no bridge* (1). On ne compare jamais directement, dans leur énergie respective, deux désirs de même nature chez deux individus différents, on compare seulement chez un même individu un désir déterminé

poussée une à son origine, se fragmentant après coup, en se différenciant selon les intérêts du moment pour faire face aux événements par une utile division du travail. — Baldwin, dans l'*Interprétation sociale et morale des Principes du Développement mental* (trad. Duprat), préoccupé surtout de l'éveil simultané, de la solidarité étroite, de l'identité foncière même de la conscience individuelle et de la conscience sociale les rattache énergiquement l'une et l'autre à l'idée de personnalité (v. notamment pp. 10-34), insistant sur le caractère fondamental du concept de personne en sociologie, sur la nécessité de ne pas prendre les désirs et les croyances comme des éléments derniers, existant indépendamment de la pensée personnelle en fonction de laquelle ils se produisent, critiquant la tendance trop fréquente à établir une théorie de la valeur en la fondant sur le calcul du désir d'un individu pour la satisfaction de ses besoins particuliers multiplié par le nombre d'individus semblables; plus loin, p. 384, il rappelle la pauvreté des théories politiques et économiques qui traitent le désir comme une sorte de quantité constante susceptible d'être « multipliée par le nombre des individus » et servant ainsi de base à la détermination de la valeur. Il oppose à ce morcellement psychologique, ainsi projeté dans la science économique, la notion du lien nécessaire existant entre l'idée de valeur et celle de personnalité : « La valeur vient seulement de l'introduction de la notion du moi » (p. 391). — Cette conception psychologique générale trouve en quelque sorte une transposition métaphysique dans l'*Evolution créatrice* de Bergson (unité originelle se diversifiant dans son effort de réalisation, v. notamment, chap. III, p. 289 : tout se passe comme si un être indécis et flou, qu'on pourra appeler homme ou surhomme, avait cherché à se réaliser et n'y était parvenu qu'en abandonnant en route une partie de lui-même).

(1) V. Gide et Rist, *Histoire des Doctrines économiques*, liv. V, chap. Ier, p. 614; cette formule signifie que, dans un échange, les désirs respectifs des divers partenaires ne sont pas directement pénétrables l'un par l'autre; l'acte d'échange est le résultat de comparaisons simultanées établies par chaque coéchangiste dans l'intérieur de sa propre conscience, le caractère interpsychologique de l'échange résulte de cette organisation complexe qui lui sert de base.

à un autre désir et en dernier ressort, implicitement, à tous les désirs de ce même individu. L'idée de synthèse personnelle et aussi de diversité, la notion de l'élément rare, original, se fait jour de plus en plus.

Mais en même temps, le caractère collectif des faits économiques se trouve accusé avec non moins de vigueur. Ce n'est d'ailleurs au fond qu'une projection de la même idée : celle de l'organisation personnelle dont l'expression interne individuelle et la généralisation sociale sont si solidaires l'une de l'autre qu'elles s'édifient simultanément.

Dans le chapitre suivant, consacré à la méthode, nous examinerons en détail comment la psychologie économique se relie à la théorie interpsychologique des faits sociaux, jusqu'à quel point elle est solidaire de cette théorie contemporaine surgie, elle aussi, d'un faisceau de découvertes aussi indépendantes que concordantes chez Tarde, Bagehot, Royce, Baldwin notamment, si répandue en Amérique où un véritable caractère national lui a été attribué. Il suffit pour le moment de considérer que l'empreinte individualiste, l'atomisme social tend à se dissiper en même temps que l'atomisme psychologique.

C'est à J.-B. Clark (1) que revient surtout le mérite d'avoir mis en lumière le caractère collectif des phénomènes économiques. Les concepts d'utilité, de productivité marginale ou « effectives », d'unité marginale sont en réalité, sous leur apparence scolastique, artificielle, subtile, qui trompe parfois, des expressions de phénomènes sociaux contrôlant les manifestations de l'activité individuelle, lui donnant sa signification, sa sanction. La vie économique emprunte son énergie, mesure sa perfection moins à des phénomènes d'individualisation qu'à des éléments plus ou moins développés d'organisation collective. La division du travail (appréciée surtout par Adam Smith (2) à cause

___

(1) V. *Philosophy of Wealth*, p. 70 : l'auteur constate que le fait essentiel de l'unité organique de la société a été oublié, l'attention s'étant fixée sur les individus et leurs actions séparées ou mêlées les unes aux autres dans l'évaluation et l'échange des richesses. *Distribution of Wealth*, p. 227 : si nous comprenons la philosophie de la valeur, nous devons considérer la société toute entière comme l'acheteur des objets.

(2) Adam Smith, dans son passage si célèbre (*Wealth of Nations*, Bk. I, ch. I), envisage surtout la division du travail comme une analyse; c'est, transposé dans le domaine de l'action, l'article

de l'isolement des difficultés, de l'entraînement intense, de la dextérité exceptionelle qui en résultent), vaudra essentiellement, comme aspect, témoignage, résultat et stimulant de l'organisation, de la cohésion économique. De même, moins de valeur sera attribuée à la concurrence, plus d'importance sera au contraire attachée à la collaboration : l'effacement progressif de la première de ces deux notions par la seconde constitue l'un des résultats les plus certains du développement de l'idée psychologique. Les systèmes préscientifiques (bullionisme, mercantilisme) étaient dominés par le double principe de la matérialité de la richesse et de son caractère limité; plus il devient évident au contraire que la richesse, loin de se confondre avec des objets extérieurs, n'exprime qu'un rapport entre des sentiments humains et leurs moyens de réalisation, plus il apparaît qu'elle constitue un fonds susceptible de s'accroître non seulement par accumulation matérielle, mais par une découverte plus complète des points d'adaptation possible entre l'extérieur et l'intérieur. Cette immatérialisation progressive de la richesse a pour résultat sa faculté d'extension presque indéfinie, imprévisible en tous cas, la création de la richesse devient le but de l'effort économique, plutôt tourné jusque-là vers son appropriation. Sans doute l'idée de concurrence reste particulièrement importante dans l'explication économique, surtout à travers l'école classique anglaise. Mais elle change de signification : au lieu d'être une fin définitive, elle est avant tout un moyen, le moyen jugé le plus propre à favoriser le développement de toutes les ressources productrices.

L'économie psychologique, en montrant bien plus étendu encore le champ de la production économique, qui se confond en réalité avec celui de l'utilisation de la richesse, souligne encore plus les limites de l'idée de concurrence, montre sous l'action de quelle illusion l'école classique tendait à lui attribuer

---

de la méthode cartésienne sur la division des difficultés (art. 2me, v. Discours sur la Méthode, 2me partie).

C'est au contraire sous son aspect synthétique, en se tournant vers l'organisation sociale de plus en plus différenciée, par suite de plus en plus parfaite que l'envisagent de préférence, à travers des diversités de vue parfois considérables, les auteurs contemporains; on peut à cet égard comparer utilement les vues essentielles de Durkheim, de Tarde, de Clark.

une fonction d'ordre dans la vie économique. La concurrence, le *self interest* seraient à eux seuls prohibitifs d'une vie économique digne de ce nom; en réalité ils se développent dans une mesure restreinte, ont à la fois pour support, pour limite nécessaire une organisation sociale préalable, concomitante. Les coïncidences d'intérêts, les convergences d'appréciation, ce que l'on a appelé les harmonies économiques, sont non seulement beaucoup plus imparfaites, mais beaucoup moins fortuites qu'on ne l'a cru parfois. La vie économique s'éveille, se meut sur un fond de vie sociale déjà avancée. Une économie sociale de fait et par suite la possibilité d'une connaissance économique générale, scientifique, est un phénomène tardif impliquant une série d'apports préalables et notamment une organisation juridique qui la précède parfois de bien des siècles (1). La psychologie économique essentiellement une psychologie de masse, de grands nombres (2), de moyennes et sur ce terrain la subtilité de certains raisonnements, l'arbitraire de certaines hypothèses se corrigent d'eux-mêmes; mais au lieu de moyennes humaines incolores, ce sont des éléments humains vivants qui sont pris en considération (3). Au lieu de passer, avec cette rapidité parfois déconcertante des classiques, de l'individuel à l'universel, du préhistorique à l'actuel, les projections successives de l'idée d'organisation psychique, dans ses incarnations successivement agrandies, se trouvent envisagés dans tous leurs stades intermédiaires, coexistants ou successifs : groupements économiques divers et surtout groupements nationaux (4).

(1) V. dans ce sens Cournot, *Principes de la Théorie des Richesses* (Paris, 1863, liv. I, ch. II, p. 15) : l'idée de biens précède l'idée de richesse, le droit se développe avant l'économie politique; — sous d'autres rapports, il est vrai, le développement économique se montre plus rapide que le développement juridique : la notion de loi internationale se réalise plus lentement que celle de commerce international, l'universalisation de la règle purement intellectuelle (économique) précède celle de la règle morale (Baldwin, *Interprétation sociale et morale du Développement mental,* trad. Duprat, p. 526).

(2) V. Jevons, *Théorie de l'Economie politique,* trad. Barrault, p. 70; Marshall, *Principles of Economics* (5me édit., Londres, Macmillan, 1907, pp. 20-28).

(3) Marshall, *ibid.,* p. 27 : c'est l'homme réel et non l'homme économique qui doit être considéré, dans ses actions les plus susceptibles de mesure.

(4) Patten et Clark ont exprimé avec énergie cette réfraction des phénomènes économiques (longtemps considérés dans leur univer-

En même temps que l'empreinte associationniste et individualiste, l'empreinte hédonistique, qui n'est qu'une troisième
forme du même stigmate initial, va aussi en s'atténuant. Étant

salité) par le milieu national. Patten (*Fondements économiques
de la Protection*, trad. Lepelletier, Paris, 1899) considère la différenciation nationale comme l'expression même du progrès économique, oppose les sociétés aux conceptions statiques non-inter-
ventionnistes (sociétés-lacs) aux sociétés-fleuves renouvelant leur
effort, triomphant des obstacles, façonnant leur cours d'après leurs
aspirations et leur milieu, aussi parfaitement que possible adaptés entre eux, échappant ainsi à la loi de la rente, au dépérissement, à la stérilisation progressive de l'effort, au monopole latent
dont cette loi n'est que l'expression. C'est à certains égards le conflit de l'économie anglaise et de l'économie américaine qui reparaît, contradiction de tendances due surtout à la différence des milieux : on peut noter déjà l'opposition de John Rae à l'égard
d'Adam Smith (v. Mixter, *A Forerunner of Böhm-Bawerk*, Q. J.
O. E., t. XI, pp. 161-91), puis les attaques de Carey contre la
loi de Ricardo; la réaction de l'économie nationale est aussi, sous
bien des rapports, d'inspiration américaine, parce que, manifestée déjà chez Carey, elle est, sous sa forme la plus importante,
puisée par List à la source de l'expérience économique américaine.
Le libre-échange et la loi de la rente d'une part, l'organisation
des rapports économiques dans le sens de la productivité nationale la plus puissante, d'autre part, sont considérés comme les
propositions essentielles des deux conceptions opposées : c'est
d'un côté le principe de moindre action, de l'autre celui de l'action
la plus complète. On peut rattacher à la même combinaison d'influences des idées directrices et du milieu l'attitude particulièrement résolue prise depuis Walker sur la question du fonds des
salaires (paiement des salaires en Angleterre sur les avances,
trésorerie mieux organisée, productivité moindre, salaires américains différés dans leurs paiements, payés sur le produit industriel, trésorerie plus pauvre, productivité économique d'un essor
plus grand) (Walker, *The Wages Question*, ch. VIII, pp. 128-37).
Aussi depuis John Rae l'économie américaine est-elle plus imprégnée de psychologie que l'économie anglaise, et par suite
sous l'influence assez accusée de l'économie française (v. notamment le soin avec lequel est invoquée l'autorité de l'école
française de Bastiat, en particulier chez Clark (*Philosophy of
Wealth*, p. 3), chez Walker (*Political Economy*, Londres, 1885,
pp. 274 et 327, *The Wages Questions*, Londres, 1882, p. 160).
    Clark, dans *Distribution of Wealth*, ch. XXV, pp. 399-430, *Sta-
tic Standards in a dynamic Society*, montre comment un même
acte peut être considéré comme statique ou dynamique, selon le
cadre plus ou moins large dans lequel il se trouve envisagé. Un
phénomène dynamique à l'égard de l'économie nationale, dont il
marque une altération dans les conditions antérieures d'équilibre,
peut constituer un fait statique, au regard de l'économie mon-
diale, la désintégration relative du groupe moins étendu peut
signifier son intégration dans une organisation plus compréhensive.
    Clark envisage donc l'état d'équilibre, d'intégration comme l'état
définitif, au lieu de considérer comme Patten les directions de
l'énergie économique comme foncièrement et peut-être définitive-

donné qu'à l'abstraction d'un mobile économique simple, à un concept formel se substitue toute la riche diversité des fins humaines, l'ancien axiome hédonistique se trouve transformé profondément et même tout à fait bouleversé. Il ne signifie plus la poursuite, la réalisation aussi implacable que clairvoyante du maximum de plaisir (quantité homogène, positive ou négative, réduite à l'unité à travers ses apparences qualitatives, additionnée algébriquement), il devient l'affirmation beaucoup plus générale, beaucoup plus souple, de la recherche du maximum d'efficacité, du plus haut degré d'énergie.

Ainsi transformée, la signification objective de l'axiome se dépouille de son ancienne nécessité, devient à la fois universelle et imprécise, ne peut plus servir de base à des prévisions directes de faits; cette infériorité apparente marque en réalité l'effacement d'une illusion. La signification psychologique de l'axiome devient beaucoup plus compréhensive et plus vraie.

Cette formule large, contingente, revêtue par l'ancien axiome hédonistique, va le dépouiller du contenu normatif qui demeurait en lui, bien qu'atténué en passant des physiocrates à l'école d'Adam Smith et plus encore à l'école classique française depuis J.-B. Say. Alors même que les constats de rapports économiques n'avaient plus un caractère directement impératif, une valeur morale leur était du moins attribuée. Entre l'interprétation économique traditionnelle et l'interprétation morale utilitaire, il y avait, sinon un lien logique nécessaire, du moins un rapport de sympathie assez marqué. Si l'expérience économique révèle la coïncidence finale des intérêts groupés dans une même collectivité, elle constituera une sorte d'apologie de l'interprétation utilitaire, l'hiatus logique (considéré parfois comme infranchissable) qui existe entre l'hédonisme naïf,

---

ment diverses. En tous cas, chez l'un comme chez l'autre, l'élément économique national se trouve mis en relief.

De même, la théorie de Fisher sur l'intérêt fait une large place à la psychologie nationale. Loin de dépendre de causes simples, comme par exemple la quantité de monnaie disponible ou même la masse totale de richesse sur un point déterminé, le taux de l'intérêt est une expression complexe de l'ensemble des conceptions dominantes à un moment donné sur la fonction de la richesse, il n'est pas un seul des traits importants d'un caractère national qui ne s'y imprime plus ou moins (v. *The Rate of Interest*, New-York, Macmillan, 1907).

égoïste, primitif et l'utilitarisme social, qualitatif, altruiste, se trouvant comblé automatiquement par l'autorité des faits.

En se séparant définitivement de la discipline utilitaire, la psychologie économique éprouve en réalité pour elle les causes d'éloignement qui ont amené son délaissement presque général : sous les dehors d'une réconciliation avec les faits, l'utilitarisme s'apparente à une conception psychologique rigide, artificielle, méconnaît le caractère dynamique de l'obligation, procède de l'idée de finalité externe, imprégnée du dehors, non façonnée et projetée du dedans.

A l'attitude objective de l'utilitarisme s'oppose, spéciale- ment développé en Amérique, le réalisme psychique de l'atti- tude pragmatiste, théorie dynamique de la connaissance et de l'action, considérées comme les éléments d'une même synthèse. La certitude logique ou morale existe en fonction non d'un objet extérieur à l'activité, mais de cette activité elle-même, envisagée en tant qu'elle adapte son milieu à la réalisation de ses propres fins (1). Tous les traits essentiels de la psychologie économique la rattachent à cette orientation générale de la pen- sée : la valeur fonction de la finalité, la loi principale de la valeur ramenée aux révolutions du désir à travers le temps, les jugements économiques doublés d'actes qui façonnent leur pro- pre objet plutôt qu'ils ne le définissent, la recréation récipro- que continuelle de tous les désirs d'un même système psychique; au lieu de l'ancien concept de valeur-legs, la valeur perspective changeante revécue et transformée à chaque instant, rapport unique d'adaptation entre le caractère et le milieu s'exprimant et se modelant l'un l'autre; au lieu de cristallisations qui ser- vaient de symboles spontanés, en quelque sorte aux anciens con- cepts, la réalité économique pénétrée tout entière des notions d'instabilité, de perfectibilité, de risque accepté, couru, me- suré.

L'attitude pragmatiste apparaît elle-même d'ailleurs comme une tentative d'universalisation du point de vue économique,

---

(1) V. Dewey (*The psychological standpoint*, Mind, 1886), cité par Claparède (Préface de *L'Ecole et l'Enfant*, traduction Pi- doux, p. VIII) : la marque de la vérité ne sera pas l'appréhension de quelque réalité absolue, mais simplement le succès des démar- ches de l'intelligence aux prises avec les choses.

de la sanction du succès, l'activité ne devant jamais envisager ses propres œuvres pour elles-mêmes, mais en fonction de son propre intérêt largement entendu (1).

Mais ces analogies, ces phénomènes d'attraction plus ou moins marquée, n'entraînent aucune dépendance directe et l'une des transformations consacrées, achevées le plus complètement par l'école psychologique, consiste dans l'émancipation des théories économiques à l'égard non seulement des doctrines morales mais même des doctrines économiques, dans la constitution d'un fonds commun, véritable patrimoine scientifique échappant aux revendications d'écoles.

En même temps que les théories économiques s'émancipent de toute sujétion à l'égard des doctrines morales, la dépendance des faits économiques à l'égard des faits moraux s'affirme dans toute son énergie. La valeur économique est une valeur de moyen; l'objet véritable des jugements qu'elle inspire consiste dans l'adaptation plus ou moins complète d'une chose, d'un service à des fins plus ou moins désirées. Ces jugements sont en réalité, pour reprendre une formule de Tarde qui peut être appliquée ici dans une certaine mesure, des conclusions de syllogismes téléologiques dont la majeure est un jugement porté sur une fin, la mineure un jugement porté sur un moyen. Toute altération dans l'énergie de l'une ou de l'autre des prémisses influe nécessairement sur le sort de la conclusion (2). L'action sur la richesse, par la richesse, se meut à travers toute la hiérarchie des fins humaines (3). Activité économique ne signifie pas nécessairement activité égoïste mais activité médiate, sans finalité propre, subordonnée à un intérêt ultérieur quel qu'il soit ou, pour reprendre une distinction classique, activité-travail n'existant que comme cause d'une réalisation

(1) Intérêt signifie *inter-esse*, annihile la distance séparant la conscience des objets et des résultats de son activité; l'intérêt est l'instrument de leur union organique (la notion vulgaire d'intérêt personnel rétrécit l'intérêt) (Dewey, *L'École et l'Enfant*, p. 15).

(2) V. Tarde : *Logique sociale*, Paris, Alcan, 1895, ch. I, par. VI.

(3) Cf. Baldwin, *Psychologie et Sociologie* (trad. Pierre Combret de Lanux) : Les mobiles économiques, modifiés par le caractère individuel, varient sur une échelle qui va de l'égoïsme aux préoccupations humaines les plus hautes (chap. III, *Concurrence sociale et Individualisme*, p. 68).

attendue, par opposition à l'activité-jeu trouvant sa fin dans son propre déploiement.

Deux personnes sont l'une à l'égard de l'autre dans un rapport économique quand, à travers leur action collective, leurs mobiles respectifs restent distincts, sans pénétration directe, quand leur rencontre constitue non pas un but collectif mais un stade commun marquant le point d'intersection de deux routes orientées vers des buts différents (1). Il y a d'ailleurs des multitudes d'actes mixtes incorporant un intérêt, une finalité propre, mais constituant aussi les chaînons intermédiaires d'une série plus vaste, les moyens d'une réalisation plus lointaine. En outre, le domaine de la réflexion économique s'étend plus loin que celui de la préoccupation économique immédiate. Un acte accompli pour lui-même sans arrière-pensée de réalisation ultérieure appartient à la spéculation économique dans la mesure où il influe d'une façon appréciable sur l'état des ressources.

C'est donc arbitrairement, inexactement, que l'on a cru pouvoir limiter le champ des préoccupations économiques à certaines catégories d'actes, à certains mobiles, alors que ce n'est pas la catégorie, la nature intrinsèque mais l'extériorité du mobile qui importe. De même que, selon la remarque déjà faite par Stuart Mill, il est peu d'actes purement économiques, c'est-à-dire dont la finalité soit entièrement extérieure à eux-mêmes, il est très peu d'actions qui n'aient pas un caractère économique, c'est-à-dire médiat, soit dans leur direction voulue, soit dans leur résultat. On ne saurait donc ramener le champ des études économiques aux actes de la vie courante, moins encore, comme on avait une tendance à le faire au début, aux actes qui mettent en œuvre les désirs élémentaires, ceux qui ne sont que la traduction presque immédiate des besoins et exercent une action plus irrésistible, plus invariable. En réalité, il y a place pour la réflexion économique partout où se manifeste la préoccupation d'un moyen. Appartiennent aux spéculations économiques

(1) V. Wicksteed, *The common Sense of political Economy*, pp. 169-80 : Il y a relation économique quand je rends service à quelqu'un sans intérêt spécial pour lui, que ce service est un anneau dans la chaîne des moyens me conduisant à mes fins (égoïstes ou non) : souvent d'ailleurs il y a transition insensible entre les relations économiques et les relations sympathiques. Le caractère des relations économiques n'est pas l'égoïsme mais le « non-tuisme ».

les utilités parcimonieusement accordées, obtenues et agrandies avec peine; la notion d'utilité et de coût s'y trouvent réunies dans une inséparable synthèse, comme deux aspects d'une même réalité.

Tous les actes, instinctifs ou réfléchis, d'évaluation de la richesse sont des empreintes, des résultats de jugements moraux, soutenus par eux, recomposés sous leur action. De là le caractère complexe, qualitatif et quantitatif à la fois, des jugements de valeur économique; l'école psychologique a dégagé le premier de ces caractères, éclairci le second. L'élément qualitatif du désir, l'idée de choix se substituant à celle de dénombrement pur et simple constituent un des terrains sur lesquels la psychologie économique s'est le plus affinée, réintégrée dans la psychologie générale. La réduction des fins à l'unité, la comparaison directe des mobiles considérés comme des quantités de même espèce, des agrégats hédonistiques, la lutte des désirs sont autant de notions qui s'effacent devant celles de l'organisation des fins, de la collaboration, de la juste proportion des désirs en vue de la réalisation la plus complète du caractère. Après que le jugement moral a tracé le cycle, dessiné la hiérarchie des fins, le point de vue économique intervient pour assurer leur réalisation aussi complète que possible, mais nécessairement incomplète. Il se meut au milieu de désirs encore assujettis à leurs instruments extérieurs de réalisation, obligés de compter avec eux, de leur communiquer une partie de leur intérêt.

Si le choix moral repose sur une incompatibilité de droit, catégorique, définitive, le choix économique repose sur une incompatibilité de fait; dans le premier cas, un désir est définitivement effacé, supprimé par un autre en vertu d'un principe d'ordre, d'organisation, d'unité personnelle; dans le second cas, un désir est simplement différé au profit d'un autre plus urgent. Il y a dans le premier cas une exclusion par dissemblance, dans le second une exclusion par concurrence, rappelant par antithèse les deux formes essentielles de l'association (ressemblance, contiguïté).

Un jugement de valeur économique qui, dans sa signification la plus générale, exprime l'attachement ressenti pour un bien ou un service, pour l'instrument de la réalisation d'un désir, comparé à un autre objet déterminé et classé au milieu de l'ensemble des autres ressources disponibles, a pour infrastructure une comparaison qualitative, d'allure synthétique entre deux fins, pour formule une expression quantitative qui signifie, non comme l'impliquerait la formule hédonistique pure et simple, une comparaison entre deux fins, prises comme des unités de même espèce, mais entre les degrés respectifs d'intérêt humain communiqués à divers moyens, les degrés de dépendance, de finalité incorporée qu'ils impliquent et par suite l'énergie du désir secondaire, dérivé, qu'ils peuvent inspirer.

Il n'y a donc pas, à proprement parler, de domaine autonome, de règne économique morcelant l'activité sociale, mais un point de vue économique traversant toute la réalité humaine. Le schéma, l'abstraction réalisée de *l'homo œconomicus* n'était que l'expression trop étroite d'un moment nécessaire, d'une attitude qui fait partie intégrante de tous les actes, de toutes les réalisations : l'adaptation d'un effort et d'un ensemble de moyens extérieurs à une fin, à un intérêt, cet intérêt parcourant toute la hiérarchie des mobiles.

La continuité, l'unité de l'activité psychique a pour conséquence l'unité fondamentale de l'acte économique. Acte économique ne signifie plus acte ayant la richesse pour but, mais, d'une façon plus générale, acte ayant la richesse pour moyen, pour véhicule. Comme on le verra dans le chapitre suivant, ce ne sont pas les acquisitions mais aussi (et surtout peut-être) les dépenses de richesses qui ont un intérêt économique; par une remarquable interversion de vues, les actes de consommation longtemps négligés tendent à devenir la clef de voûte de l'explication économique.

Cet élargissement du champ scientifique s'explique non seulement par la filiation, plus exactement la sympathie, la pénétration réciproque des idées, mais aussi par la transformation du milieu, la pression des faits. On a souvent remarqué que les premiers économistes avaient été trahis moins par un excès d'abstraction proprement dite que par une généralisation trop large de leur propre expérience. L'hégémonie du producteur était une réalité à leur époque, de même que la fixité, la moindre complexité, la passivité relative de la demande. La succession progressive du règne de la mode à celui de la coutume a plus impérieusement imposé à l'attention le rôle économique du consommateur. De même, le développement des institutions libérales, sociales, a fait mieux apparaître l'importance de l'élément humain, un peu dissimulé par les constructions abstraites de l'école classique. L'influence des faits et celle des idées ont été profondément concordantes. Une curiosité scientifique, fixée de préférence sur l'attitude du producteur, peut se contenter d'une finalité anonyme, uniforme. médiate; l'entrée de la consommation dans le domaine de la science économique met nécessairement cette science en face de toute la variété des mobiles.

Après avoir essayé de définir les principaux buts de l'économie psychologique, nous étudierons dans le chapitre suivant ses moyens d'investigation, c'est-à-dire les méthodes qui ont servi de cadre, de point d'appui à ses recherches.

PREMIÈRE PARTIE

NOTIONS FONDAMENTALES

CHAPITRE PREMIER

La Méthode

Avant d'expliquer les positions prises par l'école psychologique anglo-américaine sur les principales questions de la science économique, il n'est pas inutile d'indiquer avec quelques détails l'idée propre qu'elle s'est faite de cette science, les procédés généraux de recherche dont elle a surtout fait usage.

I. — CONCEPTION GÉNÉRALE DES PROBLÈMES ÉCONOMIQUES

Si les premiers économistes étaient préoccupés d'enfermer leur champ d'étude dans des frontières précises, l'économie psychologique se préccupe surtout d'élargir ces frontières (1)

(1) Marshall, *Principles*, p. 27 : le domaine économique n'est pas circonscrit par une délimitation scolastique; v. dans le même sens *op. cit*, appendice C. (p. 780), soulignant l'élargissement du point de vue économique (qui compense une moindre précision scientifique), affirmant l'existence de marches frontières où les différents chercheurs s'avancent plus ou moins, selon leurs ressources et leurs buts; Jevons (*Théorie de l'Économie politique*, trad. Barrault, p. 76) constate que le champ de la science économique, limité à l'origine par Quesnay et ses disciples, tend à prendre une extension nouvelle.

Les faits économiques doivent être considérés avant tout dans
leur caractère humain, rapprochés et non pas isolés de l'activité
dont ils procèdent. La conséquence la plus importante de ce
point de vue nouveau se manifeste par l'attention progressivement accrue qui s'attache aux phénomènes de consommation.
La consommation, c'est-à-dire ce que l'on considérait surtout
comme la destruction, ce qui est plus exactement l'utilisation
de la richesse, a paru longtemps se réaliser en quelque sorte
hors du domaine de la science. Tout l'intérêt se concentrait sur
le travail de production, de circulation, de distribution. Une
fois le produit aux mains du consommateur, la recherche économique semblait n'avoir plus d'objet.

Il peut paraître paradoxal au premier abord de dire que la
science traditionnelle aurait méconnu l'importance du consommateur dans le monde économique; elle l'a, sous certains rapports, plutôt exagérée en effet. La théorie de la valeur-coût,
celle de la liberté du commerce intérieur et extérieur qui en
est le corollaire proclament à la fois la suprématie de son intérêt et l'irrésistible puissance avec laquelle cet intérêt sait obtenir satisfaction. Mais on a pu lui reprocher d'envisager un consommateur inactif, impersonnel, qui subit le prix au lieu de le
déterminer, bénéficie en dernier ressort de tout progrès économique, s'enrichit de la disparition automatique des privilèges sous
l'action de la concurrence, véritable « légataire résiduel »,
sleeping partner (1).

---

(1) Cette diminution en étendue, cet accroissement en profondeur du rôle de la consommation, loin d'être à un degré quelconque contradictoires, impliquent une vue synthétique de l'activité
humaine, foncièrement identique dans ses actes directs (consommation) ou prospectifs (production) d'adaptation au milieu La
synthèse sociale suit, là aussi, la synthèse psychique, il n'y a pas
plus d'opposition définitive de classes que de fonctions. Patten
insiste notamment sur la solidarité profonde qui unit les grands
producteurs et les masses ouvrières, l'intérêt des premiers à la
défense du *standard of life* (v. Theory of prosperity, compte rendu
de Seager dans *Annals of american Academy*, mars 1902, pp. 74-
90); v. un rapprochement analogue chez Smart, *Distribution du
Revenu* (trad. Guéroult, p. 53).
Les mêmes vues se trouvent déjà exprimées sur ce point par
l'économie nationale, qui prétend trouver beaucoup de mercantilisme encore dans la doctrine classique, subordonnée à cet objectif
par trop exclusif : acheter bon marché, véritable mercantilisme
retourné, presque aussi unilatéral que l'autre, se résolvant en un
même but plus lointain, l'accumulation pécuniaire, au lieu de

Le rôle actif du consommateur se trouve donc mis en lumière; loin d'être en dehors du processus économique, la consommation constitue un point particulièrement clair dans ce cycle continu d'actions et de réactions réciproques entre l'homme et la richesse, toujours dépendants l'un de l'autre. L'étude de la consommation, traditionnellement considérée comme un sujet d'étude post-économique, devient de plus en plus un corps de principes dominant (1) l'ensemble de la science. La théorie de la valeur (qui les résume toutes), les théories générales de la distribution, de la rente, de l'intérêt, se renouvellent à son contact. Loin d'évoquer l'idée de destruction, elle signifie achèvement, création effective de richesse. De même qu'il a fallu un progrès de la pensée économique pour faire considérer comme productif le travail du commerçant qui se borne à re-

tendre vers le plus haut développement d'énergie (v. Gide et Rist, *Histoire des Doctrines*, liv. II, chap. IV, pp. 315-23).

(1) L'importance accordée à l'étude de la consommation tend à augmenter en raison du développement de la psychologie économique. L'école classique française déjà, nettement différenciée dès ses origines à l'égard de l'école ricardienne, affirme av... J.-B. Say la réalité, l'activité de la fonction du consommateur d... s la détermination d'un état économique (loi des débouchés). Elle insistera avec Bastiat sur la nécessité d'une discipline de la consommation; ces préoccupations pratiques se manifestent dans l'école française contemporaine, les directions théoriques imprégnées de psychologie coïncident avec les préoccupations de relèvement, de consolidation du pouvoir économique du consommateur. (Sur la place qu'une théorie complète de la consommation est appelée à occuper dans l'ensemble de la science économique, v. Gide, *Cours d'Economie politique*, 2me édit., Paris, Larose et Tenin, 1911, p. 763). Après avoir été placée à la fin des traités généraux, elle l'est de plus en plus au commencement (v. notamment Marshall, *Principles*; Landry, *Manuel d'Economique*, Paris, Giard et Brière, 1908). — Walker déclare, dans son traité (p. 322), que la théorie de la consommation attend son Adam Smith; Jevons voit lui aussi dans une théorie de la consommation la manifestation la plus importante du développement de la science économique; Clark *(Philosophy of Wealth*, pp. 57-8) considère que ce n'est pas le maximum d'accumulation, mais le maximum d'utilisation de richesse qui constitue l'objet principal de l'étude et le but essentiel de l'action. Fisher *(The Rate of Interest,* chap. XIII, pp. 236-55) ramène l'explication de l'intérêt à l'analyse du prêt de consommation, reconstruit toute la théorie économique sur la base de la notion de désir. Les études théoriques ont coïncidé avec les préoccupations pratiques, les études historiques, statistiques; elles se sont mêlées à ce courant général de curiosité qui, avec l'école de Le Play, notamment, est dirigé vers les modes d'utilisation de la richesse, d'organisation de la dépense : études monographiques ou études extensives (ces dernières préférées par Marshall comme plus concluantes, v. *Principles of Economics*, 5me édit., liv. III, ch. IV, p. 116).

mettre, sans y rien ajouter matériellement, un objet dans les mains où il doit donner le plus d'utilité, par un nouveau progrès la mission productrice du consommateur se trouve reconnue parce qu'il consacre et peut élever à son maximum l'utilité virtuelle incorporée dans les objets extérieurs, suscitée et non créée par eux. Cette mission productrice s'affirme encore comme stimulant d'activité future. Une consommation se justifie, au point de vue économique et moral à la fois, dans la mesure où elle ne constitue pas sa propre fin, ne marque pas une période d'immobilisation, mais suscite un nouvel élan d'énergie.

Il est intéressant de rapprocher l'idée de consommation productrice ainsi comprise du concept que l'économie classique entendait sous ce même mot : consommation physiquement nécessaire à l'entretien de la force de travail, concept tout pénétré de l'esprit de la théorie du fonds des salaires, de cet ensemble de doctrines auxquelles on a reproché de négliger la présence continuelle de l'idée de finalité humaine. Si l'explication économique, orientée à ses origines vers la production, cherche de plus en plus son point d'appui dans les phénomènes simples, longtemps considérés comme négligeables, situés dans le voisinage immédiat de la consommation, c'est moins une interversion proprement dite qu'un élargissement du point de vue primitif: la science économique ne se détourne pas de l'idée de production mais l'immatérialise, la complète, réalise la synthèse de l'acte économique, ramené à un choix spontané (1).

La notion de continuité, l'unité réintroduite au centre même de l'activité économique permet de remplacer par des notions beaucoup plus souples, autrement compréhensives, les catégo-

----

(1) V. Wicksteed, *The common Sense*, pp. 17-27 : la synthèse des actes économiques doit être cherchée dans la notion de choix : le prix signifie les conditions auxquelles on peut obtenir une chose désirée ou éviter une chose redoutée. De même, Giddings expliquera la nature ultime de la causation sociale par les notions d'imitation et de choix (*Principes de Sociologie*, trad. Combes de Lestrade, Paris. Giard et Brière, 1897, liv. IV, ch. III, p. 354). Cette rencontre dans les notions fondamentales est significative : l'étude des faits sociaux en général se trouve rattachée à l'élément le plus réellement caractéristique et le plus complexe aussi des faits psychologiques (v. William James, *Principles of Psychology*, vol. I. ch. II, p. 13; Baldwin, *Interprétation du Développement mental*, p. 244 : le choix est l'une des formes supérieures de l'intelligence).

ries étroites aux limites glissantes établies par l'école classique. Au lieu d'apercevoir désormais sous les termes capital, revenu, intérêt, rente, des fragments de la réalité objective, on y verra de véritables catégories intellectuelles, des points de vue différents traversant tous une même réalité infiniment riche et complexe. On ne saurait davantage admettre une dualité réelle dans les forces écnomiques : l'état statique, c'est-à-dire l'ordre, la constance, l'équilibre, l'état dynamique, c'est-à-dire le progrès, mais aussi le déséquilibre momentané, ne s'opposent pas l'un à l'autre, mais se continuent, ne sont que deux moments dans l'effort d'adaptation d'un ensemble de forces à un ensemble de fins déterminées. Ce sont parfois aussi deux aspects coexistants d'un même fait envisagé dans l'ambiance, dans la réfraction de deux milieux concentriques, dynamique au regard du milieu le plus proche, tout juste parce qu'il est statique au regard du milieu plus lointain (Clark, *Distribution of wealth,* ch. XXV) (1).

(1) Dans son ouvrage *Essentials of economics Theory* (New-York, Macmillan, 1907), Clark s'attache à démontrer la puissance des forces statiques dans une société dynamique (v. en particulier chap. XII, *Economic dynamics,* pp. 195-210) : plus une société est dynamique, plus elle tend rapidement à réaliser à chaque instant de son histoire le modèle statique qui est l'expression, la résultante de toutes ses virtualités. Ainsi, la « société industrielle américaine, avec toutes les influences transformatrices qui la dominent, est plus rapprochée aujourd'hui de la réalisation d'une forme normale que ne le sont les sociétés plus conservatrices de l'Europe, et beaucoup plus que les indolentes sociétés de l'Asie. Un liquide épais peut garder une surface inégale; mais une substance extrêmement fluide sera vite nivelée, même si nous agitons le vaisseau qui la contient avec assez d'énergie pour créer des vagues à la surface et des courants au travers de toute cette masse... » « Le niveau de la mer est une réalité, bien que le mouvement des eaux ne s'apaise jamais assez pour que leur surface soit exactement à ce niveau. Vigoureusement agitées, les eaux affectent une surface plus proche du niveau idéal que ne le serait un océan de boue, de goudron ou de toute autre matière lente à couler... La forme type d'une société est comme un lièvre à la course rapide et irrégulière; tandis que la forme actuelle est semblable au chien courant qui, aussi rapide, le suit dans tous ses détours et s'emparerait immédiatement de lui s'il venait à s'arrêter » (pp. 197-99)
C'est donc la succession des types statiques qui constitue l'élément vraiment contingent, le principe de renouvellement effectif des sociétés. Plus une société est dynamique, plus elle est statique; ce paradoxe apparent s'explique par la notion d'équilibre. Toute situation suggère, implique sa formule d'équilibre, de même qu'elle est perturbatrice de l'équilibre antérieur. Les mêmes raisons (impressionnabilité, activité réactrice) qui amènent le déplacement

La continuité découverte dans les faits doit se manifester aussi dans les théories. Il y a continuité entre les intuitions du

rapide de la combinaison antérieure expliquent, réalisent le rétablissement rapide de l'équilibre renouvelé.

Deux séries de mouvements s'accomplissent sans cesse : 1° renouvellement d'une force, d'un aspect particulier (cinq catégories de changements se trouvent prévues : accroissement de population, accroissement de capital, changement dans les méthodes de production, changement dans l'organisation industrielle ou les désirs du consommateur (v. Clark, *Essentials of economic Theory*, p. 129); 2° réorganisation de l'ensemble du *consensus* économique. Un élément nouveau ne se surajoute pas purement et simplement aux éléments anciens, il leur impose un nouveau groupement; qu'il contredise ce qui est antérieur ou qu'il l'achève (ces deux résultats étant d'ailleurs souvent réunis dans des proportions extrêmement complexes), le résultat est le même : c'est toujours un renouvellement, une réadaptation.

Cette idée d'équilibre instable, de force vivante, est l'une des plus énergiquement affirmées, celle que l'on a pu considérer à bon droit comme l'idée centrale de l'économie politique dans sa formule actuelle (Marshall, *Principles*, 5ᵐᵉ édit., préf., p. 10). Il n'y a donc pas, à proprement parler, de force statique et de force dynamique; la distinction de ces deux éléments est d'ordre psychologique, téléologique, puisque toutes les forces économiques sont aptes à recevoir, par intermittence, des impulsions, des initiatives dynamiques et subissent d'autre part, pendant tout le cours de leur existence, la direction statique.

On peut, en le considérant de plus près, voir déjà dans ce concept la manifestation de l'idée qui sera développée plus loin à l'occasion de la théorie marginale : la répercussion qualitative du phénomène quantitatif, la non proportionnalité des résultats nécessitant un renouvellement de formule, la conservation de l'énergie s'effectuant non passivement mais activement. Le phénomène dynamique se ramène sous certains rapports à un rendement non proportionnel : tantôt il affecte la forme d'une rénovation, tantôt celle d'une répétition anormale; à la première catégorie appartiennent les phénomènes qui ont un aspect immédiatement qualitatif (changement dans les désirs, dans les méthodes productrices), les seconds ont un aspect directement quantitatif (changement numérique dans la population ou le capital); l'un de ces cinq éléments a un caractère mixte, à la fois qualitatif et quantitatif, c'est celui qui affecte l'organisation industrielle, se ramenant soit à des agrandissements, à des agglomérations plus denses, soit à des modes de groupements différents. A côté de l'effort (résumant en quelque sorte tout celui de la mathématique) qui consiste à réduire les aspects qualitatifs des choses à des variations, des formules quantitatives, un effort non pas opposé mais plutôt complémentaire se trouve réalisé par les sciences sociales pour établir le caractère qualitatif des différences numériques; cet effort se retrouve à travers les conceptions les plus diverses du fait social.

Marshall (*Principles*, Introduction, p. XII) reproche à Clark d'avoir voulu isoler les forces statiques des forces dynamiques et d'avoir paru ainsi méconnaître leur continuité; en réalité, il s'agit moins de forces irréductiblement distinctes que de fonctions, d'aspects, de moments. Il ne paraît pas y avoir de différence bien essentielle entre la méthode de Clark et celle de Marshall qui, lui

« sens commun économique », les trouvailles de la vie et l'explication scientifique qui doit puiser ses concepts à même la pensée courante, lui emprunter ses termes, ces lignes générales d'interprétation, les développer sans les déformer, les coordonner sans les contredire. Les principales affirmations de l'école psychologique : la valeur issue de l'utilité, l'intérêt expliqué par l'impatience, le dédoublement du concept de capital (manifestation individuelle ou substance de richesse, *capital bien* et *capital pur* de Clark) ainsi d'ailleurs que l'idée philosophique qui domine, soutient, comme nous le verrons plus loin, cet ensemble d'affirmations en ramenant les faits sociaux à un tissu d'actions interpsychiques ne sont que l'élaboration approfondie, l'expression affinée d'idées courantes, immédiates, d'origine populaire préférées, en matière de pensée comme en matière de langue, aux créations d'origine savante (on retrouve assez sensiblement la théorie spencérienne de l'unité de la continuité de la connaissance primitive, vulgaire, et de la connaissance scientifique (v. notamment, sur la théorie spencérienne de la continuité de la connaissance, Ribot, *Psychologie anglaise*, 2ᵐᵉ éd., p. 179).

Sous l'influence de cette préoccupation générale, la science économique reste rapprochée de la vie. Elle fera légitimement usage de l'abstraction en dégageant, dans l'ensemble complexe des phénomènes, une fonction, un aspect particulier, mais elle

aussi, s'efforce, dans le volume I de ses *Principles*, auquel devaient succéder des volumes consacrés à des études plus concrètes, de fixer le mécanisme des forces économiques dans des conditions normales. Cette même idée d'ensemble se trouvait exprimée chez Auguste Comte : « la sociologie dynamique étudie le progrès comme un simple développement de l'ordre » (*Système de politique positive*, Paris, 1852, t. II, p. 468). — Un guide statique est semblable aux types rectilignes sur lesquels la géométrie fonde l'étude de chaque courbe, surtout en déterminant ses asymptotes; *loc. cit.*

À la méthode de Clark, de Marshall, préoccupée de montrer le dynamique virtuellement discipliné, attiré par une réalisation statique, on peut dans une certaine mesure opposer les vues de Fisher notamment, réduisant la statique à un aspect intellectuel, à un essai de consolidation du dynamique, essai artificiel, au sens propre du mot, tenté pour les besoins de l'action, se renouvelant avec elle, dépourvu de durée propre, de valeur indépendante.

On pourrait, sous certains rapports, rapprocher la loi de l'intégration statique, affirmée avec une particulière énergie chez Clark, de la loi de l'accord logique progressif qui constitue l'idée fondamentale du système sociologique de Tarde.

ne doit pas s'abstraire de la notion même de vie. La science traditionnelle s'était consolidée par la matérialisation des faits; science complexe de l'esprit et des choses, ainsi qu'elle s'est toujours définie elle-même, sa prédilection véritable l'attirait vers la constitution d'une physique sociale (1), les comparaisons, les procédés d'exposition empruntés à la physique, à la mécanique, se trouvent assez souvent sous la plume des économistes classiques; on les retrouve encore, bien qu'avec une moindre étendue, chez Marshall par exemple. Les faits économiques se succèdent comme des choses, leur explication est rétrospective, tend à reconstituer aussi certaine, aussi lointaine que possible, la série des causes, à retrouver derrière le phénomène actuel d'allure, ou tout au moins d'apparence spontanée, le fait passé dont il n'est que la réviviscence.

Les créations, les mouvements de valeurs subordonnés aux processus physiques, techniques, aux empreintes matérielles de la richesse, la valeur de tout bien mesurée par le coût sous sa forme la plus primitive, le travail (la valeur du travail elle-même ramenée au coût du travail, c'est-à-dire de l'approvisionnement nécessaire pour entretenir la force de travail ainsi réin-

---

(1) V. Marshall. *Principes*, appendice. C. Scope and Method of Economics. pp. 770-80 : les forces économiques agissent plutôt mécaniquement que chimiquement, d'où une place importante faite à la méthode déductive. L'auteur ajoute, il est vrai, que l'analyse et la déduction en économie politique ont pour but non de forger quelques longues chaînes mais d'établir un grand nombre de chaînes courtes et solides; la déduction économique doit souvent se retremper à la source expérimentale. La matière économique appelle dans une assez large mesure des procédés analogues à ceux de la biologie. Ce concept de physique sociale se retrouve plus ou moins absolu à travers toute l'école classique. On peut être tenté de le rapprocher du concept d'Auguste Comte, désigné exactement sous le même mot. L'analogie demeure assez lointaine : le terme physique paraît être pris dans une acception très générale, étude de la nature; en outre, il s'agit chez lui d'une synthèse sociologique, ne laissant point de place à une indépendance scientifique réelle pour l'étude des faits économiques et rattachée elle-même à la synthèse scientifique par une continuité de discipline que ne sauraient compromettre d'inégales complexités d'objets. Auguste Comte considère que « le phénomène social n'est que le simple développement de l'humanité, dans création de faculté quelconque. » *(Philosophie positive*, IV, 333); l'étude des faits sociaux doit être contrôlée par la « théorie positive de la nature humaine. » *(Ibid.*, p. 335). L'économie psychologique a utilisé ces vues générales en les corrigeant : en affirmant la nécessité d'une discipline économique distincte, elle a réagi contre son isolement excessif.

tégrée parmi les agents physiques), les désirs qui meuvent l'activité économique pris parmi les plus constants, les plus primitifs, les plus sujets à l'action des forces physiologiques, sont autant de signes par lesquels s'affirme cette sujétion de la science classique à l'idée de cause qui limite son essor sans donner cependant une précision bien catégorique à ses résultats.

. Comme les reconstitutions d'antécédents présentent vite des difficultés inextricables, les reconstitutions arbitraires, les transmutations immédiates d'hypothèses préhistoriques en explications de la réalité actuelle interviennent trop souvent. D'autre part, la formule vicieuse de la pluralité des causes et des effets (1) déforme gravement la catégorie de cause ou plutôt démontre déjà l'obstacle, généralement reconnu aujourd'hui, qui s'oppose à l'application pure et simple de cette catégorie dans le domaine des faits d'ordre moral.

II. — L'EXPLICATION PSYCHOLOGIQUE

Ce point de vue traditionnel est totalement interverti : autant l'effort de l'économie classique consistait à matérialiser les faits économiques, à les plier à une discipline mécanique, physique, autant on s'appliquera à les considérer comme des faits humains, à les éclairer du dedans. Au lieu de les envisager comme des séries de causes et d'effets, on les reliera les uns aux autres comme des séries, beaucoup plus contingentes de moyens et de buts. De rétrospective, l'explication devient prospective. La coordination d'un phénomène et de ses antécédents, considérée d'abord comme une nécessité normale, n'est que le résultat d'une adaptation dépendant d'un effort, d'une prévision, d'un risque préalable. En affirmant que l'adaptation se produit d'elle-même sous la seule action du temps, on laisse dans l'ombre — plus que cela — on déforme le véritable mécanisme de cette adaptation. Au lieu d'être fixée en dernier ressort par des événements passés, la valeur se rattache à des faits de variation.

(1) V. sur la pluralité, ou plus exactement l'instabilité des causes et des effets en matière sociale, Stuart Mill, *Système de Logique*, II, 178, et le critique de ces formules dans Durkheim, *Les Règles de la Méthode sociologique*, Paris, Alcan, pp. 153-5.

de devenir. La vraie valeur naturelle, normale, loin d'être faite
d'immobilité, d'équilibre objectif, définitif, sera la résultante
* actuelle, essentiellement instable·d'un principe d'activité.

La filiation économique, loin de suivre l'ordre de la filiation
physique, l'intervertit souvent. Ainsi, le revenu est un produit
physique du capital, le capital un produit économique du revenu; le discernement exact de ce rapport suscite, nous le verrons, la théorie indépendante du revenu, libérée de l'obsession
de l'idée de capital·qui venait à chaque instant l'alourdir et la
fausser; débarrassée de ce concept parasite, elle s'engage dans
sa vraie voie et ouvre une série de perspectives nouvelles sur le
monde économique.

Le déterminisme scientifique, tout en demeurant très ferme,
s'imprègne de cette idée de contingence qui n'est d'ailleurs pas
sans avoir touché, à des degrés divers, dans toutes ses manifestations, l'idée philosophique de loi. Le caractère spéculatif,
aléatoire, de l'acte économique, loin d'être dissimulé, est au
contraire mis en relief. A l'idée d'équilibre lentement réalisé et
d'allure stable, d'équivalence entre l'action et la réaction, se
substitue la notion d'équilibre instable, sans cesse reconstitué
par le mouvement interdépendant de toutes les parties constitutives d'un même système. C'est en cela que l'école mathématique renouvelle la notion d'équilibre dans un sens plus instable,
plus biologique. L'école psychologique considère les aspects
internes des phénomènes, l'état d'équilibre se réalise par la
rectification réciproque des positions individuelles, le but poursuivi par chacun n'est pas l'équilibre mais le déséquilibre heureux (1).

Normalement, la valeur subjective recherchée n'égale pas le
coût, elle le dépasse; un risque s'interpose entre ces deux termes, l'adaptation est faite non seulement d'un effort mais d'une
initiative, l'énergie inventive, la recherche de la combinaison
inédite, heureuse, sont fortement mises en relief. L'économie
politique classique avait considéré le rôle social de l'invention
vu du dehors, dans ses résultats mécaniques, industriels; il lui

_____

(1) V. Simiand, *La Méthode positive en Science économique*
(*Revue de Métaphysique et de Morale*, 1908, p. 892), oppose à la
théorie classique de l'équilibre que souvent le but recherché n'est
pas l'équilibre mais la réalisation de déséquilibres avantageux.

manquait d'être aperçu du dedans, mêlé dans les proportions les plus diverses à toute la trame de l'activité économique; parallèlement à cette force se révèle l'omniprésence, la nécessité et finalement la vertu du risque, lorsqu'il est, comme le plaisir, non pas dissocié, pris pour lui-même, placé dans un isolement contre nature, mais accepté comme la rançon nécessaire du déploiement d'une énergie, ainsi qu'en fait foi notamment une comparaison globale entre le sort respectif des actionnaires et des obligataires, l'enrichissement réel des premiers, la stagnation et la sécurité nominale des seconds (ces vues sur l'efficacité du courage devant le risque peuvent être comparées à celles de Bergson dans l'*Evolution créatrice*, p. 141) (1).

Intervertie dans son orientation, tournée non vers les origines objectives, primitives, d'ailleurs insaisissables des événements économiques, mais vers le point critique, vital, de la consommation, qui sanctionne une période écoulée et en fait surgir une nouvelle, l'explication devait par là même se trouver complètement modifiée dans son mécanisme logique. Elle s'éloignera donc délibérément de la notion objective, physique de cause, inapplicable dans sa rigueur, aux phénomènes humains; la vie économique sera envisagée non comme une série inflexible de causes et d'effets, mais comme un réseau complexe de fins tendant à s'utiliser le plus possible réciproquement comme moyens les unes les autres. Les faits économiques sont des résultantes d'actions entre sujets dont aucun n'a un rôle absolument passif; tous les termes du rapport ont une certaine spontanéité, un pouvoir de réaction; l'expression, le résultat de ce rapport appartiennent à un ensemble d'activités simultanées mutuellement déterminantes les unes à l'égard des autres. Autant est unilatéral, rigide le lien qui enchaîne une cause à son effet, autant le rapport qui unit un moyen et un but est sujet à se renouveler constamment, comme les deux termes qu'il met en présence chez chacun des acteurs, à chaque stade de l'action.

Sur ce point, l'idée psychologique rejoint l'idée mathématique, toutes deux s'expriment dans le rapport non plus histori-

___

(1) « D'une manière générale, dans l'évolution de l'ensemble de la vie, comme dans celle des sociétés humaines, comme dans celle des destinées individuelles, les plus grands succès ont été pour ceux qui ont accepté les plus gros risques. »

que et objectif, mais actuel et intellectuel de fonction, c'est-à-dire de variations interdépendantes, nettement appliqué pour la première fois par Cournot à l'explication des faits économiques. En présence de deux faits ayant certainement les rapports les plus étroits, comme le prix d'une marchandise et l'abondance de sa production, il est impossible de dire que la quantité soit positivement une cause de l'état du prix, car immédiatement il apparaît avec évidence que le prix exerce à son tour une action décisive sur la production, deux causalités (1) rivales se posent et pour les avoir acceptées sans chercher à les expliquer, à les dépasser, la science classique s'est vu reprocher de tomber, sur ce point comme sur beaucoup d'autres, dans de véritables cercles vicieux. Il faut donc accepter comme une réalité cet état d'actions et de réactions continues et y adapter une base d'explication circulaire dont la théorie sera examinée plus loin en détail; on échappe au « cercle logique » par le « cercle de fait » (2). Pour reprendre l'exemple déjà cité, il conviendra de déclarer simplement que sur un même marché, c'est-à-dire dans l'intérieur d'un groupe de personnes dont les rapports économiques s'établissent avec une égale liberté, la quantité et le prix d'une marchandise ne peuvent varier isolément, toute variation de l'une déterminant une variation précise de l'autre. Elargissant la formule, on verra dans le prix l'expression synthétique, mouvante, du rapport établi entre une multitude de facteurs, dont chacun ne pourra varier sans imprimer sa marque sur le prix qui, à son tour, modifiera les autres facteurs.

C'est sur cette base de l'idée de fonction que l'école mathématique a construit la théorie de l'équilibre économique. Toutes les forces constitutives d'un même système s'ordonnent dans le sens de leur maximum simultané de puissance, les positions respectives des divers éléments du système se commandent entre elles. Le prix d'équilibre est celui qui, en l'état d'un approvisionnement, d'une demande, d'un état général de richesse déterminés assure parmi le plus grand nombre possible d'acheteurs et de vendeurs la plus grande somme possible de satisfac-

(1) V. Gide et Rist. *Histoire des Doctrines économiques*, pp. 593-5.
(2) Baldwin, *Interprétation du Développement mental*, trad. Duprat, p. 21.

tions (1); toute modification dans l'état de l'un des facteurs amène une variation concomitante dans le prix, c'est-à-dire une formule nouvelle d'équilibre. Les divers éléments d'une même réalité d'ensemble ne peuvent être séparés à tel point que l'un d'eux ait absolument précédé l'autre et, par suite, l'ait produit intégralement. On doit les envisager en état de création mutuelle sans cesse continuée et, au lieu de les détacher par la considération de leurs origines, les envisager comme réunis par leur fin commune. C'est donc volontairement que les théories de l'économie pure sur les prix vont au-devant d'un des principaux reproches qui leur ait été adressé, celui de ne pas expliquer le prix à leur origine, de les supposer existant déjà en se bornant à noter leurs variations (2).

De même qu'elle suggérait à l'école mathématique la théorie de l'équilibre, devenue de plus en plus son domaine exclusif, l'idée de fonction reliait la psychologie économique à la théorie interpsychologique des faits sociaux, qui la dépasse mais la soutient, donne seule un point d'appui réel à sa thèse essentielle : la pénétration réciproque des phénomènes collectifs et du psychisme individuel. C'est en effet sur ce point que s'agite un conflit qui divise, passionne toute la philosophie sociale, a pour point de départ la méthode, mais déborde ce terrain, engage la nature même des faits sociaux, ressuscite dans une synthèse nouvelle toute une série d'oppositions, conflit qui doit être résumé à grands traits. Ainsi, après avoir réussi à apaiser les querelles de méthode qui lui étaient propres, la science éco-

---

(1) « La production, sur un marché régi par la libre concurrence, est une opération par laquelle les services peuvent se combiner en les produits de la nature et de la quantité propres à donner la plus grande satisfaction possible des besoins, dans les limites de cette double condition que chaque service, comme chaque produit, n'ait qu'un seul prix sur le marché, celui auquel l'offre et la demande sont égales et que le prix de vente des produits soit égal à leur prix de revient en services. » (Walras, Eléments d'Economie pure, 4ᵐᵉ édit., p. 231).

(2) V. Simiand (Méthode positive en Science économique, Revue de Métaphysique et de Morale, 1908, pp. 898-903) : L'économie pure suppose le prix formé, borne son ambition à en expliquer les variations.

La notion générale de développement continu (marquée par la succession des diverses formules de combinaison entre éléments, sans commencement absolu, sans disparition totale d'aucun d'eux) peut être comparée à la notion de continuité sociale affirmée notamment par Auguste Comte (V. Henri Michel, Idée de l'Etat, liv. IV, chap. I, pp. 427-49).

nomique se trouve mêlée à la controverse méthodologique qui, divise la science sociale dans son ensemble : elle n'y est d'ailleurs point mêlée d'une manière passive; envisagée dans son application au domaine précis des faits économiques, la controverse générale révèle avec plus de netteté encore ses directions caractéristiques, peut-être aussi laise-t-elle mieux apercevoir les éléments de sa solution.

La théorie interpsychologique des faits sociaux a pour caractéristique, comme les conceptions économiques qui font l'objet de cette étude, d'avoir jailli simultanément de plusieurs sources indépendantes. Elle peut être en effet revendiquée à la fois par Tarde, Bagehot, Royce, Baldwin (1); cette énumération indiquerait à elle seule la place qu'elle tient dans la pensée américaine qui l'a développée avec prédilection, lui a donné sa formule la plus énergique.

Son principe tient tout entier dans l'affirmation d'un lien fonctionnel, d'un mouvement circulaire d'échange entre la société et l'individu (2).

Aucune réalité humaine n'est purement individuelle, ni purement sociale; individu et société se donnent l'un à l'autre leur signification, leur organisation, leur vie psychique; il n'est pas jusqu'à leurs oppositions, si marquées, si violentes soient-elles, toujours passagères, qui n'affirment leur inséparable union.

(1) V. sur cette coïncidence d'origines Baldwin, *Interprétation sociale du Développement mental*, trad. Duprat, préface. La théorie interpsychologique se trouve exprimée avec beaucoup d'énergie, notamment, chez Dewey (*L'École et l'Enfant*, trad. Pidoux, p. 42), qui, parlant de la pédagogie d'Herbart, la définit en ces termes : Elle exprime les idées d'un peuple, pour qui ce qui importe est l'autorité et la formation du caractère individuel en vue de sa soumission à l'autorité. Ce n'est pas la psychologie d'une nation qui croit que chaque individualité renferme en elle-même le principe d'autorité et que l'ordre social doit reposer sur la coordination plutôt que sur la subordination.
La thèse psychologique se trouve également développée d'une façon très énergique dans Giddings, *Principes de Sociologie*, trad. Combes de Lestrade, v. en particulier, pp. 358-60 : la société est plus qu'un organisme, elle lui est supérieure comme l'organisme est supérieur à la matière. La société est une organisation, c'est-à-dire une somme de rapports psychiques..., sa fonction est de créer une personnalité nouvelle. L'*homo œconomicus*, l'homme naturel de Hobbes, concepts abstraits, sont remplacés par le concept de l'homme social. Réciproquement, la société est transformée par l'homme, les grands progrès sociaux sont l'œuvre de personnalités d'élite.
(2) Baldwin, *op. cit.*, p. 538.

C'est au contact social que s'éveille le sentiment de l'individualité, c'est de la projection, de la sélection des pensées individuelles que se crée l'esprit social. Les deux psychismes, individuel et collectif, obéissent à un même principe d'organisation, ordonnant autour d'une notion centrale de personnalité de plus en plus forte un ensemble de représentations, de sentiments, d'énergies de plus en plus riche. Les faits sociaux sont expliqués du dedans, ramenés à un mode de réaction entre individus, à une notion de conformité.

Le rapport essentiel est l'imitation, la conformité pure et simple. L'opposition n'est pas un phénomène d'indépendance mais une contre-imitation; même dans ses tentatives d'hostilités, l'action individuelle s'ordonne en fonction du milieu social; la seule affirmation (toujours relative) d'autonomie individuelle se manifeste dans l'invention, subordonnée d'ailleurs à la sanction sociale de l'adaptation. Invention et imitation pures ne se réalisent jamais; pas d'imitation tout à fait passive, pas d'invention absolue, mais recommencement perpétuel, renouvellement réciproque. Le riche développement des caractères imprègne, pénètre la vie sociale; plus cette vie est cohérente, intense, profonde, plus l'isolement individuel disparaît, plus la notion de personnalité s'organise. Le dernier produit d'une civilisation, le plus précieux, celui qui en mesure toute la valeur, consiste moins dans des institutions solidifiées que dans l'épanouissement fugitif de personnalités rares (v. Tarde, *Imitation*, p. 413).

L'idée générale de l'imitation occupe une place tout aussi grande, mais reçoit des significations assez différentes chez Tarde et chez Baldwin. Pour l'un l'imitation est un point de départ, pour l'autre un objet propre d'étude. Tarde prend le fait de l'imitation tout constitué, l'étudie dans ses suites. Baldwin le ressaisit dans sa genèse psychologique, inter-cellulaire, intra-cérébrale, assiste à son développement avant de dessiner sa carrière interpsychologique. Comme il a été dit très exactement, le point de départ du premier se place au point d'arrivée du second (1). Le concept d'imitation chez Tarde a pu être

_____

(1) V. Baldwin, *op. cit.*, préface : lettre de Tarde à l'auteur, citée par ce dernier : « Votre point d'arrivée est mon point de départ. »

considéré comme trop abstrait de son ambiance psychique; relié au phénomène cosmique de la répétition, il exerce une action par trop automatique, mécanique, « autoritaire », demeure bien proche en somme du principe sociologique de la contrainte auquel on a prétendu l'opposer, trouve son maximum d'efficacité dans l'action hypnotique, c'est-à-dire au point précis où s'évanouit toute activité intellectuelle, individuelle ou sociale, l'une ne pouvant subsister sans l'autre. Il semble que le psychisme individuel et le psychisme social se développent selon un rythme alternatif, qu'au moment où l'un s'élève la pression de l'autre diminue. Leur fusion est beaucoup plus complète chez Baldwin (1), leur développement n'a rien qui ressemble à une rivalité, leurs accroissements s'effectuent non par une série de mouvements inverses, mais par une même action. La conception de Tarde : une société est un groupe d'individus qui s'imitent ou qui imitent un modèle commun, ne peut être acceptée. Si elle est vraie de tout le défini (l'acte social implique en effet l'imitation), elle ne s'applique pas au seul défini, l'imitation ne suffit pas à constituer l'acte social, elle est le geste, la forme de l'acte social, geste vain, forme vide si on l'abstrait de son contenu, de ce qui est imité. L'imitation doit se doubler de « l'émotion sympathique » (2), représenter non pas une contrainte subie, mais une activité révélée, stimulée, c'est-à-dire qu'elle doit apporter avec elle un sentiment ou une idée apte à s'incorporer dans la synthèse personnelle, individuelle et collective.

Les rapports respectifs de l'esprit individuel et de l'esprit social se confondent donc avec leur propre création réciproque, sans cesse continuée. Le mouvement circulaire qui les anime et identifie « l'ego et l'alter » (3) se rattache essentiellement à un acte libre.

L'acte social pur procède des formes les plus élevées de l'activité intellectuelle; voilà pourquoi, pas plus qu'à l'imitation pure et simple, il n'a pu être ramené, comme l'avait tenté Giddings à la conscience de l'espèce (4), concept d'extension

---

(1) Baldwin, *op. cit.*, pp. 473-7.
(2) Baldwin, *op. cit.*, préface : distinction de la matière sociale et du processus social.
(3) Baldwin, *op. cit.*, p. 9, p. 25 : « le moi réel est le moi bipolaire, le moi social, le socius. »
(4) Baldwin, *op. cit.*, préface : la notion de conscience de l'es-

trop large lui aussi, qui embrasse des formes instinctives sans caractère social proprement dit. Cette même idée de mouvement circulaire se retrouve chez Tarde sous forme de loi du passage de l'unilatéral au réciproque; on retrouve aussi chez lui l'idée de la force de cohésion sociale de la sympathie, l'expression de l'effort social dans l'originalité personnelle, dans l'élément éphémère et précieux. Mais ce qui apparaît chez lui comme un résultat relativement lointain se trouve chez Baldwin plus mêlé à chaque stade de l'action; l'idée de personnalité ne semble pas lui être aussi constamment présente. Il a pu lui être reproché de considérer la croyance et le désir comme des quantités autonomes, vivant de leur vie propre, trop détachées de l'activité dont elles ne sont que les expressions.

En résumé, si la théorie psychologique constitue un trait d'union entre la pensée américaine et la pensée française, c'est en Amérique qu'elle a été développée avec le plus de généralité, soutenue avec le plus d'énergie.

III. — L'EXPLICATION SOCIOLOGIQUE

A la théorie d'ensemble qui vient d'être rappelée s'oppose la théorie sociologique proprement dite, dont l'attitude est fidèlement résumée dans cette formule : toute explication psychologique directe des faits sociaux est fausse (1).

Mais avant d'aller plus loin dans l'exposé de la controverse qui divise les deux principales écoles sociologiques contemporaines, il faut noter leur accord sur deux points essentiels : l'existence d'une réalité sociale susceptible d'être étudiée scientifiquement, pénétrée dans ses lois et non pas seulement décrite en une série de vues historiques irréductiblement diverses (2), et

---

pèce est trop générale, elle tend à dissimuler les différences psychologiques qui séparent les états instinctifs des états réflexifs.

(1) Durkheim, *Les Règles de la Méthode sociologique*, pp. 123-8. (Il y a solution de continuité entre la psychologie et la sociologie, comme entre la biologie et psychologie. Toute explication psychologique directe est fausse.)

(2) V. Simiand, *La Méthode positive en Science économique*, Paris, Alcan, 1912, avant-propos, se déclarant aussi éloigné de l'économie abstraite que de l'historisme purement descriptif (v. même auteur, *Méthode historique et Science sociale*, communi-

le caractère essentiellement psychique de cette réalité; les phénomènes sociaux sont d'ordre spirituel et rejettent d'eux-mêmes
les interprétations, les analogies d'ordre physique ou physiologique, toujours superficielles, souvent trompeuses (1).

Le point d'irréductible séparation des deux théories est dans
la conception du rapport existant entre le psychisme individuel
et le psychisme social. Autant la première mettait tout son effort
à rendre visible leur pénétration continuelle, autant l'autre va
avoir pour caractéristique de les séparer. Le psychisme individuel subit l'empreinte des faits sociaux, qui se définissent tout
juste par cette objectivité, par une « contrainte » exercée sur les
membres d'une même collectivité. Il faut donc étudier les faits
sociaux « comme des choses », les envisager dans leur succession propre et non à travers la conscience individuelle, instrument douteux à courte vue qui, même en psychologie, n'est
plus utilisé qu'avec une extrême réserve.

La théorie sociologique invoque à la fois le caractère plus
spontané, plus concret de la réalité sociale et le caractère plus
positif de l'explication sociale.

Toute réalité vivante est de nature sociale ; la recherche
intrinsèque de l'individuel se perdrait dans l'infiniment petit, s'il
est faux qu'une société soit un organisme, un organisme est en
un certain sens une société. Il paraît surtout évident que toute
explication scientifique a une allure sociale, la distinction, la
classification vraie des sciences procède de cette idée. Les phénomènes s'expliquent par leurs liens avec des phénomènes de
même ordre, de même complexité et non par leur réduction à

cation à la Société d'histoire moderne et contemporaine, 3 jan-
vier 1903). — D'autre part, la principale initiative de la réaction
contre l'historisme allemand appartient à l'école psychologique
autrichienne.

(1) Cette affirmation n'a pas besoin d'être démontrée en ce qui
concerne la théorie psychosociologique. Elle est toute aussi vraie,
en principe, de la théorie sociologique, qui se déclare plutôt spi-
ritualiste que matérialiste (Durkheim, *Méthode sociologique*,
p. VIII) reposant sur l'irréductibilité du complexe au simple. —
L'origine première de tout processus social important doit être
cherchée dans la constitution du milieu social interne (Durkheim,
op. cit., pp. 137-9).

V. Simiand, *Méthode positive en Science économique*, pp. 31-7 :
les influences psychologiques agissant sur les phénomènes économiques appartiennent à la psychologie sociale et doivent être étudiées objectivement.

des phénomènes plus simples que l'on supposerait être leur matière première. N'y eut-il rien de plus dans les phénomènes de la vie que l'action des forces physicochimiques, la seule analyse de ces forces ne donnerait pas l'explication complète, caractéristique, des faits biologiques, qui ne peut résulter que de l'étude spéciale de leur groupement. Toute affirmation métaphysique réservée, il y a impénétrabilité de savoir, discontinuité de méthode entre l'étude de l'activité sociale et celle de la pensée individuelle, comme entre le psychisme et la vie, entre la vie et la matière, autant de synthèses originales dont l'analyse ne livre pas le secret.

Cette conception initiale exerce une action décisive sur le mécanisme de l'explication et le procédé essentiel de recherche. Etudiés comme des choses, à travers les monuments qui incarnent et solidifient en quelque sorte leur action, les phénomènes psychiques collectifs sont reliés entre eux par de véritables liens de causalité. Tout fait social implique, dans son voisinage immédiat, un autre fait social qui en est l'antécédent inconditionné (1). Si le domaine des faits sociaux est soumis à la notion de cause dans toute sa rigueur essentielle (unité, constance de la cause et de l'effet), sans rien perdre de sa force, le lien devient plus souple, cesse d'être unilatéral; créé par la cause, l'effet réagit sur elle, la perpétue, l'idée d'action réciproque reparaît à quelque degré, semblant réellement imposée par la nature même des choses, aux modes d'explication les plus divers (2). La tâche scientifique essentielle consistera donc à établir une série de causes, rattachée, sans être confondue au milieu d'elles, à un cortège plus ou moins complexe d'influences: le psychisme individuel, comme l'ambiance physique, constitueront pour les faits sociaux le milieu au sens le plus large du mot, milieu plus ou moins favorable, plus ou moins résistant dont le pouvoir, si peu négligeable soit-il, est surtout négatif, prohibitif

(1) V. Durkheim, *Méthode sociologique*, pp. 133-7 : la cause déterminante d'un fait social doit être cherchée parmi les faits sociaux, antécédents et non parmi les états de conscience individuels.

(2) V. *op. cit.*, pp. 113-9, sur la solidarité réciproque de la cause et de l'effet qui, élargie, réconcilierait le mécanisme et le finalisme de la vie. Exemple : la conscience collective est la cause de la peine; la peine rend son énergie à la conscience collective (Durkheim, *Division du Travail social*, livre II, ch. II, p. 105).

et non directeur, encore moins créateur (1); ainsi, le fait de la
contagion imitative est surtout le signe, le résultat de l'autorité
du fait social, il ne saurait en être la source.

Après l'idée de cause intervient l'idée de fonction, prise non
plus au sens mathématique mais plutôt au sens biologique. On
peut définir la fonction, le but atteint, l'adaptation d'un phénomène déterminé aux conditions d'ensemble de la vie sociale,
véritable finalité objective s'opposant à l'idée de finalité proprement dite, qui est une fonction imaginée, presque toujours déformée (2). Suggérée au spectateur par les besoins de l'hypothèse théorique, à l'acteur par les nécessités de l'hypothèse
vécue, la finalité égare plus souvent qu'elle n'éclaire, surtout
en matière sociale où les survies, les anachronismes de fait sont
beaucoup plus nombreux qu'en matière biologique. En matière
économique plus particulièrement, un point de vue finaliste subjectif à tendances normatives, subordonnant les faits à un concept tout ensemble trop étroit et mal défini : le désir de la richesse, a été prohibitif d'un éveil vraiment complet de la pensée
scientifique. Le point de vue utilitaire, la recherche de l'intérêt
pris pour lui-même, l'individualisation, l'abstraction du mobile
économique étroit, artificiel, doivent faire place à l'étude de la
fonction de la richesse dans l'ensemble de la vie sociale, à
l'étude des actes accomplis non pour la richesse mais sur la
richesse (3).

Ainsi définie dans son but (origine et utilité positive des divers
phénomènes sociaux), l'explication sociologique fera appel à
un procédé unique mais infiniment riche en ressources, l'observation objective. La variété de l'expérience sociale compense
dans quelque mesure les limites de son pouvoir et la complexité
de son objet. Un seul témoignage peut suppléer au témoignage

___

(1) Les facultés de l'homme entrent dans l'élaboration de la
vie sociale, mais ne la suscitent pas, ne la façonnent pas, la ren-
dent possible, fournissent des prédispositions plastiques (*Méthode
sociologique*, p. 128).

(2) *Op. cit.*, p. 119 : fonction signifie utilité, sans se préoccuper
de l'intention. La fonction consiste souvent dans le maintien de
la cause, la connaissance de la fonction complète l'explication
d'un phénomène, elle rend compte de sa durée.

(3) V. *op. cit.*, pp. 30-37, sur le caractère artificiel et conventionnel du finalisme utilitaire et individualiste de l'école classique.

décisif mais irrémédiablement interdit de l'expérience active : celui des variations concomitantes, qui doit être patiemment recherché. Concordance ou différence simples, coexistence ou codisparition de deux phénomènes doivent être reléguées au rang des simples coïncidences, sans valeur réelle d'information. Au milieu de l'amoncellement des faits vulgaires, il faut discerner les faits cruciaux, retenir les observations qui permettent d'identifier d'abord les deux phénomènes entre lesquels doit être établi le lien de causalité.

Pour un effet distinct, il n'y a qu'une cause, l'hypothèse de la pluralité, de l'intermittence de la causalité sociale ou économique n'a pu être accréditée que par une observation préalable confuse : on a rapproché les uns des autres non des phénomènes réduits à leur unité caractéristique, mais des agglomérations de phénomènes groupés dans une synthèse parfois artificielle, subjective, comme par exemple lorsque l'on proposait à la méthode expérimentale de déterminer le lien qui a pu exister entre l'établissement du libre-échange en Angleterre et la prospérité économique de cette nation pendant la période qui a suivi. L'insolubilité évidente d'une question ainsi posée ne prouve rien contre la méthode expérimentale en elle-même; elle témoigne par son exposé d'une conception encore bien rudimentaire de cette méthode. C'est seulement après une multitude de recherches que la synthèse de causes libre-échange pourra être rapprochée de la synthèse d'effets prospérité nationale, qui devra d'ailleurs être définie en termes positifs. Après avoir identifié les deux phénomènes cause et effet, il importe de les suivre dans leurs variations quantitatives, il faut les suivre assez longtemps pour éprouver le lien qui unit la courbe de leurs variations, l'histoire doit être intimement unie à la statistique. Une observation assez prolongée, assez distincte, assez constante dans ses résultats devrait être considérée comme l'équivalent de l'expérience bien faite qui se suffit à elle-même. Mais les conditions objectives se prêtent rarement à un tel résultat, l'expérience bien faite est une synthèse obtenue par le rapprochement d'un grand nombre d'épreuves. L'identité foncière de la cause et celle de l'effet doivent être reconstituées dans des milieux différents, la loi de leur évolution solidaire ne sera découverte avec certitude qu'après rapprochement établi entre toutes les sociétés connues qui lui auront servi de théâtres successifs ou simultanés (1).

Sur cette base historique et statistique doit s'élever une connaissance vraiment scientifique, pénétrant les phénomènes sociaux du dedans, connaissance abstraite mais modelant son abstraction sur les contours exacts de la réalité et non sur un concept *a priori* (abstraction étant synonyme de distinction), connaissance générale dans la mesure même où elle a un caractère social, puisqu'il n'y a pas de science de l'individuel. Les réactions immédiates contre le classicisme purement déductif étaient allées à l'extrémité opposée, en s'absorbant, en s'assujettissant sans réserve à l'étude des faits (trop constamment négligés). En réalité, la science ne s'émancipe de l'historisme, ne dépasse la statistique qu'à la condition de s'approprier leurs ressources.

A la fois cinétique et extensive, la méthode sociologique utilise l'histoire activement non passivement, recompose la carrière d'une institution, prise pour elle-même dans ses divisions objectives au lieu d'être soumise aux divisions de l'histoire générale qui peuvent n'avoir rien à faire avec elles. De même les comparaisons établies entre les diverses sociétés se placent utilement non à la même époque, mais à des époques identiques de leur développement interne (2). Au lieu donc de constituer une théorie statique, préalable aux études dynamiques, comme l'enseignent les écoles classiques et néoclassiques (avec Jevons, Clark, Marshall notamment), la science économique doit se mettre immédiatement en contact avec la réalité dynamique et ne connaître d'autre théorie que celle puisée à cette source (3).

Le changement de sens de certains mots employés successive-

(1) *Op. cit.*, p. 168. On ne peut expliquer un fait social de quelque complexité qu'à la condition d'en suivre le développement intégral à travers toutes les espèces sociales.

(2) *Op. cit.*, p. 169 : Il faudra considérer les sociétés comparées à la même période de leur développement.

(3) V. Simiand, *La Méthode positive en Science économique*, *Revue de Métaphysique et de Morale*, 1908, pp. 892-903. — L'auteur reproche à l'économie classique, trop fidèlement suivie encore (malgré des modifications notables) par l'école psychologique, de prendre pour point de départ des concepts inspirés d'une façon plus ou moins lointaine par l'expérience, résultats d'une observation impure, hâtive, plus ou moins déformée; l'exactitude des déductions est proportionnée à ce qui demeure d'observation vraie au fond de ces simplifications plus ou moins arbitraires, de ces divisions conceptuelles, de ces déductions isolatrices.

ment par les économistes et les sociologues est comme le symbole des distances qui se sont établies entre eux, nous l'avors vu dans quelque mesure pour le terme : fonction; on le voit d'une façon encore plus nette pour le terme : normal, aussi essentiel chez les uns que chez les autres. Le concept des économistes affecte une allure surtout mécanique, signifie : conforme à l'équilibre. L'école sociologique donne au contraire à ce mot une signification évocatrice d'analogies physiologiques : conforme à la santé. Sans doute une même idée générale se retrouve : réalisation de soi-même, mais le concept économique, bien qu'établi en fonction des faits, prétendant dessiner l'allure réelle de leur mouvement, est une projection simplifiée gardant toujours le caractère d'un idéal, agissant sur la réalité mais la dépassant; la notion sociologique du fait normal doit au contraire s'imprégner de toute la complexité, de la mobilité de l'expérience concrète, elle ne reflète pas un idéal antérieur, mais une fois connue exactement devient l'objet d'un idéal nouveau, d'une règle d'action valable, tant que le type social demeure constant.

Le but d'ensemble de la conception sociologique est de montrer l'évolution des idées dominée, soutenue par l'évolution des faits, cette domination des faits expliquant à la fois la solidité et la souplesse de l'organisation sociale. On sait que le fait essentiel dominant l'allure et la structure des faits sociaux consiste dans la densité de la population, densité matérielle (dépendant du rapport existant entre la superficie du sol et le nombre d'hommes qui s'y trouvent agglomérés, ainsi que des moyens de communication), densité dynamique (proportionnelle à l'intensité des communications effectives, économiques et surtout morales existant entre les membres d'une société) (1). Ce sont là les faits positifs qui servent d'assise à l'explication de la plupart des faits sociaux.

Telle est, dans ses grandes lignes, l'opposition de méthode qui divise les principaux représentants actuels de la science sociale. On a pu voir avec quelque raison une véritable opposition de tendances (sinon d'affirmations) philosophiques générales per-

(1) V. *Méthode sociologique*, p. 139. Ces deux formes de la densité sociale sont d'ailleurs profondément solidaires, sans être toujours exactement proportionnelles l'une à l'autre.

cer à travers cette divergence de vues méthodologiques. L'école
sociologique a été considérée parfois (ce dont elle se défend)
comme imprégnée de réalisme scolastique ou comme l'ébauche
anticipée d'une philosophie de l'association (1) (association
créatrice en quelque sorte). Les écoles de psychologie sociale
inclinées plutôt vers le nominalisme, se réclamant des tendances
leibnitziennes (2), envisageant les phénomènes sociaux comme
l'expression amplifiée, le rayonnement d'activités intérieures
qu'il faut pénétrer à leur source, dans le premier élan où leur
virtualité se révèle toute entière. Cette explication génétique
part de l'individuel (l'invention généralisée, principe des courants sociaux) mais s'éloigne de l'explication individualiste pure
et simple.

L'ensemble social n'est pas la somme algébrique des parties;
elle n'est pas non plus une réalité différente, mais la révélation
intégrale des diverses forces constituées, l'épreuve de leurs ressources, réalité non pas superposée, extérieure, mais commune.

IV. — CONFLITS ET ESSAIS DE SYNTHÈSE DES DEUX MÉTHODES

Le désaccord de principe ne porte pas sur la nécessité de
l'information objective, qui n'a jamais été positivement mise en
doute et se trouve de plus en plus affirmée, de tous côtés, mais
sur la valeur propre de l'information intérieure, source aussi
précieuse selon les uns que trompeuses selon les autres. Etudier
des phénomènes humains comme des choses, en les isolant de
leur origine propre, en se tournant exclusivement vers les cristallisations psychiques, constitue aux yeux de l'école psychosociologique une véritable régression et au demeurant un projet si

___

(1) V. op. cit., conclusion, pp. 170-9 : concours de la sociologie
au développement philosophique par le renouvellement des notions
d'espèce, d'organe, de fonction, de cause, de fin et par la mise en
relief de l'idée d'association qui peut être la base d'une philosophie.

(2) V. Tarde, Lois sociales, conclusion : tout vient de l'infinitésimal, le monde n'est que la réalisation de virtualités élémentaires; — « The ultimate forces of society as of physical nature are
atomic; the individual is the originator and the end of every
movement. » (Clark, Philosophy of Wealth, p. 90).

peu réalisable que l'école sociologique elle-même n'a pu s'y tenir. Comme on a pu l'observer, les explications sociologiques sont elles-mêmes largement imprégnées de finalité (1).

Le simple rapprochement de deux faits sociaux, si concordant, si précis qu'il puisse être dans ses résultats objectifs, quantitatifs, ne prouve pas à lui seul un lien immédiat entre ces deux faits, une action directe exercée par l'un sur l'autre; ils peuvent simplement dépendre tous deux d'un même facteur encore inconnu. L'investigation objective, même dans les cas où la simplicité relative des faits à observer et la forte organisation des statistiques lui donnent un point d'appui d'une solidité privilégiée, doit être soumise à la sanction logique (et l'on peut substituer à ce mot celui de sanction psychologique) (2). L'information intérieure n'est donc pas, elle ne peut pas être complètement écartée, mais elle est réduite sensiblement au rôle subalterne, à la fonction de contrôle négatif auquel on reproche parfois aux interprétations psychologiques d'avoir réduit le contrôle expérimental externe. C'est la valeur propre, la force de suggestion inventive de l'observation intérieure, l'utilisation pleine, le contrôle réciproque des deux sources d'information extérieure et interne qui se trouvent manifestement affirmés par l'interprétation psychologique. L'information extérieure, appelée dès les débuts de l'école psychologique par Jevons, encore rudimentaire si l'on compare les efforts, si importants cependant, réalisés dans le domaine historique et statistique à l'étendue du champ à parcourir, demeurera sans doute le terrain sur lequel s'affirme l'infériorité des sciences sociales. C'est au contraire l'information psychologique qui leur constitue une supériorité compensatrice. L'équivalent de l'expérience active est dans cette observation placée au centre même de l'action dans le témoignage de la conscience, « estomac vitré, ruche transparente » (3).

(1) V. Bouglé, *Sciences sociales en Allemagne*, Paris, 1896, conclusion, pp. 142-54.
(2) V. Durkheim, *Méthode sociologique*, chap. VI, pp. 161-6. Nécessité d'un contrôle logique pour sanctionner une séquence de faits par la déclaration d'un lien de causalité; exemple : rapports entre les progressions respectives de l'instruction et du suicide.
(3) Tarde, *Logique sociale*, préface, pp. I-XI. La clef de la sociologie n'est pas dans la biologie mais dans la psychologie. La conscience est un estomac vitré, une ruche transparente où l'on

Ce témoignage, dont les erreurs ne peuvent faire oublier les services, est encore plus précieux pour la constatation des faits interpsychologiques que pour l'étude des faits psychiques purement individuels, parce qu'il atteint une réalité moins dépendante d'éléments physiologiques, moins lointaine, plus purement psychique, et qu'il l'atteint au moment même où elle se produit. L'école psychologique reprend donc, en la précisant, l'une des affirmations de l'économie classique : « *the economist starts with the knowledge of ultimate causes* » (1).

Cette considération suffit à rendre inapplicable aux sciences de l'esprit le mode de classification adapté aux sciences des choses. Les synthèses matérielles semblent constituer des réalités indépendantes, inexplicables par l'action mutuelle de leurs éléments composants, parce que les modes d'action par lesquels ces éléments se pénètrent nous sont fermés, leurs contours extérieurs, leur apparition, leur disparition, leurs variations concomitantes d'intensité, de volume, constituent tout ce que nous pouvons saisir d'eux (2). En face d'éléments humains, on a au contraire la ressource d'expliquer la synthèse sociale non en se bornant à une étude abstraite, atomique, purement individuelle des éléments qui la composent, mais en se plaçant au centre

peut saisir non des apparences, des fragments plus ou moins rudimentaires, mais les réalités les plus profondes de la vie psychologique et surtout interpsychologique. — V. Tarde, *Psychologie économique*, vol. I, pp. 109-13 : différence établie entre les mérites et les périls respectifs de l'observation intérieure directe, de l'introspection en psychologie individuelle, dans l'étude du moi isolé, impressionné par des objets hétérogènes et en interpsychologie où elle réunit les avantages d'une méthode subjective et objective à la fois, puisqu'elle atteint seule son objet qui consiste dans notre moi se reflétant, s'extériorisant dans d'autres moi; — v. sur les mérites et les limites de puissance de l'observation intérieure en psychologie générale, William James, *Psychology*, t. I, ch. VII, pp. 183-99 : nécessité du contrôle réciproque de l'observation intérieure, de l'expérimentation et de la méthode comparative, chacune ayant ses dangers et son mérite propre. « Introspection is difficult and fallible and that difficulty is simply that of all observations of whatever kind » (p. 191). Sur le contrôle méthodologique de l'observation intérieure, v. *Introduction à la Psychologie* (cours inédit de M. Foucault à la Faculté des Lettres de Montpellier, 1914-15), cité avec l'autorisation de l'auteur.

(1) Cairnes : *Logical Method of political Economy*, 2ᵐᵉ édit., Londres, Macmillan, 1875, p. 75; — v. également en faveur de la méthode déductive dans les sciences sociales Stuart Mill, *System of Logic*, Bk 3, ch. X, par. 8.

(2) V. Tarde, « Les deux Éléments de la Sociologie » dans *Etudes de Psychologie sociale*, Paris, 1898.

de l'action, en reconstituant la chaîne des faits psychiques envisagés dans leur série intelligible. Au lieu d'adopter une explication qui intervertit la filiation réelle des faits psychiques, suscite une véritable illusion objective, explique la partie par le tout, l'individu par la société, et se résume dans la formule de la contrainte collective, la théorie analytique du rayonnement individuel, véritable théorie génétique, reconstitue l'ordre effectif des phénomères. La théorie de la contrainte sociale reproduit en quelque sorte le rythme unilatéral de l'explication purement individualiste, atomique, par réaction immédiate contre elle; la théorie psychosociologique voit au contraire dans le lien social la synthèse d'un entrecroisement de liens mutuels qui se nouent constamment, d'un mouvement d'échanges perpétuellement renouvelés.

L'illusion objective se trouve contredite par les faits les plus constants de l'expérience sociale : les élaborations sociales s'accomplissent non par l'action d'éléments agissant comme des choses, mais par un mécanisme d'action semblable à celui de l'esprit dans l'élaboration des fonctions intellectuelles élevées; les courants sociaux extériorisent, perpétuent des initiatives, des empreintes individuelles (1); enfin l'action interpsychologique

(1) La théorie psychologique repose moins sur l'imitation que sur l'invention (devenue véritable théorie cosmogonique dans la philosophie bergsonienne). La vie sociale n'est qu'une série complexe d'inventions rayonnantes; cette idée, qui inspire si profondément la philosophie sociale de Tarde, se retrouve très accentuée aussi dans la pensée américaine; v. notamment Giddings, *Principes de Sociologie* (trad. Combes de Lestrade, pp. 359-60); — Baldwin, *Psychologie et Sociologie* (trad. Pierre Combret de Lanux, pp. 87-8), insistant notamment sur la nécessité d'interpréter la psychologie religieuse collective par la psychologie personnelle; — Baldwin, Interprétation du Développement mental, au point de vue précis de la psychologie économique : « La valeur vient seulement de l'introduction de la notion du moi, et elle se mesure par le degré d'adaptation possible des connaissances nouvelles aux désirs. » (p. 391); — Clark, *Philosophy of Wealth*, p. 90. — Cette idée se trouve également au nombre des thèses psychologiques essentielles du Docteur Le Bon (intéressantes à rappeler, car elles ont été invoquées parfois à l'appui de la théorie sociologique, en tant qu'elles soulignent les oppositions, l'hétérogénéité sensible de pensées et d'actes entre la foule et les individus composants) : La foule est l'occasion d'une sorte d'explosion individuelle et aussi, sous certains rapports, d'une propagande individuelle. Les conditions même de la personnalité, formule d'équilibre entre un être et son milieu, sont changeantes. le milieu révèle l'individu (v. *Enseignements psychologiques de la Guerre européenne*, ch. II, *Va-*

mutuelle succède de plus en plus à l'action unilatérale (1), surtout usitée dans les stades primitifs de la vie sociale, de même
que l'empreinte passive du milieu est contemporaine des premiers moments de la vie psychique individuelle, qui passe vite
du stade projectif (réception de l'expérience personnelle d'autrui) au stade subjectif (réflexion personnelle sur soi-même), puis
éjectif (effort pour interpréter et modeler le milieu sous l'action
de sa propre personnalité). Le sens de l'évolution des faits souligne la puissance d'explication de plus en plus grande de l'interprétation psychologique.

Il en est plus particulièrement ainsi des faits économiques,
les plus mouvants de tous, les plus livrés au contrôle permanent
des calculs individuels, aux réactions, aux adaptations spontanées; le psychisme économique est de tous le plus émancipé,
celui où l'autonomie de la raison individuelle a le plus de chances de s'affirmer, où la contrainte collective est réduite au minimum; le champ économique ne s'annexe pas tout entier sans
réserve au domaine sociologique, à plus forte raison serait-il impossible de l'absorber dans un psychisme social à caractère
impératif. La caractéristique de l'action économique est de
réaliser entre les membres d'un même groupe la solidarité des
moyens dans l'autonomie respective des fins; les limites de la
pression collective, les chances de survie des cristallisations coutumières (en matière de prix par exemple) sont strictement contrôlées par le sentiment de l'intérêt, qui ne se laisse pas imposer
une compression trop grande et intervient assez vite pour plier
ou briser l'obstacle coutumier.

L'illusion objective, simple raison sociale de combinaisons
inter-individuelles, se trouve ici plus aisément expliquée et
trahie. Le cadre de l'explication psychologique s'adapte,
comme on le verra plus loin, au mécanisme des principaux faits
économique (théorie des prix, rapports de la rente et du prix,

riations de la Personnalité). En outre, la foule s'agite, se détermine par le meneur (op. cit., ch. I, pp. 14-16).
C'est, sous une forme indépendante, la thèse du rayonnement
individuel, du développement social par la révélation des virtualités individuelles qui reparaît.
(1) Tarde, Imitation, pp. 401-12 : loi du passage de l'unilatéral
au mutuel; cf. Baldwin, Interprétation du Développement mental,
pp. 7-9, passage du stade projectif aux stades subjectif et éjectif.

participant dans leurs réactions mutuelles du lien qui unit le fait individuel au fait collectif); mais il importe moins peut-être, pour la psychologie économique, de prendre parti entre ces deux conceptions générales que d'en apercevoir et d'en utiliser les concordances, d'autant plus significatives que leurs divergences sont plus accusées d'autre part.

La question de l'importance respective de l'observation interne et de l'observation extérieure, de la méthode déductive et de la méthode inductive se trouve ainsi posée à nouveau; c'est l'ancienne querelle contemporaine des origines de l'école psychologique qui reparaît, allégée d'une part, compliquée de l'autre, transportée du pur domaine économique dans le domaine de la science sociale générale. Si l'école psychologique, pas plus d'ailleurs que l'économie politique classique elle-même, ne peut être considérée comme un système exclusivement déductif, rattaché à des principes purement abstraits, elle est cependant inclinée à relever l'importance de la forme déductive comme du sujet individuel. Par là s'affirment une fois de plus les liens de l'interprétation psychologique et de l'interprétation mathématique, leur affinité commune avec les tendances leibnitziennes; la première suggestion du système psychologique jaillissant, comme nous le verrons plus loin, d'une formule de calcul infinitésimal.

La déduction, d'après Tarde par exemple, possède seule en réalité le caractère de procédé inventif attribué à tort à l'induction, il convient de retenir d'ailleurs que la méthode déductive a été le principal instrument de formation de la science économique (1). L'invention procéderait d'après le rythme déductif, la conclusion étant extraite de la majeure non passivement mais après que la mineure, puisée à même l'expérience, a été rapprochée de la majeure. La déduction apparaîtrait à la fois au commencement et à la fin du processus scientifique : d'abord

(1) « Il est certain que c'est par la méthode déductive que l'économie politique a été constituée. C'est sur un petit nombre de principes considérés comme axiomatiques ou suggérés par des observations très générales (tels que l'accroissement de la population, le rendement non proportionnel de la terre) que les économistes de l'école classique ont dressé les colonnes et la charpente de leur beau monument. » (Gide, *Cours d'Economie politique*, 2ᵐᵉ édition, Paris, Larose et Tenin, p. 13).

sous forme de déduction conditionnelle, d'hypothèse, l'invention non sanctionnée suscitant une découverte ultérieure, qui fixera les limites de son autorité. L'induction n'est pas, comme on l'a dit parfois, un instrument de découverte, mais seulement le mode d'expression tenté après coup d'une découverte déjà faite, elle se ramène à l'affirmation d'un lien de causalité ou plus exactement de succession constante entre deux phénomènes dant la succession a été préalablement observée avec le plus de précision possible. On a même essayé de rattacher l'induction, pour lui donner un point d'appui solide, à un syllogisme déductif dont la majeure serait uniformément l'affirmation de la constance des lois de la nature, la mineure le constat d'un rapport de succession entre deux phénomènes particuliers, la conclusion, l'affirmation définitive, dans l'avenir comme dans le présent, d'un lien de causalité entre deux phénomènes successifs.

La déduction, après être intervenue à la première heure, intervient à la fin : l'observation extérieure donne des corrélations, des présomptions, le contrôle de ces données par l'interprétation psychologique est nécessaire, sa nécessité en tant que moyen de contrôle final n'est guère discutée; elle donne, en matière de faits moraux, cette pénétration directe de l'action obtenue, à l'égard des phénomènes physiques, par l'expérience proprement dite, la production volontaire du phénomène étudié.

L'induction pure et simple, expression elliptique d'un syllogisme banal, ne donne qu'une loi empirique, c'est seulement quand cette loi peut s'intégrer dans une chaîne déductive que sa démonstration est faite (1). L'induction est surtout un procès-verbal de découverte; la déduction implique au contraire l'invention dans son propre mécanisme (Tarde, *Logique sociale*, ch. I (2), et *Psychologie économique*, t. II, pp. 11 et 241); extérieure à l'induction, l'invention est intérieure à la déduction.

(1) V. dans ce sens Landry, *École économique autrichienne* (*Rivista di Scienza*, anno I, 1907, vol. 2, n°s III, iv), qui rappelle la distinction de Menger entre les lois empiriques (simples successions régulières constatées) et les lois exactes (indiquant l'action exercée par un facteur dans certaines conditions déterminées).

(2) V. sur le rôle considérable que Tarde attribue à la déduction dans les sciences sociales, Espinas, *Notice (Séances et Travaux de l'Académie des Sciences morales et politiques*, 1910, II, p. 315).

Mais l'importance reconnue, en principe, à la déduction par l'économie psychologique a pour corrélatif la nécessité d'une substance solide donnée à la forme déductive. Au lieu de se constituer en une série purement abstraite, formelle, étendant à travers tout le champ économique les suites de plus en plus lointaines de prémisses extrêmement générales, comme le principe du *self interest*, la déduction procédera, selon la formule de Marshall, par un réseau de chaînes relativement courtes et solides, chacune d'elles étant reliée à un centre d'explications précis, concret, prochain (1).

Les faits économiques sont rattachés à leurs mobiles, ce qui est la façon la plus profonde, la plus vraie de les expliquer, mais à des mobiles concrets, réels, non pas abstraits, conventionnels, purement schématiques, comme le principe hédonistique. L'indétermination de la déduction, le nombre indéfini des possibles, reprochés à l'économie traditionnelle, résultaient surtout d'une psychologie rudimentaire, basée sur la recherche du plaisir, l'élimination de la douleur, la réduction de l'effort; il y avait en effet, entre ces premiers principes (incomplètement vrais d'ailleurs) et la réalité concrète, trop d'hypothèses intermédiaires, trop de voies également accessibles. L'œuvre caractéristique de l'école psychologique anglo-américaine aura donc été surtout de ressaisir les mobiles réels, étant admis qu'il n'y a pas de mobile proprement économique, mais des actes économiques placés sous la dépendance des intérêts les plus divers (2). La déduction ne s'isole momentanément de la réalité sociale que pour sérier les étapes qui doivent rapprocher de cette réalité la

(1) Marshall, *Principles, Appendice C. Scope and Methode of Economics*, pp. 770-80 : la fonction de l'analogie et de la déduction n'est pas de forger quelques chaînes longues, mais beaucoup de chaînes courtes et solides. Le même auteur déclare plus loin qu'il ne saurait y avoir place, en économie politique, pour une longue suite de déductions et que personne n'a tenté cet effort, pas même Ricardo (*App. D.*, p. 781).

(2) V. Wicksteed, *The common Sense of political Economy*, pp. 474-92 : La théorie de l'utilité marginale tire son principal mérite de ce qu'elle éclaire la signification morale de la richesse et implique en elle-même toute une philosophie de la répartition; — Clark (*Philosophy of Wealth*, préface, p. III), indique la nécessité de rompre avec la conception mécanique, égoïste, qui constituait l'hypothèse psychologique de base de l'économie politique traditionnelle; plus loin il souligne l'action constante des influences morales sur les phénomènes économiques (p. 42).

pensée spéculative (la méthode de déduction isolatrice qui, en science économique, se réclame surtout de Thünen (1), se trouvera fréquemment appliquée dans la théorie de l'intérêt notamment) (2).

On peut définir le rôle respectif des méthodes inductive et déductive, des expériences externe et interne, des interprétations subjective et objective, en évoquant successivement l'une des formules caractéristiques de chacune des deux écoles en présence. La querelle de méthode a paru souvent devoir se résoudre (c'est ainsi qu'elle s'est résolue sur le terrain purement économique) par une division du travail (3). Marshall, comme avant

(1) *Der isolirte Staat*, 1850; — Fisher (*The Rate of Interest*, New-York, Macmillan, 1907, p. 222) insiste sur la distance de plus en plus réduite mais toujours subsistante qui sépare les formules scientifiques de la réalité concrète : Une loi scientifique n'est pas la relation parfaitement exacte de ce qui arrive mais de ce qui arriverait si certaines conditions (qui actuellement n'existent pas) se produisaient. La science consiste dans l'établissement de séries hypothétiques, non de faits historiques, bien que par approximations successives les hypothèses puissent en arriver à coïncider presque avec la réalité.

(2) V. Irving Fisher, *The Rate of Interest*. Les rapports de l'intérêt avec les facteurs psychiques individuels et collectifs s'y trouvent constamment étudiés; l'action mutuelle des situations et des caractères y est mesurée, avec les incertitudes inévitables qui résultent de leur rencontre (ch. VIII-XI); — v. sur la nécessité générale de tenir compte de la complexité, de la variabilité, de la flexibilité, de la perfectibilité de la nature humaine, Marshall (*Principles*, appendice B, pp. 754-69) : le but des études économiques n'est pas le développement de la richesse pour elle-même, mais une notion claire de la fonction de la richesse dans ses rapports avec le progrès; — sur la nécessité de ne pas négliger les mobiles altruistes en tant que facteurs de la vie économique, v. *op. cit.*, livre I, ch. I, pp. 1-13.

(3) V. Marshall, *Principles*, appendice C, pp. 774-8 : prudence imposée à l'égard de la méthode historique à cause de la diversité successive des faits économiques (une situation économique ne se reproduit pas exactement deux fois, d'où nécessité continuelle de discerner, parmi les conséquences d'un fait donné, celles qui sont inhérentes à ce fait et par suite destinées à se reproduire avec lui de celles qui sont dues à sa combinaison passagère avec d'autres éléments); — sur la nécessité d'une division du travail, basée sur les aptitudes, entre les théoriciens et les historiens des faits économiques, v. *op. cit.* (p. 13); — Jevons considère que l'Economie serait une science exacte si elle donnait un compte détaillé des marchandises possédées et consommées et des prix (*Théorie de l'Economie politique*, p. 77); ailleurs il constate une régression dans la valeur scientifique des statistiques de consommation (pp. 217-35); — dans la préface de la 2ᵐᵉ édition, 1879, p. 12, faisant allusion à la querelle de méthode entre l'économie déductive et la tendance historique (cette dernière représentée surtout en Angleterre par Cliffe Leslie), il considère que le remède

lui Jevons, Clark, dans des termes un peu différents, ont déclaré que les deux méthodes présentées comme rivales, loin d'être la contradiction l'une de l'autre, se complétaient mutuellement; ils ont non seulement admis mais dessiné avec netteté les domaines distincts de l'économie pure, de la théorie statique et de l'étude historique, dynamique, l'une interprétant les résultats de l'autre, loin de l'ignorer ou de la combattre. L'école psychologique anglo-américaine a montré combien il était surtout essentiel d'éclairer avec précision les phénomènes de consommation de la richesse (1). La même idée peut être exprimée sous une autre forme en disant que les deux interprétations sont en état de contrôle réciproque, d'interaction mutuelle, les faits humains devant être individualisés, colorés par leur projection dans les divers milieux historiques, les interprétations objectives ne réunissant que des éléments inertes, n'enregistrant que des coïncidences, si elles ne se vivifient pas par l'interprétation psychologique.

De même qu'à travers leurs divergences capitales, les deux écoles sociologiques se rencontrent, comme nous l'avons vu, sur le principe fondamental du caractère psychique des faits sociaux et de la possibilité en même temps que de la nécessité de leur étude scientifique, c'est-à-dire de la recherche de leurs lois étudiées pour elles-mêmes, les faits étant réunis par leurs rapports, non définitivement assujettis à leur succession chronologique, l'association par similitude (lien scientifique) substituée à l'association par contiguïté (lien historique), de même aussi des résultats communs, soit dans la notion de la discipline scientifique, soit dans les faits, peuvent être ressaisis entre les deux écoles; ces résultats ont été mis à profit dans une mesure appréciable déjà par le groupe des économistes à tendances psycholo-

à la situation actuelle est dans une séparation de la science économique selon un plan assez complexe dont l'idée essentielle consiste dans la création, à côté de l'économie pure, « d'une science du développement des formes et des relations économiques »; — Clark (*Distribution of Wealth*, p. 442) considère l'économie pure, consacrée à l'étude des conditions de l'équilibre économique, comme la base préalable d'études dynamiques qui doivent absorber les efforts de plusieurs générations.

(1) V. Marshall, *Principles*, p. 116, comparaison entre la méthode intensive, monographique de Le Play, ayant une valeur toujours subordonnée aux qualités personnelles de celui qui l'emploie et la méthode extensive, quantitative, jugée plus sûre.

giques. S'il est vrai que l'école sociologique réduit, par exemple, au minimum le rôle de la finalité dans l'explication, tandis que les écoles psychologiques tendent à le développer, leurs efforts communs réagissent dans le sens d'une union plus précise de la finalité. C'est l'idée formelle, unitaire, de finalité qui est exclue, l'idée de plaisir, par exemple, trop étroite, trop liée au psychisme inférieur si on lui conserve son véritable sens, trop indéfinie si on lui donne un sens arbitrairement extensif; il en va de même de la notion de *self interest* ou de l'idée de bonheur (synthèse encyclopédique sans signification propre). Pour chaque fait distinct il faudra rechercher la fin précise, suggérée par la situation et reflétant dans une image neuve la réaction d'un caractère dans un milieu déterminé (1).

A mesure que le champ scientifique s'élargit, le point de vue scientifique se précise : l'indépendance de la théorie économique défendue à l'égard non seulement des doctrines morales mais de toute discipline d'action, l'optimisme traditionnel dissipé, le point de vue naturaliste substitué au point de vue normatif (2),

(1) Un fait appartient à la science économique dans la mesure où il tend à exprimer, à reviser les rapports établis entre l'activité humaine et son milieu. L'action exercée sur la richesse, même dans un but désintéressé (recherche scientifique) ou altruiste (organisation de la bienfaisance), lui appartiennent dans ces limites. Elle s'en est d'ailleurs occupée, dans une certaine mesure, de tout temps; c'est ainsi que les premiers économistes anglais ont noté avec soin les répercussions de la loi des pauvres, par exemple sur le développement de l'activité économique; — v. Auguste Comte (*Traité de Sociologie*, t. II, ch. II; *Théorie positive de la Propriété matérielle*, pp. 138-77) : la création abondante, la capitalisation de la richesse (constitution de réserves adaptées à la satisfaction des désirs, incorporation anticipée de désirs) expliquerait dans une large mesure le caractère intellectuel, prédominant de l'évolution humaine; un retard aurait ainsi été infligé au développement moral proprement dit, mais en même temps un instrument plus parfait se trouverait donné à la pleine réalisation ultérieure des sentiments altruistes; d'où un plus grand intérêt attribué aux fins de la richesse qu'à ses origines (cf. sur le caractère économique, instrumental de l'activité intellectuelle, Bergson, *Evolution créatrice*, Introduction).

(2) Cette évolution s'est marquée jusque dans la terminologie. L'expression : économie politique, conservée depuis Montchrétien, s'est peu à peu allégée de son second terme, tendant à se rapprocher de l'expression plus ancienne, plus vraie : Economique, renouvelée de Xénophon, reprise chez Marshall (*Principles of Economics*) usitée en France dans un seul traité (*Manuel d'Economique*, Landry). Du moins si l'expression archaïque n'est pas reprise telle quelle, les termes de : science économique, économie pure, concordent dans le sens de l'élimination de plus en plus complète

sont autant de résultats inséparables dans leurs développements respectifs.

L'idée essentielle de l'indépendance scientifique se trouve complétée par l'idée moins inflexible mais très ferme encore de l'autonomie de la science économique existant comme discipline distincte au lieu d'être absorbée dans une science sociale générale, — mouvante sans doute dans ses contours, pleine de marches frontières (1), selon la conception de Marshall, faisant sans cesse appel aux résultats des autres sciences, mais gardant son existence distincte, en vertu du principe même du groupement des faits selon leurs affinités propres, de la nécessité des explications précises et distinctes, — l'idée de science sociale encyclopédique étant liée aux explications synthétiques dénuées de caractère vraiment positif. Telles sont les conclusions de méthode que l'on peut dégager de l'une et de l'autre des deux écoles sociologiques; ces conclusions ont inspiré dans une mesure appréciable l'économie psychologique. Ces concordances de discipline sont complétées par des concordances de fait; il suffit de citer en matière purement économique l'action reconnue décisive de la demande dans la formation des prix (2), l'intensité du travail décroissant avec l'augmentation des salaires (3). Envisagés dans leurs résultats d'ensemble, ces deux points de vue, si opposés dans leurs intentions respectives, se sont plus souvent complétés, confirmés ou utilement rectifiés que réellement et profondément contredits.

Ainsi, en devenant plus profondément psychologique, la

du second terme, placé au frontispice de la science moderne en 1615. Economie politique signifiait discipline d'action, politique économique, méthode d'enrichissement de l'Etat; c'est encore le but que lui attribue ostensiblement l'ouvrage d'Adam Smith. Chaque progrès dans l'indépendance du point de vue scientifique a pour résultat d'alléger l'expression, de la mettre en harmonie avec la réalité.

(1) *Principles*, appendice C, p. 780.

(2) V. Simiand, conclusion de l'*Essai sur le prix du Charbon*, rappelée dans la thèse sur le *Salaire des Ouvriers des Mines*, Paris, 1904, ch. II, p. 98 : Le prix, sur les lieux de consommation, précède celui qui se forme sur les lieux de production, il dépend du marché international, non des conditions d'exploitation.

(3) Jevons : Les heures d'atelier tendent réellement à diminuer avec l'augmentation du salaire réel. (*Théorie de l'Economie politique*, p. 261); Simiand (*Salaire des Ouvriers des Mines*, pp. 151-153) : Après une augmentation de salaire, la production moyenne par journée n'augmente pas ou baisse.

science économique est devenue en même temps plus réaliste, plus objective au vrai sens du mot. Ces résultats, indiqués à grands traits jusqu'ici, seront étudiés dans une première partie à travers les concepts essentiels de la science économique (idées de valeur et de richesse), dans une seconde partie à travers les principaux rapports économiques (formation des prix, distribution des richesses).

———

CHAPITRE II

La Notion d'Utilité

La caractéristique principale de l'école psychologique est d'avoir établi entre la notion d'utilité et l'idée de valeur un lien de continuité qui jusqu'alors avait paru tout à fait indémontrable. Mais, tandis qu'elle augmentait ainsi l'importance scientifique de l'idée d'utilité, elle modifiait profondément sa signification traditionnelle, lui donnait un sens à la fois plus réaliste et plus humain. C'est cette évolution, accentuée avec une force toute particulière dans l'école américaine, que nous allons retracer maintenant.

I. — CONCLUSIONS DE LA THÉORIE CLASSIQUE

La notion traditionnelle d'utilité ou « valeur d'usage » a trouvé son expression la plus claire dans le célèbre passage d'Adam Smith : « The things wich have the greatest value in use have frequently little or no value in exchange. Nothing is more useful than water : but it will purchase scarce anything, scarce anything can be had in exchange of it. A diamond, on the contrary, has scarce any value in use, but a very great quantity of goods may frequently be had in exchange for it. » (*Wealth of Nations*, Bk I, ch. IV) (1).

(1) Cette dualité du concept économique de valeur se trouve notée dans un passage d'Aristote (*Politique*) rapporté dans Smart, *Introduction to the Theory of Value*, Londres, Macmillan, 1891, p. 2 : Chacun des objets que nous possédons est susceptible de deux usages, l'un appartenant en propre à cet objet, l'autre secondaire; par exemple on utilise un soulier en le portant ou en

Cette proposition est demeurée, malgré quelques corrections partielles, l'expression fidèle de la théorie classique envisagée dans ses grandes lignes. L'utilité d'un objet, c'est-à-dire l'étendue de ses services, considérés et jugés dans leur ensemble, n'a pas d'influence appréciable sur les rapports d'échange; un seul lien existe entre eux : la valeur d'usage est peut-être une condition préalable de la valeur d'échange. Ricardo sera, sur ce dernier point, plus affirmatif que n'avait voulu l'être Adam Smith, parce qu'en réalité il a déjà entrevu sous le nom de *scarcity* (1) la notion actuelle d'utilité. En tout cas, alors même qu'il existerait un lien nécessaire entre l'utilité et la valeur, leurs variations respectives n'ont entre elles aucun rapport appréciable et l'analyse des coûts de production demeure à peu près l'unique recours ouvert à une tentative vraiment scientifique d'explication de la valeur et des prix.

Au lieu de résoudre ainsi par une solution négative ce que l'on a appelé l'antinomie, le paradoxe, l'énigme de la valeur, l'école psychologique s'est efforcée d'édifier une solution positive : la valeur ne doit pas être isolée de ses origines mais au contraire, dans une large mesure, expliquée par elles; il faut seulement s'efforcer de les mieux définir. Aussi bien la notion d'utilité ne peut-elle rester ainsi en dehors d'un système économique, elle en est au contraire l'idée centrale, celle où se reflè-

---

l'échangeant, ces deux usages sont l'un et l'autre des propriétés de cet objet. — C'est la même opposition que dans Adam Smith, mais avec une tendance plus marquée peut-être à rapprocher ces deux aspects des richesses, à envisager l'échange comme un usage, à réaliser la synthèse de la valeur sur le terrain de l'utilité.

(1) Sur le rôle essentiel de l'utilité dans la théorie de la valeur de Ricardo, v. Marshall, *Principles*, appendice I, pp. 813-21, — l'utilité ne mesure pas la valeur mais elle est absolument indispensable à son existence; Ricardo laisse relativement dans l'ombre le rôle de l'utilité, non parce qu'il le juge négligeable, mais parce qu'il lui paraît particulièrement évident (v. dans le même sens Turgeon : *La valeur d'après les économistes anglais*, Rennes, 1913, p. 81). Wieser (*The Theory of Value, Annals of american Academy of political and social Science*, 1892, pp. 24-52) montre à la fois les rapports et la différence qui existent entre la théorie ricardienne et la théorie autrichienne. La théorie pluraliste de Ricardo sur la valeur et la distribution aurait préparé la formation des théories psychologiques unitaires en leur fournissant les principes de la rareté et de la rente; les exceptions concédées en quelque sorte par la théorie ricardienne devaient servir de point de départ aux synthèses explicatives de l'économie psychologique.

tent ses conceptions caractéristiques. En réalité, les tendances principales de l'école classique avaient trouvé leur expression la plus énergique dans la notion de valeur d'usage. A cette idée, toute objective, imprégnée de nécessité, d'immobilité et reconnue entièrement stérile, on s'efforce de substituer un concept renouvelé par le point de vue dynamique et la notion de spontanéité. L'ancienne idée de valeur d'usage avait un caractère normatif symptomatique à lui seul d'une dépendance assez marquée de la science économique à l'égard des doctrines morales hédonistiques : utilité signifiait essentiellement adaptation des objets et des actes à un certain ensemble de buts qui doivent s'imposer à l'humanité et qui sont effectivement choisis par la généralité des hommes livrés à leur propre inspiration.

Ainsi définie, la notion d'utilité est évidemment dénuée de toute fonction économique, elle n'est même pas une condition préalable de la valeur, il n'est que trop exact que des utilités objectives, des valeurs d'usage contestables ou même franchement négatives tiennent dans l'échelle des valeurs économiques un rang parfois très élevé. Puisqu'il fallait une notion plus souple, plus diverse, on l'a d'abord cherchée sans s'éloigner du cadre hédonistique. La valeur ne suit pas l'utilité sociale, disciplinée, elle exprime simplement la quantité de plaisir positif ressenti ou de douleur évitée. Cette phase de la pensée économique s'incarne surtout chez Jevons, qui s'affirme disciple déclaré de Bentham (1). Les jugements économiques, comme les jugements moraux, sont des opérations artihmétiques. « Additionnez toute la valeur de tous les plaisirs d'un côté et celle de toutes les peines de l'autre. La balance, si elle penche du côté des plaisirs, donnera la bonne influence de l'acte, sur l'ensemble, eu égard aux intérêts d'un individu. » (Bentham, Introduction aux *Principes de Morale et de Législation*, ch. IV, section V, 5). La valeur d'un plaisir dépend immédiatement de son intensité, de sa durée, de sa certitude, de sa proximité; les

(1) Marshall (appendice B, p. 760) souligne l'influence exercée sur le mouvement économique par Bentham, qui fortifie la doctrine du laisser-faire en affirmant la clairvoyance individuelle, la vision nette de l'intérêt (qui doit être laissée le plus possible à elle-même, émancipée d'entraves matérielles ou autres), souligne le prix du bonheur humain, insiste pour la réalisation de la plus grande quantité de plaisir positif dans l'ensemble de la société.

résultats d'un acte doivent encore être appréciés selon leur fécondité (probabilité de sensations pareilles), leur pureté (improbabilité de sensations différentes), leur étendue (nombre de personnes affectées). Les divers buts de l'activité humaine à travers leur diversité, leur enveloppe qualitative, se réduisent à des « masses de plaisirs » qui doivent être ramenées à l'unité, jugées, classées, recherchées dans le sens du plus grand plaisir net. Les affirmations, les inquiétudes de la conscience morale, comme les fluctuations de l'activité économique, les créations, les transmutations de richesse se ramènent en définitive à des additions algébriques de plaisir. Les résultats que n'avait pu donner l'utilitarisme qualitatif, altruiste, seront obtenus de l'utilitarisme plus primitif, non pas nécessairement égoïste (puisqu'il prend en considération la plus grande quantité hédonistique objective réalisée par un acte chez son auteur ou en dehors de lui), mais purement quantitatif. C'est une vue qui unifie autant que possible les préoccupations morales et les préoccupations économiques, l'organisation des fins se réduit comme l'accommodation des moyens à une question de plus ou de moins, la continuité existe dans les appréciations morales comme dans les évaluations économiques; un but n'en exclut pas un autre par contradiction catégorique, il lui est préféré parce qu'il contient une plus grande quantité de la substance qui leur est commune. Il existe en réalité un classement numérique entre les diverses fins; une fin est rejetée parce qu'elle renferme un moindre excédent de plaisir net; si, par association, une quantité plus grande de plaisir s'y incorpore ou qu'elle s'allège d'une certaine quantité de douleur, le jugement moral pourra se modifier sans qu'il y ait contradiction, par simple correction, la règle morale essentielle restant la même.

Cette réduction des mobiles à l'unité hédonistique se retrouve, après Jevons, chez certains économistes, surtout parmi ceux qui se rattachent à la tradition mathématique. L'hédonisme (une dénomination qui est d'ailleurs assez largement encore demeurée à l'économie pure dans son ensemble) s'allie parfois chez eux à une transposition pure et simple des formules de Fechner sur l'intensité des sensations (1). Deux plaisirs peu-

---

(1) V. Fisher : *Mathematical Investigations on the Theory* of

vent être directement mesurés, comparés, parce que l'un et l'autre se décomposent en unités de même espèce. Chacun d'eux est d'autant plus intense qu'il en contient un plus grand nombre. L'unité de mesure est constituée par le minimum sensible, l'atome psychique. Entre l'état d'indifférence et un plaisir ou une douleur déterminés il y a un certain nombre d'intervalles, une série d'augmentations juste sensibles qui constituent des quantités égales; l'élément le plus grand est celui qui en contient le plus. Le mécanisme des évaluations monétaires reposerat en dernier ressort sur des dénombrements de molécules hédonistiques. Le domaine économique serait un terrain privilégié pour la mesure des sentiments, réduits à des multiples d'une même quantité, chaque fraction monétaire correspondant à une fraction psychique.

En essayant de donner ainsi aux formules de Bentham leur maximum de réalisation, leur traduction littérale, on ne démontre que mieux ce qu'elles ont de peu satisfaisant. On a pu reprocher à la formule de l'intensité de cumuler les inconvénients d'une interprétation subjective et ceux d'une interprétation objective : rien de plus variable, de plus décevant que le minimum sensible, aussi peu apte en réalité à mesurer les quantités psychiques que les quantités physiques, rien de plus rare et de plus incertain que le sentiment de l'égalité psychique (1). C'est tout juste par leurs éléments les plus mouvants, les plus incommunicables que l'on essaie d'objectiver les faits psychiques, de les extérioriser par rapport aux activités individuelles. Le sens de l'unité intérieure et de l'originalité personnelle était trop profondément empreint dans l'école américaine pour qu'elle ne repoussât point les suites d'une théorie qui s'explique par un certain effacement de l'idée même de personnalité.

Value and Prices (Intr., p. 5) note cette transposition chez certains économistes des formules de Fechner : « Just perceivable increments of pleasure are equatable. »
(1) V. Foucault : Psychophysique, Paris, Alcan, 1901, pp. 264-8 : La méthode des différences égales est de toutes la plus imparfaite.

II. — THÉORIE PSYCHOLOGIQUE

En passant par l'hédonisme, la notion économique s'est rapprochée de la réalité concrète mais ne l'a encore atteinte qu'à travers un concept trop étroit; après avoir été surévaluée dans son caractère moral, l'activité économique risquait de se trouver sous-évaluée, rattachée à une région limitée de fins, prises dans le domaine du psychisme relativement inférieur. En réalité, l'hédonisme économique, comme l'hédonisme moral, ne se défend qu'en élargissant ses concepts au point d'en effacer presque complètement les contours caractéristiques; les nécessités de la discussion l'amènent à se dépasser et c'est peut-être par là qu'il fournit contre lui-même l'argument le plus décisif (v. Fouillée, *Idée moderne du Droit*, Paris, 1878, livre II, *Le Droit et l'Intérêt en Angleterre*). Peu à peu le terme plaisir est devenu synonyme de fin désirée. L'originalité de l'école américaine a été de mettre fin à cette superposition momentanée des deux notions de plaisir et de désir en éliminant la première qui ne pouvait demeurer exacte qu'à la condition d'être inutile, d'être recouverte complètement par la seconde. Même indéfiniment élargi dans son extension, le concept de plaisir gardait une compréhension trop étroite, impliquait subordination, finalité empreinte du dehors, subie et non inspirée, automatisme sensualiste, hédonistique, aussi peu compatibles avec la notion d'activité spontanée que l'automatisme moral de l'ancienne hypothèse optimiste. L'effort économique ne suit nécessairement ni l'intérêt social ni le plaisir individuel, mais les traverse, les atteint ou les néglige au gré de toute la diversité des tendances qui le meuvent. L'ancien axiome hédonistique abdique dans la formule suivante : tout l'homme va dans le sens de ses désirs (1), formule volontairement indéfinie dans son contenu

---

(1) Fisher (*Mathematical investigations*, p. 11) : Bornons-nous à ce simple postulat psychologique : chaque individu fait ce qu'il désire, que l'antécédent du désir soit le plaisir, le devoir ou la crainte. Cf. *The Nature of Capital and Income*, ch. X, Revenu psychique : Le revenu subjectif consiste dans le courant de conscience d'un être humain, se compose de tous ses faits psychiques. L'expérience consciente désirable est un service; l'expérience non désirable un service négatif, « disservice ». Il faut éviter avec soin

objectif mais précise, exacte dans son contenu psychique, indiquant la direction de l'activité, son principe moteur qui est interne et non externe.

La notion d'activité, trop dissimulée d'abord, passe au premier plan; le plaisir n'est pas un but, encore moins un but nécessaire, mais un résultat subordonné, lié au déploiement de l'activité, non recherché pour lui-même, mais rencontré comme un témoignage d'adaptation de l'énergie à sa fin (on peut retrouver des expressions de cette même idée chez Dewey (1), dénonçant l'erreur psychologique du plaisir abstrait, du plaisir fin, et chez Tarde soulignant la substitution graduelle de la notion continue de bonheur (2), à la notion discontinue de plaisir). La réalisation de « l'expérience consciente désirable », c'est-à-dire l'enrichissement de la vie intérieure envisagée sous son aspect autonome, contingent, dynamique, devient le véritable pôle attractif des actes économiques.

L'activité va quelquefois contre le plaisir ou plus exactement dédaigne le plaisir banal, prévu, passif, pour se créer à elle-même une forme de plaisir moins accessible. Le plaisir est l'élément divers, constamment renouvelé; la vraie formule unificatrice est dans la poursuite du désir. C'est surtout dans le psychisme rudimentaire, proche de la vie organique, que le plaisir et la douleur apparaissent comme des éléments accusés, existant pour eux-mêmes, ayant une signification propre parce

les mots plaisir et douleur; certains hommes peuvent désirer la douleur.

(1) Dewey, *L'Ecole et l'Enfant*, traduction Pidoux : Il y a deux plaisirs : celui qui accompagne l'activité, est absorbé par elle, n'a pas d'existence indépendante dans la conscience; il est produit par les besoins de l'organisme, accompagne un intérêt légitime. L'autre plaisir, résultant d'un contact avec l'extérieur, phénomène de réceptivité, existe pour lui-même dans la conscience. Quand on utilise ce second plaisir, on s'en sert pour couvrir le fossé séparant le moi actif d'un objet manquant d'intérêt (p. 12). Le plaisir normal est un instrument (p. 31). V. dans le même sens : Cours inédit de M. Foucault à la Faculté des Lettres de Montpellier, 1913-14, sur la *Psychologie des Sentiments*, cité avec l'autorisation de l'auteur : la fin normale des tendances consiste dans des actes et non dans des plaisirs; l'illusion hédonistique est, en même temps qu'une erreur morale, une confusion logique entre le signe et la chose signifiée.

(2) V. *Psychologie économique*, t. I, pp. 155-61 : Le bonheur ne consiste pas précisément dans l'apaisement des désirs mais dans la rotation des désirs enchaînés, périodiquement naissants et satisfaits, c'est-à-dire dans l'accord des désirs.

que l'activité encore asservie à l'organisme se meut dans une voie peu interversible. Les premiers économistes avaient de préférence envisagé ces formes primitives du désir, à peine distinctes des besoins, dominées par eux, ayant leur carrière inscrite dans l'organisme, s'absorbant très vite en lui, échappant ainsi largement aux variations d'époque et de milieu.

Plus l'objectif d'une activité s'élève, plus cette activité a une tendance à vivre d'elle-même, à se renouveler, à se créer une voie originale en trouvant dans chaque adaptation un plaisir qui émane d'elle-même. La valeur économique suit le désir; c'est la seule formule commune à tous les degrés intellectuels et moraux du psychisme, qui n'engage définitivement à aucun, ni trop haut ni trop bas dans l'échelle. Autant la subjectivité, l'hétérogénéité des plaisirs déconcerte toute tentative d'unification, autant les désirs se groupent et se laissent classer selon leur énergie respective. Ce sont les vraies quantités psychiques sur lesquelles pourront s'édifier solidement les quantités économiques. Un objet est donc utile, au sens économique du mot, lorsqu'il apparaît comme l'instrument de réalisation d'une fin désirée, d'autant plus utile que le désir actuel est plus vif et qu'il en est l'instrument plus efficace et plus nécessaire.

Cette formule libère à elle seule « l'économie scientifique de l'économie optimiste », substitue le point de vue « naturaliste » au point de vue « normatif » (1). Les jugements économiques ne coïncident pas nécessairement avec ce qui doit être, mais avec ce qui est, l'activité économique s'ordonne en l'état des idées morales telles qu'elles sont à un moment déterminé, peut à son tour réagir sur elles, susciter leur réveil en mettant au jour certains résultats, mais sans que son influence s'exerce d'une façon impérative ni nécessairement favorable, sans qu'elle puisse constituer à elle seule l'équivalent du sentiment moral.

Un changement aussi profond dans la notion qui sert de base aux spéculations économiques devait suggérer un essai de changement dans les mots. Aux termes d'*utility* (et de *disutility*) on a parfois substitué ceux de *desirability* (et d'*undesirability*) ou d'*ophelimity*. Mais désirable peut signifier digne d'être désiré

(1) Rist, *Revue de Métaphysique et de Morale : Economie optimiste et Economie scientifique*, 1905, pp. 643-63; 1907, pp. 596-619.

et ce terme nouveau n'est pas lui-même suffisamment dégagé de toute signification objective et normative, il laisse subsister l'équivoque reprochée à l'ancien terme d'utilité, qui a très largement survécu parce qu'aucun autre ne le remplaçait avec un avantage évident (1); d'ailleurs ce terme se trouve, sous certains rapports, rapproché de sa signification propre, qui implique avant tout une idée de moyen, de service, sans aucune suggestion sur la fin poursuivie, et recouvre une idée foncièrement économique, transformée par une véritable déviation en idée morale. Toute action humaine appelle nécessairement une réflexion sur les rapports existant entre une fin déterminée et ses moyens de réalisation, tel est l'objet essentiel de tout jugement économique et au premier chef des jugements d'utilité, qui sont les plus simples d'entre eux et se trouvent impliqués dans tous les autres.

Ainsi précisé dans sa signification psychique, volontairement indéterminé dans son contenu objectif, le concept d'utilité appartient en propre aux préoccupations économiques, leur ouvre le large champ d'observation humaine qui leur est nécessaire. Le domaine des utilités économiques est constamment mouvant, sous la pression des tendances les plus diverses, les meilleures comme les pires, leur hiérarchie est un reflet, une résultante complexe du système des valeurs morales à un moment déterminé; le facteur moral fixe en dernier ressort la signification économique de tout acte et de tout objet.

La vie économique est tributaire de la vie morale dans ses buts et aussi dans ses moyens, la collaboration économique, à travers les infinies variétés de ses deux formes fondamentales (division du travail, échange), s'appuie sur un ensemble de règles morales, le *self interest* et la concurrence livrés à eux-mêmes, non seulement seraient impuissants à la susciter, mais la détruiraient rapidement (2).

(1) V. la critique du terme ophélimité dans Landry, *Manuel d'Économique*, p. 89; cet auteur propose le retour à l'ancien terme valeur d'usage. « C'est le mot appétibilité qui, étymologiquement et psychologiquement, dirait le mieux ce qu'il faut dire. » (Gide, *Cours d'Économie politique*, 2ᵐᵉ édit., p. 45).
(2) V Clark, *Philosophy of Wealth* : Le principe de concurrence est constamment subordonné à l'action supérieure des forces morales, parfois effacé par elles (p. 48). Le sentiment du droit est un

L'indépendance scientifique s'accompagne donc d'une curiosité morale extrêmement étendue : aucune région de la conscience individuelle, collective, ne doit être ignorée si l'on veut définir exactement l'état des utilités, c'est-à-dire des services économiques. Les aspirations désintéressées, les mobiles qu'il était d'usage de considérer comme perturbateurs (*disturbing influences*) agissent sur l'état, la composition, la notion même de la richesse; la science économique ne saurait donc les effacer de son objectif ni même leur faire systématiquement une place secondaire. Ainsi envisagée, la théorie économique substitue plus largement qu'on ne l'avait encore fait le procédé de l'explication à celui de la justification; elle voit dans les faits moins de moralité objective, moins d'adaptations automatiques d'intérêts, abandonne l'optimisme si assuré, parfois si décourageant de la pure doctrine classique pour en suggérer un autre, plus réservé et plus efficace, fondé sur les ressources indéfinies de la spontanéité.

Tout jugement d'utilité réunit l'expression et combine l'énergie d'un désir et d'une croyance, désir tourné vers une fin, croyance suggérée par l'efficacité d'un moyen : c'est seulement à travers le prisme de ces deux éléments que les faits extérieurs lui apparaissent et le modifient. Après avoir fixé d'elle-même les rapports de la science économique et de la morale, une définition complète de l'utilité permet de préciser les rapports exacts de la science économique et de l'art économique. Un effort important a été fait pour réaliser l'indépendance de ces deux disciplines, longtemps confondues.

Plus encore que les préoccupations morales, les préoccupations d'art, de politique économique avaient d'abord dominé la

---

motif d'une suprême importance dans les phénomènes d'échange comme partout ailleurs (*ibid.*). Loin de représenter une influence perturbatrice, ce mobile constitue « the centripetal force in economic society ». L'harmonie économique est possible non par le principe « every man for himself » mais sur la base du principe « every man for mankind » (principle of organic unity) (*ibid.*). V dans le même sens *op. cit.*, préface, p. III. Cf. critique de la notion d'intérêt personnel, qui rétrécit la notion véritable d'intérêt ainsi définie : identification du moi avec l'idée ou l'objet dans lesquels il s'exprime (Dewey, *op. cit.*, pp. 12-15). Cette critique, indiquée au point de vue éducatif, peut être aisément transposée sur le terrain économique.

science. L'explication des faits économiques, c'est-à-dire de l'attitude de l'homme à l'égard de la richesse, était constamment subordonnée aux tentatives ayant pour but de rectifier cette attitude en vue d'une augmentation ou d'une amélioration dans l'état de la richesse. L'œuvre des premiers économistes avait eu avant tout pour but de justifier certaines réformes et entre toutes la liberté du commerce intérieur et extérieur; ces préoccupations ont donné lieu à des « preconceptions » (1) qui ont nui à l'objectivité de la science. Ainsi, par un prolongement de son hypothèse optimiste, justificative de la théorie du laisser-faire, l'économie politique attribuait une véritable infaillibilité à l'homme économique, s'attachait à analyser le raisonnement, les actes d'un être schématique ayant le pouvoir de discerner et de mettre en action les moyens les plus directs de réalisation de ses intérêts. On a cru pouvoir constater chez les écoles déductives contemporaines une survie de ce procédé, de cette illusion; on leur a reproché en tous cas de ne pas s'expliquer assez clairement sur ce point, de mêler encore à l'étude objective des faits la projection de préférences subjectives. Ce reproche ne paraît pas mérité en ce qui concerne l'école psychologique anglo-américaine dans son dernier état : les jugements économiques doivent être étudiés tels qu'ils sont, ils appartiennent à la science même dans leurs erreurs. Une utilité objective ignorée ou méconnue lui échappe entièrement, une perspective, une affirmation même erronée constituent pour elle une réalité positive; elle a pour mission d'expliquer les actes accomplis pour la réalisation d'un intérêt, tel qu'il a été défini, compris, poursuivi par les auteurs de ces actes, d'un intérêt même « putatif » (2) qui peut ne pas se confondre avec l'intérêt réel ou même aller exactement à son encontre.

D'ailleurs, l'infaillibilité sur les fins étant exclue, l'infaillibilité sur les moyens se trouve logiquement éliminée elle aussi: les moyens ne sont que des fins intermédiaires et ce que l'on

(1) V. Thorstein Veblen, *The preconceptions of economic Science* (Quaterly Journal of Economics, t. XIII, pp. 121-50, 396-426, t. XIV, pp. 240-69).
(2) Sur la distinction des deux intérêts économiques, objectif ou supposé, v. Simiand, *Méthode positive en Science économique*, pp. 22-7.

appelle souvent fin, un moyen pour une fin supérieure. La vision normale des choses économiques, le sentiment de cette réalité, les réactions qu'elle inspire forment l'objet propre de la science, d'autant plus positive qu'elle substitue moins à cette vision réelle bien qu'imparfaite une vision rectifiée mais impersonnelle, conventionnelle, sa mission propre étant d'expliquer une série d'actes et non de tracer un programme d'action. Il en est de l'art économique comme de la morale : plus la science économique s'affirme indépendante à son égard, plus leurs services réciproques se multiplient. L'art économique est sous le contrôle de la science dans les régions qu'elle a déjà explorées, mais dépasse vite ce domaine; placé en présence de situations complexes, imprévues, dans la mesure même où une certaine liberté lui est laissée par l'indétermination de la science, il apporte au progrès scientifique une contribution propre, ses résultats empiriques sont comme des hypothèses vécues, des suggestions, des ébauches de vérités scientifiques. D'autre part, à défaut de prévisions affirmatives, de conseils directs, la théorie donne à l'art économique, outre ses informations positives sans cesse accrues, la notion qui lui est la plus essentielle, celle de liberté et de perfectibilité. En se pénétrant de spontanéité, la notion d'utilité devient essentiellement dynamique : au lieu d'être rétrospective, basée sur une somme de services acquis, arrêtés, définitivement classés, elle est « prospective », c'est-à-dire tournée vers les services futurs espérés, solidaire des variations incessantes de cet horizon intellectuel. A l'utilité-cause se substitue l'utilité-fin, nécessairement familière avec les perspectives du temps, inséparable de l'idée de risque; ces deux idées s'introduisent ainsi à la base de tous les actes économiques; nous verrons leur rôle agrandi, révélé avec son importance véritable à mesure que nous envisagerons les plus complexes de ces actes.

En devenant une notion essentiellement actuelle, l'idée d'utilité prend une signification quantitative précise qui la destine d'elle-même à être soumise aux formules mathématiques. De même que l'on n'a plus en vue des catégories, des classes de désirs, de besoins, de services, définitivement ordonnés, mais des désirs concrets, vivants, individualisés, qui ne renaîtront pas deux fois exactement identiques à eux-mêmes et dont les rapports, la hiérarchie sont essentiellement instables, ce ne sont pas des collectitivités, des catégories d'objets, mais des objets concrets qui sont mis en question. Ainsi, la proposition d'Adam Smith sur la haute valeur d'usage de l'eau en général, la faible et discutable utilité du diamant envisagées collectivement est dénuée de toute signification scientifique véritable. Ce qui importe, c'est l'utilité attribuée à une certaine quantité d'eau pour la satisfaction d'un désir déterminé; tout jugement d'utilité est précédé d'une comparaison entre deux quantités : l'énergie d'un désir et l'abondance d'un produit extérieur. Ce jugement exprime un rapport entre ces deux termes, évoque en réalité quelque chose de plus impérieux que le désir pur et simple: la nécessité, la sujétion d'une aspiration humaine à l'égard d'un élément extérieur; il repose moins sur les services accordés que sur les services refusés, implique une limite de satisfaction, une privation partielle. L'idée de sacrifice, d'effort, s'associe à celle de désir, la première étant le révélateur, la mesure du second, les seuls désirs ayant une existence économique sont les désirs effectifs, ceux dont la réalisation coûte et demeure encore inachevée par opposition à ceux dont la réalisation totale est assurée sans effort ou qui demeurent à l'état de simple velléité, faute d'un soutien psychique ou d'un ensemble de ressources suffisants pour les amener à se réaliser.

La notion d'utilité apparaît ainsi comme une notion hautement spéculative, symptomatique à elle seule de l'attitude nouvelle attribuée à l'homme à l'égard de la richesse : attitude déterminée avant tout non par l'état de la richesse acquise, consolidée, cristallisée, mais par la perspective des modifications de la richesse future. A mesure qu'elle se réduit à un acte de croyance et de désir, l'utilité s'incorpore plus solidement à la réalité, devient plus positive, prend sa vraie place à la base de toute théorie économique. L'individualisation des jugements d'utilité contient en substance l'éclaircissement de l'énigme de la valeur : les distances déconcertantes qui existaient entre la valeur et l'utilité globale, collective, s'évanouissent si la fin et le moyen sont envisagés dans leur rapport actuel, en vue de l'action imminente. L'abondance supérieure au besoin supprime l'utilité en même temps que la valeur.

C'est en donnant à l'utilité cette nouvelle signification que l'on peut justifier la formule de Clark, ramenant la valeur à

une expression quantitative de l'utilité. Dans le chapitre suivant, on exposera les développements donnés à cette formule,
les essais de mesure de l'utilité, en retraçant la théorie de l'utilité marginale.

CHAPITRE III

Théorie de l'Utilité marginale

La notion de l'utilité marginale est le point central de toutes les théories psychologiques de la valeur et de la distribution. Par certains de ses traits essentiels, elle est déjà devenue classique, mais bien des divisions demeurent encore sur son importance et son originalité; elle est donc loin de représenter un tout achevé. Elle sera étudiée surtout au point de vue de la contribution propre que lui a apportée l'école anglo-américaine. La loi de l'utilité finale, marginale, liminale ou effective (appellations qui évoquent les origines diverses et résument le développement d'une même idée fondamemntale) peut dans sa généralité être ainsi formulée : quand un certain nombre d'objets identiques se trouvent aux mains d'un même individu ou d'un même groupe social, la valeur de tous dépend du moindre service qui puisse être demandé à chacun d'eux.

Bien que toujours fidèle à cette définition générale, la théorie a eu, à travers ses nombreux représentants, des aspects assez variés; l'école américaine, qui peut revendiquer à son égard des origines indépendantes (1), s'est attachée à lui donner assez largement un caractère d'explication sociale. Les appréciations d'utilité sont l'œuvre du groupe tout entier, les jugements individuels n'étant que des anticipations, des résultats de l'estimation synthétique qui les harmonise, les discipline et demeure souve-

---

(1) On peut considérer l'ouvrage : *Philosophy of Wealth*, de John-B. Clark, publié en 1887, et dont plusieurs chapitres avaient paru dix ans auparavant dans le *New Englander*, comme constituant l'une des origines indépendantes de la théorie marginale (v. Gide et Rist, *Histoire des Doctrines économiques*, p. 607).

raine en dernier ressort (1). Aussi vivante que l'unité organique
de la société, l'unité, la force organique de la richesse consolide
et renouvelle la théorie marginale, la dépouille de son abstraction excessive, prévient le danger que lui feraient courir certaines explications immédiates, littérales, l'émancipe d'une dépendance trop étroite à l'égard des calculs hédonistiques de l'école
jevonienne, la rattache moins à des phénomènes passifs qu'à un
principe d'activité psychique.

I. — Loi de décroissance

La loi de l'utilité marginale n'est que la synthèse de deux
autres lois : décroissance du désir et substitution. La loi de
décroissance, souvent considérée comme l'élément essentiel de
la théorie, se résume dans la proposition suivante : si l'on donne
à un désir déterminé une série de satisfactions objectives identiques, les résultats obtenus iront normalement en décroissant.
C'est l'affirmation qui se trouvait déjà en substance dans les
théorèmes de Bernoulli et de Poisson, dans la formule de Laplace sur les rapports inverses de la fortune physique et de la
fortune morale (1). Ce sont des phénomènes de désir, des ob-

(1) « The great fact that society is an organic unit has been,
for the time, forgotten, and the attention has been fixed on indi-
viduals and their separate and intricate actions in valuing and
exchanging commodities. » (Clark, *Philosophy of Wealth*, p. 70).
La même idée se trouve exprimée dans un ouvrage plus récent
du même auteur : « If we understand the philosophy of value, we
must take all society into wiew as the purchaser of things » *(Distribution of Wealth*, 1899. Macmillan, Londres et New-York,
p. 227). — « Things sell indeed, according to their final utilities;
but it is their final utility *to society,*» (Op. cit., p. 243).
Clark considère néanmoins l'individu comme la réalité la plus
positive, origine et fin de toute action sociale; comme Tarde, il se
réclame de la philosophie de Leibnitz *(Philosophy of Wealth*,
p. 93).
(1) « Valde probabile lucrulum quodvis semper emolumentum
afferre summae bonorum reciproce proportionale », telle est 'a
formule de Bernoulli *(Specimen theoriae novae de mensura sor-
tis, Commentarii Academiae Scientiatum imperialis Petropolita-
nae, tomus V. Ad. annos 1730 et 1731, Petropoli, 1738*, cité par
Wieser, *Der Natürliche Werth*, p. IX). Sur les formules de Laplace
et de Poisson, v. Foucault, *Psychophysique,* Paris, Alcan, 1901,
ch. II, pp. 19-20.
La première application de cette idée générale à la théorie économique de la valeur pourrait être trouvée chez Condillac : « Un

servations de psychologie économique qui ont d'abord appelé l'attention sur ce fait essentiel de non proportionnalité entre l'action du monde extérieur et son retentissement psychique.

La loi de décroissance du désir repose donc sur la même constatation initiale que les lois psychophysiques : loi de Weber, qui mesure l'énergie, la netteté de la perception non sur la force absolue d'une excitation isolée, mais sur l'intervalle existant entre deux excitations successives, des intervalles semblables, proportionnels, suscitant des perceptions de même énergie, quelle que soit la valeur intrinsèque de chacun des deux termes; formule de Fechner, aux termes de laquelle une série d'excitations déterminées donne une série de sensations égales à leurs logarithmes (1). Ce sont deux essais parallèles tendant à ramener à un même rapport essentiel notre faculté de représentation du monde extérieur et le pouvoir d'attraction qu'il exerce sur nous, la clarté des perceptions comme l'énergie du désir étant indépendante, toutes choses égales d'ailleurs, de la force absolue de l'excitation extérieure qui leur sert d'antécédent direct, la réaction psychique, sous ses deux formes affective et représentative, étant considérée comme fonction d'un groupe d'excitations et d'une série de sensations antérieures, chacun de ces deux ensembles formant un tout organique, le monde exté-

surabondant sera sans valeur toutes les fois qu'on n'en pourra faire aucun usage, puisqu'alors il sera tout à fait inutile. » (*Essai sur le Commerce et le Gouvernement*).

(1) La formule la plus nette et la plus générale de la loi de Weber est la suivante : Une différence, positive ou négative, entre deux excitations, est toujours sentie également grande ou donne la même différence de sensation, si son rapport aux excitations entre lesquelles elle existe reste constant, de quelque façon que sa grandeur absolue se modifie. (V. Foucault. *op. cit.*, p. 17). Cette loi ne se vérifie que dans des limites assez étroites : la sensation grandit lorsque l'excitation se développe, diminue de nouveau si elle devient trop forte *op. cit.*, p. 87).

La formule de la loi de Fechner est : L'intensité de la sensation est égale au logarithme de l'excitation correspondante. Rectifiées dans leurs concepts fondamentaux (concepts trop indéfinis de sensation, idée d'intensité transférée du domaine physique au domaine psychique dont elle ignore la complexité et méconnaît la vraie nature), contrôlées par l'expérience, ces théories ne peuvent être retenues dans la rigueur de leurs formules primitives, elles constituent simplement les premières suggestions de lois plus générales. Le résultat le plus important obtenu à cet égard consiste dans la loi de la clarté des perceptions : la clarté d'une perception est indépendante de la force absolue de l'excitation, toutes choses égales d'ailleurs. (Foucault. *op. cit.*, p. 180).

rieur et le monde psychique communiquant moins par leurs éléments individuels que par leurs éléments collectifs.

On ne peut manquer non plus de noter le parallélisme qui existe entre le principe de non proportionnalité psychophysique et la loi de non proportionnalité organique, physique, qui a servi de base à la loi de la rente de Ricardo. L'analogie est constamment présente dans les démonstrations des auteurs anglo-américains, qui considèrent ces deux lois de *diminishing return* subjectif et objectif comme les projections d'un même principe, tentent sur ce terrain une jonction entre l'idée psychologique et la tradition ricardienne, encore si vivace chez eux; cette analogie se manifeste même par une curieuse coïncidence de formules, si on se rappelle que la loi du rendement décroissant est rattachée par un lien étroit à la loi de Malthus sur le rapport logarithmique de la progression des ressources et de la population. Les deux accroissements respectifs de la population, c'est-à-dire de l'intensité de l'effort producteur et du produit, constituent deux progressions, l'une géométrique, l'autre arithmétique, comme les accroissements respectifs de l'excitation et de la sensation. C'est la même limite imposée à ces deux pouvoirs réciproques de l'effort humain sur les choses et du monde extérieur sur les tendances humaines. Ces deux faits essentiels se présentent comme le correctif économique l'un de l'autre, le second réagissant avec une énergie constante contre les résultats du premier tendant à abaisser le niveau des valeurs économiques, à augmenter le domaine des utilités réellement gratuites. C'est pour avoir été impressionnées par le second fait plus que par le premier (qui avait particulièrement dominé l'ancienne économie anglaise) que les écoles psychologiques suggèrent des perspectives plus réellement optimistes peut-être que l'école classique, qu'elles se montrent en tout cas plus attentives à la plasticité de la richesse matérielle, placent leurs préoccupations essentielles non dans la production, mais dans l'utilisation de la richesse (distribution et surtout consommation) (1).

(1) Wicksteed (*The common Sense of political Economy*, London, Macmillan, 1910) considère que la principale utilité de la théorie marginale consiste, en rétablissant le lien longtemps inaperçu, méconnu, entre la valeur d'échange et la valeur d'usage, à mettre en lumière l'influence de la distribution sur la signification de la richesse, sur son efficacité, qui augmente à mesure que

La loi de décroissance a trouvé son expression mathématique dans les courbes d'utilité dont, à travers de nombreuses différences de détail, l'économie peut être ainsi résumée. On divise une ligne horizontale en une série de segments égaux figurant des quantités égales d'une richesse identique successivement attribuées à une même personne, soit les exemplaires d'un même livre donnés au même collectionneur.

De chacun des points qui marquent sur l'abscisse la limite des segments on élève une ligne verticale dont la hauteur prétend mesurer l'utilité propre, le résultat psychique de chaque fragment successif de richesse.

Quant à la signification précise de ce dernier terme, si l'on s'en tenait à la terminologie, à la symbolique usuelles de la théorie, fortement marquée à ses origines de l'empreinte hédonistique, directement imprégnée aussi des formules et des idées de Fechner, l'évolution de la valeur serait rattachée à une notion essentiellement réceptive, homogène, les quantités psychiques mesurées seraient des intensités de satisfaction. C'est ainsi que Wicksteed, profondément inspiré (quoique d'une manière non exclusive) par la tradition de Jevons, se réclame encore de l'hédonisme mathématique (v. *The common Sense of political Economy*, p. 431) : chaque impression de richesse est considérée comme un élément de nature simple, une sorte de substance formée de la juxtaposition d'un certain nombre d'unités de plaisir. Loin que son sort leur soit lié, c'est au contraire quand elle s'émancipe de ces notions si justement délaissées que la théorie marginale conquiert sa vraie significatoin.

C'est dans l'école américaine, avec Fisher et Clark, que cette émancipation se réalise, que les ordonnées tendent à représenter avant tout des phénomènes dynamiques, qu'elles signi-

sa répartition présente de moindres inégalités (p. 487); — v. sur l'importance de l'étude expérimentale, statistique de la consommation, Stanley Jevons, *La Théorie de l'Economie politique* (trad. Bariault, Paris, Giard, 1909), pp. 217-39). — Le développement des préoccupations psychologiques a constamment coïncidé avec l'agrandissement du rôle économique de la consommation, beaucoup plus développé déjà chez les physiocrates que dans les systèmes antérieurs (bullionisme, mercantilisme identifiant un groupe économique avec ses ressources de production et ses facultés d'acquisition), progressivement parvenu, à travers l'école classique anglaise, l'école classique française et les innombrables systèmes dissidents au rang qu'il occupe dans l'économie pure.

fient non plus agglomération de plaisir, mais énergie de désir ;
chaque ordonnée symbolise dès lors non pas une impression passivement ressentie, mais un jugement concluant à une action et
l'ensemble des verticales qui réunissent ainsi les divers moments
d'une expérience économique signifie une série de jugements
déjà formés, dont l'un seulement est destiné à recevoir une
satisfaction directe, les autres demeurant effacés, inexprimés, ou-
bliés parfois, efficaces cependant puisque aucun n'est sans laisser son empreinte sur le jugement décisif.

La complexité du désir se trouve ainsi sauvegardée ; un désir
plus fort n'est pas, à l'égard d'un désir moins fort, une agglomération plus importante d'unités identiques, mais une force
qualitativement différente, comparable avec la première non par
une matérialisation arbitraire des éléments psychiques, mais par
leur projection, leur empreinte quantitative sur le monde extérieur. Energie de désir croissante ou déclinante signifie non plus
addition ou déperdition d'une certaine quantité de substance
homogène, mais absorption progressive ou dégressive de l'ensemble de l'activité personnelle par un même désir ou, à un
autre point de vue, importance constitutive accrue ou diminuée
d'un désir ou d'une tendance dans la structure d'un caractère
humain, individuel ou collectif.

Le désir est donc étudié dans sa force motrice, mesuré par
ses rapports avec un autre désir ou plutôt avec un groupe aussi
important aussi représentatif que possible, de désirs appartenant à la même synthèse psychique vivante.

Les jugements d'utilité se ramènent donc, en dernière analyse, à des jugements de prix ; on n'arrive à souder la théorie
générale de la valeur et avec elle le phénomène du prix à la
notion d'utilité qu'en apercevant déjà l'échange au centre des
opérations intellectuelles qui constituent les conditions intérieures de la vie économique. Les longueurs inégales des ordonnées
signifient des sacrifices d'acquisition moindres, une même quantité de richesse extérieure acquise par des quantités toujours plus
réduites d'une autre richesse représentative. La théorie marginale n'expliquera les prix qu'en les plaçant à l'origine même de
ses recherches : on lui a reproché d'être de ce chef entachée de
cercle vicieux ou tout au moins superficielle, incomplète. En
réalité, la formule du prix, le choix entre les alternatives, la

direction du moyen sont des phénomènes qui remplissent la vie
économique mais la dépassent. Il s'agit d'expliquer la transformation de jugements individuels à demi conscients en jugements
collectifs et durables, d'expliquer leur généralisation dans
l'étendue et la durée ainsi que les causes de leurs changements.

La courbe d'utilité signifie donc comparaison entre deux
désirs. Mais le choix du désir pris comme mesure a une grande
importance. Si l'on prend comme terme de comparaison un désir quelconque, aussi mobile, aussi instable que le désir à
mesurer, les variations de leurs rapports n'auront pas de signification claire; elles pourront être le fait de variations individuelles de l'un ou de l'autre. Il importe que le désir pris comme
mesure soit relativement stable. L'idée de monnaie se trouve
ainsi suggérée en même temps que l'idée d'échange. On interprète en effet parfois les courbes d'utilité comme des évaluations pécuniaires dégressives données à une même quantité d'objets de même nature. Ainsi, la structure du jugement d'utilité
suggère d'elle-même l'idée de monnaie; d'autre part, une monnaie stable, divisible, donne à ce jugement le moyen de s'exprimer dans toute sa plénitude. Il y a là un exemple de plus
de ces cercles de fait ou de ces réactions de l'effet sur la cause
dont les sciences sociales font un usage de plus en plus grand,
comme moyen d'explication.

On ne saurait d'ailleurs identifier la courbe d'utilité avec une
échelle de prix, au sens usuel de ce mot. Ce qui est essentiel,
c'est que le désir constitutif de l'alternative critique présente
les caractères d'une monnaie psychique, qu'il soit suffisamment
important pour que l'ensemble des désirs d'une même personne
soit amené à se comparer à lui, qu'il exerce un pouvoir effectif
sur la généralité de ces autres désirs. Il peut exister une monnaie de portée plus précise que la monnaie extérieure, banale,
mieux adaptée que cette dernière aux conditions propres de l'expérience en vue. Une monnaie sociale est une synthèse de
richesse, c'est-à-dire une expression multiple, encyclopédique
de désirs, mais sa signification ne s'étend pas plus loin que le
cercle de la richesse impersonnelle, virtuellement collective,
substituable à travers un groupe plus ou moins étendu.

Chaque économie particulière, chaque vie économique organisée avec un minimum d'indépendance, ont leur système de

valeurs qui communique avec le système d'ensemble, se trouve en rapport continuel d'action et de réaction avec lui, ce qui serait impossible s'il n'en était qu'un exemplaire stéréotypé et ne conservait pas à un degré appréciable son originalité propre.

Le choix d'un étalon de valeur peut donc être extrêmement varié; l'expérience aura une signification distincte, en fonction de son sujet, dès qu'il s'agira d'un désir exerçant un pouvoir effectif sur la presque totalité des tendances.

A la mesure des désirs par l'argent, Clark propose de substituer leur mesure par le travail *(Distribution of Wealth*, p. 397). Le nombre d'efforts efficaces de travail que l'on serait décidé à réaliser pour acquérir un objet déterminé serait la vraie mesure, la mesure profonde de la quantité d'utilité attribuée à cet objet. Nous paraissons être très près de l'ancienne théorie: seulement le coût-travail est envisagé à un moment différent. Pour la théorie classique, c'était le coût passé, le travail contenu dans un objet. Dans la théorie psychologique, c'est le coût prospectif, le travail qui peut être mû par une certaine quantité de richesse : au lieu du travail enfoui, le travail attiré.

En résumé, décroissance dans l'énergie du désir signifie emprise affaiblie de ce désir sur l'activité du sujet économique envisagé (individu ou groupe), échanges virtuels successifs d'une même expérience psychique contre un nombre de plus en plus faible d'expériences alternatives dont la valeur demeure sensiblement constante pendant la série d'épreuves réunies dans une courbe d'utilité.

Nous avons déterminé ce que l'on peut appeler l'infrastructure de la courbe d'utilité : une suite d'ordonnées dont les sommets dessinent une pente plus ou moins rapide. On s'efforce de symboliser chaque moment de l'expérience par une surface, un rectangle dont les deux dimensions sont respectivement fournies par le segment horizontal qui représente l'excitation extérieure et la ligne verticale où s'exprime le rendement psychique; ces rectangles se trouvent obtenus en reliant le sommet de chaque ordonnée à l'ordonnée qui la précède par une ligne droite parallèle et égale à l'abscisse. Nous avons donc une première expression de la loi de décroissance par une série de rectangles ayant tous leur base horizontale égale, mais dont les hauteurs vont sans cesse en décroissant; lorsque le point de satiété sera atteint, la hauteur du dernier rectangle sera égale à zéro, la dernière excitation sera sans résultat psychique (1). Cet état de neutralité ne sera souvent lui-même qu'un point intermédiaire, à peine saisissable; ce point zéro une fois dépassé, des résultats psychiques négatifs, des impressions pénibles se produiront, chaque expérience les accentuant davantage (importunité, lassitude, dégoût), toute la diversité des résultats psychiques d'une même opération objective plusieurs fois répétée sera contenue dans une double échelle de rectangles décroissant d'abord jusqu'à ce qu'ils s'abaissent au niveau de la ligne horizontale prise comme axe de la figure, puis prenant au contraire des dimensions croissantes à mesure qu'ils s'ordonnent sur le plan inférieur.

L'utilité totale sera égale à la somme des rectangles disposés au-dessus de l'axe, le coût total sera représenté par la somme des rectangles inférieurs. Le coût représente alors la transformation d'un désir en crainte, un renversement d'images, la signification économique d'un objet se trouvant intervertie. Nous avions déjà rencontré le coût comme rançon de l'utilité, dans la partie positive de l'expérience; il signifiait inhibition volontaire d'un désir consentie pour en satisfaire un autre; ici il se présente directement, au lieu d'être le contrepoids d'une valeur, le signe d'une valeur préexistante, il devient la cause d'une valeur nouvelle, communique un prix positif à toute force capable de s'opposer à lui. Il signifie expérience imposée ou erronée : imposée parfois comme condition de l'existence d'ensemble du groupe d'expériences dont il constitue la phase négative, c'est le cas de l'expérience indivisible : l'exemple le plus fréquemment cité est celui de la journée de travail toute faite,

(1) V. sur l'économie générale des courbes d'utilité, Wieser, *Der natürliche Werth*, pp. 8-11 — St. Jevons, *op. cit.*, pp. 102-17 : L'utilité est une quantité à deux dimensions : quantité du produit, intensité de l'effet sur le consommateur. (Jevons insiste particulièrement sur le passage de la figure polygonale à la courbe par la multiplication des rectangles composants. L'exactitude de la loi demeure si l'incrément est infiniment petit. Jevons ajoute que la réalisation de l'incrément infiniment petit, purement théorique quand il s'agit de consommation individuelle, prend un caractère beaucoup plus positif, appliquée à la consommation collective.) — Marshall, *Principles of Economics*, vol. I, Macmillan, Londres, 1907, 5ᵐᵒ édit., pp. 93-96. — Wicksteed, *op. cit.*, pp. 439-74. — Irving Fisher, *Mathematical Investigation in the Theory of Value and Prices* (Transactions of the Connecticut Academy, 1892). — Gide et Rist, *Histoire des Doctrines économiques*, pp. 609-11.

imposée par règlement, se prolongeant pendant des heures au cours desquelles la signification psychique du salaire, rapprochée de celle du travail, est négative, déficitaire, privative d'énergie.

Dans cette première hypothèse, la notion de coût se rapproche de son acception antérieure, on achète la partie positive de l'expérience moyennant un prix qui comprend entre autres éléments la région négative à parcourir. En pareil cas, le coût est un élément de décompte qui intervient dans l'établissement de la valeur nette de l'expérience, mais ne submerge pas cette valeur. Il n'en va pas nécessairement de même quand il s'agit d'une expérience erronée : la proportion des utilités et des coûts, des réalisations et des abandons a été calculée d'une façon vicieuse. Les derniers termes de l'expérience, acceptés pour eux-mêmes, déterminent un appauvrissement psychique qui peut n'avoir aucune proportion avec les résultats positifs obtenus d'abord.

Parfois aussi, le coût surgit de lui-même, il naît d'une abondance excessive, d'un phénomène qu'il ne faut pas confondre avec la surproduction (qui est simplement au delà du désir et r. contre le désir). La surproduction tend à effacer l'existence économique d'un objet; la production excessive conserve à l'objet une vie économique, mais intervertit sa situation, en fait le point de départ d'une direction d'activité destructive. Il est ainsi certaines catégories d'objets dont la carrière économique se meut au milieu de contradictions qui, selon le rapport existant entre le rythme de leur production et celui du désir actuel, constituent des richesses ou suscitent des richesses opposées; ces deux alternatives consacrent d'ailleurs une seule et même loi : celle de la souveraineté du résultat marginal.

Si donc l'expérience est arrêtée avant que la série des rectangles supérieurs soit épuisée, l'utilité marginale sera la surface du dernier rectangle, étalon de valeur de tous les objets de la série; c'est dire que si l'expérience est poussée jusqu'au point de satiété, la valeur totale du groupe sera nulle. Si elle est imposée ou provoquée par erreur au delà du point de satiété, c'est la dernière expérience subie qui fixera la valeur négative actuelle de chacun des éléments du groupe extérieur homogène et l'énergie de l'effort actuel de réaction tenté pour l'éviter : le coût et l'utilité se définissent l'un et l'autre en fonction du désir, utilité signifie désir réalisé, coût désir en souffrance; l'un et l'autre ont pour mesure l'action qu'ils inspirent. De même que l'utilité se mesure par l'alternative immédiatement inférieure, le coût aura pour témoignage l'alternative immédiatement supérieure, tout juste préférée ; leur expression la plus vraie se renfermera dans un jugement d'inégalité extrêmement subtile, prise à la limite de l'égalité. Le coût est progressif (les rectangles inférieurs à l'axe ont des hauteurs toujours croissantes) comme l'utilité est dégressive, en vertu du même principe de la réciprocité des variations de la fortune physique et de la fortune morale; l'un et l'autre jugement, qui n'ont de signification que dans l'idée de personnalité, ne livrent une notion exacte de leurs variations que s'ils se trouvent comparés à un désir relativement stable, synthétique, marquant le niveau que l'utilité dépasse, que le coût n'atteint pas. Comme beaucoup d'expériences économiques sont complexes, entraînent avec elles un faisceau d'utilités et de coûts inséparablement unis les uns aux autres, ces divers éléments sont appréciés au même moment critique, à la fin de l'expérience.

Quant à l'utilité totale, c'est-à-dire à l'ensemble des désirs rétrospectifs déjà satisfaits, elle sera sans efficacité économique, sans action sur la valeur. Entre l'utilité totale et l'utilité marginale il existera parfois une disproportion infinie au sens littéral du mot; cette disproportion n'est même pas très rare; l'exemple classique de l'eau dont l'utilité totale est infinie, l'utilité marginale souvent nulle est loin d'être sans analogies nombreuses; ce sont souvent les désirs les plus impérieux à leur origine qui ont le moins d'élasticité et tombent le plus rapidement à un niveau assez bas. L'élasticité du désir est un terme qui revient souvent dans les exposés de la théorie marginale; c'est à proprement parler la faculté de dilatation du désir, la douceur de la pente dessinée par sa courbe, le fait qu'un désir résiste à l'abondance tend à égaler sa carrière à celle du courant de biens extérieurs qui l'alimente, sans l'éteindre, l'invite au contraire à se renouveler. Les courbes d'utilité affectent ainsi les formes les plus diverses. Certaines ont une hauteur considérable à l'origine puis une chute rapide, d'autres une carrière soutenue, une ondulation très douce.

D'une façon générale, les désirs sont d'autant plus élastiques qu'ils se rattachent moins à l'organisme et plus à l'esprit; le développement et surtout les évolutions rapides de cette dernière catégorie de désirs, leur diffusion, leur culture intensive sont parmi les raisons d'être importantes du changement qui s'est produit dans les méthodes de la science économique; ils constituent un sujet de curiosité qui n'existait qu'à un bien moindre degré lors des origines de la science économique moderne.

C'est ce phénomène essentiel des variations dans l'élasticité du désir qui se trouve entrevu (mais sans être analysé, interprété dans son sens positif) à travers l'antinomie classique des valeurs respectives d'usage et d'échange de l'eau et du diamant, considérée longtemps comme une preuve décisive de la dualité de la valeur. L'utilité totale n'est qu'une réapparition (à peine modifiée) de l'ancienne valeur d'usage d'Adam Smith et de Ricardo, étudiée au chapitre précédent et qui avait été considérée comme significative de l'impénétrabilité longtemps supposée entre les idées de valeur et d'utilité. Entre autres obstacles à l'influence économique, à la comparaison respective des utilités totales on doit noter comme suffisamment décisif celui qui résulte des dimensions infinies affectées par beaucoup d'entre elles; on considère qu'une utilité est infinie quand elle est absolument nécessaire à la vie; sa représentation consiste alors dans une figure ouverte : deux lignes verticales infinies élevées à chaque extrémité du segment horizontal. Ainsi, parmi les diverses phases d'une expérience économique, la seule qui compte sera l'action marginale, la dernière action possible, la valeur d'un groupe d'objets aura pour *test* l'unité marginale; c'est le désir ou la crainte localisé sur ce point précis qui déterminera l'attitude prise à l'égard de toute une catégorie de richesses ou plus généralement et plus exactement d'objets extérieurs identiques: attraction, opposition, indifférence.

On est amené à se préoccuper beaucoup plus de l'unité marginale désirée que de l'unité marginale redoutée. L'expérience économique implique normalement un acte volontaire, un essai de réaction tenté sur le milieu, une adaptation plus ou moins complète entre le désir et le milieu, un résultat positif; le coût apparaît habituellement comme la condition d'une expérience non comme son objet principal. C'est donc l'utilité marginale qui apparaît comme la notion de premier plan. Cette utilité n'est autre que le résultat psychique immédiat de la dernière unité de richesse disponible, celle que l'on affecte au dernier désir réalisable et qui laisse encore après elle une série plus ou moins importante de désirs en souffrance.

Une première notion de l'unité marginale résulte donc de sa fonction : elle s'applique à la moins précieuse des fins réalisées. Quant à sa structure intrinsèque, elle a, comme nous l'avons vu, pour caractéristique nécessaire de ne différer en rien des autres unités. C'est une parcelle de richesse identique, matériellement à toutes celles du même groupe; l'expérience doit être disposée de telle sorte que toutes les parcelles de ce groupe soient strictement interchangeables, identiques en qualité et en quantité (c'est du moins la formule de début), en tous cas identiques en puissance, il s'agit d'une même puissance projetée dans un milieu qui se modifie, traduite par des actes inégaux.

Définir l'unité marginale revient donc à définir toutes les unités de l'expérience. C'est une parcelle de richesse, de puissance économique, aussi petite que possible. Toute la signification de l'expérience repose sur deux postulats : identité et caractère infinitésimal des parcelles constitutives de la série. L'unité marginale (dose, incrément, pour reprendre les expressions transposées de la théorie ricardienne dans la thèse psychologique) constitue donc un minimum sensible. La notion quantitative de cette unité est essentiellement subtile : d'une nature physique et psychique à la fois. Il s'agit bien d'une quantité physique, mais prise dans son pouvoir d'action psychique. Etant donné un certain état du désir et de la richesse au début d'une expérience, l'organisation la meilleure de cette expérience sera celle qui détachera la quantité la plus ténue de richesse capable de produire un résultat psychique distinct. Deux séries de conditions sont mises en jeu : d'abord aptitude de la richesse envisagée à se laisser fractionner matériellement. Cette condition, la plus impressionnante au premier abord, qui inspire le choix des exemples les plus courants (denrées alimentaires divisibles, once et demi-once de thé ou de sucre) revenant si abondamment sous la plume des auteurs (v. Wicksteed notamment, *The common Sense of political Economy*, pp. 40-70) n'est pas la plus importante. A la rigueur, la courbe de l'utilité marginale peut être étudiée sans qu'il y ait cette fraction directe, matérielle, supposée dans la plupart des démonstrations classiques de la théorie; elle peut se développer aussi nettement à travers des afflux successifs d'actions de richesse pénétrant une même matière première.

Ce qui importe le plus, c'est la divisibilité psychique, dont il est aussi indispensable d'atteindre la limite que de ne pas l'excéder. Cette limite est variable, dépend de l'agglomération des expériences en perspective : l'unité marginale est nécessairement fonction du volume total de la richesse envisagée, elle devra en principe être établie sur des bases plus larges s'il s'agit d'une richesse abondante que d'une richesse rare. Ces considérations ont une importance d'autant plus grande que la théorie marginale prétend constituer non un édifice achevé destiné à demeurer dans l'abstraction, mais le point de départ, le principe directeur d'une science réellement expérimentale. La brièveté de l'action marginale est une nécessité résultant du principe même qui domine la théorie toute entière : l'incessante mobilité du désir.

Trois faits essentiels sont à la base de la théorie : une série d'objets uniformes ou d'actes extérieurs identiques — une série correspondante de désirs variés — l'unification de l'expérience dans un seul et même jugement. Il y a comme une succession rythmique : unité de base produisant la mobilité des résultats immédiats, unité finale émergeant de cette mobilité. Or, l'élément qui sert de base à cette unité définitive doit être un, l'estampille qui marque toute une catégorie économique à son empreinte doit avoir des contours arrêtés; il importe donc qu'elle réfléchisse l'état du désir pendant un instant assez bref pour qu'il n'ait pas eu le temps de varier, pour qu'il se trouve en état de fixité au moins sensible, apparente.

Reprenant des formules empruntées à la langue de la psychophysique on définira l'unité marginale en disant que elle est placée au-dessus du seuil absolu d'excitation, au-dessous du seuil différentiel. Ce sera une fraction d'expérience assez importante pour donner un résultat psychique sensible (seuil absolu), pas assez pour que ce résultat apparaisse comme différent du résultat donné par l'expérience immédiatement antérieure (seuil différentiel). Il y a donc deux conditions requises; la seconde n'est que le prolongement de la première, mais il importe de les distinguer avec soin. Il faut que l'unité marginale soit constante avec elle-même, qu'il y ait uniformité sensible dans le taux selon lequel ce fragment d'expérience se déroule; ce n'est qu'à cette condition qu'elle peut être représentée par une figure rectangulaire et non par un quadrilatère irrégulier dont le sommet serait une ligne courbe ou brisée. Cette première condition se trouve aisément réalisée; une parcelle de richesse qui donnerait des résultats psychiques sensiblement divers s'affirmerait par là même divisible. Mais il est une autre condition qui n'est que la réalisation plus parfaite de la première et qui ne s'adapte plus à la représentation primitive rectangulaire.

Il est considéré en effet comme nécessaire non seulement que le taux de l'utilité (l'énergie du désir) ne diminue pas pendant le cours d'une unité, mais qu'il ne varie pas sensiblement d'une unité à l'autre. Il faut que les changements dans le taux d'énergie ne soient perceptibles qu'après plusieurs unités. Pour que cette condition soit symboliquement réalisée, on abandonne l'expression rectiligne, la ligne brisée du sommet de la figure se transforme en ligne courbe par la multiplication des côtés, c'est-à-dire la réduction infinitésimale des unités de base. On arrive alors à la courbe proprement dite d'utilité dont l'échelle rectangulaire n'était que la charpente primitive (1). Dans cette série pressée, où les rectangles primitifs se sont évidés au point de ne former, par la ligne de leurs crêtes, que l'asymptote d'une courbe, l'unité marginale est le chaînon juste discernable, elle ajoute quelque chose au résultat global, mais deux unités immédiatement voisines sont sensiblement identiques, la section de courbe qu'elles embrassent entre elles est assez réduite pour ressembler sensiblement à une droite.

On doit rattacher à l'analyse mathématique la conception mobile de l'unité marginale, décevante et contradictoire, si on voulait l'appliquer aux données immédiates de l'expérience

---

(1) Wicksteed, *op. cit.*, pp. 439-51. Tracé d'une courbe traversant les rectangles successifs par leurs sommets et décrivant une surface équivalente à leur aire totale en ajoutant et en retranchant alternativement des surfaces égales à chacune des figures composantes.

Plus la multiplicité et la ténuité des rectangles de base augmenteront, plus l'équivalence des deux figures d'ensemble se rapprochera sensiblement de l'égalité.

économique. Il est couramment enseigné en effet que l'unité marginale peut être indifféremment la dernière unité de richesse effectivement possédée, classée, intégrée dans la consommation ou la première unité surajoutée au groupe déjà existant. Cette affirmation ne peut être vraie que si la quantité envisagée est infiniment petite. Elle ne peut être admise ni même comprise que comme traduction du principe des limites. Les théoriciens de l'utilité marginale n'ont point manqué d'y faire appel par un emprunt assez direct à la terminologie et aux idées de Fechner.

L'utilité marginale, c'est-à-dire en somme l'utilité absolue attribuée à l'unité marginale constitue un quotient différentiel. Etant donné un certain stock de biens, toute quantité additionnelle est représentée par le terme Δx, l'utilité de ce nouvel apport par Δu; son utilité moyenne par unité métrique s'exprime dans la fraction $\dfrac{\Delta u}{\Delta x}$. Une série de fractions peut être établie à mesure que l'on diminue l'importance de Δx. Si l'on réduit cet incrément à des proportions infinitésimales, la limite de la série des fractions sera $\dfrac{du}{dx}$. De même, les diminutions successives du stock s'exprimeront par des quotients d'utilité très inégaux, mais qui tendront vers la même limite $\dfrac{du}{dx}$. Les termes successifs ascendants et descendants ont une limite commune, subissent une même attraction progressive, sans contact final possible. L'unité marginale concilie sous une même expression les termes de deux séries ayant réalisé le maximum d'efforts pour s'absorber dans leur limite commune, se fondre dans une identité irréalisable.

Si l'on oublie un instant qu'il s'agit de quantités subtiles, de réalités juste perceptibles et que l'on transpose simplement cette affirmation dans le domaine des synthèses de richesses, des faisceaux complexes d'utilités que constituent la plupart des éléments d'un milieu économique, les démentis de l'expérience, les contradictions des théories s'accumulent. Ainsi, dans un domaine qui n'est qu'une extension de la théorie de la valeur, la théorie de la distribution, on a pu voir deux courants d'explication s'organiser : l'un jugeant de la productivité, c'est-à-dire de l'utilité efficace, de la valeur d'un facteur de production d'après ce qu'il enlève au produit en disparaissant, l'autre d'après les surproduits consécutifs au renforcement de ce même facteur. Théories disparates, inexactes l'une et l'autre, que l'on rectifie et que l'on concilie en les plaçant sur le terrain de l'analyse mathématique (1). Elles ont attribué à Δx, c'est-à-dire à une quantité quelconque, une signification démonstrative qui n'appartient qu'à dx, il leur manquait de s'assimiler toute la souplesse du mécanisme des courbes d'utilité, construit de manière à surprendre le secret des mouvements d'un désir, à saisir ses images successives avant qu'elles aient eu le temps de s'altérer, à en fixer les ondulations comme dans une vue cinématographique. L'unité marginale évoque avant tout une idée de rapidité, de brièveté.

Il est intéressant de comparer la courbe d'utilité et la courbe

(1) V. Wicksteed (op. cit., p. 61) : pour obtenir l'unité marginale d'une richesse déterminée, on doit chercher deux augmentations successives de richesse assez importantes pour que l'esprit puisse apprécier leur présence successive, pas assez pour qu'il apprécie une différence de valeur entre elles deux.

La théorie de Menger, dite de la coopération, mesure la valeur d'un agent de production : « by the drecrease in return wich ensues in the case of loss. » (V. Wieser, op. cit., p. 83). Wieser (op. cit., pp. 86-90, trad. anglaise Malloch, Londres, Macmillan) se réclame au contraire de l'idée de « productive contribution », « productive contribution is that portion of return in wich is contained the work of the individual productive element in the total return of production » (p. 88).

Un malentendu analogue se produit entre Hobson et Marshall, ce dernier affirmant en principe que le produit de l'ouvrier marginal est juste égal à son salaire (Principles, Bk IV, ch. III, par. 2). Hobson réfute cette opinion en invoquant l'impossibilité où l'on se trouve de lui donner une application intensive : « put the same experiment upon its broadest footing and the overlapping fallacy becomes obvious. Take the labour capital and land as consisting of a single dose of weach; now withdra the dose of labour, and the whole service of capital and land disappears », etc... D'où (le produit, dans son intégralité, disparaissant si l'un des facteurs fait défaut) la revendication possible de l'entier produit par chacun des facteurs. (The Economics of Distribution, New-York, Macmillan, 1903, p. 147). Edgeworth dissipe l'équivoque en rappelant la nécessité de rester sur le terrain des petites variations. Substituer la quantité totale à l'unité marginale, x à dx constitue la plus complète méconnaissance du calcul différentiel et conduit à des appréciations aussi erronées en matière économique qu'en toute autre matière, physique par exemple (The Theory of Distribution, Quaterley Journal of Economics, t. XVIII. p. 167).

d'offre et de demande (1), plus ancienne qu'elle, puisant son origine directe chez Cournot (2), indiquée chez Dupuit; on examinera ainsi les rapports existant entre la théorie marginale (psychologique) et la notion d'équilibre (mathématique) unies historiquement, logiquement aussi, mais graduellement séparées dans leur carrière au point qu'il a pu être soutenu qu'elles n'auraient à peu près plus rien de commun.

L'économie extérieure de la courbe de demande est assez semblable à celle de la courbe d'utilité. Sur une abscisse qui représente une certaine quantité de richesse, on élève des ordonnées successivement déclinantes, dont chacune signifie non plus l'énergie propre, originale, du désir exprimé par chaque quantité de richesses, mais le prix demandé, les conditions sociales d'acquisition des diverses parcelles de richesse homogène, à un moment déterminé. A mesure que les ordonnées s'abaissent, elles envahissent une partie de plus en plus large de l'abscisse, le prix diminue, le stock de richesse désiré d'une manière effective, réellement acquis, augmente. La courbe qui joint les sommets des diverses ordonnées constitue la courbe de demande : cette courbe exprime, en l'état d'un prix déterminé, l'importance des acquisitions consenties par un individu ou un groupe social.

La courbe de demande suggère d'elle-même la courbe d'offre; on élève sur l'abscisse des ordonnées non plus dégressives mais progressives, représentant les prix successifs atteints par une richesse déterminée; chaque augmentation de prix amène l'annexion d'une nouvelle région de l'abscisse. Les deux courbes se trouvent souvent conjuguées : entre le prix maximum qui suscite une offre abondante, une demande insignifiante parce qu'il est supérieur à la plupart des désirs existants et le prix

---

(1) V. Wicksteed, *op. cit.*, p. 473.
(2) Cournot avait formulé la « loi du débit » basée sur la « demande fonction du prix ». V. *Principes mathématiques de la Théorie des Richesses*, ch. IV, pp. 46-61, et Gide et Rist, *op. cit.*, pp. 593-597), espérant que la liaison du prix et de la demande pourrait être établie par « *tables empiriques comme la loi de mortalité* ». La fonction du prix à la demande est régie par la loi de continuité. Les variations de la demande resteront sensiblement proportionnelles aux variations de prix, tant que celles-ci resteront très petites (*Principes de la Théorie des Richesses*, Paris, 1863, pp. 94-9). — Dupuit a formulé le principe de la courbe de demande (Gide et Rist, *op. et loc. cit.*).

minimum qui, pour une raison inverse, encourage une demande
universelle, tarit presque l'offre, on trouvera par tâtonnements
successifs une ordonnée commune aux deux courbes, un prix tel
qu'il groupe un même nombre d'offres et de demandes; c'est là
que se trouvera le point d'intersection des deux courbes, ce que
l'on appelle le point d'équilibre, dont la localisation suffit à
définir un marché dans ses éléments essentiels : quantités échangées, prix.

Cette notion d'équilibre (qui appartient proprement à la théorie des prix) envisagée ici dans ses grandes lignes seulement et
dans ses rapports avec la théorie psychologique, évoque surtout
trois idées : celle de l'équation traditionnelle de l'offre et de la
demande, c'est-à-dire de l'égalité entre les quantités deman-
dées et offertes à un certain moment, l'organisation d'un certain nombre d'accords émergeant de la masse diffuse des offres
et des demandes inefficaces, sans écho, ne s'opposant pas et
ne s'adaptant pas entre elles.

Equilibre signifie aussi équivalence de forces, rapport analytique en quelque sorte entre le prix d'une richesse et la série de
sacrifices de tous genres dont cette richesse condense l'action,
résume l'histoire. Enfin, la notion d'équilibre signifie surtout
consolidation du marché sous la pression exercée par deux forces ou plutôt par deux courants de forces rivales en présence,
fixés l'un et l'autre dans une attitude qui représente leur maximum réciproque d'énergie; ainsi, le prix d'équilibre est à la
fois le plus haut possible pour le vendeur, le plus bas possible
pour l'acheteur en l'état des faits, des aspirations, des ressources; c'est l'adaptation qui associe dans la formule la plus harmonieuse deux situations psychiques d'ensemble, dans un cadre
déterminé.

Si c'est au fond le même problème, celui de l'adaptation
entre l'état des richesses et celui des désirs, qui se trouve abordé
par les courbes d'utilité et par celles d'offre et de demande,
il est envisagé sous deux angles différents : dans la courbe d'utilité se trouvent retracées les expressions originales, les variations
spontanées du désir, sous une seule action, celles des accroissements de la richesse. L'afflux de la richesse extérieure, la
constitution préalable du désir sont des éléments donnés; l'inconnue consiste dans la réaction inédite de ce désir, dans le

déplacement de ses rapports successifs avec l'ensemble des tendances constitutives d'un caractère, d'une personnalité individuelle ou collective.

Dans la courbe d'offre et de demande, les états successifs de l'énergie du désir commun, c'est-à-dire la succession des prix, sont donnés, l'élément inconnu, livré à la réaction spontanée, sera la quantité de richesse acquise par un individu ou par un groupe ainsi placés dans un milieu économique aux évaluations déjà dessinées. Dans le premier cas, c'était la suggestion de la valeur par la quantité; dans le second, c'est la suggestion de la quantité par la valeur. C'est en réalité le même rapport fonctionnel étudié en changeant successivement la variable indépendante.

C'est la courbe d'utilité qui a la signification la plus profonde, elle exprime dans son ensemble l'opération collective de l'évaluation; quant aux courbes d'offre et de demande, elles expriment le mécanisme de l'adaptation entre les deux formules du désir individuel et du désir collectif exprimés à l'occasion d'un même objet.

Spécialisée aux évaluations pécuniaires, au terrain économique banal, elle n'est qu'une expression dérivée, une conséquence de la courbe d'utilité qui exprime le mécanisme de l'évaluation dans ses opérations les plus générales comme les plus rares. Elle se meut aussi sous l'action d'éléments plus divers, implique une sélection moins sévère des causes et des effets. La courbe d'utilité exprime un seul résultat (variations propres d'un désir) sous l'action d'une seule cause (variations, strictement mesurées, dans l'abondance d'une certaine richesse). La courbe d'offre et de demande exprime au contraire une synthèse de causes et d'effets.

Les variations de prix peuvent s'expliquer soit par la décroissance spécifique d'un désir déterminé, soit par une altération dans la valeur de la monnaie, ces deux causes collaborant sans cesse, la part respective de l'une et de l'autre étant parfois très difficile à discerner.

De même qu'il y a complexité de causes, il y a également complexité de résultats; il ne s'agit plus de savoir si le désir individuel est accru ou diminué, mais si la quantité acquise a varié et dans quelle proportion, parfois la variation de prix, phénomène équivoque quant au désir collectif, l'est aussi dans ses répercussions sur le désir individuel. Ainsi, l'augmentation de prix d'un objet peut, dans certain cas, amener une consommation plus abondante parce qu'elle constitue l'indice d'un ensemble de faits qui a complètement révolutionné l'économie d'ensemble des ressources et des désirs.

La notion marginale et la notion d'équilibre peuvent être comparées enfin dans les directions respectives qu'elles suggèrent : toutes deux font usage de la notion de limite; c'est par là qu'elles peuvent être conciliées, malgré leurs divergences apparentes sur le fond même de l'idée de valeur. La notion d'équilibre, qui paraît s'inspirer de la notion traditionnelle de la valeur-coût, a pour véritable fonction, non pas d'expliquer l'action économique, mais de montrer le point que cette action ne saurait dépasser, la zone d'indifférence qui sera indéfiniment approchée, jamais atteinte, intentionnellement du moins. La notion d'équilibre a donc une signification inhibitrice, elle est située juste au delà du domaine de l'action; dans la zone circonscrite par cette limite, chaque acte constitue, pour ses divers partenaires, la création d'un déséquilibre heureux, une opération non point analytique, mais vraiment synthétique, exercée sur la richesse. La formule traditionnelle du coût loi de la valeur se trouve renouvelée non seulement, comme on le verra plus en détail au chapitre suivant, par une transformation de la notion de coût, qui d'objective et de rétrospective qu'elle était deviendra psychique et prospective (signifiant désir alternatif) mais surtout dans la notion du rapport entre les termes coût et valeur, le coût non plus équivalent anticipé, normal de la valeur, mais soutien, stimulant de la valeur. Ainsi, tandis que la théorie de l'équilibre tend à exprimer les limites que l'action économique ne pourra dépasser ni même atteindre, sans donner par elle-même l'explication positive de cette action (1), la notion marginale reconstitue le mouvement propre des tendances : les impressions reçues du milieu, leur réaction sur le milieu, leur expression par l'état du milieu. En résumé, loin d'être

(1) V. Edgeworth, *Théorie mathématique de l'Offre et de la Demande et des Coûts de Production (Revue d'Économie politique,* 1891, pp. 10-29) : Les équations d'échange ont un caractère statique non dynamique : elles expriment un équilibre, ne disent pas comment il est atteint.

étrangères l'une à l'autre, la théorie marginale et la théorie de l'équilibre expriment des aspects différents d'une même idée générale; celle de la valeur déterminée, en dernier ressort, par l'évolution du désir.

Après n'avoir exprimé qu'un fait d'ordre assez modeste, assez banal, dont l'universalité a pu à bon droit être discutée : le fait pur et simple de la décroissance, de l'usure du désir, la théorie marginale tend à exprimer surtout d'autres faits plus intéressants, plus généraux : l'organisation, la coordination, l'harmonie des désirs d'une même personne, d'une même collectivité sociale. Au lieu de mettre au premier plan un phénomène essentiellement passif, une incapacité graduelle de sentir, de considérer comme loi dominante de la psychologie économique les propositions de Banfield sur la variété, l'autogénération successive des désirs (1), c'est par un principe intellectuel de choix qu'elle explique en dernier ressort la conduite économique; comme la science sociale en général, la science économique doit en dernière analyse expliquer les raisons, décrire les réactions réciproques et les résultats d'un certain ensemble de choix librement consentis (v. Giddings, *Sociologie*, p. 19).

Un désir n'agit jamais comme une force isolée; en psychologie économique comme en psychologie générale, la notion d'intensité est de plus en plus abandonnée : cette théorie, d'Herbart à Fechner, exprimait à elle seule l'idée d'homogénéité entre les éléments psychiques, faits d'une même substance, contenant plus ou moins d'unités de même espèce, les qualités matérielles étant transférées aux représentations intellectuelles, puis les diverses tendances luttaient dans le champ de la conscience comme des forces de même espèce sur un terrain de rencontre, aussi homogènes dans leur nature qu'opposées dans leur

(1) Jevons rappelle la proposition principale de Banfield : la satisfaction de chaque besoin inférieur crée un désir d'un degré plus élevé (*Organisation of Labour*, 2ᵐᵉ édit., p. 11) et la considère comme essentielle pour l'explication psychologique des valeurs (Jevons, *op. cit.*, pp. 101-2). — Marshall rapproche l'affirmation de Banfield (création d'un désir élevé par la satisfaction d'un désir moins élevé) de la déduction qu'en tire Jevons (la satisfaction d'un désir permet à un désir plus élevé de se manifester); l'affirmation de Banfield était fausse, celle de Jevons est tautologique. Marshall considère Banfield comme un disciple d'Herman; il aurait été le premier Anglais imprégné, dans cet ordre d'idées, d'influence allemande. Herman était d'ailleurs assez largement pénétré lui-même des idées de Bentham (*Principles*, p. 90).

fin, soumises à une sorte de darwinisme interne, de transposition de la loi de la survivance du plus apte.

Au lieu de ces trois idées d'homogénéité, d'impersonnalité
et de lutte des désirs, trois notions diamétralement opposées se
font jour : la diversité, la personnalité, l'alliance des désirs.
L'irréductible diversité du désir d'abord, non seulement de conscience à conscience, mais dans l'intérieur d'une même conscience individuelle, non seulement entre deux désirs différents
d'un même individu, mais entre deux moments d'un même désir
chez le même individu. A chaque phase de son évolution, un
désir s'associe de nouvelles images et change de qualité. Sans
doute ce faisceau de modifications qualitatives a un résultat
quantitatif · l'énergie augmentée ou appauvrie, mais ce n'est
que l'expression finale simplifiée d'une série de changements
complexes qui doivent être expliqués et non réduits à de simples additions ou soustractions. Il faut donc abandonner le classement par trop rudimentaire des désirs d'après leur objet, plus
exactement d'après l'objet matériel qui leur sert de moyen de
réalisation. On ne sait rien en réalité d'un desir quand on a
simplement calculé le nombre de personnes qui l'éprouvent.

En même temps que la diversité du désir, l'unité téléologique des désirs d'une même personne était plus clairement mise
en relief. C'est un principe d'unité qui se substitue à un autre.
Au lieu de l'unité interpersonnelle, objective, c'est l'unité personnelle; un système psychique individuel ou collectif, loin
d'être le terrain de réunion, l'expression d'un ensemble de désirs juxtaposés, cherche au contraire dans ces désirs les expressions variées de son unité originelle. Par suite, le classement
des désirs se trouve soumis à une idée directrice inverse : au lieu
de la concurrence, de la lutte avec alternatives d'avance et de
recul entre des finalités autonomes et rivales, c'est la subordination commune d'un ensemble de finalités secondaires à une
finalité générale, la hiérarchie des désirs inspirée par leur subordination commune à l'activité personnelle directrice, dans le
sens de la réalisation la plus complète d'un caractère.

Ainsi, en même temps que les écoles psychologiques s'effor-
çaient de révéler l'importance réelle de la demande dans l'établissement de la valeur, elles transformaient profondément l'ancienne notion adynamique, superficielle, identifiant l'énergie de

la demande avec le nombre de personnes partageant un même désir. Elles remontaient jusqu'aux sources même des désirs, pris comme des forces immatérielles, étudiés, respectés dans leur originalité, comparables entre eux seulement dans leur efficacité finale. C'est le désir « effectif· », c'est-à-dire capable d'exercer une pression utile sur l'énergie humaine et de là sur le monde extérieur qui existe seul pour la psychologie économique. Quant à l'abondance des manifestations extérieures, elle n'est rien par elle-même : les désirs les plus forts au point de vue économique sont parfois ceux qui n'existent que chez un très petit nombre de personnes (1).

La profondeur, la puissance du désir est donc l'élément économique essentiel, celui qui ne peut être négligé, passé sous silence, tenu pour acquis, pour constant; c'est en effet, en même temps que le plus essentiel, le plus variable de tous. Les courbes d'utilité expriment donc les variations, non de l'intensité absolue d'un désir, mais de son utilité dans un ensemble psychique dont les éléments sont fortement solidaires. Cette idée fondamentale d'organisation, d'activité psychique, va se faire jour plus encore dans l'étude de la loi de substitution, qui est la partie la plus essentielle de la théorie marginale.

II. — Loi de substitution

La loi de décroissance du désir ne contient pas toute la substance de la théorie marginale. Même interprétée dans le sens le plus compréhensif, elle demeure l'élément passif, instinctif en quelque sorte de l'acte d'évaluation; si elle entrait seule en jeu, elle déterminerait un résultat opposé à celui de la loi marginale : mobilité, diversité irréductible et non pas unité dans la valeur.

Le fait de la substitution consiste dans un effort de prévision, de coordination; son action est en réalité plus importante que celle de la décroissance, bien qu'elle ne soit pas habituellement mise au premier plan. La substitution pourrait être définie un

(1) V. dans ce sens Tarde, *Psychologie économique*, t. I, pp. 176-81.

regroupement de la richesse dans le sens du désir le plus fort (1).
Si un stock de richesse est diminué d'une unité, la consommation sera réorganisée de telle sorte que la fonction la moins utile
se trouve seule supprimée; dès lors le sacrifice ne sera ressenti,
évalué, payé, que dans les limites fixées par le pouvoir le plus
faible, le désir le moins exigeant. Ainsi, la valeur ne dépend
pas de l'état momentané, de l'expérience fragmentaire, mais de
l'expérience organisée, prise dans sa série entière, telle que la
rend possible l'utilisation complète du milieu. Au lieu de l'application naïve, en quelque sorte, de la loi marginale, qui tendrait à appuyer le jugement économique sur l'expérience passée,
à rattacher sans réflexion tout fragment de richesse à la fonction
qu'il est immédiatement appelé à remplir, c'est au contraire une
évaluation réfléchie, spéculative, jugeant un objet individuel
dans son rapport avec un ensemble, discernant à travers l'acte
prochain toutes les possibilités au milieu desquelles cet acte se
trouve situé, considérant toute fraction de richesse comme une
synthèse plus ou moins nombreuse d'alternatives. La substitution est à la fois une recherche de la plus haute puissance et de
la vraie signification de la richesse.

Ce principe, si simple dans son énoncé, peut être considéré
comme une traduction élargie du principe de *self-interest* ou de
l'économie des forces, traduction élargie en ce sens qu'elle
implique direction des forces dans le sens de la fin la plus impérieuse et non pas nécessairement d'une fin égoïste; elle exprime
avant tout le développement de l'activité humaine dans le sens
intellectuel, en vue de la domination du milieu.

Elément essentiel du jugement de valeur proprement dit, son
action remplit toute la vie économique et se manifeste sous deux
formes qui ne font que mieux ressortir son unité. Sous une première forme, elle se manifeste surtout dans les évaluations immédiates, proches de la consommation : un certain nombre de
fins étant réalisables par un seul et même moyen, ce moyen est
dirigé vers la fin la plus désirée. C'est la substitution impliquant
privation, la lutte proprement dite contre la rareté. La seconde
forme naît surtout, au contraire, d'un enrichissement. Un moyen
plus apte est substitué à un autre pour la réalisation d'une même

(1) La substitution peut être comparée à un échange intérieur
(Gide et Rist, *op. cit.*, pp. 611-13).

fin. Cette seconde action est, psychologiquement, réductible à la première : choisir entre des moyens c'est encore choisir entre des fins; délaisser un moyen imparfait, c'est préférer une fin réalisée à une hypothèse plus ou moins lointaine de réalisation; abandonner un moyen coûteux, c'est libérer une certaine quantité d'énergie, rendre possible la réalisation d'un plus grand nombre de désirs, préparer une expression plus complète des tendances par le milieu. L'effort qui domine est bien, quelle que soit sa cause occasionnelle (augmentation ou diminution immédiate de puissance), une adaptation de la rareté de la richesse aux exigences du désir.

De même que la substitution a pu être considérée comme un élargissement du principe de *self-interest,* elle évoque aussi, tout juste parce qu'elle est la forme caractéristique de l'action économique, l'idée de concurrence, s'oppose aussi à elle sous certains rapports; la notion de son importance grandit à mesure que s'atténue le sentiment trop exclusif des mérites longtemps attribués à la concurrence.

La concurrence apparaît surtout comme une lutte entre producteurs qui, si elle est librement et loyalement conduite, doit amener la plus grande quantité possible de richesse nette aux mains du consommateur, chaque producteur ayant intérêt à s'assurer l'avantage par une concession de plus, jusqu'à ce que le maximum des concessions possibles se trouve réalisé; les producteurs les plus aptes à assurer l'accommodation des ressources aux désirs demeurant seuls sur le marché. Telle est en résumé la théorie classique de la concurrence, avec tout ce qu'elle implique de frottements et parfois de déformations dans la réalité. Elle a pour caractéristique le heurt d'un ensemble de forces, de finalités irréductibles, chacune préoccupée uniquement d'éliminer l'autre, tendant virtuellement à la possession exclusive du marché, chacune d'elles ne subsistant (lorsque aucune des deux n'est entièrement supprimée) qu'en opposant son énergie à l'énergie rivale. La concurrence est comme une tentative continuelle de substitutions contraintes; la substitution est au contraire une concurrence disciplinée : ce sont deux procédés de sélection réalisés l'un par la lutte, l'autre par l'accord. La concurrence réduite à elle-même implique, et c'est bien là l'idée caractéristique qui la domine, un principe d'ordre nécessaire réalisé à leur insu par des forces que dirigent des intérêts réciproquement impénétrables.

Au lieu de cette finalité automatique, contrainte, la substitution implique finalité poursuivie, réalisée dans la mesure de la clairvoyance avec laquelle on a su lui adapter ses ressources et ses actes. L'ordre économique dépend dès lors non de l'impulsion des mobiles bornés de producteurs à la recherche du profit maximum, mais de l'adaptation directement poursuivie de l'outillage économique à un ensemble de fins. Au lieu de la passivité du consommateur, c'est sa spontanéité, son activité, son véritable règne, pour employer une formule de l'école classique française (dont l'esprit se trouve fidèlement recueilli par l'école américaine). En réalité, la concurrence se subordonne à la substitution, elle en est un aspect dérivé. Le prix longtemps attaché à la concurrence s'expliquait seulement par la solidarité étroite que l'on établissait entre elle et la notion de liberté économique; une distinction de plus en plus marquée a été faite entre ces deux idées et l'on peut mesurer l'importance économique de la substitution par ses rapports exacts avec la liberté économique, qu'elle implique et développe à la fois, tandis que la concurrence peut ne l'impliquer que dans une mesure beaucoup plus incomplète et tend même parfois à la réduire.

L'intérêt du principe de substitution n'est pas seulement dans son énoncé général, dans la direction nouvelle de pensées qu'il affirme (tendant à expliquer l'action économique du dedans). Il est aussi dans son application, dans les frontières sans cesse reculées de son domaine, dans le nombre et la nature des obstacles qu'il rencontre. A l'occasion de chaque désir, c'est une route imprévue, accidentée, sinueuse qui, sans s'arrêter aux analogies immédiates, s'étend jusqu'aux rapports les plus lointains, rappelant à l'occasion de chaque acte déterminé l'unité de discipline qui coordonne tous les désirs d'une même organisation psychique (individuelle ou collective) et toutes les ressources de l'économie qui lui sert de support, qui exprime et limite son pouvoir de manifestation extérieure.

La forme la plus simple de la substitution est celle qui se manifeste par une prévision exacte de l'utilisation de la richesse, sans intervention directe. C'est ce qui a lieu quand il s'agit d'une série irréversible d'expériences: pour rappeler un exemple souvent cité dans les démonstrations de la théorie marginale, la série de désirs décroissants suscités par la consommation d'une série de quantités identiques d'un même aliment. Si l'on est privé d'une des unités ou doses de consommation, quel que soit le point où l'on se trouve de la satisfaction et de la consommation actuelles, l'évaluation se modèle sur l'expérience marginale, fût-elle très éloignée dans le temps. D'ailleurs, la substitution joue un double rôle de frein (c'est sa fonction la plus en vue) et de soutien de la valeur. Cette dualité de fonctions s'expérimente surtout dans l'hypothèse si fréquente des désirs périodiques, de ceux que les besoins de l'organisme ramènent après des périodes plus ou moins longues d'apaisement ou qui se trouvent réveillées, avec une périodicité moins impérieuse, par les alternatives de la vie intellectuelle. La substitution n'est alors qu'une observation anticipée; elle mesure l'importance réelle, le coefficient de rareté d'un fragment de richesse; même réduite à ce rôle, elle exerce une action effective sur la conduite, l'attitude, l'effort économique.

Pour s'exercer pleinement, elle implique, outre cette condition intérieure, ce pouvoir d'analyse permettant une prévision minutieuse et exacte, un certain nombre de conditions extérieures qui se résument ainsi : maîtrise complète sur toutes les unités d'un groupe de richesses. Le groupe entier doit être formé d'unités séparables, matériellement et économiquement, c'est-à-dire susceptibles d'être utilisées et acquises une par une. D'abord la faculté de séparation matérielle : les objets identiques du groupe doivent être interchangeables et c'est exactement cette indépendance, cette faculté d'isolement mécanique des diverses unités qui est la condition de la force collective, organique du groupe.

Mais il importe surtout qu'il y ait faculté de séparation économique. De même que l'expérience doit être divisée en unités à la fois assez grandes et assez réduites pour que chacune donne un résultat psychique appréciable mais sensiblement égal à celui qui précède, il importe qu'il y ait aussi non seulement indépendance de perception, mais aussi indépendance matérielle, indépendance dans les conditions de vie et de possession des divers fragments de richesse envisagés. Nous verrons plus loin quelle complication introduisent dans l'application de la théorie qui nous occupe ces agglomérations au milieu desquelles se trouvent souvent confondues les unités et les utilités marginales, l'effort d'abstraction qui a été nécessaire pour l'adapter à de telles hypothèses, les plus fréquentes dans la réalité.

La forme immédiatement plus complexe de la substitution est celle qui se manifeste non plus par une simple prévision (manifestation d'activité intérieure), mais par arbitrage directement exercé entre deux ou plusieurs désirs. Au lieu de l'objet simple ne répondant qu'à un désir graduellement apaisé, plus faible soit en lui-même, soit au regard de l'objet précis qu'on lui propose comme instrument, on a une richesse et plusieurs désirs. La richesse homogène, au lieu de présenter une série d'images psychiques au même contour graduellement plus effacé, est comme une matière première malléable, appelée à être coulée dans des moules différents. Au lieu d'une courbe simple, on a comme une trame subtile dans laquelle se trouvent impliquées toute une série de courbes, autant que de désirs, que de catégories de buts distincts réalisables au moyen d'un seul et même objet. Ces désirs sont comparés après chaque expérience, les diverses parcelles de richesse sont dirigées vers l'un ou l'autre, selon leur degré d'énergie actuelle, c'est-à-dire selon l'étendue de la domination qu'ils exercent sur l'activité personnelle. Dès lors, la substitution remplit tout à fait le rôle actif que son nom seul évoque, ce double rôle de frein et de soutien, qui se manifeste d'une façon encore plus affirmative en même temps que se dessine cette perpétuelle antinomie de la valeur, la plus grande réalisation d'utilité aboutissant à l'expression la plus réduite de valeur, l'enrichissement du groupe aboutissant à l'expression la plus réduite possible de l'importance individuelle de chaque unité, le progrès économique se manifestant par le transfert d'une quantité toujours plus grande de puissance à l'agglomération indivise du groupe, c'est-à-dire plus exactement à l'initiative organisatrice qui lui communique son activité.

Mais la substitution n'a pas pour effet exclusif de diversifier des richesses homogènes (cette diversification étant d'ailleurs préalable à l'établissement de l'unité de valeur), elle unifie aussi les richesses de formes diverses. L'hypothèse initiale de l'unité de moyen et de la pluralité de fins ne suscite que la forme initiale la plus modeste, la plus rudimentaire, du principe de substitution. Elle met surtout en relief les conditions préalables, les obstacles au jeu complet de la substitution. L'hypothèse de la pluralité de moyens pour une fin met au contraire en jeu l'aspect extensif de la substitution, montre comment elle traverse, à l'occasion d'un même acte, un champ parfois considérable de possibilités économiques, suscite autour d'une détermination les remous les plus imprévus. Cette forme est beaucoup plus complexe que la précédente parce qu'elle soulève au fond le même problème, accumulé, multiplié un grand nombre de fois à un seul et même moment.

Une comparaison entre plusieurs moyens n'a de signification qu'en tant qu'elle s'exerce d'avance sur les diverses fins dont ces objets sont les instruments et par suite l'image anticipée. Choisir le moyen le moins coûteux, c'est ne renoncer qu'à la fin alternative la moins significative; si pour réaliser un acte déterminé on dispose de plusieurs moyens interchangeables identiques en ce qui concerne leur rapport avec cette fin, mais ayant chacun des aptitudes variées, une question préalable se pose : la fin que l'on a en vue vaut-elle la peine d'être réalisée, il faut constituer le bilan économique de chacun des instruments envisagés afin de voir si, pour l'un d'eux au moins, la fin qui fait l'objet de la délibération actuelle se trouve classée la première; si cette situation ne se présente que pour un objet, les autres cessent de figurer dans le cercle de ses substituts économiques, le problème se ramène purement et simplement au premier cas, un moyen et plusieurs fins. Si au contraire la fin envisagée occupe le premier rang parmi les aptitudes de deux ou plusieurs biens différents, il y a vraiment substitution économique consacrant la faculté de substitution physique, à elle seule dénuée de toute influence.

Dès lors, une comparaison va être accomplie entre toutes les alternatives jugées inférieures à la fin proposée, c'est-à-dire entre toutes les aptitudes des biens considérés comme substituts possibles les uns des autres. La détermination dépendra d'un choix entre ces dernières alternatives, la préférence étant donnée au bien qui présente, en même temps que des aptitudes égales en vue de la réalisation spécialement recherchée, des alternatives d'utilisation inférieures et impose par suite un moindre sacrifice; il serait inutile de comparer directement toutes les utilités des

divers objets, il faudra seulement faire le classement préalable
de toutes les aptitudes alternatives pour ne retenir que l'évaluation donnée à celle jugée la plus précieuse. On choisira dès
lors le bien dont l'aptitude alternative la plus haute se trouve
le plus inférieure à la fin qu'il s'agit de réaliser. Les autres
moyens, réputés plus coûteux, restent à l'écart, sans action directe, mais consacrent cette action virtuelle, cette influence progressive qui unit par un réseau aussi touffu que solide toutes les
valeurs placées dans le rayon plus ou moins lointain d'action
d'un même sujet économique. L'action des substituts éliminés
se fera sentir au moment où la valeur de leur fin alternative
s'abaissera comparativement à celle des substituts en vigueur. Le
contrôle économique d'un certain désir passera ainsi d'un groupe
de biens à un autre, selon les fluctuations très légères parfois,
survenues dans ces agglomérations d'utilités que constituent les
biens économiques. L'acte unique, global, de substitution par
choix du moyen n'est donc que la résultante d'une série de
substitutions multiples par arbitrage entre les fins.

Parfois, la substitution aura pour résultat de faire définitivement sortir une certaine catégorie d'objets du catalogue des
richesses : un moyen employé jusque-là tombera en désuétude
parce qu'un autre moyen devient ou se révèle moins coûteux,
c'est-à-dire susceptible d'une fin alternative moins précieuse. Il
est intéressant de noter que c'est au fond le même motif qui
déterminera l'abandon d'un moyen, que sa valeur se trouve
élevée ou réduite à néant. Sa valeur se trouvera élevée si une
aptitude nouvelle lui est découverte ou, ce qui revient au même,
si une valeur nouvelle se trouve conférée à l'une de ses anciennes aptitudes; dans le second cas, il sera délaissé et libèrera
ainsi une quantité de travail, de puissance économique, qui trouveront ailleurs une expression plus haute. La substitution économique est donc la recherche du bien le moins riche en alternatives.

Deux conditions inverses déterminent dans cette concurrence
des moyens la préférence donnée à un bien, savoir : son maximum d'aptitude pour une fin déterminée, son minimum d'aptitude pour toute autre fin.

Il est une dernière forme de substitution que l'on peut appeler imparfaite, c'est de beaucoup la plus fréquente : il est rare

que deux objets soient exactement les substituts physiques par-
faits l'un de l'autre et qu'ils puissent être pris comme des
moyens interchangeables. Le plus souvent ce sont des instruments dont chacun est adapté à une fin originale, mais dont les
diverses fins peuvent, dans une mesure plus ou moins large, donner une même satisfaction, dispenser l'une de l'autre, être considérées elles-mêmes comme des moyens d'une fin supérieure.
A cet égard, la puissance de la substitution subit des fluctuations inverses et, dans une certaine mesure, compensatrices.

Plus un bien est éloigné de l'acte final, séparé par des actions
intermédiaires de la tendance dont il doit en dernière analyse
assurer la réalisation, plus les cadres de la substitution sont
étroits, rigides, plus aussi la substitution a de chances d'être
parfaite; il y a faculté de substitution physique, donnant une
base simple et ferme à la substitution économique. Plus l'on
s'approche au contraire des biens de première catégorie, pour
employer la terminologie autrichienne, des biens de consommation (qui ne sont d'ailleurs point séparés des biens dits de production par une limite ferme, mais unis à eux au contraire par
une série de termes continus), plus un objet se trouve directement
mêlé à l'acte final, plus son image fait partie intégrante de cet
acte et moins il y a de place pour un substitut parfait; une tendance générique se ramifie en autant de variétés qu'il y a d'objets directement associés à ses manifestations, même assez voisines. Dès que deux objets cessent d'être tout à fait indiscernables, ils introduisent dans l'ensemble représentatif, émotionnel,
auquel ils participent, un élément original.

La substitution affecte donc une complication nouvelle, l'importance réciproque, la réaction simultanée du moyen et de
la fin l'un sur l'autre devient plus subtile (le moyen étant toujours pris comme synonyme d'une synthèse de fins alternatives).
Mais en devenant plus contingente, toujours incomplète, la
substitution étend son domaine; au lieu d'un très petit nombre
de substitutions possibles, strictement déterminées, dans un certain état des ressources productrices, c'est un arbitrage continuellement ouvert entre des groupes de désirs même assez éloignés en apparence, des attirances, des répercussions dont le
sort est lié avant tout à l'ambiance psychique.

La double progression inverse dans le sens de la contingence et de l'extensibilité se développe à mesure que la nature des désirs, des actes à accomplir se dégage de l'influence d'une nécessité physique. Il y a certaines affinités de désirs prévues, évidentes, objectives en quelque sorte : des multitudes de désirs peuvent être ainsi agglomérés comme n'étant que les formes d'une fin précise déterminée. Ce sont surtout les désirs relativement simples, à base organique, qui ont de ces affinités nécessaires et forment dans l'intérieur de leurs groupements respectifs une matière assez large et en même temps assez prévue au jeu des substitutions, les désirs placés dans l'intérieur d'un même groupe étant aussi largement interchangeables que le sont peu les désirs placés dans des groupes organiques différents.

Le contrôle de la substitution est plus inégal, ses manifestations sont plus capricieuses sur les désirs d'ordre élevé, intellectuel, graduellement dégagés de liens directs avec les besoins organiques. La force individuelle d'un désir peut alors être très considérable, s'attacher irréductiblement à un objet précis, exclusivement considéré, obtenu à tout prix. A cet égard, l'énergie économique de la passion de certains collectionneurs a pu être citée comme un exemple intéressant. Il n'y aura donc pas substitution nécessaire entre les désirs même les plus rapprochés d'un groupe très restreint. Mais il y aura, ce qui était impossible avec les désirs à base organique, faculté de substitution virtuellement indéfinie même entre les groupes les plus lointains. Plus la nature d'un désir s'élève, moins ce désir est assujetti à la loi de décroissance, mais plus il offre une matière inépuisable à la substitution, plus il devient exact de considérer l'ensemble des désirs d'une même organisation psychique comme les moyens d'une fin supérieure, plus la spontanéité et le libre choix acquiert sur eux un arbitrage souverain.

C'est la considération attentive des tendances de cet ordre, c'est aussi leur développement réel, leur invasion de plus en plus grande dans le champ de la vie économique, c'est cette transformation simultanée dans la pensée et dans la réalité qui devait nécessairement renouveler les points de vue traditionnels de la science économique, préoccupée trop exclusivement d'abord des désirs les plus simples, présumés les plus immuables, limités à la préoccupation dominante des moyens de subsistance de la conservation de l'énergie physique. Selon

l'expression de Clark, la vie économique apparaît comme dominée par des forces psychiques beaucoup plus que par des forces
physiologiques (1); au lieu de porter l'empreinte, difficilement
modifiable, d'une finalité à peu près fixée, dans ses analogies
comme dans ses diversités, les actes économiques ont pour but
une réalisation personnelle presque indéfinie dans ses pouvoirs
d'unification et de diversification, ces deux pouvoirs se stimulant l'un l'autre et donnant lieu aux combinaisons les plus imprévues.

Tout jugement porté sur l'utilité marginale ou effective d'un
bien déterminé se trouve précédé d'une estimation préalable
non seulement de tous les biens identiques, mais de tous les
biens aptes à la même fin et d'une considération de toutes les
fins plus ou moins voisines de celle qui est immédiatement poursuivie. La substitution établit à la fois une diversification entre
des formes identiques de richesse dirigées successivement vers
des fins différentes et l'unification, à un moment déterminé. à
une même phase de l'action, de tous les biens susceptibles d'être
adaptés à une même fin, ces deux résultats ne sont que les
aspects d'un même fait plus général : le groupement fonctionnel, l'unité téléologique de la richesse.

Si l'on supposait un groupe d'objets aussi hétérogènes que
possible dans leur forme, leur origine, mais tout à fait identiques
dans leurs pouvoirs de réalisation, moyens absolument interchangeables d'une fin unique, l'ensemble de ces biens forme-
rait une somme économique indistincte dont l'utilité effective
serait fonction pure et simple de son abondance totale, confron-
tée avec l'énergie totale du désir. Mais cette constance dans
l'homogénéité ne se rencontre jamais : dès que deux objets cessent d'être tout à fait indiscernables l'un à l'égard de l'autre,
ils n'ont plus en commun que quelques-unes de leurs aptitudes
économiques, les alternatives de leurs utilisations ne coïncident
pas d'une manière parfaite, leurs utilités effectives, au lieu
d'être identiques, sont divergentes et solidaires dans les proportions les plus variables. Plus le groupe est composite, plus l'utilité effective est instable, l'étalon de cette utilité reste constitué
à chaque instant par l'élément le plus pauvre en alternatives

_____

(1) *Philosophy of Wealth*, p. 53 : « It is psychological rather
than physiological forces wich keep him (the labourer) in motion. »

(si l'un des éléments n'avait point d'alternative, la valeur du groupe entier se trouverait, du chef de cette utilité devenue gratuite, réduite à zéro; si au contraire un moyen coûte plus qu'il ne donne, il y a en quelque sorte une valeur négative, mais cette quantité négative n'est que l'aspect d'une quantité positive, c'est-à-dire de la quantité de richesse aliénée par l'effet de l'existence de cet objet et libérée si elle cesse de s'immobiliser en lui).

Dans l'intérieur d'un groupe homogène simple, l'élément le moins précieux peut être défini: celui qui est réservé à la manifestation la moins impérieuse du groupe de désirs pour la satisfaction duquel le groupement est formé, dans un groupe de richesses hétérogènes, cette notion va devenir beaucoup plus flottante, elle signifiera l'élément qui est disputé par le désir concurrent le plus faible. Le groupe est ainsi à tout moment rétréci ou élargi par le jeu des désirs concurrents (c'est-à-dire se partageant les mêmes moyens d'action), les courbes d'utilité s'interfèrent, leurs variations se provoquent ou se modèrent entre elles, des échanges de pressions subtiles s'établissent entre les désirs en apparence les plus lointains; à mesure que le système des valeurs se complique, des solidarités nouvelles s'éveillent, l'instabilité s'accentue, le régime des petites variations tend à se généraliser. Le jugement porté sur l'utilité effective d'un objet implique souvent une investigation préalable très large sur l'inventaire des richesses objectives.

Ainsi, l'action combinée des deux lois de décroissance et de substitution explique la théorie de l'utilité marginale. Etant donné que la répétition uniforme d'une même expérience objective tend à produire des résultats décroissants, chaque moyen, chaque possibilité extérieure d'expérience se trouve estimée continuellement en relation avec le désir le plus faible, cela dans la mesure où l'on est maître du groupe, libre de l'utiliser à son heure; c'est avant tout cette maîtrise d'action qui se trouve exprimée par la théorie marginale.

Le développement de l'idée quantitative d'utilité mise ainsi à la base de la valeur peut être mesuré par l'analyse des termes qui ont successivement servi à désigner l'ensemble du système: utilité finale, impliquant une série d'étapes, un état d'instabilité, la valeur suivant toutes les fluctuations du désir — utilité marginale qui évoque non plus une succession mais une limite, s'efforce de saisir autrement que par de simples considérations chronologiques le point critique de l'expérience, essaie d'expliquer comment un acte se trouve non pas fortuitement mais logiquement le dernier, comment il marque le terme de l'action possible.

L'utilité effective, concept voisin des deux autres, basé comme eux sur l'inégalité des désirs et la libre adaptation de la richesse, se place non plus au terme mais au centre même de la série. Si la diversité dominait dans les deux premières conceptions, ici c'est l'idée d'unification qui se fait jour avant tout; la substitution efface largement la décroissance, elle s'attache à montrer que l'homogénéisation de la richesse ne repose pas sur un artifice plus ou moins subtil, que l'utilité effective exprime le pouvoir de toute unité faisant partie du groupe, toutes n'étant, pysychiquement comme physiquement, que des objets foncièrement identiques. L'utilité effective exprime non la fonction exceptionnellement humble d'une seule parcelle, la notion d'une utilité déchue en quelque sorte que l'on appliquerait par suite d'un véritable artifice à toutes les unités de même espèce, elle exprime au contraire pleinement l'action propre, le pouvoir indépendant de chaque parcelle homogène. Tous les autres services d'ordre plus élevé sont dus à la force collective indivise du groupe ou plus exactement à l'effort d'organisation d'où résulte la constitution et la distribution de ce groupe. L'utilité effective exprime le pouvoir original intrinsèque d'un objet au milieu d'un tout homogène; elle est aussi l'estampille collective imprimée sur les unités d'un même groupe, c'est une notion qui réfléchit en elle l'une des idées générales les plus fermement soutenues par la science sociologique à travers ses expressions les plus divergentes : le sens de la personnalité s'affirmant avec une vigueur proportionnée à l'énergie, à la plénitude du lien social.

C'est sur ce principe d'individualisation que repose ce que l'on appelle la loi d'indifférence en vertu de laquelle deux objets identiques n'ont qu'une seule valeur sur un même marché; la théorie marginale n'est que la projection de cette loi de nivellement sur le marché intérieur où se débattent constamment nos jugements et nos actes qui, tous, quel que soit leur aspect et leur but, relèvent de la spéculation économique dans la mesure de leur incidence à l'égard de la richesse. L'indifférence objective a tout juste pour condition la différenciation intense des usages; le marché extérieur est en quelque sorte dispensé de réaliser lui-même les adaptations variées que l'organisation intérieure du groupe réalise elle-même.

C'est seulement entendue ainsi dans toute sa plénitude que la théorie marginale acquiert son véritable intérêt; réduite à la décroissance, elle exprimerait un fait de portée très limitée, un aspect extrêmement primitif du jugement d'évaluation. C'est seulement complétée par la substitution que la formule marginale peut être considérée comme exprimant le résultat d'une conception vraiment renouvelée de la valeur, le jugement individuel, éphémère faisant place à un jugement collectif et relativement stable. C'est dans ce sens seulement que l'on peut considérer la notion d'utilité marginale comme portant l'empreinte d'une évolution sociale de caractère intellectuel (v. Giddings, *Principes de Sociologie*, trad. Combes de Lestrade, Paris, 1897, pp. 40-42).

L'utilité marginale, au lieu d'être simplement une empreinte affaiblie, une image graduellement effacée, devient au contraire une empreinte communiquée à la richesse, une réaction exercée sur un ensemble de richesse, le résultat d'une action et non plus simplement d'une impression; l'utilité marginale est une utilité totale spécifique, grâce à la substitution l'appréciation de l'utilité marginale prend un caractère vraiment collectif, d'abord au regard de la richesse qui lui sert d'objet, puis au regard de l'ensemble des tendances du sujet économique qui l'exprime. L'énergie propre d'un désir se trouve exprimée dans son rapport avec cette organisation, cette société de tendances qui constitue une personnalité d'autant plus fortement établie que ces tendances sont plus énergiquement accusées et plus profondément unies. C'est la signification même de la théorie marginale qui est en jeu; la notation linéaire des tendances semblait constituer comme une survie de cette psychologie de transposition directement physiologique, imprégnée de l'idée d'intensité, qui certainement s'est trouvée aux origines de la théorie; quelques auteurs se réclament encore d'elle d'une façon plus ou moins formelle, c'est ainsi que Wicksteed déclare la théorie marginale nécessairement basée sur un principe d'hé-

donisme mathématique (1). Mais en réalité la théorie marginale dépasse les théories qui lui ont servi de cadre originaire;
le fait de la décroissance, envisagé à lui seul, tendait à maintenir la théorie sur ce terrain suranné de l'intensité, la substitution, la place au contraire d'elle-même sur le vrai terrain de
l'énergie du désir, résultante quantitative d'éléments complexes
et non pas addition pure et simple d'éléments homogènes,
l'énergie du désir ayant pour témoignage sa force motrice. le
degré d'absorption de l'activité personnelle réalisé au profit
de la tendance exprimée par ce désir. Les désirs les plus divergents se trouvent éprouvés dans leur force, leur flexibilité, leurs
facultés de subordination, d'adaptation. Ce ne sont pas des
entités existant par elles-mêmes, mais des centres d'attraction
pour l'énergie humaine qui se traduit en eux dans les limites
de l'effort nécessaire à leur réalisation, dans la mesure où les
autres désirs laissent aliéner ainsi une partie de leur réserve
commune.

III. — CRITIQUES ADRESSÉES A LA THÉORIE MARGINALE

La signification et la portée réelle de la théorie marginale
seront mieux éclaircies par l'examen des principales·objections
soulevées soit sur la vérité intrinsèque, soit sur la valeur explicative de cette théorie.

La plupart de ces objections portent sur le premier élément
de la loi : le fait de la décroissance des désirs. Ce principe
serait loin d'être une vérité absolue ou même réellement générale; même quand il répond à la réalité, il ne donnerait qu'une
indication banale et il serait illusoire de compter sur lui pour
vaincre, à quelque degré que ce soit, la complexité des faits
économiques. Le fait essentiel qu'on lui oppose consiste dans

_____

(1) V. dans ce sens Wicksteed (*The com. Sens*) qui, s'il se défend
d'appuyer sa théorie économique sur une doctrine morale hédonistique (p. 431), déclare que ses recherches impliquent une hypothèse
latente : tout choix, impulsif ou délibéré, est un jugement rendu
sur des volumes comparatifs de satisfaction (p. 439). D'une façon
générale, l'influence, plus encore peut-être la terminologie hédonistique, est restée beaucoup plus accentuée chez Wicksteed que
chez les Américains (Clark et Fisher notamment).

l'acuité, l'exaltation de certains désirs, accrus à mesure qu'ils sont plus largement satisfaits; c'est en un mot toute la théorie des passions laissée en dehors du champ économique (1).

Deux types d'inclinations placés à des extrémités opposées de la hiérarchie morale : la passion de l'argent, la curiosité intellectuelle ou esthétique ont paru infliger à la loi de décroissance un véritable démenti ou tout au moins des restrictions susceptibles d'en diminuer singulièrement la valeur.

En réalité, le développement du désir et sa décroissance ne sont pas deux faits qui se démentent l'un l'autre, mais deux aspects, deux moments qui se complètent et s'expliquent mutuellement. Il n'est pas de tendances humaines qui, avec les divisions de périodes les plus variées, les rythmes les plus divers, ne soient assujetties à ces deux mouvements. La plupart des courbes d'utilité portent l'empreinte de cette alternance : une élévation de la courbe précède son affaissement progressif. C'est la succession la plus banale : le désir s'éveille, prend conscience de lui-même, s'affirme, s'organise, puis, après une période d'énergie maxima, entre dans la période d'apaisement.

Parfois l'évolution se diversifie, se complique, les ondulations ascendantes et descendantes se succèdent, les périodes de renouvellement et d'usure alternent. C'est alors que les courbes prennent un caractère plus concret, embrassant une période plus longue dans la carrière d'une inclination au lieu de la morceler arbitrairement, d'en détacher un fragment insuffisamment significatif. La théorie marginale n'a donc pas négligé ces deux lois entre lesquelles le désir se trouve sans cesse partagé; elle s'efforce au contraire de montrer la part exacte qui doit être faite à chacune d'elles, se préoccupe surtout de la non proportionnalité qui constitue leur résultat commun. Ce n'est pas son moindre mérite que d'avoir souligné l'extrême complexité des rapports qui existent entre l'activité humaine et la richesse extérieure, d'avoir rompu avec l'illusion plus ou moins latente d'une proportionnalité continue se traduisant notamment par une série de rapports constants entre les variations de quantité et de prix d'une marchandise (illusion qui n'a pas encore cessé de se ma-

(1) V. Simiand, *Méthode positive en Science économique*, *Revue de Métaphysique et de Morale*, 1908, p. 898.

nifester quelquefois, bien que l'expérience immémoriale lui ait donné le plus formel démenti) (1).

Elle est avant tout une réaction contre le point de vue exclusivement mécaniste, un rappel du caractère organique des forces qui soutiennent un système économique, de leur état de perpétuelle mobilité, de reconstitution continuelle. L'affirmation essentielle de cette théorie a pour objet l'inégalité effective, la diversité, l'originalité individuelle et en même temps la solidarité étroite des impressions successives produites par la répétition d'un même appel extérieur, l'ensemble différent de la somme des parties, l'individualité de chacune d'elles se créant, s'ordonnant en fonction de leur physionomie collective.

Aussi bien, quand on reprend dans sa formule précise la première proposition de la théorie marginale, on y trouve non pas l'affirmation d'une décroissance universelle, continuelle, nécessaire de tous les désirs, mais une proposition d'allure plus prudente, plus modeste, en réalité plus sûre, d'une portée autrement large : étant donné un désir déterminé, concret, pris à un moment précis de son existence chez une même personne et une série de satisfactions objectives identiques, les résultats psychiques iront en décroissant — formule imprégnée des méthodes de déduction isolatrice dont l'école anglo-américaine a fait un si fréquent usage.

On envisage un même désir fixé dans sa constitution, en possession d'une énergie donnée, on l'arrête ainsi dans son évolution. C'est un procédé analogue à celui que l'on emploie pour définir l'unité marginale. Cette précision suffit à enlever toute portée réelle à la plupart des objections énoncées plus haut : un penchant incomplètement éveillé et une inclination enracinée, fortifiée par l'éducation ou l'habitude constituent deux éléments psychiques tout à fait différents, bien qu'ayant le même objet extérieur. Il ne faut pas perdre de vue cette considération statique du désir et même de la personnalité morale toute entière. Cette cristallisation est rendue particulièrement nette chez Fisher, qui fixe la forme, la capacité, les dimensions d'un désir en le représentant par une urne, une citerne, l'utilité marginale

_____

(1) Fisher (*Mathematical investigations*, p. 50) note un passage de Stuart Mill (*Principles*, livre III, ch. XIV, par. 2) paraissant incomplètement dégagé encore de l'influence de cette opinion.

étant mesurée par le vide relatif de ce récipient aux formes rigides et descendant fatalement à zéro lorsqu'il est plein (1). Le développement des tendances est donc réservé, il est même impliqué dans la théorie marginale; c'est seulement dans la mesure où un désir demeure intact dans sa constitution, dans sa qualité, que l'on peut déterminer le sens de l'évolution de sa puissance quantitative, prévoir. sa dégression, en le comparant à un ensemble homogène, à une agglomération d'unités de même espèce, et encore cette comparaison n'est-elle faite, ainsi que nous le verrons, qu'avec une réserve extrême.

Ainsi, on interprétera exactement la théorie marginale en disant qu'à chaque moment de son évolution un désir ne peut donner des réponses identiques à une série uniforme d'excitations extérieures. Il y aura une dégression plus ou moins rapide, plus ou moins définitive, mais cette dégression se produira si toutes les données impliquées par la formule se réalisent. Pour qu'il y eût constance, proportionnalité uniforme, il faudrait une rencontre de circonstances à peu près irréalisable : un renouvellement d'énergie constamment égal à la dépense causée par chaque expérience, c'est-à-dire le concours fortuit de deux causes inverses agissant avec une égale énergie.

Cette condition, si invraisemblable déjà, ne suffirait pas encore : il ne faut pas oublier que la psychologie économique se préoccupe non de l'énergie absolue, mais seulement de l'énergie relative du désir, considéré non comme une force indépendante, étudiée pour elle-même, mais comme l'un des éléments d'une organisation psychique individuelle ou collective, dans laquelle le pouvoir effectif d'un désir dépend plus ou moins de l'état de tous les autres désirs.

Ainsi, pour que l'un d'eux restât constant dans son énergie économique, il faudrait que tous les autres fussent maintenus constamment dans un rapport identique avec lui. Il n'est pas d'inclination, si exigeante, si progressive soit-elle, qui puisse

(1) Fisher (*Mathematical investigation*, p. 26) rappelle que la théorie marginale est fondée sur le caractère limité du désir. — De même Wicksteed (*op. cit.*, pp. 81-6) a soin de préciser que la théorie marginale envisage un désir fixé dans sa constitution et se borne à affirmer que, si aucune cause de renouvellement n'intervient, une série uniforme de satisfactions détermine en lui une série de réactions dégressives.

d'une façon absolue absorber toute l'activité d'une vie; il vient toujours un moment où, temporairement, comp..rativement amoindrie, elle se trouve tenue en suspens par les ex.gences de quelques autres désirs. C'est à cette affirmation que se réduit la théorie marginale; ainsi mise au point, elle peut être considérée comme vraiment conforme à une expérience universelle.

En même temps que l'identité du désir, il faut retenir l'identité objective des doses, des incréments de satisfaction. Il ne faut pas perdre de vue, en effet, les tendances essentiellement concrètes qui ont renouvelé la théorie économique de l'utilité : de même qu'elle n'envisage pas une catégorie, un genre de désir, mais un désir précis, spécifié, individualisé, actualisé, elle ne s'attache pas à déterminer les services rendus par une catégorie générale d'objets, mais par une certaine unité concrète, précise, de cette catégorie. Cette seconde précision justifie plus complètement encore la théorie marginale du reproche d'erreur psychologique. Ainsi, pour reprendre l'exemple qu'on lui oppose le plus souvent, l'afflux de la richesse développe parfois, au lieu de l'apaiser, le désir des richesses; encore cette proposition n'est-elle pas universellement et surtout indéfiniment vraie. Sans les variations dégressives de la valeur subjective de l'argent, une multitude de faits économiques deviendraient tout à fait inexplicables. L'une des affirmations les plus indiscutées sur lesquelles repose la théorie des prix est celle de l'influence souveraine de la capacité des acheteurs sur l'état du marché. Une évaluation monétaire n'exprime pas la force psychique pure d'un désir déterminé, mais un rapport entre cette énergie et l'énergie avec laquelle on désire une somme d'argent déterminée; c'est au fond l'affirmation de Buffon sur l'écu du pauvre et l'écu du riche, c'est-à-dire l'écu plus ou moins désiré, plus ou moins utile.

Sous cette réserve, il est exact que l'apaisement d'un désir aussi synthétique est particulièrement lent, interrompu par des possibilités indéfinies de progression et n'aboutit presque jamais à une extinction complète, laquelle impliquerait une indifférence, une sorte d'anesthésie économique générale. Cependant, si nous appliquons même à un désir doué d'une aussi exceptionnelle vitalité la formule de la loi de décroissance, nous verrons qu'il se soumet à cette loi dans une très large mesure, même dans ses périodes de progression. Si l'on considère par exemple un même individu d'abord pauvre, puis enrichi, il est très vraisemblable que son désir général de richesse se sera développé, aura pris une amplitude, des directions nouvelles qu'il ne soupçonnait même pas au début, mais il est certain qu'une même quantité d'argent ne suscitera pas chez lui un désir effectif égal à ces deux périodes successives de son existence et qu'il n'acceptera pas une quantité égale de privations ou d'efforts pour la conserver ou l'acquérir; malgré donc l'évolution progressive de l'inclination, la loi marginale s'est appliquée, des appels extérieurs identiques ont donné des impressions sans cesse atténuées.

Une observation analogue doit être faite dans le domaine des inclinations intellectuelles, esthétiques. La curiosité intellectuelle se développe plus souvent qu'elle ne s'apaise en s'exerçant, mais elle n'est, elle aussi, que la synthèse d'une infinité de désirs qui se substituent sans cesse les uns aux autres; une même satisfaction, une série de satisfactions de nature analogue produirait un effet décroissant même sur une curiosité agrandie, en raison de cet agrandissement, des exigences nouvelles qui en résultent; des explications de plus en plus précises, rigoureuses, harmonieuses, doivent remplacer les explications rudimentaires dont on se contentait d'abord. Un résultat analogue apparaît tout aussi nettement dans le domaine esthétique; l'histoire de l'émotion esthétique est, dans une large mesure, celle de sa complexité progressive.

Pour qu'une satisfaction objective répétée sans variation extérieure conserve tout son prix, il faut qu'elle retentisse chez celui qui l'éprouve d'une manière variée; c'est ce qui a lieu quand elle n'agit pas isolément mais entourée d'un cortège d'impressions diversifiées, se trouve comme une même note au milieu d'accords variés. La dégression se trouvera également conjurée si, entre plusieurs phénomènes objectifs identiques, un lien organique, un véritable lien social se trouve établi; ainsi la possession successive d'exemplaires d'un même livre lassera vite un collectionneur, à moins qu'il ne recherche la réunion de quelques rares exemplaires, survivants d'une édition disparue. Alors sa joie, son intérêt augmenteront à chaque acquisition nouvelle; l'unité psychique de satisfaction ne consiste pas, pour lui, dans

un exemplaire isolé, mais dans la réunion totale d'une collectivité (1). On a parfois ramené les cas de cette nature à des applications de l'idée psychologique de seuil, de minimum sensible:
la plénitude d'un désir éprouvé augmenterait avec le volume
extérieur des satisfactions qui lui sont données, tant que l'excitation extérieure serait encore trop près de la limite du minimum
sensible, de la petite perception; il y aurait une période intermédiaire à franchir pour en arriver à l'état de conscience intégrale, d'où on serait ensuite ramené par des dégressions multiples à l'état de neutralité psychique.

Ainsi, les inclinations les plus progressives, les plus extensives, n'échappent point à la loi marginale et témoignent au
contraire à leur tour de l'exactitude de cette loi, qui a pour
point de départ l'identification, la fixation du désir et pour conclusion sa mobilité, son renouvellement nécessaire. Qu'un désir
s'éteigne ou s'amplifie, une certaine disproportion de plus en
plus marquée tendra à se produire entre lui et son objet; considéré au point de vue économique, c'est-à-dire relativement à
un objet ou à un service déterminé, un désir est soumis inévitablement, bien que dans des limites très inégales, à la loi du
diminishing return.

Cette proposition n'est d'ailleurs que l'une des formes d'une
affirmation plus essentielle et plus universelle encore, celle de
la non proportionnalité des résultats psychiques et des efforts
extérieurs, la diversité psychique répondant à l'uniformité objective. C'est cette proposition qui seule est vraiment nécessaire
pour consolider l'ensemble de la théorie, dont l'élément vital

(1) Cette distinction a servi de base à la théorie de Patten sur
l'intérêt : l'intérêt se trouve expliqué dans cette théorie par le
développement de la consommation plus rapide que le développement de la richesse, l'accroissement du désir suscité par l'afflux
de la richesse et déterminant un effort de transformation de la
richesse future en richesse présente. Cette proposition, basée sur
la croissance du désir, semble en contradiction avec la théorie
marginale. Elles se concilient cependant : la richesse nouvelle
augmente ou diminue le prix de la richesse existante, selon la
forme qu'elle est susceptible de recevoir; si elle répète simplement
la richesse déjà existante, c'est la loi marginale qui s'applique
purement et simplement; si au contraire elle est susceptible de
créer, avec la richesse déjà existante, des combinaisons neuves,
c'est l'énergie du désir qui se renouvelle en même temps (Patten,
Theory of Prosperity, compte rendu de Henry-R. Seager, *Annals
of the american Academy of political and social Science*, mars
1902, pp. 74-90).

consiste dans le principe de substitution. Les variations ascendantes ou descendantes du désir auraient pour résultat immédiat, si elles étaient simplement subies et non prévues, des fluctuations importantes et inévitables dans la valeur d'une même catégorie d'objets. C'est grâce au principe de substitution que la valeur réagit contre cette tendance à la variation perpétuelle, se trouve unifiée, façonnée activement, au lieu d'être subie. Elle ne se laisse pas diriger sans discussion par le moment psychique, par l'état présent du désir, ne s'assujettit pas à la diversité, à l'irréversibilité de ses états successifs, ne se morcelle pas en autant de jugements qu'il y a de moments dans l'expérience, mais domine d'un coup d'œil d'ensemble une série d'expériences plus ou moins longue, étendue, complexe, en mesure les résultats, en prévoit ou en fixe la limite et un jugement unique se trouve formulé pour toute la série — jugement inspiré par la prévision de la limite.

L'essentiel est donc, pour que cette œuvre de coordination s'accomplisse, qu'il y ait inégalité dans les résultats d'un même agent extérieur; même si les résultats les plus importants sont dans certains cas les plus éloignés dans le temps, il sera possible, par un effort de prévision, d'adaptation plus énergique, d'obtenir, de payer le résultat le plus précieux au prix maximum de la moindre satisfaction, en constituant, en complétant ses ressources préventives au moment où le désir n'existe encore qu'à l'état faible. Toute la tactique des approvisionnements, dans ses innombrables applications, des plus modestes aux plus étendues, n'est que la mise en œuvre de cette idée. Cette action psychique unificatrice remplace l'action analogue attribuée au coût objectif de production; au lieu d'échapper aux caprices psychiques par l'intervention d'une discipline venue du dehors, c'est dans la discipline même du désir que l'on cherche ce principe d'action qui doit servir de point d'appui à une loi vraiment scientifique de la valeur. Les deux directions inverses sont toutes dans ce rapprochement; à la comparaison rétrospective, objective des origines, des efforts générateurs, succède la comparaison prospective, vécue par avance, des fins. L'unification de la valeur par l'utilité marginale, plus exactement sous l'utilité marginale (limite supérieure), sera d'autant plus étendue et d'autant plus sûre qu'un plus grand nombre d'expériences éco-

nomiques pourront être embrassées, unifiées, considérées comme
une même série organique, le terme final fixant, sans trouble, sans frottement, la loi commune de toute la série. Quand
un désir est en période dégressive, ce qui est le cas le plus fréquent, envisagé dans les démonstrations courantes de la théorie, la substitution est surtout présentée comme un moyen d'atténuation dans le résultat d'une perte; si au contraire le désir est
en période ascensionnelle, c'est, au lieu d'une concentration,
un développement, une politique d'acquisition plutôt que de
consommation; l'unité marginale est dans le premier cas au
dedans du groupe constitué, dans le second cas au dehors de
ce groupe. Les deux expériences se rapportent pourtant à un
même problème : celui du rendement psychique maximum.

IV. — Compléments apportés a la théorie marginale

Exposée d'un point de vue purement individuel, la théorie
marginale serait bien diminuée dans son importance réelle: l'état
des valeurs ne semble pas avoir de rapports nécessaires avec les
jugements d'utilité personnellement formulés par les divers
membres du groupe économique. Mais, selon la formule de
Clark, c'est l'unité organique de la société que l'on a en vue,
à travers des procédés d'exposition et des exemples de forme
individuelle; un groupe économique est semblable à une personne collective qui produit, consomme et, à travers ces deux
actes synthétiques, évalue. Ce sont ces jugements collectifs
d'utilité qui se réfléchissent pleinement dans le système des valeurs économiques, les jugements individuels n'y apparaissant
qu'à un moment très bref, décisif il est vrai, de leur évolution.
Un système de valeurs exprimera ce jugement collectif d'utilité
effective avec d'autant plus de vérité que la substitution s'exer-
cera plus pleinement.

Dans la mesure où entre un ensemble d'individus ou d'unités
économiques, se réalise un état d'échanges matériellement et
moralement libres, l'ensemble des objets de même nature (plus
exactement de même aptitude) possédés par tous les individus
composant ce groupe forme une seule unité organique dont chaque parcelle sera, par substitution interpatrimoniale ou échange,

mise à la disposition du désir actuel le plus énergique, le plus puissant au sens économique du mot.

C'est ce que l'on exprime sous une autre forme quand on affirme le double principe de l'utilité égale des achats marginaux réalisés par tous les membres d'un même groupe économique au regard d'objets de même espèce et de l'utilité égale de tous les achats marginaux de même importance pécuniaire réalisés à un même moment par un même individu; c'est ce que sous un autre nom on appelle l'interpénétration des échelles de valeurs subjectives, chaque action économique individuelle ayant pour terme cette identité finale de niveau entre les deux échelles individuelle et collective. La théorie marginale, envisagée à travers la fonction dynamique de substitution, affirme donc la solidarité des évaluations individuelles et collectives : de même que l'évaluation individuelle ne s'isole pas, qu'elle est au contraire une résultante complexe de l'état des évaluations collectives, l'évaluation collective elle-même est une expression complexe des évaluations individuelles. Cette théorie peut donc être ramenée à un cas particulièrement important, de l'explication interpsychologique, du lien circulaire. C'est ainsi que l'on pourra, sans qu'il y ait contradiction réelle, montrer l'action exercée par l'organisation sociale de l'échange sur tous les actes de l'économie, même la plus fermée, puis faire appel à ces mêmes actes, analysés dans leur mécanisme subtil, pour expliquer l'organisme économique existant.

De même que les subtilités de l'évaluation subjective, sa finesse de discrimination, ses analyses ténues et l'ampleur de ses rapprochements synthétiques ont pour point d'appui une organisation monétaire perfectionnée, cette organisation monétaire elle-même — comme l'ensemble de la vie économique extérieure dont elle constitue l'une des fonctions essentielles — se trouve soutenue par l'élaboration de plus en plus distincte, l'organisation de plus en plus ferme des jugements d'utilité. Organisation extérieure et intérieure, collective et individuelle ont un même sort, formant dans leurs appels et leurs réponses respectives un ensemble rythmique dont chaque aspect, détaché par les nécessités de l'analyse, doit être étudié, non pour lui-même, mais dans ses rapports avec l'autre aspect, ces deux études alternatives se servant de contre-épreuve réciproque.

La théorie marginale, envisagée dans ses grandes lignes, dans sa direction d'ensemble, demeure donc dans le sens de la réalité économique et psychique à la fois. Symétrique en quelque sorte aux lois de la rente et de la population, on a pu dire qu'elle était, au point de vue théorique, d'une vérité aussi indiscutable que ces deux propositions. Le rendement non proportionnel du sol (loi de la rente) plus largement, l'efficacité déclinante d'un même effort et par suite l'accroissement non proportionnel de la population et des subsistances (loi de Malthus) sont des tendances vraies comme la décroissance du désir: leur action à toutes ne se produit qu'au moment où le minimum sensible d'efficacité physique de l'effort ou psychique de l'excitation est atteint (il y a jusque-là *increasing return*, c'est-à-dire éveil progressif). De même, leurs résultats extérieurs se trouvent plus ou moins conjurés par le renouvellement du désir et de l'effort dans leurs rapports avec le milieu; c'est la même loi pratique de variété qui résulte de ces deux observations, la même nécessité d'une réorganisation réciproque continuelle pour maintenir l'homme et son milieu en état de rapport favorable d'adaptation.

C'est ainsi que les critiques de Carey ont pu être considérées moins comme une contradiction que comme un complément à la loi de la rente, parce qu'elles expriment cette impérieuse nécessité du renouvellement dans l'effort, élargissant le champ des richesses disponibles, substituant à l'évolution régressive vers les résidus de richesses l'évolution progressive vers les richesses neuves, les terres les plus fertiles et les moins accessibles. Cet effort a tout juste pour raison d'être la menace continuelle qui pèse sur un effort simplement reproduit, imité.

Au point de vue des résultats, la loi de *diminishing return* psychique peut être comparée avec avantage aux lois de *diminishing return* objectif : on a insisté à bien des reprises sur les démentis donnés par les faits contemporains, sinon aux lois elles-mêmes de la rente et de la population, du moins aux conséquences, aux pronostics, aux inquiétudes immédiates qu'elles avaient suggérés; la richesse a augmenté dans une plus large proportion que la population, la productivité de l'effort a été proportionnellement supérieur à son augmentation quantitative; la théorie marginale trouve au contraire dans l'expérience économique des confirmations immédiates qui lui servent de point d'appui sensible, ne l'obligeant pas à se réfugier dans le domaine des tendances, presque dans l'abstrait. Loin d'être liée à l'observation générale de la chute du désir, elle repose sur l'utilisation des variétés du désir, réalise la réduction des valeurs, leur nivellement dans le sens du plus faible désir, à quelque moment qu'il se produise; c'est la diminution permanente de l'effort nécessaire plutôt que sa diminution progressive qui se trouve affirmée.

Le fait le plus général qui témoigne en faveur de la théorie marginale, aussi certain dans son existence que diversement interprété (puisqu'il soulève des controverses si vives, inséparables de la théorie de la rente du consommateur), est celui de l'infériorité fréquente du prix au désir; l'établissement d'une vie économique n'est possible qu'à cette condition, puisque les désirs pris à leur point maximum tendraient à constituer, au lieu d'un réseau de valeurs oscillant les unes en fonction des autres, un cercle étroit de valeurs infinies, impénétrables; on mesure donc le développement d'une vie économique par le champ d'application qu'elle offre à la loi marginale. En dehors de cette observation d'ensemble, deux faits aussi importants que caractéristiques de l'évolution contemporaine : le développement de l'assurance et des sociétés par actions fournissent un témoignage identique; le mérite commun, le seul mérite vraiment indiscutable de ces deux institutions consiste en effet à concentrer les risques sur les zones marginales des patrimoines, au point de sensibilité minima. Sous certains rapports, d'ailleurs, l'assurance repose sur un principe analogue à celui qui sert de base à la théorie marginale : le théorème de Laplace sur la réciprocité de la fortune physique et de la fortune morale. L'économie pure s'est attachée à mettre en relief la notion du risque psychique, considéré par elle comme supérieur au risque mathématique (1). La théorie du risque perd du caractère

_____

(1) Fisher, *Nature of Capital and Income* (New-York, Macmillan, 1906), insiste sur le caractère psycho'ogique de la notion de risque : risque signifie avant tout ignorance; le sentiment du risque, la dépréciation subie par la valeur sous son action sont supérieurs à la simple dépréciation objective, mathématique, telle qu'elle est fixée par les probabilités. Etant donné une valeur déterminée dans son importance initiale, lorsque l'existence de

objectif, surtout mathématique, qui lui est couramment attribué. Le risque consiste essentiellement non dans une indétermination objective des événements, mais dans un état d'incertitude subjective, d'ignorance. Les efforts tentés en vue de
diminuer cete ignorance sont loin de se limiter à des calculs
mathématiques de grands nombres. L'intervention du calcul
suppose à la fois un état assez avancé de l'effort expérimental
et une barrière imposée à cet effort. Il faut en effet que les cas
dénombrés forment dans une mesure assez large un ensemble
homogène, que les analogies existant entre eux l'emportent de
beaucoup sur les différences, de telle sorte que ces différences
d'ordre secondaire, se manifestant dans des sens différents, puissent être raisonnablement considérées comme compensatrices les
unes à l'égard des autres.

L'appel fait au calcul implique aussi une limite imposée à
l'effort expérimental; chaque délibération est inspirée par un
examen concret du risque particulier, suggère une série de comparaisons qui lui sont propres; c'est seulement quand cette
source a été complètement exploitée et qu'elle n'a pu réussir
à éliminer toute ignorance, c'est-à-dire tout risque, que l'on
aura recours en dernière analyse à la statistique des cas analogues, à l'interprétation numérique. C'est ainsi qu'une compa-

l'objet auquel elle s'applique est considérée comme certaine (ris-
kless-value), cette valeur subira deux dépréciations successives;
d'abord elle devra être multipliée par le « coefficient of probabi-
lity », qui donne la « mathematical value »; cette dernière valeur
est ensuite multipliée par le « coefficient of caution », qui donne
la « commercial value » (p. 276). L'écart existant entre le coefficient de probabilité et le coefficient de prudence s'explique par
l'impression nécessairement inégale produite sur l'esprit par les
deux perspectives d'un gain et d'une perte objectivement égaux
en importance et en probabilité, d'où l'antithèse du jeu, dont le
bilan se solde toujours par un déficit collectif de richesse morale
et de l'assurance qui réduit au contraire le risque à ses proportions arithmétiques minima. On peut rattacher aussi à cette
vue générale l'énergie inégale de l'acquisition à réaliser et
de la perte à éviter, en tant que mobiles économiques, la perte
à éviter étant un mobile beaucoup plus puissant. On rattache
également à cet ordre d'idées la démonstration de l'insuffisance
de la théorie de la valeur-coût. Toute action humaine impliquant
un risque a nécessairement pour mobile la perspective d'un gain
plus considérable que la mise, d'un accroissement d'énergie et
non d'une simple transmission de l'énergie dépensée (v. sur l'antithèse du jeu et de l'assurance, Wicksteed, The common Sense of
political Economy, p. 627).

gnie d'assurances n'utilise ses tables de probabilités qu'après un examen concret de chaque risque proposé.

En même temps que la base psychologique du risque, sa mesure psychologique se trouve de plus en plus mise en lumière et prend beaucoup plus d'importance que son évaluation purement objective et numérique. Le risque psychique dépasse le risque mathématique, d'abord parce qu'il est redouté avec une énergie plus que proportionnelle à sa probabilité objective (c'est le résultat que Fisher traduit par la distinction du coefficient mathématique et du coefficient de prudence); mais cette croyance n'est pas une illusion, ce n'est pas seulement le risque attendu, mais le risque réalisé qui est ressenti au delà de son amplitude matérielle, qui dépasse sa propre importance mathématique par son retentissement psychologique. Cette inégalité se trouve démontrée par la comparaison directe établie entre deux probabilités identiques et de sens inverse. Un patrimoine auquel survient l'alternative de deux probabilités inverses strictement égales dans leur force de réalisation et dans leur effet se trouve modifié dans un sens défavorable. Le jeu, même le plus loyal, est une cause nécessaire d'appauvrissement. Etant donné un ensemble de richesse égal à cent, une perte égale à vingt représente une diminution du cinquième, tandis qu'un gain de même importance donne un accroissement d'un sixième seulement; la désorganisation résultant de la perte sera mathématiquement supérieure à l'accroissement d'énergie résultant du gain. Ce résultat est à première vue en contradiction avec celui de la théorie marginale, qui mesure la valeur indifféremment par une augmentation ou une diminution, mais nous avons vu que cette indifférence n'est obtenue que dans la région des très petites variations. Le jeu consiste donc dans l'établissement d'une alternative antiéconomique; il se résout en un appauvrissement social. Incidemment, cette observation a pour résultat de condamner la théorie de la valeur-coût, de l'équivalence pure et simple entre l'effort et le rendement; l'effort, toujours séparé de sa réalisation par un risque plus ou moins accentué, ne peut être mû que par la perspective d'un rendement qui le dépasse.

De même que le jeu aboutit nécessairement à une déperdition de richesse, l'assurance est une cause certaine d'enrichissement. Selon l'expression de Fisher, elle réalise la transmu-

tation du risque psychique en un risque mathématique; c'est
dans son résultat collectif que ce phénomène d'accroissement
de richesse sociale est évident; à un moment déterminé, un certain nombre de pertes, dont chacune représenterait la suppression ou l'affaiblissement définitif d'une énergie économique, se
trouve remplacé par une multitude de sacrifices dont l'importance proportionnelle est infime et qui sont en outre prévus. Cet
enrichissement social n'est qu'un aspect de l'assurance, qui
diminue les risques dans leur matérialité en effectuant, en même
temps que leur dispersion patrimoniale, leur concentration professionnelle.

Ainsi, la théorie psychologique de la valeur conclut
énergiquement au caractère antiéconomique du jeu, c'est-à-dire
du risque provoqué, recherché pour lui-même, pris comme but
d'une action; elle voit dans l'assurance non une opération simplement compensatrice, dont le bilan s'établirait par une balance pure et simple, sans profit, mais une véritable cause
d'augmentation de la richesse morale, la seule qui compte véritablement (le risque réel étant constitué par l'ensemble des phénomènes physiques et psychiques qu'il entraîne avec lui et ne
pouvant être réduit à un simple résultat matériel, isolé de son
milieu); l'omniprésence du risque se trouve mise en relief plus
nettement que jamais; le risque doit être accepté non comme
but, mais comme rançon d'un acte déterminé; la recherche illusoire de l'action sans risque aboutit soit à la stagnation, à l'inertie, soit à la direction dans la voie du risque le moins connu, le
moins mesuré, c'est-à-dire du minimum d'assurance et du maximum de jeu (1).

La vérité d'ensemble de la théorie marginale, loin de se
trouver ébranlée, se fortifie par l'examen des critiques dont elle
a fait l'objet, mais on a discuté aussi son mérite proprement
scientifique, on lui a reproché une simplification excessive des
éléments économiques qui lui enlèverait tout pouvoir d'adaptation à la réalité concrète. Elle considère deux séries idéalement
simples : les manifestations successives d'un même désir, des

---

(1) V. Landry, *Manuel d'Économique*, p. 120; l'auteur déclare
transposables, dans le domaine économique, les considérations de
Pascal sur le pari (*Pensées*, art. X), nécessité du risque (« il faut
parier »), acceptation du risque qui intéresse le moins.

quantités égales d'une même substance homogène; cette rencontre ne se produira en réalité presque jamais. La plupart des objets réels répondent simultanément à plusieurs désirs, souvent d'ordres très différents; leur valeur n'est donc pas l'expression d'une seule utilité, mais d'un groupe d'utilités assez hétérogène; cette valeur ne dépend pas de la carrière propre d'un désir isolé, elle est comme le point de rencontre d'une série d'évolutions multiples. Cette observation a inspiré à Clark une retouche importante : la théorie des utilités jointes.

On doit se souvenir avant tout que les objets extérieurs ne sont que des incarnations ou des promesses d'utilité. Il faut, pour atteindre la réalité économique, détacher par abstraction les divers pouvoirs contenus dans un même objet. Ainsi, un vêtement peut satisfaire, en même temps que le désir fondamental auquel répond tout vêtement quel qu'il soit, d'autres désirs, d'ordre très différent, chacune des qualités caractéristiques de ce vêtement donnant satisfaction à l'un d'eux. Cet objet unique se décompose en autant de réalités distinctes que de désirs satisfaits par lui; il ne figurera donc en entier sur aucune courbe d'utilité. Son histoire économique est dispersée sur un certain nombre de courbes, il y occupe les places les plus diverses. Il n'arrivera presque jamais que ce même objet amène tous les désirs auxquels il répond au point marginal.

De même que l'on doit considérer comme économiquement identiques et substituables l'un à l'autre deux objets, si différente que soit leur forme, qui sont exactement les moyens d'une même fin, il faut d'autre part considérer un même objet comme formé d'autant de réalités économiques différentes qu'il réalise de fins simultanées. Un tel objet ne conduit pas toutes les utilités qu'il incorpore à travers toute leur carrière. Il ne représente que des périodes de développement très inégales dans leur histoire, qui doit être poursuivie souvent à travers une multitude d'incorporations. Il faut donc se représenter, sur l'abscisse des courbes, des doses d'utilité aussi substantielles, aussi abstraites que les doses de travail représentées sur les graphiques de la loi de la rente. Seuls les objets exceptionnellement simples, ceux qui réalisent une seule utilité peuvent être contenus en entier dans le tracé d'une courbe; par contre, ils ne peuvent remplir qu'une période courte dans l'évolution d'un désir; plus ils se laissent complètement absorber, plus leur fonction est de courte durée, d'importance minime.

Clark considère comme une rectification tout à fait urgente de la théorie marginale cette substitution d'un pouvoir économique objectif, envisagé dans sa direction, son énergie, se développant à travers les incarnations les plus diverses, aux considérations empiriques, nécessairement confuses, qui s'arrêtaient jusque-là aux objets matériels, ne retenant que les analogies ou la diversité (trompeuses l'une et l'autre) de leurs formes extérieures. Il considère même que la théorie marginale ainsi adaptée directement aux objets extérieurs, sans aucun complément d'analyse, serait plus éloignée de la vérité que ne l'était la théorie traditionnelle de l'offre et de la demande. Elle déformerait même la théorie des prix dans le sens d'une exagération caricaturale en quelque sorte des valeurs d'échange (1). Tous les cbjets de qualité recherchée, un vêtement de luxe, une habitation somptueuse où, pour rappeler un exemple longuement analysé chez Clark, un bateau de plaisance richement appareillé, représentent des synthèses d'utilité tellement touffues que si la pression de toutes ces utilités agissait sur le prix, il serait quatre ou cinq fois supérieur à ce qu'il est en réalité. Mais une seule utilité, la dernière ajoutée ou développée, la moins nécessaire, la plus futile (mais aussi celle qui est actuellement ressentie de la manière la plus impérieuse) exerce une maîtrise effective sur la valeur; quant aux autres utilités, elles sont rétrospectives, noyées dans des courbes d'utilité totale; leur action stratégique s'exerce sur d'autres objets moins complexes mais aptes à les satisfaire complètement. Un acheteur ou une catégorie d'acheteurs déterminée ne sera guère acheteur marginal que pour l'une des utilités incorporées à l'objet, celle dont il suffitait qu'elle fût un peu moins désirée pour ne plus l'être d'une manière effective.

La théorie des utilités jointes évoque d'elle-même la notion de l'utilité accumulée, qui est une autre ressource importante

(1) In general, then, when fine articles — composite things, bundles of distinct elements — are offered to society, the great composite consumer, each element has somewhere in the social organism the effect of fixing a part of the total value. In no other way can the article, as a whole, get a valuation. To no individual are all its utilities final (Clark, *Distribution of Wealth*, pp. 213-214).

d'adaptation de la théorie marginale à la réalité concrète. On a reproché aux courbes d'utilité, aux démonstrations qu'elles éclairent d'être exclusivement applicables à des richesses d'une nature homogène, indéfiniment divisible; il suffit de se rappeler les exemples classiques, tous empruntés à des produits alimentaires, des livres ou des onces de thé, de sucre, successivement accumulées ou consommées. Ce n'est, semble-t-il, que quand la théorie du nombre s'applique dans toute sa pureté que la théorie marginale peut avoir quelque valeur, Cette objection, dont on trouve trace notamment dans la *Psychologie économique* de Tarde (1), se résoud par un effort d'abstraction économique analogue à celui qui a suscité la théorie des utilités jointes. Les quantités portées sur l'abscisse constituent essentiellement des unités de puissance économique, unités égales, mais qui ne sont pas nécessairement détachées, incorporées à des objets distincts. C'est par un effort d'abstraction analogue que se trouvent renouvelées les théories de la rente, du salaire, le rendement économique, au lieu d'être simplement rapproché d'une certaine quantité de temps ou d'une certaine superficie de terrain, se trouvant directement mis en contact avec la force créatrice développée pendant un certain temps de travail, à travers une certaine superficie de sol qui lui servent simplement de véhicule, de support extrêmement variable, c'est au fond le même effort pour pénétrer jusqu'au centre même de l'action des forces économiques.

Dès lors, de même que beaucoup d'objets (à peu près tous, sauf les plus rudimentaires) réunissent plusieurs sortes d'utilités, chacune des utilités qu'ils contiennent peuvent se décomposer en un certain nombre d'unités plus ou moins élevé à mesure que l'objet devient plus précieux.

Au lieu d'une consommation procédant par achats successifs d'objets identiques, on voit souvent toute l'utilité d'un certain ordre acquise en une fois, agglomérée, résumée dans un seul objet. Ainsi, au lieu de multiplier les acquisitions de thé d'une même qualité, on pourra accroître son stock d'utilité par l'achat

(1) *Psychologie économique* (t. II, p. 25). L'auteur, après avoir constaté les rapports qui existent entre la théorie marginale et sa propre théorie, fondées l'une et l'autre sur la notion du désir et l'idée de limite), reproche à la théorie marginale son caractère trop objectif et trop peu interpsychologique.

d'une quantité égale mais de qualité supérieure. Plus une utilité s'élève dans la hiérarchie économique, moins l'acquisition
successive devient praticable; ainsi, quand on achète une
montre, on achète, selon l'expression de Wicksteed (1), une
certaine quantité d'exactitude; les montres de diverses catégories réunissent en elles-mêmes un certain nombre de doses
d'exactitude. Chaque acheteur décide de la limite jusqu'à
laquelle il doit pousser la satisfaction de son désir, détermine
quel est le point au delà duquel une dose supplémentaire coû-
terait trop, enlèverait à sa faculté de réalisation économique
plus qu'elle ne lui apporterait.

La théorie marginale s'applique donc aux acquisitions accumulées comme aux acquisitions morcelées; d'ailleurs, elle a
pour caractéristique d'expliquer l'unité dans la valeur par le
lien spéculatif qui réunit une série d'acquisitions de même ordre;
cette théorie agit avec d'autant plus d'efficacité que les acquisitions morcelées ressemblent davantage à une seule acquisition
accumulée. L'acquisition unique d'un bien durable et indivisible, loin de mettre en échec la théorie marginale, souligne l'un
de ses traits caractéristiques; elle suppose élevée au maximum
cette force de prévision, cette richesse d'imagination aptes à
parcourir tout le champ des substitutions possibles, qui sont les
véritables causes déterminantes de la valeur. Plus l'accumulation est importante, décisive, plus une erreur initiale est définitive dans ses résultats, plus on est obligé de construire d'avance
sa courbe d'utilité toute entière avant de l'avoir éprouvée. Ainsi
donc, pas plus que le phénomène des utilités jointes, celui des
utilités accumulées ne vient démentir la théorie marginale; l'un
et l'autre de ces phénomènes, inséparables de la plupart des
actes économiques, révèlent au contraire l'aspect vraiment caractéristique de cette loi, qui relève moins d'un phénomène
général, passif, de sensibilité que d'un principe d'activité intellectuelle. Ainsi mise au point, elle souligne l'importance réelle
du développement qualitatif de la richesse, désolidarise l'importance réelle de la richesse de son volume, s'éloigne, sur ce
terrain aussi, de l'idée de proportionnalité, d'homogénéité,

(1) *Alphabet of economic Science* : « quality » in the sense of
« excellence » being conceivable as « more » or « less » is obviou
sly itself a quantity of some kind. » (p. 7). V. dans le même
sens Clark, *Distribution of Wealth*, p. 242.

d'accumulation extensive, pour s'attacher à l'idée de complexité croissante, de développement intérieur, de richesse infuse, suivant l'expression de Clark. Cet ensemble de vues est dominé par la notion de l'unité organique de la richesse, dégagée à travers les aspects changeants des objets plus ou moins éphémères où elle s'incarne, pressentie déjà par le sens commun et capable de renouveler la science économique, d'en corriger bien des erreurs traditionnelles, si elle est développée dans toute sa profondeur.

V. — Applications de la théorie marginale

Il est donc bien établi que les courbes d'utilité ont pour matière objective un pouvoir économique de satisfaction, morcelé en plusieurs objets ou accumulé en un seul, isolé ou plus ou moins diffus au milieu d'autres pouvoirs. Ainsi se trouvent résolues les critiques visant l'adaptation de la théorie aux réalités extérieures; d'autres, plus délicates, visent son application à l'esprit humain, mettent en question sa valeur proprement psychologique. Le premier reproche qu'on lui adresse dans cet ordre d'idées est encore un reproche de simplification excessive. En même temps que la décomposition de la richesse extérieure jusqu'à l'infiniment petit, les courbes nous présentent la décomposition du désir en une série continue, chaque incrément objectif agissant d'une façon distincte, suscitant une réaction qui est le prolongement de la réaction antérieure, avec un amoindrissement régulier qui annonce déjà la réaction suivante.

Il y a au contraire discontinuité entre les manifestations successives d'un même désir; à chaque augmentation ou diminution d'énergie correspondent des différences qualitatives; ce sont des représentations, des tendances convergentes dont le désir principal s'enrichit ou s'appauvrit à chaque stade de son évolution. C'est dire que la vérité est autrement complexe que ne le feraient supposer ces chutes d'ordre mécanique dessinées par les courbes. Une multitude de mouvements, d'actions et de réactions se trouveraient ainsi condensés, dans un mouvement unique, en une représentation par trop rudimentaire. Les désirs réels ont moins d'homogénéité; ils ont aussi moins de docilité,

de malléabilité; on ne les voit pas modeler leur évolution étape
par étape, degré par degré, sur les variations successives de la
richesse extérieure; l'évolution réelle du désir témoigne souvent
d'une sensibilité moindre, d'une plus grande résistance; plus
on rentre dans la réalité vivante et plus on se trouve en présence
d'étapes discontinues.

Il a été répondu à cette objection par Wicksteed et Fisher (1)
à peu près dans les mêmes termes : l'hypothèse de la continuité
dans l'activité de l'esprit n'est qu'une hypothèse limite, comme
quand on l'applique au mouvement matériel. L'une et l'autre
application se rapprochent de plus en plus de la réalité à mesure
que l'on considère des ensembles plus larges. Le résultat global d'une multitude d'actions discontinues peut donner des
résultats d'ensemble ne différant pas essentiellement de ceux
que donnerait une action continue. Ainsi, les courbes d'utilité,
avec l'impressionnabilité qu'elles impliquent, la réaction inévitable de l'élément psychique aux moindres modifications objectives, irréalisables quand il s'agit d'un individu isolé, sont
bien plus proches de la réalité si c'est un ensemble social que
l'on a en vue. Les grands nombres constituent le terrain le plus
propre à l'étude des petites variations.

Jevons suggère déjà que des statistiques de consommation
méthodiques, étendues, prolongées, révéleraient une continuité
réelle du désir collectif, une sensibilité de ce désir à toutes les
variations de quantités extérieures, par la compensation des caprices individuels. La théorie marginale, qui apparaît tout d'abord
comme fortement colorée d'individualisme, construite dans le
domaine de la pure abstraction, éloignée des réalités expérimentales, a pour but, au contraire, de simplifier l'explication
de la valeur, de mettre d'accord la théorie scientifique et les
intuitions du sens commun; loin d'être individualiste, elle prétend dessiner des évolutions de psychologie collective, se meut
dans le domaine des grands nombres, se résoud en une anticipation d'expérience sociale, en un appel au développement des

_____

(1) Fisher, *Mathematical Investigations*, p. 103. Wicksteed,
The common Sense, p. 49. — Jevons considère que la régularité
dans les variations du désir, sous la pression des changements
extérieurs infiniment petits, devient de plus en plus complète à
mesure que l'on considère des ensembles sociaux plus étendus
(*Théorie de l'Économie politique*, p. 102).

statistiques et en particulier des statistiques cinétiques, celles qui retracent les modifications d'un état à travers le temps, plus préoccupées de déterminer des variations dans leur étendue, leurs dépendances, que de fixer les contours d'une réalité supposée immobile, étudiée pour elle-même.

Mais une dernière objection se présente dans ce même ordre d'idées, tirée de l'interdépendance des désirs, de leur enchevêtrement inextricable, des réactions, des répercussions inattendues qui se produisent entre les désirs, même les plus lointains. Chaque courbe dégage par abstraction un désir spécifique et suppose, selon la formule habituelle, « toutes choses égales d'ailleurs » ; cette fiction d'immobilité ambiante témoigne de la fragilité de ces constructions qui, interprétées à la lettre, se détruiraient entre elles.

Loin de fermer les yeux sur cette difficulté, la théorie marginale l'a au contraire mise en lumière; s'il est un point qu'elle se soit attachée à établir, c'est la complexité du mécanisme délicat de la valeur, complexité aussi grande que le principe initial est simple et évident. L'illusion de simplicité, d'explication totale, d'achèvement prochain de la théorie de la valeur qui se traduit encore dans le passage si fréquemment cité de Stuart Mill (1) se trouve définitivement dissipée.

Tout jugement de valeur émis à l'occasion d'une richesse déterminée se trouve sous la dépendance d'un jugement porté sur l'ensemble de la richesse. Les désirs sont solidaires, constamment ils se complètent ou se combattent, s'accumulent ou se suppléent. Ils doivent nécessairement être étudiés les uns en fonction des autres, dans leurs affinités, leur concurrence, leur hiérarchie. Leurs variations se gouvernent réciproquement en vertu de ce lien fonctionnel qui apparaît de plus en plus comme la manifestation la plus profonde du lien social; les courbes d'utilités sont en perpétuel état de réédification mutuelle. Par suite, l'explication de la valeur n'avancera dans ses applications concrètes qu'avec la reconstitution des cycles de désirs interpré-

---

(1) V. Jevons, *Théorie de l'Economie politique*, préface de la 1ʳᵉ édit. (pour Stuart Mill, la valeur d'une chose consiste essentiellement dans la quantité de la richesse contre laquelle on l'échange). — V. dans le même sens Smart. *Introduction to the Theory of Value* (on the lines of Menger, Wieser and Böhm-Bawerk), Londres et New-York, Macmillan, 1891, ch. I, p. 2.

tés, expliqués par des statistiques de consommation et de prix.
L'une des idées le plus souvent affirmée par les écoles psychologiques est que la science économique en est encore à ses débuts, que les études théoriques abstraites ne sont que la préface,
le jalonnement préalable d'un effort expérimental aussi considérable que nécesaire.

Après avoir parcouru les principales critiques visant le fond
même de la théorie, il convient d'en examiner une qui a trait
surtout à sa méthode d'exposition; imaginée pour expliquer la
valeur et les prix, elle les suppose déjà établis. L'ordre d'idées
soulevé par cette objection a été envisagé plus haut. Il est certain que, bien qu'aucune nécessité logique ne subordonne l'idée
d'utilité marginale à l'existence d'une économie monétaire, la
monnaie est un incomparable instrument d'analyse pour les
jugements d'utilité. Quand la comparaison ne se prolonge pas
trop, l'utilité de la monnaie n'a pas le temps de varier d'une
façon sensible et peut être traitée comme un élément constant.
D'autre part, une monnaie largement divisible traduit, sanctionne les variations les plus subtiles de l'énergie du désir; il
suffit de se rappeler les considérations de Marshall sur le troc (1)
pour apprécier combien l'échange direct, la comparaison immédiate des utilités concrètes entre elles serait un procédé primitif, grossier, dénué de souplesse et de fidélité. En résumé, le
fait essentiel mis en lumière par la théorie marginale consiste
dans la comparaison établie entre une utilité déterminée et toutes les autres utilités éligibles. Toutes ces utilités se trouvent
réfléchies, résumées dans la monnaie. Même privée de cet
appui, de cet éclaircissement, la comparaison, plus ou moins
hasardée, se réaliserait quand même.

Le lien étroit établi entre l'utilité marginale et les évaluations
monétaires a suscité la question de l'égalité des utilités marginales. On a fort discuté la proposition de Jevons sur l'égalité
nécessaire du rendement psychique de toutes les unités monétaires marginales, c'est-à-dire de tous les achats, plus largement
de tous les actes économiques marginaux accomplis par une
même personne dans les directions les plus diverses. Si l'une
de ces utilités se trouvait supérieure aux autres, il y aurait désé-

---

(1) *Principles of Economics*, appendice F, Barter, pp. 791-93).

quilibre, erreur de distribution; on aurait dû pousser plus loin la satisfaction du désir demeuré plus impérieux.

Wieser a rectifié cette formule : elle pèche par une simplification excessive; si les unités marginales avaient une utilité égale, toute augmentation de ressources aurait pour résultat un accroissement proportionnel de tous les articles du budget, tous conservant leur importance proportionnelle, ce qui est bien le résultat le plus démenti par l'expérience. Les modifications quantitatives des ressources aboutissent régulièrement à des altérations qualitatives dans les dépenses (1).

L'observation est très exacte mais ne combat pas nécessairement la proposition de Jevons. Peut-être repose-t-elle, comme certaines théories de la distribution, sur une conception trop lointaine de l'unité marginale. Le nivellement des utilités dans la zone limite ne se prolonge que s'il y a accroissement ou diminution juste sensibles, insuffisants pour déterminer des changements de rythme, des altérations de vitesse perceptibles dans l'évolution de l'ensemble des désirs. La proposition de Jevons n'a donc pas les conséquences qu'on lui prête. Il suffit, d'après Wieser, pour qu'il y ait équilibre, que la plus forte des utilités non satisfaites soit inférieure à la plus faible des utilités réalisées. Au lieu d'une comparaison d'ordre intérieur, établie entre les éléments d'une même consommation personnelle, Wieser propose un critérium basé sur le rapprochement de deux termes qui départagent l'ensemble de la richesse existante pour un individu déterminé.

En réalité, les deux témoignages ne s'excluent pas; le second peut servir à combler les lacunes du premier, qui apparaissent surtout quand l'unité marginale ne peut être dégagée (cas de consommation incomplètement divisible).

Il importe de préciser comment doit être entendue l'égalité dont parle Jevons. Il ne peut s'agir d'une identité intrinsèque, d'une réduction illusoire de toutes les utilités à une même unité hédonistique. Il s'agit avant tout d'une égalité de puissance, d'une comparaison établie entre les désirs mesurés par l'effort. A un autre point de vue, on peut dire qu'il y a égalité à la limite de tous les désirs, si on les envisage non comme des quantités homogènes, mais comme un ensemble d'une diversité

(1) *Der natürliche Werth*, trad. angl., p. 15.

harmonique dont toutes les parties concourent à la réalisation
d'une finalité originale. Ce qu'on appelle égalité signifie agen-
cement exact des diverses parties d'un tout organique; il s'agit
moins au fond d'une égalité proprement dite que d'une proportionnalité; c'est en tout cas vers cette dernière idée que l'on
s'achemine de plus en plus à mesure que l'on s'éloigne de l'hédonisme pour arriver à la psychologie dynamique, transparais-
sant chez Fisher (1).

C'est encore l'idée de proportionnalité qui doit se substituer à celle d'égalité dans les rapports établis entre les utilités
marginales des divers membres d'une même société économique. Quand deux personnes formulent une même estimation
pour un même service (véritable unité économique), il n'y a
pas, entre leurs désirs respectifs, égalité intrinsèque; une telle
égalité ne pourrait d'ailleurs être constatée, c'est une notion
échappant à toute vérification, dénuée par suite de toute signification positive; il y a seulement proportionnalité, c'est-à-dire
égalité de rapports entre une même unité marginale concrète et
l'unité monétaire marginale.

Loin d'égarer la théorie économique dans une fausse voie,
la théorie de l'utilité marginale a au contraire le mérite indiscutable de diriger l'attention vers un aspect injustement négligé
et de plus en plus essentiel : la souveraineté du consommateur,
confirmée, accentuée par l'évolution économique; selon une
idée qui lui est chère, elle a dirigé les préoccupations scientifiques dans le même sens que les préoccupations pratiques actuelles. De même que la divination du désir et la suggestion du désir
constituent l'effort caractéristique de l'activité commerciale qui
— en suscitant les ressources toujours plus ingénieuses de la publicité, en a fait comme un art psychologique — la curiosité,
l'activité scientifique ne pouvaient rester détournées de l'étude du
désir, si complexe qu'elle soit, si décevante qu'elle puisse paraître. Entre autres conséquences de cette direction nouvelle, on
a pu signaler avec raison l'importance mieux définie des problèmes de distribution : le développement réel, l'efficacité de la

_____

(1) *Mathematical Investigations*, p. 36. Les utilités marginales
de tous les articles consommés par un même individu ne sont pas
nécessairement égales entre elles, mais **proportionnelles aux utilités marginales de la même série d'articles pour chacun des autres
consommateurs.**

richesse subordonnés essentiellement à son retentissement psychique, à sa répartition entre les divers individus (distribution) et surtout entre les différents désirs (consommation).

Mais si elle a certainement le mérite d'avoir envisagé un aspect trop effacé, sinon complètement méconnu de la réalité, il lui a été reproché, même par ceux qui sont entrés assez largement dans ses vues, de réagir contre un excès par un excès inverse, de méconnaître le coût de production comme l'école traditionnelle avait méconnu l'utilité, d'enlever aux recherches économiques un point d'appui positif, éprouvé en leur donnant un principe d'explication plus philosophique que vraiment scientifique. Il faudrait donc, selon le projet de Marshall, combiner, fondre la vieille théorie de la valeur-coût et la théorie marginale. Nous verrons cependant que, loin d'éliminer la notion de coût, la théorie marginale l'a enrichie, fortifiée, généralisée (tandis qu'elle n'était jusqu'alors qu'un moyen d'explication empirique). Il suffit que la théorie marginale, au lieu d'être fragmentée, soit au contraire développée dans toute sa compréhension pour que la notion de coût et la notion d'utilité, transformées dans le même sens, s'éclairent entre elles, leurs manifestations respectives n'étant que les expressions d'une même réalité.

CHAPITRE IV

La Notion de Coût

L'influence exacte du coût sur la valeur est l'un des points les plus discutés de la science économique. Bien que des divergences importantes se soient produites entre les divers représentants de la théorie psychologique, il est possible, en coordonnant leurs vues, de dégager une notion d'ensemble du coût, modelée dans le même sens que la notion d'utilité, comme elle construite sur l'idée de désir, prospective, dynamique, fortement unifiée dans son cadre psychologique, diverse et mouvante à l'infini dans son contenu objectif. Pour mieux mesurer le terrain parcouru, il n'est pas inutile de rappeler d'abord à grands traits les conclusions de la théorie classique.

I. — EXAMEN DES THÉORIES CLASSIQUES

La conception traditionnelle du coût était objective, rétrospective; sous sa forme immédiate, le coût représente l'ensemble des sacrifices pécuniaires imposés par la production d'une richesse, dans son action scientifique, il s'analyse en une somme de travail; la valeur est comme le legs, le dépôt, le témoignage de cette quantité de travail plus ou moins lointain accumulé dans un objet, cristallisé, selon une formule qui a prétendu s'approprier les résultats de la pure doctrine classique, et lui donner ses déductions nécessaires.

Cette explication ne saurait embrasser tout le champ économique; les objets non reproductibles, qu'ils émanent de la seule action de la nature ou d'une action humaine disparue, lui échappent nécessairement. La théorie de la valeur devient ainsi très nettement dualiste chez Ricardo, notamment, qui dépaitage le champ de la richesse entre ces deux influences du coût et de la rareté *(scarcity)*. Sans doute on ne laissera qu'une part aussi étroite que possible à cette dernière influence énigmatique, anormale, mais une considération plus attentive montrera à quel point il est difficile de scinder ainsi les richesses en deux groupes impénétrables; à cette idée de division matérielle se substituera la notion plus exacte d'une gradation continue, la rareté et la reproduciibilité étant liées l'une à l'autre, à des degrés divers, dans toute richesse, dans tout service. Il sera dès lors plus malaisé de faire sa part à la notion de rareté, de la réduire à un domaine d'exception, et la zone d'obscurité reconnue dès le principe dans la théorie d'ensemble suivra, à des degrés divers, tout jugement de valeur.

Considérée dans son propre domaine, la loi du coût se présente avec un caractère de rigidité qui a pu être considéré comme vraiment excessif : c'est la valeur imposée et non pas consentie, ce sont en germe toutes les revendications déduites de la valeur-travail. Si l'on voulait même donner à cette affirmation un sens strictement littéral, elle serait justement taxée de contre-vérité (1). Seuls les efforts utiles ont un pouvoir quelconque; Marshall constate avec raison que le contraire n'a jamais été soutenu (2), la théorie classique s'étant bornée à affirmer que l'effort seul est mesurable, tandis que l'utilité ne l'est pas. La valeur d'un objet tendra donc à devenir, à la longue, égale à son coût; supérieure, elle stimulera la production plus abondante qui doit la réduire à son niveau normal; inférieure,

(1) V. Irving Fisher, *The nature of Capital and Income*, pp. 188-189. L'auteur cite comme exemple de l'impuissance du coût les 1.500 millions enfouis dans le canal de Panama inachevé, vendu 200 millions; ce coût passé n'a pu susciter de valeur qu'à concurrence du coût futur épargné; le coût passé allège les coûts futurs, permet aussi de les mieux évaluer; c'est dans la mesure où il transforme les conditions de l'expérience future qu'il s'incorpore à la richesse et agit sur la valeur, qui exprime l'organisation préventive de l'expérience économique.
(2) Marshall (*Principles of Economics*, appendice I, pp. 813-21, sur la Théorie de la valeur chez Ricardo) considère la théorie de Ricardo comme plus réellement profonde que celle de Jevons; elle ne méconnaît pas la fonction de l'utilité, s'abstient seulement de développements à son sujet parce qu'elle la considère comme acquise. Au lieu de placer comme Jevons entre le coût et la valeur une série de propositions unilatérales, scolastiques, Ricardo se

elle suscitera le phénomène inverse jusqu'à ce que la raréfaction de l'offre ait rétabli l'équilibre. Cette théorie a ainsi deux
aspects, posant à la fois un maximum et un minimum de valeur.

Le minimum de valeur, c'est-à-dire le pouvoir d'attraction,
de relèvement exercé par le coût sur le prix, est précaire, sujet
à bien des lenteurs : toute une gradation doit être établie entre
les dépenses originaires, consolidées, et les coûts directs mobiles, librement aliénés dans chaque effort producteur. Plus on
remonte au delà de cette zone vivante, de ce champ de prévision immédiate et de libre retour, plus on avance vers les coûts
originaires primitifs, plus il est nécessaire qu'un long avenir soit
envisagé pour que l'adaptation parvienne à se réaliser entre eux
et l'état définitif de la valeur. Le déficit, l'erreur de calcul du
producteur actuel trouve sa revanche dans l'abstention du producteur futur. A travers les états passagers de la valeur *(mar-
ket-price)* on arrive ainsi jusqu'à la valeur normale, formule de
concordance durable entre des éléments chez lesquels on suppose une longue stabilité (1). Il y a, il est vrai, un autre moyen
de réaliser ce pouvoir stimulateur du coût sur le prix : c'est
l'élimination par usure physique des instruments trop onéreux,
c'est-à-dire en somme l'extinction d'une certaine quantité de
richesses.

serait tenu plus près de la notion fonctionnelle, aurait déjà entrevu le rapport de causalité mutuelle entre l'offre et la demande
formulé avec netteté pour la première fois par Cournot, considéré
comme le cadre de prédilection de l'explication économique (c'est
au cours de ce passage que Marshall compare le coût et l'utilité
aux deux lames d'une paire de ciseaux, dont l'action efficace est
toujours simultanée, mais dont il arrive parfois qu'une seule se
déplace et semble par suite agir en vertu d'un pouvoir exclusif).
(1) Marshall *(op. cit.,* p. 330) établit la gradation des formules d'équilibre du marché : pendant une courte période, l'offre est
égale à la provision qui se trouve à portée de la main; pendant
une période plus longue, elle se mesure au coût de production
direct, pendant une période très longue, au coût des matières premières et du travail nécessaires à la production de l'objet envisagé, au coût du coût, ces trois ordres d'influence se succédant par
degrés imperceptibles. — Formules qui, si elles expriment une tendance économique réelle dans sa généralité, ont le tort d'en négliger par trop l'explication vraie et de laisser la théorie de la valeur morcelée dans sa compréhension (offre et demande, utilité et
coût étant considérés comme des éléments opposés, alors qu'ils ne
sont que des formes successives d'une même réalité intérieure) et
dans son extension (morcellement dans le champ des richesses,
distinctions glissantes, divisions statiques là où il n'y a en réalité
que des différences de degré, des divisions dynamiques).

A la vérité, le coût, en tant que soutien de la valeur, ne manifeste pas seulement son efficacité par la voie de la production; il stimule chez le producteur (1), plus largement chez le vendeur professionnel, menacé dans son intérêt vital, une tension de toutes ses ressources économiques en vue du relèvement

(1) La défense du coût est une manifestation de ce fait psychologique, aux applications nombreuses, qui consiste dans la force impulsive plus grande du mobile de la conservation de la richesse, que de celui de l'acquisition; l'affirmation de ce fait essentiel est déjà impliquée dans le théorème de la fortune physique et de la fortune morale (Wicksteed, *The common Sense*, pp. 23-7). Une même parcelle de fortune physique, selon qu'elle se joint à une agglomération de richesses, ou s'en détache, entraîne avec elle des parcelles très inégales de fortune morale. Ce principe contient la limite du mobile économique proprement dit, enserre dans des limites qui, sans être absolues, sont ressenties assez tôt, le désir d'accumulation de richesse que l'économie classique avait trop considéré comme une force peu susceptible d'usure, contrebalancée sans doute par des forces d'autre nature mais ne trouvant pas en elle-même, dans sa propre constitution interne, la cause de sa limitation. — C'est ainsi que s'expliquera le rapport du salaire et du travail, le moindre travail préféré au gain très étendu, la fortune morale émancipée assez vite de sa sujétion à l'égard de la fortune physique. A un autre point de vue, ce même fait de base explique la théorie économique du jeu et de l'assurance, l'assurance, qui est une perte certaine de fortune physique, augmentant la fortune morale de l'assuré (et aussi, mais à un autre point de vue, la fortune même physique de la collectivité), parce qu'elle libère les valeurs de son patrimoine de la dépréciation actuelle résultant d'une perte éventuelle mais considérable; le jeu, qui est une alternative de gain ou de perte supposés égaux en importance et en probabilité, constituant dès l'origine une perte pour les deux partenaires, tant que dure l'incertitude, et une fois l'événement réalisé un déficit social, la parcelle de richesse physique déplacée ayant creusé dans le patrimoine d'où elle se détache un déficit plus grand que l'enrichissement moral résulté de son annexion à un patrimoine étranger, si l'on suppose ces deux patrimoines originairement égaux. Les rapports d'ordre purement numérique donnent déjà, à cet égard, une première suggestion de la réalité psychique — A un autre point de vue, on pourra rattacher à ce même fait de la conservation plus impérieuse que l'acquisition les remarques de Tarde (*Psychologie économique*, t. I, p. 245) sur la hiérarchie des professions, les services qui ont pour objet la libération d'une crainte, la diminution d'une douleur ayant un prestige traditionnel plus grand que ceux destinés à réaliser un accroissement hédonistique proprement dit. Sur l'énergie stimulatrice du coût et de l'attitude qu'elle sait inspirer au producteur, v. Tarde (*op. cit.*, t. II, p. 171). La défense du prix a pour le producteur d'autant plus d'importance qu'elle met en jeu la totalité de son budget, tandis que l'acheteur ne défend qu'une parcelle relativement infime de sa richesse personnelle. Cela explique la faiblesse momentanée de l'acheteur, qui ne doit pas faire perdre de vue la supériorité définitive de l'ensemble des consommateurs sur l'ensemble des producteurs, supériorité qui se trouve, dans une certaine mesure, consolidée par l'action collective normale des producteurs eux-mêmes.

des cours, efforts dont le pouvoir de réalisation est d'autant plus grand que le consommateur lui oppose une moindre connaissance du marché, un intérêt plus faible. Ce n'est pas seulement en ralentissant sa production, en se retirant de la lutte, que l'offre agit sur la valeur, mais en suggérant la rareté, en la réalisant par la rétention du produit; ce ne sont là d'ailleurs que des phases d'une adaptation, toujours aléatoire, située au terme et non pas à l'origine (et parmi les forces immuables) de la vie économique. Prendre tout réalisé, en lui donnant un aspect objectif presque nécessaire, un fait qui est au contraire à chaque instant remis en question procède d'une vue simplicatrice à l'excès et dérobe, avec l'élément psychique du phénomène, son seul aspect vraiment significatif.

L'influence du coût a été affirmée plus indépendante, plus efficace encore, comme frein de la valeur; dans un milieu de libre concurrence, le *self interest* ramène, par l'envahissement des branches de production exceptionnellement lucratives, l'universalité des prix au niveau des coûts industriels de subsistance. Cette thèse, qui se retrouvera dans la notion du salaire de subsistance, dans la notion (beaucoup moins nette, il est vrai) de l'intérêt de subsistance, est marquée à l'empreinte d'une double tendance très vivace dans la théorie classique : d'une part, la recherche de l'explication économique dans le passé, la filiation des valeurs devant suivre le même ordre que la succession des causes et des effets physiques, la valeur d'un objet étant déterminée au moment de sa production matérielle et par les mêmes actes; d'autre part, la perspective de l'effort producteur, rapidement et nécessairement orientée vers l'abaissement des prix, l'âpreté de la concurrence ayant pour effet, pour justification, l'intérêt final du consommateur, bénéficiaire aussi certain qu'inactif.

Cette théorie a suggéré deux ordres d'observations : elle est à la fois nettement empirique et insusceptible de vérification expérimentale : empirique en ce sens qu'elle intervertit l'ordre rationnel des rapports, un objet ne doit pas sa valeur à ce qu'il coûte, c'est au contraire l'acceptation du coût qui s'explique par la perspective de la valeur. L'excuse d'une telle théorie serait dans son caractère positif, dans ses possibilités de vérification numérique. Or, peu de théories sont aussi obscures que celle du coût objectif de production; au lieu de s'orienter vers des phénomènes clairs, elle essaie d'extraire une explication de la source la plus complexe qui existe. La prétendue concordance du prix et du coût, poussée dans toute sa rigueur logique, ne saurait être vérifiée que par régression indéfinie (jusqu'au premier capital revivant successivement à travers tous les autres); même réduite dans son ambition, ramenée au goût actuel, elle est d'un contrôle de plus en plus difficile. La complexité de la production industrielle rend les assignations problématiques, dans une large mesure, pour les articles de coût souvent les plus importants (1).

C'est par un élargissement de formules que l'on peut extraire de cette théorie des propositions susceptibles d'être retenues; dans la mesure où la production s'est soumise à la loi de l'utilité, le coût demeurera en deçà de la valeur (l'égalité de ces deux termes constituant une limite que l'action ne doit pas atteindre et n'atteint pas, si elle reste économique). Dans la mesure où il y a mobilité des éléments producteurs, les rapports respectifs entre les coûts et les prix tendent à être égaux dans l'ensemble du champ économique. L'ancienne formule empirique, individuelle (réduisant l'explication économique à l'analyse d'un compte d'entrepreneur) se mue en une formule d'allure collective, substitue à l'égalité arithmétique, aussi excessive dans sa simplicité théorique qu'inévitablement incertaine dans son contrôle, une formule de proportionnalité (conditionnelle), de limite (2). La théorie traditionnelle du coût s'est d'ailleurs graduellement allégée, abandonnant la notion de coût intégral pour se rattacher au coût actuel, s'est parfois muée en théorie du coût de reproduction, s'efforçant d'atteindre l'idée — simplement pressentie — de coût vivant, dont la notion

(1) V., sur la complexité des coûts, Taussig : *A contribution to the Theory of railway rates* (Q. J. O. E., vol. V, pp. 438-65).
(2) V. Clark, *Distribution of Wealth* : la définition traditionnelle de la valeur normale, valeur égale au coût, s'imprègne d'un point de vue trop étroitement individualiste; en réalité, « cost prices... are those that give equalized earnings. » — « It is comparative gains and not the gains of any group, that test prices, and determine whether they are normal... When, therefore, men have no further inducement to move from one group to another — that is when group distribution is natural — prices are natural » (pp. 17-18); « no-profits régime is one of levelled gains for all units of labor and for all units of capital. » (p. 70). — Le prix naturel est en somme celui qui correspond à une production ordonnée.

vraie devait être le privilège de la théorie marginale. C'est
moins peut-être par suite d'une opposition proprement dite que
par développement du principe qui lui servait implicitement mais
impérieusement de soutien, que l'ancienne théorie du coût a fait
place à la théorie de l'utilité. Réintégrée à la base de la valeur,
l'utilité contenait en elle-même les éléments d'une reconstitution synthétique de l'idée de coût, restituée avec une étendue,
une profondeur, une efficacité qu'elle n'avait pas connues jusque-là.

II. — THÉORIE PSYCHOLOGIQUE. — COUT D'UTILISATION

On peut résumer d'avance la conclusion de la théorie psy·
chologique dans cette seule formule : il n'y a pas de valeur
économique sans coût. L'ancien rapport impératif mais intermittent fait place à un rapport plus complexe, plus imprégné de
contingence, mais universel. L'idée de coût récupère son unité·
méconnue en pénétrant au centre même de l'acte économique
restitué dans sa vraie nature, envisagé et expliqué comme un
acte humain au lieu d'être comprimé dans le cadre d'une explication d'allure mécanique. Le coût est modifié à la fois dans sa
nature, son but, son mode d'action.

Au lieu de consister en une action matérielle, en une cause
extérieure de richesse, de s'opposer à l'utilité comme l'élément
qui rattacherait les jugements de valeur aux réalités objectives,
le coût est essentiellement intérieur; il ne se réduit pas plus à une
action physique que l'utilité ne se ramène à une qualité objective des choses; coût et utilité sont, dans leurs notions vraiment·
positives, des faits de conscience; leurs incorporations objectives
n'ont d'importance que par la réalité psychique qu'elles représentent. Psychique dans sa nature, le coût l'est également dans·
son résultat; son efficacité caractéristique se manifeste non dans
une transformation physique, dans une production matérielle de·
richesse, mais dans une création d'utilité. Son mode d'action
devait être aussi envisagé sous un tout autre aspect. Au lieu
d'un rapport entre deux choses, c'est un lien établi entre deux
désirs, d'où une empreinte de spontanéité, méconnue par la
théorie classique; la filiation économique se trouve intervertie,

se manifeste non comme une cause créant un effet, mais comme une fin suscitant un moyen ou plutôt comme deux fins rivales révélant par leur conflit puis leur accord, leur hiérarchie acceptée, les ressources réelles d'un moyen.

L'étude de la notion de coût met en relief l'une des principales attitudes de méthode adoptées par les écoles psychologiques; au lieu de se tourner vers la reconstitution des origines, elles prennent pour centre d'explication la région particulièrement claire qui avoisine la consommation, c'est-à-dire l'utilisation de la richesse. Cette tendance se marque chez Fisher, chez Clark et, avec le maximum d'efficacité, chez Wicksteed.

Un effort initial, c'est-à-dire un coût psychique, une expérience consciente désirable créée par cet effort, tel est, d'après Fisher, le cadre positif de toute action économique (1). Entre ces deux termes essentiels, subjectifs, une série plus ou moins nombreuse d'interactions apparaît, chacune d'elles, incarnation simultanée et passagère du coût et de l'utilité, utilité pour qui la reçoit, coût pour qui la transmet. Ce schéma du cycle économique souligne à la fois le caractère intérieur du coût et la multiplicité de ses formes, la nécessité d'une explication prospective, constamment tournée vers le fait de la consommation. On peut seulement reprocher à cette vue d'ensemble de ramener le coût économique au coût de production, alors que ce dernier, loin d'être une réalité originale, n'est, ainsi qu'on le verra, qu'une notion dérivée.

Pénétrée sur ce point d'une vue plus directe des réalités, d'un

(1) Fisher (*The Nature of Capital and Income*, p. 175), au terme de son analyse, conclut à l'irréalité objective et collective des coûts incorporés à des choses, éléments économiques à double aspect, impliqués simultanément dans le revenu positif et négatif de deux personnes, s'éliminant dans la balance finale; c'est pourquoi, quand nous avons atteint ce terme final de nos recherches, nous trouvons que le seul article de coût qui subsiste en dernière analyse consiste dans le coût-travail ou, si le terme travail n'est pas suffisamment large, dans le travail, l'anxiété, la fatigue, l'ennui et toutes les autres expériences subjectives d'une nature indésirable qui sont nécessaires pour nous assurer les expériences d'une nature agréable. — Cette théorie demeure régressive, place le coût en arrière de l'action (moyen, point d'appui de l'action). Sous certains rapports, l'ancienne théorie du coût-travail est conservée, mais amendée sur deux points essentiels : les coûts matériels sont éliminés de l'opération au lieu d'être, par un effort d'unification et de simplification, réduits à des accumulateurs d'énergie de travail; en outre, si le coût demeure dans le passé de l'action, il en est le passé immédiat, presque le présent.

sens psychologique plus aigu, la théorie de Clark s'ordonne
plutôt autour du coût d'acquisition. La valeur d'un service se
mesure, non sans doute par le travail qu'il a coûté, mais par le
travail qu'il est capable de susciter, par de l'énergie vivante,
non par de l'énergie déjà aliénée (1). Toute l'économie sociale
se résume dans la journée d'un travailleur unique, dépensant
des efforts qui lui deviennent de plus en plus lourds pour acquérir des utilités de plus en plus faibles et parcourant ainsi une
carrière limitée entre la première heure, peut-être plus bienfai-
sante que pénible, en tout cas productrice d'utilités essentielles,
et l'heure limite, marginale, après laquelle l'utilité est peut-
être inférieure au coût ou du moins ne le dépasse pas assez pour
être encore un stimulant d'activité (2). Ce schéma, loin d'être
présenté comme l'image d'une économie primitive, individualiste, simplifiée à l'excès, prétend au contraire résumer une organisation industrielle très développée. Le synchronisme de la
production et de la consommation, l'effort actuel produisant

(1) Clark (*Distribution of Wealth*, p. 222) affirme lui aussi en
principe que le coût se réduit à la peine subie; il se détache moins
d'ailleurs que Fisher des formules hédonistiques : « Cost is in
the last analysis, pain inflicted, just as utility is pleasure confer-
red. » Il soutient énergiquement, en tous cas, le caractère psychique du coût, insiste sur le reproche de cercle vicieux que l'on peut
adresser à la théorie du coût de production objectif : la mesure
de la valeur d'un objet par le travail de qualité moyenne dépensée
pour le produire suppose établie cette moyenne des travaux, qui
ne peut être déterminée que sur la base des valeurs des divers
produits créés par le travail. « ... The value of a commodity is not
derived from the labor that is back of it in the making. It is derived from the social service that is before us in the using »
(p. 397). La valeur d'un objet est mesurée non par le sacrifice qu'il
a coûté à son producteur, mais par le sacrifice qu'assume la société
pour l'acquérir; la valeur d'une chose a pour mesure « *the amount
of social labor that it induces* » (p. 395). La véritable mesure de la
valeur repose sur l'évaluation d'une peine : un objet incorpore en
lui une quantité d'utilité, c'est-à-dire une valeur d'autant plus
grande que son remplacement éventuel représenterait un plus
grand sacrifice (p. 377). — *Essentials of economic Theory* (New-
York, 1907, p. 135) : « The money spent really represents sacrifice
incurred and we shall find that the only kind of sacrifice that is
available for measuring the cost of goods of any kind is that
which is incurred by labor. Ultimate measurements of wealth in
all its forms have to be made in terms of labor. »
(2) V. Clark (*Distribution as determined by a Law of Rent*, Q.
J. O. E., 1890-91, t. V, p. 295) : le cumul de cette double action dépressive exercée sur l'activité productrice, mis en lumière à la
fois par Giddings et Clark, tend à expliquer d'une manière plus
complète les observations de Jevons sur le salaire et la productivité (v. dans le même sens Clark : *Distribution of Wealth*, p. 382).

son résultat et recevant sa rémunération économique immédiatement, quels que soient la forme matérielle de cet effort et le
temps nécessaire à la maturité physique de son œuvre, le réser-
voir de la richesse générale, efficacement augmenté à chaque
mouvement de l'activité humaine, soutenant, réparant, stimulant
cette activité, ne constituent pas des hypothèses lointaines, mais
une réalité d'ensemble progressivement atteinte dans la mesure
où un groupe économique est fortement organisé, pleinement
équilibré (1). Le coût et l'utilité, envisagés dans leur succession
chez Fisher, sont étudiés chez Clark dans leur simultanéité.

   C'est avec Wicksteed que l'on en arrive à la théorie vraiment réaliste et synthétique, fondant l'idée de coût sur le con-
cep du coût d'utilisation qui, au lieu d'être subordonné à tous
les autres, n'est que le modèle dont ils ont dû être l'image anticipée (2). Les jugements de valeur, suggérés par une perspec-

---

(1) Le synchronisme de l'action productrice organisée et de son
résultat est l'une des idées principales de Clark (*Essentials of
economic Theory*, p. 188) qui, parlant des résultats du travail
accompli par un ouvrier sous un régime économique statique, déclare : « *His work and its fruit are synchronous.* »
   (2) V. Wicksteed, *The common Sense of political Economy*
(Londres, 1910, liv. I, chap. I, pp. 14-36) : La vie économique n'est
qu'une mise en action, aussi variée dans ses formes que nette dans
son principe, de la psychologie du choix. Le prix d'une chose n'est
qu'une indication de la série d'alternatives ouvertes à l'acheteur.
Tous les objets sont répartis à travers une échelle d'importances
relatives établie dans notre esprit. Le problème économique essentiel a pour objet l'administration des ressources en vue du maximum d'efficacité dans la réalisation du but poursuivi (p. 13).
De l'économie domestique aux modes les plus complexes de l'économie industrielle, le but constamment poursuivi est de ne pas
laisser en souffrance un seul désir plus important que le dernier
désir satisfait (p. 20). Le concept général de prix se trouve ainsi
déterminé : conditions auxquelles nous pouvons obtenir ce que
nous désirons ou éviter ce que nous craignons (p. 27). — Cette
formule du prix se rattache surtout à la notion de coût, le coût
consistant dans la compression imposée à un désir; telle est bien
la pensée dominante de l'auteur, qui rattache toute organisation
économique à la hiérarchie des désirs. Sur le grand marché de la
nature ou de la société nous nous efforçons constamment de déterminer les emplois alternatifs susceptibles d'être donnés à nos
ressources, choisissant l'alternative la plus attirante, la richesse
la plus désirée, réduisant ainsi son importance en même temps
que nous augmentons l'importance de l'alternative d'abord moins
désirée jusqu'à ce qu'entre ces termes il existe un rapport semblable à celui qui résulte des prix établis. (V. *op. cit.*, p. 86.) —
Ce même principe s'applique à l'économie intérieure (arbitrage
entre les affectations diverses d'une même quantité de richesses),
à l'économie échangiste (affectation des diverses parcelles de richesse monétaire, transmigration des richesses réelles), à l'écono-

tive et non déterminés par une filiation historique, ne rééditent pas des gestes économiques antérieurs, mais doivent avoir été d'avances prévus et vécus au cours de l'action économique antérieure; là est l'explication véritable de leur conformité, explication non contredite mais laissée dans l'ombre par la théorie classique.

Wicksteed se placera donc près de l'acte économique ultime: la richesse est aux mains de celui qui doit la consommer et qui en règle lui-même l'affectation. Chaque parcelle de richesse doit avoir son utilité maxima, son rendement psychique le plus élevé. Le coût d'utilisation apparaîtra tout juste dans cette discipline imposée aux désirs, dans cet effort de contention imposé aux désirs les moins essentiels. La question du coût se pose dans toute sa généralité et toute sa profondeur, abstraction faite de tout acte de production ou d'échange, au cœur même de chaque action économique. Elle est impliquée dans l'idée d'utilité marginale. Chaque fois que l'on a décidé de l'emploi d'une richesse apte à plusieurs usages, l'usage représentatif des usages sacrifiés (le plus important, comme nous le verrons) constitue le coût; il en est l'image la plus réelle dont toutes les autres ne sont que des reproductions plus ou moins distantes.

C'est le coût qui est vraiment créateur de l'utilité marginale; quelque important que soit le service rendu par un objet, si ce service n'implique pas la perte d'un autre service inférieur mais appréciable, il y a satisfaction complète du désir ou plutôt de tout l'ensemble de désirs auxquels répond une catégorie d'objets déterminés, et l'utilité marginale de la série est égale à zéro. On a dès lors au moins une unité de richesse de plus qu'il n'y a de désirs à satisfaire; l'utilité envisagée entre dans cette zone des utilités gratuites qui, par son étendue, témoigne du progrès économique réalisé, mais qui marque l'achèvement de l'effort économique et se place hors de son champ d'action.

Le coût, loin d'être méconnu, effacé, apparaît comme la dernière réalité économique. Loin de rester en arrière de l'action présente, il y est intimement lié; trop longtemps considéré comme l'élément passé, objectif, c'est-à-dire consolidé dans ses contours, il a, si on l'envisage dans toute sa pureté, un carac-

mie industrielle (distribution des forces productrices entre les diverses formes de richesses).

tère psychique plus subtil, plus spéculatif que l'utilité elle-même.

Réalisée dans toute sa plénitude, la notion de coût réunit deux concepts qui ne donnaient d'elle que des images fragmentaires : l'idée d'efficacité et l'idée de sacrifice — d'action et de souffrance — le concept mécanique et le concept psychologique. La théorie classique, sans méconnaître tout à fait l'élément psychique, le dissimulait de plus en plus sous la notion pécuniaire, objective, causale. A l'extrémité opposée, la théorie jevonienne a pu se voir reprocher non le caractère trop exclusivement psychologique de son explication, mais sa dépendance trop grande à l'égard de l'idée d'utilité ; en réalité, c'est un reproche plus général encore qu'on doit lui faire : subordination commune de l'utilité et du coût aux concepts hédonistiques (1).

La première théorie est trop extensive, la seconde trop étroite. Le coût ne s'identifie pas avec la cause ni avec le moyen ; tout fait a une cause, tout acte met en œuvre un moyen ; il y a des faits et des actes dénués de coût, placés hors du champ économique, plus exactement hors du contrôle actuel des règles de l'action économique ; de même il y a des actes économiques, c'est-à-dire préparés et sanctionnés par des jugements de valeur qui n'impliquent l'acceptation d'aucune douleur proprement dite, non plus d'ailleurs que la poursuite d'aucun plaisir.

Sous sa forme douleur comme sous sa forme plaisir, le concept hédonistique se révèle insuffisant à soutenir l'explication économique. Le coût ne doit pas être subordonné à l'utilité comme une notion dérivée ou une quantité négative, mais l'un et l'autre doivent être coordonnés, renouvelés par la notion de désir. Un acte économique se ramène nécessairement à un choix exercé entre deux ou plusieurs fins possibles. Le problème est susceptible de deux formes : il est posé directement lorsque, un

---

(1) V. Jevons (*Théorie de l'Économie politique*, trad. Barrault, ch. III, Théorie du plaisir et de l'effort, pp. 82-8) : L'effort est un plaisir négatif ; l'addition algébrique du plaisir et de la douleur se réalise en additionnant d'abord séparément les quantités respectives de ces deux éléments impliquées dans un même acte ; la somme algébrique est égale au total le plus grand diminué du total le plus réduit ; le but de l'action économique est de se développer dans le sens de l'excédent de plaisir.

moyen unique étant donné, il s'agit d'en déterminer la direction. Il n'est modifié que dans la forme lorsque, une fin unique
étant envisagée, plusieurs moyens sont aptes à la réaliser. L'arbitrage entre les moyens alternatifs est en réalité un arbitrage
entre les fins que ces divers moyens représentent. Si l'un des
moyens envisagé n'était représentatif d'aucune fin alternative, il
serait évidemment préféré à tout autre et le service obtenu serait
dénué de coût et situé dans le domaine para-économique ou
supra-économique des utilités gratuites. Le choix économique a
pour caractéristique de reposer sur l'infériorité initiale des ressources aux désirs; l'alternative est posée entre des fins inégalement désirées, mais toutes désirées, concurrentes, mais non
contradictoires, qui se classent, se succèdent, mais ne s'excluent pas.

L'idée économique de coût est faite de la combinaison de ces
idées d'alternative libre et de sacrifice nécessaire, d'interprétation libre d'une nécessité objective. Etant donné une réalisation appelée utilité, le coût sera la réalisation possible dont
l'abandon a été directement consenti pour assurer le résultat
économique ainsi obtenu. Tandis que Fisher considère que le
coût d'une expérience psychique désirable consiste dans l'expérience non désirable nécessaire à la provoquer, il y aura lieu
d'élargir sa formule (on l'élargira d'ailleurs dans le sens indiqué par sa théorie d'ensemble), en disant que le coût est exactement l'expérience désirable qui aurait été réalisée si l'expérience directement obtenue n'avait pas exigé son sacrifice. Le
désir rival éliminé, l'alternative éligible donnent seuls une signification à l'acte réalisé ou au bien employé, sans cela cet acte
ou ce bien ne franchit pas les bornes de l'action purement physique, ne s'inscrit pas au bilan de l'expérience.

Tout juste parce qu'il se dégage des concepts traditionnels
de travail, de dépense pécuniaire, qui paraissaient être des supports et n'étaient que des obstacles à la vision nette des choses,
le coût d'utilisation, de consommation, dégage toute l'originalité de la notion générale du coût. Il n'en est pas qui mette
mieux en lumière le caractère spontané de l'action économique,
la détermination du réel au milieu du champ des possibles,
cette détermination s'opérant non dans le sens de l'intensité
absolue la plus grande, mais de la réalisation psychique per-

sonnelle la plus riche. Le coût d'utilisation est donc l'expression synthétique, représentative de tous les désirs éliminés pour faire place à la réalisation d'un désir préféré. Tandis que l'utilité se réalise, le coût reste beaucoup plus flottant dans sa notion exacte, parce qu'il constitue l'élément invisible de l'action. L'utilité consiste dans le désir satisfait, mais dont l'effacement est prochain; le coût est le désir virtuel, l'utilité prochaine. Les réalisations visibles sont constamment dirigées par des réalisations rivales, trop faibles encore pour se réaliser elles-mêmes, assez fortes pour que toute la réalité visible s'ordonne en rapport avec elles.

Un acte économique peut avoir eu des alternatives multiples, il n'a qu'un seul coût. Comme l'utilité, le coût n'entre dans le cadre de l'explication économique qu'en prenant une signification actuelle : c'est le coût effectif comme l'utilité effective, c'est-à-dire l'énergie présente du désir réalisé et celle du principal désir éliminé qui existent seules, sans que ni l'utilité totale, c'est-à-dire l'utilité placée en deçà de l'expérience actuelle, non plus que l'ensemble des coûts alternatifs, c'est-à-dire des désirs placés en deçà du coût actuel, puissent avoir une efficacité propre. L'un et l'autre terme n'ont d'efficacité que dans la mesure où ils façonnent l'utilité et le coût effectifs, marginaux.

Leurs modes d'action sont d'ailleurs loin d'être identiques; l'utilité totale, constituée par la somme des services passés, normalement plus grands que le service actuel, agit sur l'utilité marginale pour la diminuer, remplissant déjà pour une large part la place à laquelle ce service pourrait prétendre, concurrente jusqu'à un certain point de l'utilité actuelle. Le coût marginal est au contraire au premier plan d'une série lointaine, de même que l'utilité marginale est la plus faible de toutes, le coût marginal constitue le terme maximum d'un groupe de désirs non réalisés; au lieu d'être définitivement fixée et presque toujours dépressive, l'action du groupe sur l'unité marginale est une action qui se réalise, se renouvelle à chaque instant et s'exerce dans le sens d'une stimulation d'énergie. La série des coûts alternatifs est essentiellement vivante; toute modification dans l'énergie de l'un des termes qui la composent peut modifier l'économie du groupe, déclasser le coût marginal au profit d'un autre désir qui assume à sa place la représentation du

groupe tout entier; une augmentation dans l'énergie de l'un
des coûts peut l'amener à une force de réalisation supérieure à
celle de l'utilité marginale, en faire une utilité. Toute la direction de l'expérience économique est donc contrôlée par le coût;
l'utilité effective actuelle n'est que le coût marginal de l'expérience immédiatement antérieure du même ordre. A travers
l'antithèse de leurs formules respectives, l'utilité et le coût
sont reliés entre eux; le coût est une prévision de l'utilité prochaine. Les deux concepts de l'unité marginale expriment cette
continuité, réduite à une identité sensible dans le domaine des
petites variations, l'utilité signifiant la dernière unité du groupe
actuel (unité régressive), le coût la première unité supplémentaire (unité progressive).

Les rapports de l'utilité et du coût peuvent être ramenés suivant les formules de Tarde aux mécanismes successifs de l'opposition et de l'adaptation, ces deux modes d'action, dont l'un
finit par appeler presque irrésistiblement l'autre. Tant que dure
la délibération économique, l'utilité et le coût, c'est-à-dire les
deux désirs actuels les plus forts, réalisent dans leurs rapports
respectifs la notion du duel logique de Tarde. La théorie du
duel logique (1) considère que toute lutte mentale ou sociale ne
s'exerce jamais directement entre plusieurs éléments antagonistes, mais entre deux seulement; ce que l'on prend pour la
lutte simultanée d'un même élément avec plusieurs autres à la
fois n'est en réalité qu'une série de luttes successives d'un même
élément avec une série d'adversaires tour à tour éliminés ou bien
encore une lutte unique entre deux groupes d'alliés dont chacun, assujetti à une même direction, n'a qu'une même personnalité. Ainsi, un désir réalisé implique virtuellement l'abandon
momentané ou définitif d'une multitude de désirs, mais un seul
désir et un seul coût existent au moment de l'opération décisive. Pour que cette opération se réalise, il faut que l'opposition
ait fait place à une adaptation; le désir-coût en sort non pas supprimé, mais au contraire révélé, classé, tout désigné pour la
réalisation la plus prochaine; en outre, il conditionne constamment la réalisation actuelle; la lutte des désirs n'est peut-être
qu'un procédé intermédiaire pour réaliser leur contrôle récipro-

(1) V., sur le duel logique, Tarde, *Logique sociale*, p. 160.

que, leur coordination, leur collaboration en vue de consolider l'unité personnelle.

Cette rivalité disciplinée entre l'utilité et le coût, entre l'expérience désirable réalisée et l'expérience désirable différée n'est pas sans rappeler une fois de plus, à l'occasion de l'économie psychologique, le souvenir dès théories leibnitziennes sur la concurrence des possibles, résolue dans l'une comme dans l'autre conception, non dans le sens de la force de compression individuelle, mécanique en quelque sorte la plus énergique, mais de la discipline intérieure la plus harmonieuse. Sous cette forme intérieure, l'hégémonie du coût, esquissée, pressentie par la théorie classique, loin d'être contredite par la théorie psychologique, se trouve véritablement instaurée par elle. Le coût positif, c'est-à-dire ressenti, crée véritablement la valeur; un acte se juge, un objet s'évalue en fonction du moindre désir qu'il peut satisfaire, du plus grand sacrifice actuel que représente son utilisation; au lieu de la valeur au niveau du coût, concept physique, statique, on a la valeur au-dessus du coût, concept dynamique, cadre d'action humaine. L'utilité proprement dite limite la valeur; seule la pression des désirs en souffrance lui donne un point d'appui, un minimum. L'action du coût demeure décisive tant que sa notion se forme dans la zone d'influence immédiate de l'action. Ce rôle ira nécessairement en s'amoindrissant à mesure que l'on s'éloignera du moment décisif de l'utilisation pour remonter aux coûts d'acquisition et de production.

III. — COUT D'ACQUISITION

De l'école classique, qui prenait pour perspective préférée la région lointaine du coût de production, à l'école mathématique, préoccupée surtout du coût d'acquisition, ramenant toute organisation économique à une série de marchés, et à l'école psychologique enfin, remontant la première jusqu'au coût d'utilisation, on peut constater une évolution progressive vers le sentiment de plus en plus vif de la dépendance des réalités économiques à l'égard de la vie intérieure. Dans cette région, jusque-là peu explorée, proche de l'utilisation directe des richesses, où se révèlent le plus nettement les forces motrices internes de

la vie économique, l'opposition traditionnelle des deux concepts
de coût et de rareté se résout en une synthèse. Rareté et coût
sont les deux formules, l'une objective, l'autre psychique,
d'un même fait : la contraction de la richesse entraînant la compression du désir.

Cette notion, surtout apparente quand on considère le coût
d'utilisation, peut être également vérifiée à travers les coûts
d'acquisition et de production.

Le coût d'acquisition se ramène à un coût d'utilisation géné-
réalisé : double généralisation, objective, si l'on se place au milieu de chaque patrimoine individuel affecté par l'échange; collective si l'on considère le sort d'un désir ou d'un groupe de
désirs spécifiques dans l'ensemble d'une société échangiste.

La signification du coût d'acquisition individuel est nette :
un individu consent à abandonner une certaine quantité de richesse pour entrer en possession d'un objet; le coût, représenté
extérieurement par la richesse aliénée, a pour représentation vivante le désir le plus énergique dont la réalisation se trouve
rendue impossible par ce dessaisissement de richesse. Au lieu
d'une comparaison précise mais étroite entre les diverses formes, les modalités, les moments d'un même désir ou d'un
groupe de désirs réalisables par le même instrument, c'est une
comparaison plus étendue dès l'origine qui tend à mesurer
l'énergie respective des deux plus forts désirs réalisables, l'un
par l'objet acquis, l'autre par l'objet aliéné; quand le coût est
exprimé en monnaie, la comparaison prend une allure encyclopédique, s'exerce entre un désir déterminé (celui que représente l'objet acquis) et l'ensemble des désirs réalisables par
l'échange, résumés par le plus énergique de tous. Ce n'est pas
l'utilisation d'un bien précis mais l'incorporation d'une parcelle
de richesse encore libre qui se trouve décidée; c'est l'élection
d'un réel au milieu du champ le plus varié des possibles, l'incarnation définitive donnée à un bien essentiellement protéique.

L'expérience du coût d'acquisition, envisagée sous son aspect
personnel, se meut dans un domaine très variable : l'uniformité
objective, la loi d'indifférence créatrice de l'unité sociale des
marchés souligne l'intérêt de ces divergences individuelles. Au
milieu de ce monde de désirs, la réalisation du désir marginal,
représentatif, est extrêmement complexe. Le coût d'acquisi-

tion, s'il remue tout le système d'ensemble des fins d'un même individu, est par contre moins précis que le coût d'utilisation; le regard ne s'étend pas toujours assez loin pour embrasser, prévoir, apprécier nettement tous les remous suscités par un déplacement de richesse; l'opération garde souvent un caractère incomplètement spontané, reste en partie déterminée du dehors, comme le montrera plus en détail la théorie des prix.

Le coût d'utilisation et le coût d'acquisition se complètent l'un l'autre au cours d'une délibération économique. De même qu'un bien est acquis lorsque son utilité actuelle dépasse la plus haute utilité réalisable avec le même pouvoir, ce bien tend à être exclu du patrimoine lorsque son utilisation directe la plus économique est inférieure à la réalisation alternative obtenue au moyen de la parcelle de richesse offerte en échange; dès lors, le coût social ou prix devient utilité individuelle et l'ancienne utilité individuelle incarnée dans l'objet devient coût de l'opération.

Parfois, entre le terme utilité et le terme coût ainsi évalué, il pourra exister un écart très considérable. La vente peut présenter une énergie d'intérêt individuel hors de toute proportion avec la moyenne du désir social. Il peut en être de même de l'achat à ses débuts, mais l'achat pourra être souvent poussé jusqu'au moment du nivellement de l'utilité et du coût (plus exactement de leur approximation), tandis que la vente pourra être épuisée avant que l'usure de l'utilité et l'aggravation du coût subjectifs du vendeur aient pu sensiblement rapprocher ces deux termes l'un de l'autre. Ce phénomène a été invoqué contre la théorie marginale dans son ensemble; il a pu paraître que cette théorie subissait une véritable faillite chaque fois qu'elle abordait ce phénomène général : la vente d'un stock d'objets par un producteur ou plus généralement par un intermédiaire professionnel dont le désir personnel est inexistant ou négligeable, tant il est débordé par le stock détenu.

En réalité, un producteur n'est que l'interprète d'un désir collectif; la question de conserver pour lui sa production ne se pose pas et la valeur de son stock, si elle se réduisait à n'avoir d'autre appui que son désir personnel d'utilisation, se trouverait pratiquement anéantie. Le coût personnel d'utilisation devient sensiblement négligeable; devant un affaiblissement défi-

nitif du désir social, la vente à un prix quelconque demeure préférable et se trouve en fait préférée à la conservation de l'objet.

Au point de vue collectif, l'échange se ramène à une substitution interpatrimoniale. Le groupe social tout entier s'organise, grâce à l'échange, comme un vaste patrimoine à l'intérieur duquel les richesses s'ordonnent dans le sens du rendement psychique maximum. Le coût d'acquisition peut être considéré comme un coût d'utilisation collectif; chaque unité d'une
même espèce de richesse se dirige vers le point le plus profond
du désir social. Tandis que dans l'économie individuelle c'est
par une comparaison encyclopédique au milieu d'une collectivité essentiellement composite que le coût d'acquisition est déterminé, le coût social d'acquisition reprend toute la condensa-
tion objective du coût d'utilisation. Ce sont les désirs réalisables par un seul et même objet qui se trouvent mis en question;
parfois c'est un seul et même désir à travers ses moments, ses
régions d'énergie plus ou moins grande. Dans une économie fermée, ces phénomènes de concentration du coût sont moins apparents; ils existent cependant lorsqu'il s'agit de satisfaire un
désir de même ordre chez plusieurs membres d'un groupe familial ou, pour un même individu, d'échelonner l'utilisation d'une
même richesse sous une forme identique à des moments différents.

Comme le coût d'utilisation, c'est le coût d'acquisition qui
crée véritablement le caractère économique d'un acte (économie
signifie accommodation à la rareté). La valeur d'une acquisition est non seulement révélée mais déterminée, créée par son
coût. Toutefois, le coût d'acquisition, plus riche dans sa nature
que le coût d'utilisation, demeure plus mystérieux que lui; il
est très inégalement perçu et n'exerce qu'une action économique
éphémère. Son influence, décisive sur l'acte auquel il se trouve
directement mêlé, peut ne pas survivre à cet acte. Dans une
mesure beaucoup plus large que le coût d'utilisation, parce
qu'il est plus loin de son but, le coût d'acquisition peut être
mal évalué, se révéler plus tard supérieur à l'utilité; la sous-
évaluation du coût est une erreur plus probable que la sur-éva-
luation de l'utilité, à cause des limites imprécises du domaine
dans lequel se meuvent les spéculations relatives au coût. Il
faut, quand on décrit l'influence du coût sur la valeur, consi-

dérer la série des actes d'évaluation, actes coordonnés sans doute
entre eux, mais sans qu'il y ait déterminisme tout à fait inéluc-
table. Le coût témoigne moins de la valeur d'un objet que de
la valeur d'un acte. L'acquisition, plus éloignée que la consommation du critérium définitif de la vérité économique, placée plus avant dans le domaine spéculatif, s'accompagne d'une
incertitude plus grande, soit dans la détermination de l'utilité,
soit dans celle du coût; il ne faut d'ailleurs pas perdre de vue
que l'acte d'acquisition repose souvent sur une évaluation de
l'utilité et du coût psychiques, non pour celui qui acquiert personnellement, mais pour ceux auxquels il compte revendre son
produit.

Ainsi, les erreurs d'évaluation qui, dans le domaine de l'utilisation directe, se traduisent par un déficit positif immédiat de
richesse, se résolvent, quand elles sont survenues au cours de
l'acquisition, en une diminution économique subjective suppor-
tée par celui qui a commis l'erreur. La richesse surévaluée subsiste avec une diminution de valeur, remplit sa fonction sociale
réelle; il y a seulement obligation pour celui qui a payé trop
cher, c'est-à-dire surévalué l'utilité ou sousévalué le coût, de
subir un déficit personnel.

En résumé, le coût d'acquisition est une reproduction amplifiée, un écho élargi du coût d'utilisation : même action décisive
sur l'acte immédiat, même caractère aléatoire quant aux réalisations ultérieures, même direction générale, le coût, support
de la valeur, la soutenant d'abord directement, la restreignant
dans des cas relativement peu fréquents. Cette identité de caractères fondamentaux, cette progression du caractère aléatoire
s'affirmeront tout aussi nettement à travers les complexités du
coût de production.

IV. — COUT DE PRODUCTION, SYNTHÈSE DES NOTIONS DE COUT ET DE RARETÉ

De même que le coût d'utilisation contrôle le coût d'acquisition (qui en est une forme développée mais subordonnée), le
coût de production est contrôlé à son tour par le coût d'acquisition. L'école mathématique a ramené énergiquement le méca-

nisme de la production à une forme de l'échange (1); l'école
psychologique accepte cette filiation, mais remonte plus haut,
l'échange se ramenant à la substitution et n'étant que la prévision, la synthèse plus ou moins exacte des marchés psychiques
auxquels se ramène tout acte de consommation. Une production, analysée au point de vue économique, se résout en une
acquisition : une certaine quantité de matières premières, de travail, de temps sont dépensés sous les formes les plus diverses;
l'essentiel de l'opération est toujours dans le choix d'une alternative, dans l'élection d'une utilité, dans la discipline imposée
à un désir et à l'effort qui sert de témoignage à ce désir, qui en
assure la réalisation. Le coût de production peut être considéré
comme un coût social d'acquisition. Un groupe social arrivé
aux extrêmes limites de ses facultés d'échange ne peut plus
varier ses ressources que par une direction nouvelle donnée à
la production, de même qu'une économie individuelle qui a
poussé jusqu'aux dernières limites possibles ses facultés d'adaptation intérieure, de substitution, doit recourir à l'échange.
Mais la production est, comme l'utilisation, un geste économique de portée universelle, tandis que l'échange proprement dit
n'est pas un acte indépendant mais une phase d'adaptation,
un déplacement dans les facteurs de l'action économique, une
modalité plutôt qu'une direction essentielle de l'action. Etant
donné la synthèse d'un certain nombre d'éléments producteurs
transformés en un objet déterminé, le coût effectif du service
réalisé par cette synthèse a pour mesure l'énergie du désir
qu'aurait pu satisfaire l'action alternative, c'est-à-dire la réalisation économique dont la place s'est trouvée prise. L'unité
psychique du coût enveloppe une diversité encyclopédique de
formes plus accusées que jamais; une conception unilatérale du
coût se trouverait particulièrement inadaptée aux actes multiples, lointains, divisés, dont l'ensemble constitue le coût de
production d'une richesse même assez simple.

Malgré l'empreinte si profonde, non encore effacée, que la
théorie du coût-travail a laissée dans l'histoire des doctrines,
cette théorie ne peut à aucun degré devenir le point de départ
d'une explication efficace; le travail n'est ni la forme unique,

(1) V. Gide et Rist, *Histoire des Doctrines économiques*, pp. 597-601.

ni même la forme essentielle du coût. Comme toute autre force, une certaine quantité de travail constitue un coût dans la mesure où elle a une signification psychologique, c'est-à-dire où elle représente une alternative éligible.

Le coût de production est beaucoup plus complexe que les coûts d'utilisation ou d'acquisition, parce qu'au lieu d'être, comme ces derniers, choisi au milieu d'un ensemble de faits délimités, entre lesquels le choix pourra être difficile, mais hors desquels il ne pourra s'égarer, il se trouve, lui, diffus au milieu d'éléments étrangers. Sa discrimination soulève ce que Wieser appelle le problème de l'imputation économique (1). L'ensemble des actes qui ont physiquement produit un objet appelé richesse ne constituent pas tous, tant s'en faut, des coûts économiques; on doit avoir constamment présente à l'esprit la différence qui sépare la productivité physique de l'accumulation de la valeur. De même que les effets, les services d'une richesse n'ont pas tous une sanction économique, que certains seulement, ceux qui n'atteignent pas les limites de satisfaction possible du désir, concourent à constituer son utilité effective, parmi le réseau encore plus complexe de ses causes, un nombre limité seulement ont un caractère économique, constituent des coûts; l'importance d'un coût dépend non de son efficacité physique mais d'un rapport entre cette même efficacité et la signification psychologique du facteur. Une force productrice, animée ou inanimée, ne devient un coût, c'est-à-dire un service, que dans la mesure où le but auquel on l'affecte la dérobe à un autre but désiré. De même qu'il y a des actes multiples d'utilisation sans portée économique, parce qu'ils s'exercent au moyen de biens gratuits, il y a des élaborations productrices sans caractère économique et surtout des légions non économiques dans le cours même des productions de richesse. Selon l'expression de Wieser, le champ de la causalité physique est autrement large que celui de l'imputation économique.

S'il n'est pas exact que toute catégorie de coût se ramène au travail, comme l'indiquait la théorie classique, toute forme de travail semble pouvoir être considérée comme un coût, et cela non en vertu de cette affirmation historique, aussi peu précise

(1) Wieser, *The natural Value* (trad. anglaise), pp. 72-6.

qu'indifférente en elle-même, que le travail serait à l'origine de toute richesse, mais d'une affirmation psychologique. Entre les objets inanimés et les désirs, il n'y a que des points de contact momentanés, des alliances relativement superficielles. La loi d'indifférence. qui a donné son nom au principe générateur de l'unité des prix, a une portée beaucoup plus vaste : il ne suffit pas qu'un objet extérieur serve un désir, il faut que ce désir lui soit asservi ou bien il retombe en banalité, redevient le cadre inerte de l'expérience économique.

La rareté est à proprement parler l'expression de cette contrainte exercée sur un désir par un bien extérieur, contrainte anormale, sujétion éphémère quand elle est exercée par un objet matériel, naturelle au contraire et perpétuelle ou bien difficilement effaçable quand elle s'attache à une parcelle d'énergie humaine. Sauf dans des hypothèses extrêmes, le travail, au sens économique et psychologique du mot, l'exercice de l'activité déployée non pour elle-même, mais pour une réalisation extérieure ou ultérieure, est toujours un coût (le travail signifie avance d'énergie, opposé au jeu, dépense d'énergie). Mais il faut l'entendre en un sens plus positif qu'on ne l'avait fait: on ne doit se laisser dominer ni par le point de vue mécanique, ni par le point de vue hédonistique, en assimilant le coût à la cause, à l'égard de l'objet, ou à la peine, à la douleur, à l'égard du sujet. C'est le point de vue dynamique qui doit une fois de plus l'emporter, le coût consistant dans la plus haute des fins alternatives, dans le plus fort désir éliminé.

Le principe de la mesure du coût par la peine, la douleur de l'effort, est démenti par l'expérience : un travail n'est pas précieux, c'est-à-dire coûteux, en raison du déficit physique et psychique creusé par lui, mais du rendement psychique qu'il représente. Les travaux les plus précieux sont souvent ceux qui s'éloignent le plus de l'exercice fatigant, qui se rapprochent du jeu (uni d'ailleurs au travail proprement dit par une série de gradations continues, mêlé à lui dans la plupart des actes). La non proportionnalité de la peine et du coût économique ne fait que révéler l'erreur psychologique d'où procédait leur identification. Une telle théorie tendait à interpréter d'une façon trop étroite le principe de moindre action, à en faire une loi d'inertie alors qu'il repose sur une recherche d'énergie.

maxima; si l'on poursuit la plus grande somme de résultats avec le minimum de dépense de force, ce n'est pas que l'on se propose nécessairement la suppression cu la raréfaction de l'effort, mais plutôt l'augmentation de ses résultats positifs; au lieu d'une parcimonie d'activité, c'est la diversification, la maîtrise progressive de cette activité qui constitue le principal intérêt en jeu.

L'opposition plaisir-effort, qui est une forme de l'antithèse hédonistique banale plaisir-douleur, doit faire place à la synthèse désir-effort; l'effort n'est pas l'antagoniste, mais au contraire le révélateur du désir, l'élément qui lui permettra peut-être de se réaliser extérieurement, qui en tout cas lui donne déjà la certitude de son affirmation intérieure, l'élève au-dessus des tendances vagues, des velléités incertaines, des impulsions fugitives (1). Le point de vue économique et la notion psychologique se réunissent étroitement l'un à l'autre; le seul désir, la seule demande qui existent véritablement sont ceux qui se détachent des aspirations purement formelles, se vivifient par le contact avec l'obstacle, s'organisent en une action. Le désir et l'effort sont les aspects d'une même réalité et n'ont de prix que l'un par l'autre.

C'est donc par sa rareté, non par son caractère pénible que le travail s'incorpore aux réalités économiques. Un effort déterminé a presque toujours une alternative immédiate ou lointaine, objective ou subjective, se meut dans cette zone de liberté psychique, de sujétion matérielle, caractéristiques indispensables de l'action économique; c'est pour cela qu'il n'est guère employé indifféremment. On a cru pouvoir citer, il est vrai, quelques cas d'activité humaine sans coût, c'est-à-dire sans alternative éligible : activités déchues ou incomplètement éveillées, sans autre canal de dérivation (2) que celui qui leur est donné. Ce sont là des hypothèses limites, rarement réalisées dans toute leur rigueur. Le coût sera donc, dans chaque cas, l'expérience

---

(1) Dewey, *Pédagogie*, trad. Pidoux, p. 25 : L'effort différencie le désir des vagues aspirations, le désir s'éveille au coup de cloche de l'effort.

(2) Clark, *Distribution of Wealth*, p. 351 : Il y a des efforts et des choses improductifs, qui ne méritent pas le nom de capital ni de travail. Mais il y a peu d'efforts improductifs, le travail impliquant un sacrifice.

consciente désirable la plus recherchée après celle qui est immédiatement poursuivie, et il sera très rare que toute possibilité
d'une semblable expérience se trouve complètement exclue.
La cessation d'un travail pénible, la réparation des forces n'est
que l'une des formes de l'expérience psychique alternative;
c'est sous le bénéfice de cette observation préliminaire que l'on
doit examiner la psychologie économique de la fatigue.

La psychologie de la fatigue se trouve dessinée dans ses lignes générales chez Clark (1); elle l'avait été déjà avec précision chez Jevons; toute activité se trouve étreinte progressivement par la contraction de la courbe stimulatrice utilité,
l'invasion de la courbe inhibitrice fatigue. Jevons a déduit de
ce double phénomène la conclusion suivante : l'augmentation
effective du salaire a pour résultat normal la diminution du travail. Un certain salaire réel est nécessaire; le travail se prolonge pendant le temps suffisant à l'acquisition de ce salaire; si
la rémunération se contracte, le travail s'intensifie pour atteindre le salaire minimum; si au contraire la rémunération augmente, le désir de gagner atteint vite sa limite; l'énergie se
trouve sollicitée par des alternatives intimes; l'effet normal de
l'accroissement du salaire consiste donc non dans une augmentation considérable du gain, mais dans une productivité déclinante.

Ces conclusions, déduites du principe psychologique de
l'épuisement du désir, ont été vérifiées depuis par une étude
statistique approfondie (au sujet des salaires des ouvriers des
mines).

Le coût-fatigue ne se ramène pas à un phénomène de douleur, car peut-être alors tendrait-il à suivre la loi d'accoutu-
mance, de moindre conscience, à laquelle est soumise, dans une

---

(1) V. Clark, *Essentials of economic Theory*, pp. 44-50. — Jevons,
Théorie de l'Économie politique, pp. 258-61. — Simiand, *Salaires
des Ouvriers des Mines*, p. 120 : Après une augmentation de salaire, la production moyenne par journée n'augmente pas ou
baisse (véritable explication : tendance à diminuer l'effort qui, à
partir d'une certaine amélioration de salaire, contrebalance la
tendance à obtenir un salaire journalier supérieur. L'augmentation de la production moyenne est le correctif d'une baisse des
salaires. La cause en est dans une tendance chez l'ouvrier à obtenir le même salaire journalier. La journée longue est à la fois
une cause et un effet du salaire bas).

certaine mesure, la douleur comme le plaisir. L'une et l'autre de ces deux catégories se révèlent ainsi, une fois de plus, trop étroites pour constituer le cadre de l'action économique. On ne doit voir dans le coût-fatigue qu'une forme de l'alternative : l'alternative interne, l'alternative de concentration; à un moment donné, la direction vers l'intérieur devient prépondérante; c'est la réserve générale de vie, le capital d'énergie d'où s'élèvent l'ensemble des efforts nécessaires à la collectivité des désirs qui revendique ses droits. Le coût-fatigue ne fait d'ailleurs que dessiner l'allure générale du coût. Tandis que le désir, progressivement pourvu, tend à devenir plus effacé, la synthèse des désirs en expectative prend une acuité progressive à mesure que ses perspectives de satisfaction s'éloignent et se restreignent.

C'est, sous ses deux aspects, le jeu du principe de la réciprocité de la fortune physique et de la fortune morale. Ainsi, en affirmant que le travail constitue le coût par excellence, l'école classique suggérait une proposition vraie, mais en un tout autre sens qu'elle ne l'avait entendu elle-même : le travail est toujours un coût parce qu'il a toujours un élément d'alternative, de rareté. Quand par hasard une manifestation d'activité n'a pas d'usages alternatifs, elle ne représente plus un coût (il en est ainsi des activités dont l'épargne ou la dépense variée ne présenteraient aucun intérêt).

Le coût de production, qui se ramène à un coût social d'acquisition ou à un coût médiat d'utilisation, a, comme eux, une action souveraine sur l'acte même auquel il se trouve mêlé, spéculative sur la série des actes ultérieurs. Sous toutes ses formes, le coût demeure l'élément dominant dans le jugement de valeur. A vrai dire, tous les coûts sont, en un certain sens, des coûts de production en ce qu'ils tendent à la création non d'une richesse matérielle (concept d'ailleurs irréalisalbe qui a faussé bien longtemps la notion même de production économique), mais d'une utilité, d'un service, la valeur de ce service étant placée sous la dépendance directe non de son coût préalable, aliéné, mais du coût ultérieur, consenti, disponible, du coût vivant.

Cette notion générale, actuelle, vraiment normale, du coût avait été soupçonnée à des degrés différents par la théorie classique dans certaines hypothèses considérées d'abord comme exceptionnelles, perturbatrices de la loi générale, alors qu'elles soulignaient simplement d'une manière énergique le désaccord des notions traditionelles et conventionnelles avec la réalité.

Lorsque l'action productrice initiale est trop éloignée, soit du temps (œuvre d'art ancienne, biens non reproductibles), soit du lieu de l'évaluation (théorie de la valeur internationale de Stuart Mill) (1), qu'elle appartient à un milieu irrémédiablement absent, que l'impossibilité de sa reconstitution apparaît avec une évidence particulièrement frappante, la valeur se fixe sans avoir égard à ce fait historique ou plutôt préhistorique, privé de toute continuité bien établie avec l'action économique

---

(1) V. la théorie de Stuart Mill, rapportée dans Walker, *Political Economy*, pp. 118-25 : Si nos mines et nos usines étant les unes et les autres plus productives que celles de la Suède, nous obtenons un avantage d'un demi sur le coton et d'un quart sur le fer et que nous puissions vendre nos cotons à la Suède au prix où elle les paierait si elle les produisait elle-même, nous obtiendrons notre fer, comme notre coton, avec un avantage d'un demi. Nous pouvons souvent, en contractant avec les étrangers, obtenir leurs marchandises avec une dépense plus faible en capital et en travail que le coût exposé par les vendeurs eux-mêmes. Le marché reste cependant avantageux pour ces derniers, car l'objet qu'ils reçoivent en échange, quoiqu'il nous ait coûté moins à nous, leur aurait coûté plus (p. 120). L'échange est gouverné non par les coûts absolus, mais par le coût comparatif. Si les valeurs respectives d'objets produits sur la même place ou sur des places suffisamment voisines pour que le capital se meuve librement de l'une à l'autre est gouverné par le coût de production, la valeur d'un objet importé de loin et en particulier d'un pays étranger ne dépend pas de son coût de production à son lieu d'origine. La valeur d'un objet dépend de son coût d'acquisition sur la place où il se trouve, ce qui, dans le cas d'un objet d'importation, signifie le coût de production de la chose qui est exportée pour payer cet objet. Les valeurs internationales sont gouvernées par la demande réciproque des pays échangistes pour leurs produits respectifs ou plus exactement par la demande de chaque pays pour les productions de tous les autres pays comparée à la demande de tous les autres pays pour ses produits nationaux; le résultat du jeu de ces forces étant, dans l'ensemble, que les exportations de chaque pays acquittent ses obligations (dont les principales résultent de l'importation) envers les autres pays. Quelles que soient les proportions d'échange ou plus exactement quel que soit l'état des prix qui se trouve requis dans les divers pays pour assurer ce résultat, il deviendra normal et fournira le point central vers lequel graviteront les fluctuations des prix internationaux, la règle à laquelle ils se conformeront à la longue. V. Stuart Mill, *Principes d'Economie politique*, trad. Courcelle-Seneuil, Pari, Guillaumin, 1873, pp. 106-10 : Le coût de production ne détermine pas les valeurs internationales.

actuelle, elle se modèle donc, pour les objets importés, sur le coût de production des objets que l'acheteur doit exporter pour les payer, pour les objets rétrospectifs sur leur seule rareté. Formules divergentes, fragmentaires, mais se réunissant et se complétant toutes deux dans l'idée de coût vivant. Le coût se ramène toujours à une production d'utilité par une moindre consommation plus ou moins immédiate; cette moindre consommation est tout à fait directe quand il y a compression définitive du désir auquel répond l'objet même de l'évaluation; elle est indirecte quand la production de l'objet recherché se trouve intensifiée. Ces deux attitudes (privation pure et simple, production additionnelle) se cumulent en général dans les proportions les plus diverses. L'activité productrice qui, loin d'imposer ses décisions à la collectivité des consommateurs, se meut sous leur impulsion, se trouve toujours stimulée et se fraie un champ d'action dès que le désir atteint une certaine acuité. Il y a très peu de biens dont le stock utilisable ne puisse être augmenté. Ainsi, la recrudescence du goût des objets d'art, des antiquités, a suscité un effort de recherches qui constitue, au point de vue économique, un véritable travail de production par la mise au jour de richesses ignorées, au même titre que la découverte d'une mine.

L'objet lointain, comme celui dont la production est récente, voisine, presque présente encore, s'évalue par un seul et même critérium, celui de l'alternative délibérément sacrifiée. C'est à travers ces richesses rares, qui ne remuent qu'un petit nombre de désirs parfois extrêmement profonds, souvent assez fragiles, que se dessinent le mieux la formation, la filiation, la gradation des coûts et avec elles le degré de pénétration d'un désir dans le domaine économique. Envisagé aux mains de son possesseur, un objet soustrait à la reproduction industrielle, valant pour la satisfaction rare qu'il suscite, a, comme tout autre, une signification économique par son coût : par le sacrifice non passé mais actuel que représente sa possession, sacrifice de la somme d'argent que l'on obtiendrait par sa vente ou abandon de l'usage alternatif, ou encore, si l'usage de cet objet est uniforme, abandon d'un moment d'utilisation pour un autre; si la consommation est d'une nature continue, mais attribuable à un seul individu du groupe possesseur, lorsque plusieurs le désireraient, abandon des désirs personnels non satisfaits. Ces diverses alternatives peuvent coexister, le coût consistera à chaque instant dans la plus forte de toutes.

Parfois ces alternatives ne se poseront pas ou n'auront qu'une existence très faible, le coût se réfugiera alors sur un terrain plus étroit, sacrifice de conservation; que si cette conservation est particulièrement aisée, ou au contraire irréalisable, ce qui signifie une seule et même chose : indépendance à l'égard de l'effort, l'épreuve du coût fera défaut. Il y aura valeur économique complètement ou très largement virtuelle, qui se révélerait au moment d'une épreuve survenue, par renouvellement de l'ambiance économique. L'expérience psychique produite peut être extrêmement précieuse, l'instrument ne l'est pas encore en ce sens qu'il n'imprime aucune discipline à l'action économique.

Si l'on envisage la situation inverse, l'attitude psychologique, non plus du possesseur, mais de celui qui désire l'objet, le coût d'acquisition sera mesuré par le plus important des sacrifices nécessaires, il y aura continuité entre le coût d'acquisition proprement dit et le coût de reproduction; le coût de reproduction pourra présenter des complexités indéfinies, souvent la reproduction ne donnera qu'une image plus ou moins approximative, imparfaite du résultat qu'aurait donné l'objet recherché et inaccessible; le coût comprend à la fois le sacrifice de remplacement et le sacrifice de moindre réalisation, déficit psychique complexe qui n'a pour mesure et pour principe d'unité que le témoignage de l'action.

Le phénomène de la continuité du coût, unifié sous son aspect intérieur, prépare la généralisation de la théorie de la richesse; il montre aussi à quel point la science économique a pour objet réel non des choses mais des actes, les richesses matérielles ne consistant pas en un ensemble arrêté valant par lui-même, mais en un support momentané, en un symbole donné à l'action. Le coût de production, représenté à tort comme le plus primitif, le plus souverain, est au contraire celui dont l'action peut être considérée comme la plus mouvante, exprimant le rapport toujours variable d'un désir déterminé et des désirs rivaux, alimentés aux mêmes sources que lui. Son efficacité, sa concordance (jamais son identité) avec la valeur n'est que le terme d'un long effort d'adaptation (1). Ce que l'on appelle l'action du coût de production sur le prix n'est qu'une résultante extrêmement complexe, une tentative plus ou moins complètement réalisée, non un principe impérieux, extérieur en quelque sorte à l'action humaine. Quand l'abondance d'un objet augmente, soit par découverte directe, par production naturelle intensifiée, soit de la façon la plus positive et la plus durable de toutes par une combinaison inventive assurant une même quantité produite avec un moindre travail producteur, la valeur tendra à s'abaisser, s'abaissera en effet, mais la découverte ou l'invention initiale n'aura été que l'impulsion, la suggestion première d'une série d'actions ultérieures agissant de proche en proche sur la rareté psychique, le seul élément économique pur; si l'impulsion première détermine bien la direction du résultat, il serait illusoire de lui demander par avance la mesure quantitative de ce résultat, qui est une fonction complexe de toutes les actions antérieures Pour que la valeur varie proportionnellement à l'abondance, qu'elle diminue de moitié, par exemple si, en l'état d'une même dépense préalable, une récolte se trouve doublée, ou si une même énergie de travail est rendue apte à créer une quantité double de produits identiques (ces deux hypothèses ne doivent d'ailleurs pas être confondues), il faudra dans le premier cas réaliser une mobilité économique objective absolue (mobilité matérielle du stock accru); dans le second, une diffusion — sans obstacle ni frottement de cause intérieure (effort d'appropriation), ou extérieure (résistance des habitudes anciennes) — de l'invention, suscitant cette ondulation virtuellement indéfinie de l'imitation; en même temps, on devra admettre, dans les deux hypothèses prises pour exemples, une immobilité tout à fait théorique dans la constitution de tous les désirs auxquels répond la richesse ainsi accrue.

L'hypothèse a d'ailleurs des degrés divers de complexité:

---

(1) On pourrait être tenté d'incorporer aux éléments caractéristiques du coût le risque inséparable de toute action. Cette conception ramènerait très près de la théorie régressive du coût. Si l'on identifie le coût, non avec le moyen mais avec le but alternatif, si on place le coût en avant de l'action, le risque devient un élément commun à l'utilité et au coût, à l'acte poursuivi et à l'acte différé; l'un et l'autre doivent être calculés en l'état de leur signification psychique actuelle, en tenant compte de tous les facteurs qui la déterminent.

lorsque le coût de production se trouve rétrospectivement diminué par un afflux de production inusité (une récolte exceptionnellement abondante par exemple), il n'y a qu'un groupe limité
de désirs en jeu ; quand il y a au contraire augmentation consacrée de la puissance du travail humain sur un certain point de
la production, les désirs intéressés sont beaucoup plus nombreux, puisqu'ils comprennent tous ceux susceptibles d'être
satisfaits au moyen de cette quantité d'énergie libérée ; dès lors,
selon l'élasticité respective de ces divers désirs, la production
prend les directions les plus divergentes, l'accommodation de
la valeur et du coût se réalise d'une façon plus complète, mais
par une série d'actions mutuelles, non par une action unilatérale et automatique.

Tout acte d'évaluation se meut sous la domination exclusive
du coût actuel ; quant à la concordance des coûts à travers le
temps, elle est en raison directe de la justesse des évaluations
concomitantes et successives qui s'enchaînent à chaque instant
de l'existence économique d'un groupe social et s'enregistrent
dans l'inventaire de ses richesses. Ce que l'on appelle l'action
du coût sur une valeur déterminée, c'est-à-dire l'infériorité du
coût à l'égard de la valeur, implique la mesure exacte de
l'énergie d'un désir par un groupe industriel déterminé ; ce que
l'on appelle égalité du coût et du prix, ce que l'on doit appeler en réalité l'égalité des rapports respectifs du coût et de la
valeur, dépend d'une adaptation plus large, beaucoup plus problématique entre tous les groupes industriels d'une même société. La cohésion des coûts successifs (dans l'histoire d'une
même richesse), concomitants (parmi les richesses d'un même
groupe économique), loin d'être un fait s'imposant à l'expérience, n'est qu'un résultat lointain exprimant, à travers des
tâtonnements nombreux, des conditions instables, la juste proportion établie entre les désirs et les ressources, le rendement
le plus élevé obtenu du milieu économique par la plus énergique discipline du désir.

Il n'était donc pas nécessaire de compléter dans une combinaison éclectique (comme l'a fait Marshall, par exemple) la
théorie psychologique par la théorie traditionnelle ; il suffit de
développer la théorie marginale pour découvrir au centre de
cette conception l'idée de coût. L'utilité et le coût se trouvent

révélés dans leur continuité par leur expression commune dans l'unité marginale (dernière unité ajoutée, expression coût, première unité retranchée, expression utilité). En montrant dans ces deux idées des concepts de même ordre se pénétrant l'un l autre, participant des mêmes caractères généraux, la théorie marginale réalise vraiment, au lieu de l'unité factice, une soudure profonde, une coordination organique entre les éléments de l'idée de valeur.

CHAPITRE V

Synthèse de l'Idée de Valeur

Les théories de l'utilité et du coût constituent l'analyse de l'idée de valeur; il ne reste qu'à dégager leurs résultats d'ensemble. Le principal de ces résultats consiste dans l'unification d'un concept jusqu'alors morcelé. Entre ces deux termes' : valeur d'usage, valeur d'échange, la cloison qui semblait impénétrable se trouve définitivement brisée; en prenant possession de sa propre unité, le jugement économique perd de son aspect empirique et se réintègre dans la catégorie générale des jugements de valeur. Malgré des divergences plus accentuées, parfois, dans les termes que dans la réalité, ces conclusions sont dans l'ensemble communes à tous les auteurs qui ont développé la théorie marginale.

I. — PLACE DE L'IDÉE DE VALEUR DANS LA THÉORIE ÉCONOMIQUE.

Si l'on s'attachait exclusivement à la méthode d'exposition, l'économie pure serait partagée en deux courants diamétralement opposés : la tendance mathématique (affirmée notamment chez Jevons et Fisher) (1) s'exprime dans le sens de la résorp-

---

(1) Nous éliminerons le mot de valeur pour ceux de : 1° utilité totale; 2° degré final d'utilité; 3° rapport d'échange. (Jevons, *Théorie de l'Économie politique*, trad. Barrault, p. 145). « The value of a given quantity of wealth is found by multiplying the quantity by the price. » (Fisher, *The Nature of Capital and Income*, p. 13). L'auteur estime que cette délimitation du terme valeur, simple expression concrète du prix, se trouve suffisamment justifiée par le langage des affaires dont il faut s'éloigner le moins

tion de la théorie et le plus possible du terme de valeur dans les deux concepts d'utilité et de prix. La tradition psychologique proprement dite estime au contraire que la théorie marginale doit aboutir à une véritable philosophie de la valeur (1).

Ce sont là surtout deux formes d'une même préoccupation : réagir contre le concept ontologique, le réalisme des théories médiévales, que l'on a cru retrouver trop vivant dans l'économie classique (d'aucuns prétendent même que l'économie psychologique ne s'en serait pas encore complètement dégagée) (2), édifier à la place de la valeur-substance la valeur-rapport qui, loin d'être objective, fixée dans les choses, n'est que l'empreinte changeante du désir sur les objets extérieurs.

Une autre préoccupation, encore plus profonde, puisqu'elle se relie à l'origine même de la théorie, a été de dissiper l'équivoque traditionnelle de ce terme valeur aux significations si divergentes (signification interne : adaptation personnelle, service immédiat, groupés sous le terme valeur d'usage — signification externe : adaptation collective, service médiat, pouvoir d'extraction sur la réserve de richesse sociale, c'est-à-dire valeur d'échange). La solution négative consistait à éliminer le

possible (v. également, dans le sens de l'élimination du concept de valeur, Aupetit, *Théorie de la Monnaie*, p. 85, cité par Gide et Rist, *Histoire des Doctrines*, p. 597).

(1) Clark (*Philosophy of Wealth*, chap. V, pp. 70-90) estime nécessaire une vue compréhensive, une définition générique de la valeur, sur la base de l'idée d'utilité (« Value is quantitative mesure of utility », p. 74). L'idée d'évaluation collective doit servir de base à l'unification de la valeur d'usage et de la valeur d'échange. La même idée se trouve rappelée dans *Distribution of Wealth*, p. 227 : « ... if we understand the philosophy of value, we must take all society into view as the purchaser of things. » De même Wieser, dans *The natural Value* (pp. 52-3), insiste sur la nécessité de ne pas absorber l'idée de valeur dans la notion de rapport d'échange, qui n'en est qu'un aspect dérivé. Pour mieux dégager cette idée de valeur naturelle, résultant du contact d'un ensemble de besoins et de désirs avec un certain milieu (l'échange n'étant qu'un de ses moyens d'expression), il suppose une société non échangiste soumise à un régime d'appropriation collective des biens et démontre que la notion de valeur, avec les considérations qu'elle implique, les modalités qu'elle est susceptible de revêtir (rente, intérêt), y demeurerait intacte dans sa structure logique.

(2) Simiand, *La Méthode positive en Science économique* (Paris, 1912) : Les premiers économistes avaient une tendance à rattacher la valeur à une propriété existant dans les choses : il en demeure encore des vestiges dans la théorie courante actuelle (ce serait là, d'après l'auteur, son vice essentiel), ch. V, pp. 110-14.

terme valeur, à ne plus connaître que les termes concrets dont la
réunion formait cette raison sociale. Le groupe psychologique a
préféré la solution positive : il a voulu suivre l'indication du
langage courant, considérée comme toujours précieuse. L'ancienne équivoque ne venait pas de l'usage vicieux d'un seul
terme pour deux concepts, mais au contraire d'une vue trop
étroite sur deux régions d'un même concept : l'unité immémoriale, instinctive, du mot devançait l'unification tardive de l'idée.
Quant à la relativité des jugements de valeur, qui ont avant
tout pour objet non la constatation de réalités extérieures à l'esprit, mais la pénétration, en vue d'une adaptation prochaine,
de rapports interpsychologiques (ce qui affecte, du dehors, de
loin, l'aspect d'une réalité objective, solidifiée, n'étant qu'un
tissu complexe d'interactions humaines), une théorie centrale
de la valeur, loin de méconnaître ce fait essentiel, le met en
lumière avec le maximum d'énergie. En même temps qu'un état
de solidarité plus grande entre les jugements de valeur coexistants dans un même milieu économique, une solidarité moindre
se trouve établie entre les jugements successifs; la variabilité,
la flexibilité de la valeur est un résultat de son unité actuelle,
de même que le dualisme des concepts de valeur d'usage et
d'échange se trouvait, dans l'ancienne théorie, lié à une moindre
mobilité de l'un et de l'autre.

Il apparaît donc qu'en réservant à la valeur une place distincte au milieu, au sommet en quelque sorte des idées qui
lui servent de composantes, la théorie psychologique consacre
plus nettement en la forme le but poursuivi, le résultat dans une
certaine mesure déjà atteint par l'économie pure; elle en assure
aussi la réalisation plus complète.

Les analyses diverses de la valeur, chez les principaux représentants du groupe psychologique, rapprochées dans leurs résultats (notion d'efficacité chez Clark (1), d'importance chez

(1) En vertu de cette idée, fréquemment énoncée par les auteurs
qui nous occupent, que la pensée scientifique doit utiliser largement les intuitions suggérées par le langage, Clark considère que
la signification profonde du mot valeur peut être cherchée dans la
direction indiquée par son étymologie : *valeo*, qui renferme l'idée
d'utilité. La valeur se ramènera en définitive à l'utilité effective,
« power to modify our subjective condition, under actual circums-
tances » (*Philosophy of Wealth*, p. 78). On peut rapprocher de
cette idée générale la notion développée par Tuttle (*The fundamental economic Principle*, Q. J. O. E., t. XV, pp. 218-53) : La

Wicksteed (1), incorporation d'intérêt humain dans un objet d'après Wieser) (2), évoquent une même idée : association nécessaire conçue entre un moyen et une fin désirée. Un double fait s'y trouve impliqué : maîtrise et dépendance simultanées de l'homme à l'égard de son milieu. C'est, sous une autre forme, le double témoignage de l'utilité et du coût qui circonscrit le jugement de valeur, lui donne sa structure complexe, son allure dynamique. Valeur économique signifie à la fois hiérarchie actuelle entre des moyens, essai d'expression des fins par les moyens.

Le jugement de valeur implique avant tout préférence, tendance, inégalité; c'est seulement par approximation plus ou moins lointaine, par une déformation véritable, que dans l'étude de la valeur d'échange on en vient à enfermer ce jugement dans la formule d'un rapport d'égalité (3). Le jugement de valeur exprime donc une inégalité, mais, il est vrai, la moindre inégalité possible; on compare directement deux désirs limites, tout à la fois connexes par les moyens de réalisation auxquels ils font appel et d'une énergie presque égale. Le cercle des désirs a pour caractéristique d'être beaucoup plus étendu que celui des possibilités de réalisation; entre les désirs logiquement

valeur n'est pas le résultat d'une comparaison entre deux biens, elle exprime la relation de bien-être (*Weal-relation*) entre une richesse et un groupe social déterminés.

(1) Wicksteed, *The common Sense of political Economy* (p. 27) : Le procédé social de discrimination des valeurs économiques repose sur l'échelle intérieure de significations (significances), d'énergies relatives des diverses richesses, première image et support continuel de l'échelle collective. Un peu plus loin, le même auteur déclare que la notion proprement dite de valeur (worth), qui domine toute administration de ressources, exprime une juste proportion entre l'effort et le résultat.

(2) *Der natürliche Werth*, p. 19 : Les hommes évaluent les choses comme les égoïstes évaluent les personnes. L'auteur reprend en se l'appropriant la définition de la valeur donnée par Menger : l'importance que les biens concrets acquièrent pour nous du fait que nous avons conscience que la satisfaction de nos désirs dépend de l'ordonnance de ces biens (p. 20).

(3) L'ancien préjugé de l'échange stérile, frustatoire, était la conséquence abusive d'un principe vrai : l'inégalité nécessaire de la valeur et du coût, du résultat et du sacrifice comme mobiles d'action, l'égalité étant un résultat moyen, prévu, comme le résultat final d'inégalités inverses, compensatrices, dont la réalisation n'est jamais que distante, problématique. Seulement cette inégalité était considérée comme unilatérale, objective, alors qu'aperçue au point de vue subjectif elle peut se traduire en deux supériorités réciproques.

et moralement compatibles il y a des rivalités provenant non de ce qu'ils poursuivent des fins opposées, mais de ce qu'ils se disputent des moyens identiques. Leurs possibilités de réalisation sont limitées à la fois dans le temps et dans les conditions du milieu; milieu interne (facultés intellectuelles, énergie physique de l'individu), milieu social, milieu matériel.

Le problème économique se pose, plus ou moins urgent, dès qu'une action s'organise, qu'une tendance cherche à s'exprimer; certains éléments sont simplement utilisés par notre action sans qu'elle ait à se préoccuper d'eux; ce sont les biens gratuits, c'est-à-dire plus abondants que n'est énergique la collectivité des désirs auxquels ils répondent et, par suite, indifférents, passifs; d'autres ne servent l'activité humaine qu'en la subordonnant à quelque degré, au lieu de lui être simplement des supports dociles, et lui ont imprimé à leur tour certaines directions, ont dû être poursuivis, conservés, se sont annexés en quelque sorte à l'inventaire original de nos seules richesses pures (constituées par l'ensemble des expériences psychiques désirées). Ce sont ces parcelles d'énergie rare qui ont une valeur économique, moyens nécessaires identifiés avec des fins, buts médiats de l'activité.

Tout jugement de valeur économique (et il y en a des multitudes d'impliqués dans la plupart des actes, même les plus simples) prétend mesurer le degré de signification humaine d'un acte ou d'un objet; il apparaît bien comme la conclusion du syllogisme téléologique de Tarde (1), dont la majeure est un jugement porté sur une fin, jugement prééconomique, énergie de désir s'attachant à la réalisation d'un acte déterminé; la mineure, un jugement porté sur un moyen, exprimant une énergie de croyance dont l'objet est complexe, impliquant à la fois une opinion sur l'efficacité du moyen, sur son aptitude à produire avec plus ou moins de certitude, de perfection, le résultat désiré, et sur ce que l'on peut appeler son monopole d'efficacité,

---

(1) V. sur le syllogisme téléologique : *Logique sociale* : ch. I, pp. 1-86. La structure générale du syllogisme téléologique implique, comme majeure, l'expression d'une loi d'action, comme mineure, une circonstance déterminée de la vie, comme conclusion, un acte à accomplir dans le sens de l'adaptation la plus parfaite du second terme au premier. L'application économique de ce mode de raisonnement détermine les jugements de valeur, qui inspirent les actes accomplis à l'égard de la richesse.

c'est-à-dire sur le déficit qui résulterait de sa substitution, déficit résultant soit de l'emploi d'un moyen plus coûteux, soit de l'emploi d'un moyen moins parfait. La conclusion affirme proprement la valeur du moyen, c'est-à-dire sa place dans l'ensemble de ce milieu insuffisamment dominé, dominateur encore dans une certaine mesure à l'égard du désir, qui constitue à un moment donné l'inventaire des richesses extérieures; le jugement de valeur économique combine l'énergie d'un désir direct, d'une croyance complexe, dans l'expression d'un véritable désir médiat transféré momentanément d'une fin à un moyen.

De là cette complexité, unique a-t-on dit parfois (1), du concept de valeur économique, qualitatif et quantitatif à la fois; à sa base il plonge aux sources mêmes de la vie morale, écho plus ou moins lointain d'une règle d'action, mais tissu complexe dont la physionomie finale ne reproduit pas la hiérarchie des valeurs morales (l'abondance du moyen produisant l'effacement actuel de la valeur). Le jugement de valeur implique donc, à son origine, la définition du lien social unissant un désir à son milieu interne, une tendance à la collectivité des tendances dans lesquelles s'exprime une même personnalité (2); puis, réfléchie et réfractée par le milieu, cette première coordination inspire, soutient, sans d'ailleurs se laisser traduire littéralement, ce que l'on peut appeler le lien social unissant dans un ensemble organique les instruments nécessaires à un ensemble de fins.

Etant donné un moyen apte à une série de fins très inégales, la plus haute de ces fins marque le summum de la valeur virtuelle, de celle qui pourra être atteinte si, toutes choses égales, c'est-à-dire toutes conditions du milieu externe (richesse), in-

(1) Simiand, *La Méthode positive en Science économique*, p. 115 : La valeur économique est quantitative, elle constitue, phénomène psychologique unique peut-être, une opinion qui est une quantité. — L'auteur ajoute qu'elle n'existe que sous forme sociale, peut-être parce qu'elle a une origine sociale. Dans la psychologie individuelle, le jugement de valeur est qualitatif; il ne devient quantitatif que par transport ultérieur des propriétés du phénomène collectif à un phénomène individuel; les formules individuelles de prix, même si elles exercent une influence sur le prix collectif, impliquent un prix antérieur.

(2) V. Baldwin, *Interprétation sociale et morale des Principes du Développement mental*, trad. Duprat, p. 391 : La valeur vient seulement de l'introduction du moi, se mesure par le degré d'adaptation possible des connaissances nouvelles aux désirs.

terne (désirs) demeurant constantes, une seule richesse se trouvait soudain raréfiée ou, ce qui est identique au point de vue
des résultats, mise en péril, nécessitant des efforts coûteux pour
être conservée. La valeur actuelle est placée à l'extrémité
opposée, au-dessous du dernier désir satisfait, au-dessus du
premier désir en souffrance; cette comparaison est essentiellement représentative; dans le dernier désir satisfait, le résultat
de toutes les expériences antérieures se trouve accumulé; dans
le premier désir en souffrance se mesure le déficit psychique,
l'imparfaite domination du milieu. Ainsi, la valeur actuelle
se détermine, entre deux tendances, dans une zone de spontanéité, de liberté plus ou moins étendue, mais certaine; elle
est conditionnée par ces deux images de l'utilité et du coût marginaux, sans être jamais la reproduction servile d'aucune.

II. — UNITÉ DE LA NOTION DE VALEUR

Cette notion de valeur économique : degré d'intérêt humain
s'attachant aux choses, énergie de désir transférée des fins aux
moyens, si complexe dans ses éléments composants, réalise
l'unité entre les deux concepts — trop longtemps séparés —
de valeur d'usage et de valeur d'échange. La valeur d'usage
est loin d'être, comme l'avait envisagée l'économie classique,
une notion purement réceptive, simple expression de l'utilité
totale (comme se sont encore attardés à la définir quelques représentants de l'économie pure, Jevons (1) par exemple); elle

---

(1) Jevons, *Théorie de l'Économie politique*, p. 145, récapitulant
les trois significations données au terme valeur (1° utilité totale
(valeur d'usage d'Adam Smith; 2° degré final d'utilité; 3° rapport
d'échange), accepte l'assimilation des termes valeur d'usage et utilité totale. A vrai dire, ce n'est là pour lui qu'une signification
impropre, simplement historique du mot valeur qui, dans son
acception vraie, appartient à l'échange, n'est que le rapport de
deux quantités échangées. Cette absorption de la valeur d'usage
dans l'utilité totale se retrouve chez Wicksteed *(The common
Sense of political Economy*, p. 40) : l'ancienne distinction entre
valeur d'usage et valeur d'échange se ramène à la distinction entre la signification totale et marginale. Mais, d'autre part, Wicksteed affirme la continuité des évaluations intérieures et collectives
(liv. I, chap. Ier, pp. 7-36). Dans l'*Alphabet of economic science*,
Londres, Macmillan, 1888, p. 6, la valeur d'usage est définie : la
somme des avantages qu'un individu obtient directement par la

est inséparable de la discipline du désir, exprime la politique économique intérieure, régie par les mêmes règles essentielles que la politique extérieure de l'échange. Loin d'être passif, (enregistrant inefficacement des résultats fixés en dehors de lui) ou muni au contraire d'un véritable pouvoir absolu, le jugement de valeur d'usage est formulé en vue de l'action, exprime l'effort maximum de libération, de spontanéité de la conduite humaine à l'égard d'un milieu incomplètement assujetti. Dans l'économie la plus fermée, un objet aura une valeur d'usage constituée non au regard de l'importance réelle des emplois qu'il a tenus, des services qu'il a rendus, mais du service qu'il rend ou plutôt qu'il rendra au terme de la série d'utilisation possible, du déficit que laissera la clôture d'une série d'expériences réalisables. Dès qu'un objet existe en quantité supérieure aux besoins, il n'inspire plus d'attachement propre, peut même provoquer un sentiment de désaffection positive. La *scarcity* a une action aussi souveraine dans l'économie intérieure que dans l'économie collective (1). Le jugement de valeur d'usage domine toutes les affectations données à une catégorie de richesses dans l'intérieur d'un patrimoine déterminé, indique sa place au milieu des autres richesses possédées; il est pénétré de l'idée de choix, de substitution, d'adaptation, c'est-à-dire de tout ce qui constitue le mécanisme psychique de l'échange. C'est bien en effet la même question qui se trouve posée par l'utilisation et le déplacement de la richesse. A proprement parler, l'usage d'une richesse a un caractère économique dans la mesure où il constitue une aliénation de richesse et où l'abstention constituera au contraire une véritable acquisition. La valeur est la résultante de la discussion d'un moyen entre deux désirs situés chez le même individu ou dans l'inté-

possession d'une richesse. Cette notion est déjà moins imprécise que celle d'Adam Smith : elle signifie une série de services concrets, non une simple appréciation globale, qualitative; elle est une fonction de la quantité, mais loin de diminuer sous son action, tend à augmenter, à un taux décroissant seulement; ce n'est qu'au moment où le rapport rareté devient négatif, l'afflux de richesses se transformant en coût psychique, que la quantité diminue la valeur d'usage.

(1) La caractéristique des richesses consiste dans la nécessité où l'on se trouve d'économiser en les employant (Carver, *Répartition des Richesses*, trad. Picard, Paris, Girard et Brière, 1912, p. 88).

rieur d'un même groupe fermé, au cas de valeur d'usage, chez diverses personnes ou divers groupes sociaux, au cas de valeur d'échange. La valeur d'usage attribuée à une richesse se manifeste dans les emplois qu'on donne à cette richesse; à mesure qu'on étend son emploi à des fins moins importantes, on abaisse l'indice de son maximum de valeur. Au lieu de se manifester en une fois comme la valeur d'échange, la valeur d'usage sera le résultat d'une série plus ou moins longue, d'un cycle plus ou moins étendu d'actes; elle réalisera étape par étape la descente qui se trouve résumée en une fois dans l'acte d'échange; c'est en cela qu'elle est plus primitive que la valeur d'échange; elle parcourt d'une façon effective les stades d'utilisation dont la valeur d'échange résume le résultat. Pour déterminer la valeur d'usage attribuée à un objet, il faut donc considérer le désir le moins important auquel en l'emploie.

Ce n'est là que l'un des éléments d'appréciation de la valeur, le terme maximum; si ce terme s'abaisse à zéro, c'est-à-dire si quelque unité de la catégorie d'objets envisagés demeure inutilisée, plus que cela, si elle est manifestement négligée, abandonnée, la catégorie entière n'a pas de valeur actuelle d'usage. Sa disparition partielle ne creuse aucun déficit psychique. C'est donc après un cycle exhaustif de consommation que l'on a le témoignage de la valeur d'usage, mais la conception anticipée de cette valeur a dû dominer toute la série des actes accomplis. La valeur d'usage mesurée par l'utilisation se résout donc en une série d'échanges entre désirs d'un même individu, l'échange final résumant le résultat de tous les autres. En rapprochant ces actes extrêmes d'utilisation, on aura la hiérarchie des valeurs d'usage d'un patrimoine fermé, les objets se classeront d'après le désir dont la vie leur est directement subordonnée. L'affirmation pratique de cette hiérarchie se renouvellera chaque fois qu'il faudra choisir entre la conservation de deux ou plusieurs richesses, plus exactement de deux ou plusieurs parcelles divisibles de richesse, l'effort de conservation sera d'autant plus énergique qu'un ensemble de désirs plus ou moins importants sera mis en jeu; ce sera le même principe qu'en matière de valeur d'échange, mais les applications en seront plus complexes ou plutôt d'une complexité plus apparente. Si deux ensembles de richesses sont menacées dans leur totalité, l'effort de conservation se détermine dans le sens de l'utilité totale la plus grande, parce qu'il y a dès lors non plus deux ensembles décomposables librement, mais deux unités indivisibles; en présence d'une même indivisibiltié, la valeur d'échange suivrait une loi identique.

Si au contraire l'effort peut être divisé, dans l'ensemble des biens menacés on essaiera de conserver l'ensemble proportionnel le plus significatif. La valeur d'usage n'a sous sa dépendance directe que les actes d'utilisation et de conservation, mais elle stimule les actes d'échange et de production; d'ailleurs, elle peut contrôler aussi directement des actes de production de richesses. Les actes de production sont des échanges différés, des projets d'utilisation qui se meuvent sous la dépendance de la rareté relative individuelle si l'on envisage une économie fermée, de la rareté collective si l'on envisage au contraire une société échangiste.

Si la valeur d'usage est une valeur d'échange intrapsychique, la valeur d'échange peut être assimilée à une valeur d'usage collective. Il y a continuité réelle entre ces deux concepts. La valeur d'échange exprime, comme la valeur d'usage, le lieu et le moment du rendement psychique maximum pour un élément donné de richesse extérieure. C'est à la démonstration de cette idée que tend l'effort le plus manifeste de la théorie psychologique. Tandis que la valeur d'usage proprement dite fixe la répartition d'un ensemble de richesses entre les désirs, non pas nécessairement d'un même individu, mais des divers membres d'un groupe économique fermé, la valeur d'échange règle une répartition entre les désirs respectifs de personnes ayant des patrimoines distincts, formant des unités économiques indépendantes.

La valeur d'usage constitue un résultat psychique plus simple, plus net : l'arbitrage entre les désirs se détermine d'après leur énergie intrinsèque; les valeurs d'échange mettent en jeu au contraire l'énergie économique des désirs le désir qui l'emporte n'est pas le plus impérieux, mais celui qui détermine l'offre de prix la plus haute; une offre élevée exprime dans des proportions extrêmement difficiles à déterminer la force impérative d'un désir, l'abondance de ses moyens d'expression; si cette abondance est extrême, l'effort, le coût psychique et par suite l'énergie intrinsèque du désir peuvent être extrêmement réduits (1).

On appelle parfois la valeur d'usage, valeur subjective, la valeur d'échange étant désignée sous le nom de valeur objective. En réalité, les jugements de valeur sont toujours subjectifs; ils ont pour objet réel des comparaisons entre désirs (les objets matériels n'interviennent que comme signes de désirs) : comparaison directe entre deux désirs semblables par leur moyen d'expression, aussi rapprochés que possible de l'égalité par leur énergie, c'est-à-dire juste discernables; à travers cette comparaison finale, critique, mesure de la place d'un désir au milieu de tous les autres désirs. Si la comparaison des désirs est plus directe, plus pure dans la valeur d'usage, elle demeure au fond des jugements de valeur d'échange. D'ailleurs, l'une et l'autre suscitent, après qu'elles ont réalisé le maximum d'efforts d'adaptation de la richesse au désir, une même réaction, le recours à la production, plus exactement une direction nouvelle donnée aux forces productrices.

Il est plus exact de désigner la valeur d'usage et la valeur d'échange sous les termes de valeur individuelle et de valeur collective; ces expressions ont toutes deux l'avantage d'une relativité plus grande. Valeur individuelle signifiera jugement formé en l'état d'un milieu économique conservant son originalité; la valeur collective prendra au contraire une existence d'autant plus réelle qu'il existera une multiplicité, une liberté plus grande de rapports entre les membres d'un même groupe. Dans la mesure où cette interpénétration existera, les distances entre les valeurs d'usage individuelles tendront à s'atténuer. De même que la valeur d'échange du marché n'est qu'un produit des évaluations individuelles accumulées, une interprétation d'ensemble de ces évaluations, le jugement de valeur d'usage est à son tour impressionné par l'état des valeurs

(1) Wicksteed, *The common Sense of political Economy*, p. 145 : Tout homme a son échelle vitale ou psychique de prix et son échelle objective (sur cette dernière ne figurent que des choses échangeables). Les objets inscrits sur l'échelle objective d'un certain nombre d'individus unis par des rapports d'échange occupent les mêmes places les uns à l'égard des autres, mais ils n'ont pas tous, sur l'échelle vitale de chacun des sujets en présence, une place analogue à l'égard de l'ensemble des désirs personnels répartis sur cette échelle.

d'échange; l'aliénation possible d'un objet se range parmi ses
alternatives d'utilisation, théoriquement le jeu des acquisitions
et des aliénations doit maintenir le niveau des valeurs d'usage
individuelles au niveau de la valeur collective. C'est la coïncidence théorique des deux expressions de la valeur par l'intensité du dernier désir satisfait. Identification qui n'existe jamais
qu'à l'état de tendance, mais qui exprime du moins une tendance réelle; entre ces deux concepts de valeur d'usage (individuelle) et de valeur d'échange (collective), et pour mieux marquer leur communication, on a parfois intercalé la notion de
valeur d'échange subjective, qui n'est autre que la représentation dans un milieu individuel d'un résultat collectif; c'est la
valeur maxima que représente la quantité de richesse offerte par
la collectivité en échange d'un objet déterminé pour le possesseur actuel de cet objet (1).

III. — CARACTÈRE DYNAMIQUE DES JUGEMENTS DE VALEUR

L'unité foncière du jugement de valeur, envisagé dans son
mécanisme d'ensemble, n'exclut pas la variété de ses aspects.
Un jugement de valeur exprime un rapport d'action, une appréciation non rétrospective mais prospective; on ne doit pas voir
en lui une constatation faite sur un objet extérieur, mais une
adaptation créée au moment même où elle est formulée. L'objet
du jugement de valeur se trouve modifié sous l'action directe
du jugement prononcé. Toute généralisation de ce résultat est
imprudente; la proposition formulée n'est rigoureusement vraie
que dans les limites de la situation qui l'a suggérée, du problème qu'elle s'efforce de résoudre.

Après avoir vu la complexité intime, l'unité de mécanisme
du jugement de valeur, il n'est pas inutile de considérer le degré
de stabilité probable de son contenu. La valeur normale avait
pour caractéristique principale, dans l'économie classique, une
constance se manifestant à la fois par l'universalité et la du-

(1) Wieser, *The natural Value*, pp. 45-8.

rée (1); ce sont en réalité deux caractères dont l'un ne peut guère, au delà d'un certain degré, être réalisé qu'aux dépens de l'autre. Plus une formule d'adaptation groupe d'éléments divers, plus nombreuses sont les altérations pouvant survenir dans les données primitives du problème et imposant la recherche d'une solution nouvelle. Les valeurs coutumières, conservées intactes dans un milieu étroit, font place de plus en plus aux larges ondulations imitatives dont la puissance peut n'être qu'éphémère.

Il ne faudrait cependant pas exagérer cette antinomie de la stabilité et de l'extension du jugement de valeur. Dans une certaine mesure, le point d'appui collectif de ce jugement est une cause de stabilité; les variations individuelles, purement capricieuses, se compensent mutuellement. La théorie marginale ne s'explique vraiment que comme interprétation collective. Elle implique une synthèse à deux degrés, synthèse de tous les désirs d'un même individu éveillés par une même catégorie de richesse et surtout synthèse de toute l'énergie de désir mue par un certain ensemble de richesses dans la collectivité des individus qui ont accès à cette richesse. Réduite à son application instinctive, l'expression de la valeur par le désir marginal individuel, momentané, loin d'être une expression recherchée, tardive, serait au contraire l'expression à la fois la plus naïve et la plus difficile à fixer, elle donnerait non pas une, mais mille formules de la valeur (2) aussitôt effacées que formulées, aussi inutilisables comme règle de conduite que comme principe d'interprétation, de connaissance. En réalité, on se détermine à travers tous les actes relatifs, ou plutôt incidents, à une même catégorie d'objets, d'après l'utilité marginale prévue; c'est la notion d'utilité totale, récollection des usages passés, anticipation des usages futurs, impropre à donner par elle-même aucune règle directe d'action, qui permet de prévoir et de dominer l'évolution du désir, d'assurer d'avance à tous les désirs d'une même série le traitement privilégié du désir marginal.

(1) V. Hobson, *The Economics of Distribution*, ch. III, pp. 55-112.
(2) Meavane : *Marginal Utility and Value* (Q. J. O. E., vol. VII, pp. 255-81 : L'utilité finale réduite à elle seule donnerait mille valeurs possibles (p. 282).

Au premier rang des conditions nécessaires pour l'application, aussi complète que possible, de cette théorie, se trouve, en même temps que la divisibilité-matérielle d'une richesse, c'est-à-dire la faculté motrice distincte des diverses unités répondant à des désirs inégaux, sa mobilité économique, qui est en raison directe de sa diffusion dans un groupe social étendu, de la liberté des échanges qui permet de considérer le groupe entier comme un seul possesseur actuel de tout le stock, le gouvernant avec la maîtrise qu'un possesseur individuel exerce sur son propre patrimoine. La stabilité relative est donc nécessairement en fonction d'une organisation collective, d'une téléologie sociale; elle implique un état de sympathie, au sens large du mot, autour de certaines fins. L'organisation d'une économie sociale (1), qui est la condition préalable d'une connaissance générale, d'une science, au sens propre du mot, des faits économiques et d'une organisation industrielle au large essor, repose nécessairement sur la fusion des goûts individuels dans de vastes courants collectifs.

Comparées aux sociétés primitives, les sociétés modernes réalisent à la fois des différences individuelles plus nombreuses et des liens collectifs d'une portée de plus en plus grande. Au lieu d'un lien social inflexible, rattachant les uns aux autres les membres d'un groupe réduit, réalisant entre eux une sorte d'identité psychique, on a une série de liens sociaux indéfiniment étendus mais moins nécessaires, s'entrecroisant à travers des groupes différents. L'originalité individuelle semble même être en raison directe de la multiplicité des empreintes sociales accumulées sur une même personnalité, de plus en plus enrichie, de moins en moins asservie.

Cette idée générale est l'une des conclusions communes aux écoles sociologiques les plus opposées; elle explique la substitution de la solidarité organique à la solidarité mécanique, la diversification de plus en plus intense des fonctions coïncident avec l'unité sociale toujours plus profonde (2), l'interpénétration, l'immatérialisation progressive des groupes sociaux développant cette croyance à la suprématie de la personne humaine

(1) Cournot, *Principes de la Théorie des Richesses*, p. 15, liv. I, ch. II.
(2) Durkheim, *Division du Travail social* (Paris, Alcan, 1901).

qui s'exprime notamment dans l'idée d'égalité (1), la mesure du progrès social par sa manifestation la plus rare : l'épanouissement de la personnalité, synthèse inédite, reflet unique (2).

Sans doute, il y a division profonde sur le mécanisme de cette évolution simultanée; l'école sociologique considère la pression collective, le fait social (essentiellement psychique, mais ressenti à la manière d'une force objective) imposé par autorité, comme l'élément principal sinon unique du développement moral; dans son ensemble, l'école psychosociologique résout au contraire les faits collectifs en interactions multiples d'esprits individuels, expliquant leur direction par les afflux imitatifs que suscitent des initiatives privilégiées, imitation plus ou moins entremêlée d'oppositions, n'ayant d'ailleurs jamais un caractère de reproduction absolument servile, impliquant au contraire un minimum d'adaptation au tempérament et à la situation, l'énergie inventive et la discipline imitatrice se combinant dans des proportions infiniment diverses, sans qu'aucune puisse abandonner complètement la part de direction qui lui revient dans tout acte humain.

Un exemple caractéristique peut en être donné : si l'on compare l'ensemble de la consommation de deux individus, même très rapprochés l'un de l'autre, l'identité sera presque introuvable : c'est la spontanéité portée à son maximum; mais si l'on considère un objet de consommation pris en lui-même, le nombre de budgets dispersés sur tous les points, dans tous les milieux sociaux où cet objet se trouve inscrit, s'est multiplié à notre époque dans des proportions jusqu'alors inconnues.

En devenant une notion collective, le jugement de valeur acquiert une certaine stabilité. Le propre de la théorie marginale est en effet d'instituer un jugement de valeur fixe à travers une série déterminée d'expériences. En l'état d'un stock de richesse, d'un ensemble de désirs, à chaque moment de l'expérience une

_____

(1) Bouglé, *Les Idées égalitaires* (Paris, Alcan, 1899).
(2) Tarde, *Imitation* (Paris, Alcan, 1895). — L'originalité coexistante des individus par la multiplicité des empreintes sociales est un résultat qui peut être rapproché de l'originalité successive des états, de l'irréversibilité par accumulation des empreintes successives, dont pas une ne peut être reproduite intacte, parce qu'aucune n'est oubliée.

acquisition ou une perte auront exactement la même valeur, déterminée non par l'état actuel du désir, mais par une vue anticipée sur son état limite. Il y a unité entre les jugements virtuels que soulève à un moment quelconque l'acquisition ou la perte d'une unité (sous quelque forme d'ailleurs que ces résultats se réalisent, achat, production, retrait de la consommation actuelle pour un usage différé — vente, dénaturation en vue de la production d'une autre richesse, destruction), mais ce rapport ne sera strictement vrai qu'une fois. La perte d'une unité élève la valeur de l'unité suivante mise en question et avec elle la valeur du stock entier; comme elle est constamment non pas égale au dernier désir satisfait, mais comprise dans une zone de contingence ayant pour limite supérieure le dernier désir satisfait, pour limite inférieure le premier désir demeuré en expectative, le terme qui était jusque-là limite supérieure deviendra limite inférieure.

La théorie marginale a donc pour résultat de suggérer une formule de valeur embrassant les relations successives d'un caractère et d'un milieu déterminés, de fixer la variation la plus adéquate et aussi la plus réduite possible, lorsque l'un des deux termes de ce véritable rapport psychophysique qui s'appelle la rareté vient à se modifier. Plus le milieu économique envisagé est vaste, plus nombreuses sans doute sont les causes de variations, mais ces variations multiples se produisent souvent dans des directions inverses, se compensent assez largement, se neutralisent parfois tout à fait dans leurs résultats.

Le jugement de valeur, interprété par la théorie marginale, a pour but avant tout de donner une formule actuelle à la relation d'un sujet économique individuel ou collectif avec son milieu, d'exprimer la conduite la plus propre à l'utilisation maxima de ce milieu; il s'agit donc avant tout non d'une formule immobile, mais d'une formule vraie, assurant le plus de continuité possible dans les actes, reflétant exactement les variations du problème, soumise non à la nécessité extérieure, mécanique, impénétrable, du coût de production, mais à la discipline interne du désir. Le jugement de valeur se bornera à ne pas changer plus que la rareté, à la suivre exactement. C'est-à-dire que, toutes choses égales, une altération notable dans le stock de richesse modifiera la valeur (augmentation ou diminu-

tion actuelle ou virtuelle (possibilité de production plus économique), directe ou indirecte (découverte d'un substitut moins
coûteux, c'est-à-dire ayant des alternatives moindres d'utilisation).

Mais il ne sera même pas nécessaire qu'une modification sur-
vienne dans le volume matériel de la richesse extérieure; tout
changement dans le mode d'action, dans le pouvoir exercé sur
une certaine richesse matérielle altère le rapport rareté et l'interprétation, la réaction valeur. Si pour une raison quelconque
un stock de richesse, bien que fractionnable pour la consommation, ne peut être accru ou diminué par fractions infinitésimales juste perceptibles, sa valeur d'usage et d'échange (toujours
parallèles) seront des multiples non de la valeur de la plus petite
unité utilisable isolément, mais de la plus petite unité se trouvant livrée au pouvoir du possesseur, si les dimensions de cette
unité s'agrandissent, la valeur devient plus grande, c'est-à-dire
que, toutes choses égales, la servitude économique se trouve
plus accentuée.

A la solidarité des désirs, d'autant plus puissante qu'elle
arriverait à décomposer, à morceler la puissance objective de la
richesse, s'oppose dans une plus ou moins large mesure la solidarité des diverses parcelles de richesse extérieure, tendant à
former un tout organique, une sorte de cartel objectif, un ensemble de configuration inflexible imposant son empreinte à
l'action si elle veut s'appuyer sur lui. Si l'on prend l'hypothèse
extrême opposée à l'exemple classique (divisibilité jusqu'aux
limites de la perceptibilité) et que l'on suppose au contraire que
l'acquisition, la conservation du groupe entier se trouve mise en
question, l'utilité effective, c'est-à-dire la limite supérieure
de la valeur, sera égale à la totalité des désirs représentés par
cette agglomération matérielle, la mesure de la valeur se ramènera non plus, selon l'expression de Wieser, à une mutiplica-
tion, mais à une addition (1); l'utilité totale, cette notion si
complexe d'ailleurs, le plus souvent réduite à l'état de catégorie
historique expliquant la valeur actuelle, mais placée hors des
préoccupations immédiates de l'action, hors du champ de la
conscience, reprendra une efficacité complète, les usages successifs, au lieu de s'éliminer, se cumuleront.

(1) *The natural Value*, p. 31.

Une perturbation inverse se produirait si une quantité considérable de la richesse existante (sa quantité totale demeurant constante) se trouvait immédiatement jetée sur le marché, l'ensemble du désir social se trouvant retréci par la désaffection actuelle rétrograderait, s'absorberait dans l'utilité totale rétrospective, l'utilité effective du stock s'abaisserait à un multiple du prix attaché au désir que la dernière unité perceptible du stock mis en vente éveillerait. Ce serait là du moins le terme maximum du nouveau marché; quant au terme minimum, il serait fixé par le désir situé immédiatement au-dessous de ce dernier désir satisfait, s'il en existait un; dans le cas contraire, le stock deviendrait actuellement indifférent, sans valeur économique. Ainsi, quand on définit un ensemble de biens, patrimoine individuel ou richesse nationale, en totalisant les valeurs d'échange de ces éléments, on obtient une expression actuellement vraie, mais dont il ne faudrait pas étendre l'autorité au delà des limites de la situation, du rapport en fonction desquels cette expression a été suscitée. De même que l'augmentation ou la diminution survenue dans la quantité matérielle de telle ou telle richesse déplacerait son rapport à l'égard de l'ensemble des richesses du même groupe, toute altération dans l'état du désir (la quantité extérieure demeurant constante) agirait dans le sens d'une révolution analogue.

Tout acte, toute croyance ayant pour résultat de modifier le rapport actuel des diverses parcelles de richesse et des diverses manifestation de désir, d'altérer le pouvoir de l'énergie humaine sur la richesse, affectera l'ordre des valeurs économiques et agira, selon qu'elle augmente ou diminue les facultés d'accès vers la richesse, dans le même sens qu'une augmentation ou une diminution de quantité. L'ensemble des valeurs établies à un moment donné exprime l'état de maîtrise exercée sur le milieu, implique une situation acquise, des positions arrêtées de part et d'autre, ne se modifiant qu'à leurs limites extrêmes et suivant, dans leurs mouvements divers, une gradation soutenue; c'est dans cette hypothèse que le système des valeurs peut être considéré comme relativement stable. La valeur marginale est à proprement parler une valeur normale, c'est-à-dire disciplinée, les services respectifs de chaque richesse étant déterminés en fonction d'un ensemble de forces définies. Elle

exprime l'action qui a pour résultat de conserver l'état des pro-
proportions acquises, d'en défendre les limites, les fondements
du système étant tenus pour constants.

Les formes pathologiques, en quelque sorte, de la valeur,
résultent de toute altération grave dans l'état de l'une des forces essentielles du système, de l'accroissement soudain ou du
dépérissement à peu près complet d'une forme de richesse (toute
perturbation, quant à ses résultats, peut se réduire à ce fait
essentiel). Cette perturbation entraînera d'abord une altération
dans le rôle, c'est-à-dire dans la valeur de la richesse affectée
et du même coup dans l'ensemble des rapports de toutes les
autres richesses. C'est à une altération dans la rareté par modification de l'un des deux termes du rapport ou de leur mode
de coordination que se réduisent au fond tous les phénomènes
de crise, à cause physique (surproduction ou sous-production)
ou psychique (inflation, panique), se combinant dans des proportions multiples, les unes s'aggravant en général des autres,
la valeur se fixant dans le sens non de la rareté matérielle ni
même de la rareté éprouvée, mais de la rareté affirmée, suggérée. Un jugement de valeur ne doit donc pas être généralisé à
toutes les situations possibles; il exprime non seulement (ce qui
est d'une évidence manifeste) un plan d'action établi en l'état
d'un certain rapport entre les volumes respectifs des diverses
richesses, mais (ce qui est d'une évidence tout aussi certaine
bien qu'apparente) un rapport complexe entre les divers éléments du désir et les diverses formes de richesse; chacune des
causes qui modifie ce rapport subtil bouleverse les valeurs.

Ainsi, la théorie marginale exprime les conditions de stabilité de la valeur et révèle les bases fragiles de cette stabilité.
Quand on mesure un patrimoine individuel par sa valeur
d'échange, on exprime tout simplement le degré de dépendance
actuelle, c'est-à-dire ressentie, servant de principe directeur à
l'action du possesseur. On le suppose assuré de la conservation
de ce patrimoine d'ensemble et l'on exprime le taux d'appréciation selon lequel se déterminent les actes accomplis sur les
limites de cet ensemble, dont les contours sont pris comme définitifs, les fondements tenus pour assurés, du moins le jugement
de valeur n'est vrai que dans la mesure où cette hypothèse est
exacte; dire qu'une unité déterminée de richesse vaut une

somme déterminée, c'est dire que, l'existence d'ensemble du groupe n'étant pas mise en question, on estimera au-dessus de cette somme la perte d'une unité, au-dessous de cette somme l'acquisition d'une unité identique. Tout prolongement de l'hypothèse est plus ou moins téméraire; cette hypothèse ne reste vraie que comme anticipation de l'action prochaine; dès qu'elle cesse d'être en suspens, sa réalisation tend à modifier les conditions du problème; l'hypothèse suivante sera normalement, sans intervention d'aucune cause extérieure, quelque peu différente de la précédente. La valeur n'est immobilisée que pendant le temps qui sépare le dessein de sa réalisation; elle n'est vraie que d'un certain état du milieu, d'un certain moment.

L'élargissement du milieu peut seulement augmenter les chances de durée du moment; les variations du milieu peuvent se produire dans des directions inverses compensatrices; même quand elles s'accumulent, elles ont plus de chance de rester dans le domaine des petites perceptions économiques. Les dimensions de l'unité marginale sont fonction du volume total du groupe envisagé; plus le groupe est étendu, plus l'unité marginale collective est importante, plus les variations des patrimoines individuels demeurent au-dessous du seuil collectif d'impressionnabilité.

Le jugement de valeur répond donc à l'organisation d'une action collective dont la formule, si elle a été exactement calculée, doit demeurer constante tant que les conditions du problème ne se modifient pas, dont les variations doivent être nuancées, graduées sans heurt et se rapprocher ainsi autant que possible d'un état de continuité sensible. La formule psychologique de la valeur implique en elle-même sa continuelle évolution. Dans une certaine mesure, le jugement de valeur doit se ressentir de cette série de rapports virtuels, de ces possibilités plus ou moins prochaines d'action, parfois si éloignées de l'action présente, qui pourront être transformées soudain en expressions vraies, impérieuses, de l'action. Ces valeurs virtuelles, possibles, prochaines peut-être, influent plus ou moins déjà sur l'expression actuelle de la valeur.

Ce n'est là d'ailleurs qu'un développement de l'idée maîtresse de la théorie marginale. De même qu'en l'état d'une quantité de richesse et d'une énergie de désir déterminés on ne dépend pas de l'état momentané, de l'expérience présente, mais que l'on réalise d'avance l'épuisement de l'expérience possible, on peut ne pas rester attaché à la considération exclusive de l'état actuel du milieu, prévoir les accroissements ou les diminutions possibles de ce milieu; le jugement domine alors un ensemble intellectuel composite, formé de la représentation des expériences constituant la série moyenne la plus probable. Mais en même temps qu'elle insiste sur le rôle constant de la prévision (étant une conception essentiellement prospective), la théorie psychologique indique aussi les limites de la prévision. Une subordination trop complète de l'action présente aux conditions lointaines d'un avenir incertain, voilé au point d'échapper à toute prévision positive, équivaudrait à une véritable imprévoyance; il faut donc accepter, à une certaine distance dans le temps, l'impénétrabilité réciproque des jugements de valeur. La signification des formules de valeur, des expressions numériques de richesse à des siècles de distance, demeure très largement énigmatique à cause des déplacements de rapports; la synthèse de désirs groupée derrière une unité monétaire s'est altérée si profondément, le pouvoir d'achat, développé sur certains points, rétréci sur d'autres, en a tellement modifié la signification économique, qu'il faut renoncer à une traduction exacte des valeurs successives d'une même quantité de métal monnayé.

L'unité de concept de la valeur se réalise dans la mesure seulement où l'unité d'action se trouve établie entre plusieurs sujets ou groupements économiques; une formule collective de valeur règle les substitutions possibles d'une richesse déterminée; elle n'a de signification que dans le champ économique ouvert aux migrations de cette richesse. Dès qu'il n'y a plus rapport d'action entre deux milieux, qu'ils soient séparés par le temps ou par tout autre obstacle, leurs échelles respectives de valeurs deviennent réciproquement étrangères, impénétrables (dans la mesure où deux groupes économiques nationaux sont, par suite d'obstacles quelconques, privés de rapports d'échange, l'interpénétration réciproque de leurs valeurs devient à la fois plus difficile et moins utile). Entre des unités économiques (individus, groupes familiaux) se trouvant en rapports d'échange, la formule collective de valeur a une existence limitée aux nécessités de l'action. Sur tous les points du marché, des richesses identiques s'échangent dans le même rapport, mais dans chaque patrimoine, une même parcelle de richesse conserve des retentissements psychiques très différents; la signification collective de la valeur ne se confond pas avec ces images individuelles, mais elle varie sous leur influence.

En vertu de cette même notion pragmatique, lorsque des jugements de valeur tendent non à la réalisation d'un acte commun mais au contraire à la division des actes relatifs à une même richesse, dans un même milieu, ils peuvent demeurer profondément distincts. Ainsi, l'antithèse classique de l'eau et du diamant; considérée comme symptomatique de l'indifférence réciproque des deux valeurs d'usage et d'échange, a en réalité pour objet deux richesses, dont l'une se meut uniquement dans le champ des tractations individuelles et possède une valeur d'échange proportionnée à sa rareté, subordonnée à l'énergie d'une synthèse de désirs puissants (désir de parure, sentiment esthétique, désir de distinction sociale), tandis que l'autre, tout juste à cause de son caractère vital, se trouve située dans le domaine de l'action collective.

Si l'on se place plus haut qu'un budget individuel, que l'on envisage les sacrifices passés, actuels, réalisés pour assurer à un groupe social un approvisionnement d'eau suffisant, l'étendue réelle de la valeur d'usage et d'échange de cette richesse apparaît nettement. C'est tout juste parce qu'un autre organe a pour fonction de la mesurer et de la sanctionner, que cette valeur disparaît presque du champ de l'action et de la conscience économique individuelles. Les valeurs collectives ne sont pas la totalisation des valeurs individuelles, elles n'ont de rapports avec elles que dans la mesure où elles collaborent directement à l'accomplissement d'un seul et même acte; dans la mesure, au contraire, où il y a entre les actions préparées, inspirées par ces divers jugements, une véritable division du travail, le jugement individuel et le jugement collectif restent étrangers l'un à l'autre. La plupart des éléments tenus pour gratuits du milieu économique, servant de support à l'action individuelle, sans rien lui demander, sont souvent laborieusement acquis et conservés par l'action collective; par là se trouve expliquée cette

contribution économique souvent affirmée de l'outillage légis-
latif, administratif, judiciaire, assurant un milieu physique et
un milieu moral favorables à l'état de la richesse. L'amélioration collective d'un milieu peut avoir deux sortes de résultats : dans la mesure où elle crée une situation privilégiée à un
groupe économique, elle tend à assurer un surcroît de valeur à
ses produits; dans la mesure, au contraire, où elle se généralise, pénètre l'universalité des milieux sociaux en rapport
d'échange, c'est un résultat inverse qui se produit, la valeur
actuelle retenue au-dessous de la valeur virtuelle, formules inverses ayant la même signification finale : indépendance plus
grande du bénéficiaire individuel ou collectif à l'égard des richesses extérieures, moindre compression de ses désirs.

L'instabilité de la valeur, le caractère dynamique, pragmatique du jugement de valeur se trouvent liés à la richesse même
de sa signification : loin d'exprimer des rapports entre quantités, comme on le dit parfois dans certaines définitions superficielles, il exprime l'adaptation d'un certain milieu moral à un
milieu physique. La place d'un désir se trouve immédiatement
fixée à l'égard du désir le plus prochain, mais ce rapport implique une vue sur l'ensemble du caractère et du milieu; les variations dans la hiérarchie de ses jugements de valeur indiquent,
dans une certaine mesure, l'évolution psychique d'un individu,
d'un groupe social.

La variabilité de la valeur amène à considérer son caractère
éphémère; non seulement elle tend à se déplacer, l'action économique se développant dans le cadre d'une invention perpétuelle, mais à travers des fluctuations diverses, ce mouvement,
à l'occasion de chaque richesse, tend à devenir un mouvement
de déclin. Si le premier résultat du progrès économique doit
être de susciter des valeurs, en découvrant des utilités ignorées,
la continuation de ce progrès doit être l'extension de la richesse ainsi découverte jusqu'à la limite du désir, utilité découverte et d'abord onéreuse, utilité gratuite, tels sont les deux
termes dont le second seul marque la conquête définitivement
réalisée du milieu.

Le jugement de valeur a pour loi la plus faible valeur possible; la direction logique de la valeur est dans le sens de son
abolition. Amener le milieu d'un état primitif d'indifférence

(parfois d'hostilité) à une fonction d'aide gratuite, faire de l'ancienne richesse devenue milieu gratuit le support d'une action tournée vers de nouvelles conquêtes, consolider de plus en plus le lien de l'activité humaine avec son milieu, reculer dans le lointain la dépendance primitivement ressentie à l'égard de ce milieu, environner l'activité de tout un réseau de valeurs virtuelles, qui n'exerceront aucune pression sur la conduite économique, tel paraît être le but révélé par la structure même du jugement de valeur.

La valeur économique peut être ramenée à une notion de monopole réel, non imposé par une défense artificielle extérieure, mais au contraire résistant (parce qu'il repose sur un rapport naturel du désir et du milieu) à l'action de la concurrence; un objet vaut dans la mesure où il est irremplaçable, unique. Ce monopole peut avoir une cause qualitative ou quantitative. Il a une cause qualitative lorsque l'on a un seul objet et un seul désir, modelés l'un sur l'autre à tel point que l'idée même d'une substitution se trouve repoussée; l'objet vaut alors ce que vaut le désir, réalise son maximum de virtualité économique.

Le monopole est plus souvent quantitatif; un objet déterminé est nécessaire à la réalisation d'un désir parce que, si cet objet disparaissait, on n'en trouverait aucun autre disponible. Le champ est alors ouvert à l'effort économique d'émancipation, par augmentation directe ou indirecte de la richesse (création de substituts), par une division plus libre de cette même richesse (quand les divisions quantitatives, matérielles, sont impossibles, divisions qualitatives dans le mode d'usage, dans les moments d'utilisation, en substituant parfois à la vente des richesses leur location).

Le caractère économique, par suite flexible, réductible, d'une valeur est plus ou moins marqué selon que l'on accepte dans une mesure plus ou moins large la substitution éventuelle de la richesse envisagée; un intérêt humain se trouve communiqué à un objet matériel, mais cette incorporation doit être ressentie comme contrainte, transitoire. Si en un certain sens, le jugement de valeur élève momentanément les richesses matérielles en leur incorporant une certaine énergie de désir, dans la mesure au contraire où il s'attache à une activité humaine, il la soumet à une considération d'ordre mécanique en quelque sorte. Le rapport économique, dans toute sa pureté, a un caractère non égoïste mais médiat, subordonné non à l'intérêt personnel, mais à un intérêt extérieur et ultérieur.

Toute réalisation implique à quelque degré l'adaptation économique du moyen à la fin. De même que le point de vue économique pénètre partout, il est rarement pur. La plupart des actes accomplis en vue de la réalisation d'un but ultérieur se relient en même temps à une préoccupation plus immédiate qui leur donne un intérêt plus direct; ainsi, le mélange complexe du travail (placement d'énergie) et du jeu (dépense d'énergie superflue, exercice de l'activité en vue de son perfectionnement) se retrouve presque constamment. Ce fait est au nombre de ceux qui ont inspiré les considérations de Pascal sur le divertissement (1) : l'illusion économique, l'organisation de l'effort pour des buts qui lui sont souvent inférieurs, l'attrait de l'action, sa raison d'être profonde trouvés non dans la valeur réelle de l'intérêt poursuivi, mais dans l'intérêt de la poursuite, dont le succès n'amènera guère que l'évanouissement, le déplacement du mirage.

La conclusion essentielle des théories psychologiques est que la valeur ne consiste ni dans une qualité objective des choses, ni dans un rapport simple, mais qu'elle est la résultante d'une série de rapports interpsychologiques indiquant à la fois le degré de maîtrise d'un désir sur l'ensemble de l'énergie psychique d'un individu ou d'un groupe social et le degré d'adaptation de cette synthèse psychique à son milieu.

L'action économique tend à multiplier les rapports de valeur, à compliquer le réseau de relations des activités entre elles et avec leur milieu. Tout désir porte en lui, au moment où il utilise un objet extérieur, un germe de valeur au profit de cet objet; le champ de vision et d'action qui délimite à chaque moment, pour chaque sujet, pour chaque unité économique, une formule de valeur, inspirée par le problème pratique résultant d'une situation donnée, ne doit pas faire perdre de vue le champ beaucoup plus large des valeurs virtuelles, à chaque instant rapprochées ou éloignées de la zone présente de l'action,

(1) *Pensées*, art. IV, n° 1.

par le mouvement complexe des désirs (1). Ces mêmes idées générales trouveront d'ailleurs leur application dans la théorie de la richesse.

(1) V. sur les difficultés de la généralisation d'un jugement de valeur, sur le caractère aléatoire d'une conclusion d'ordre statique tirée de ce phénomène dynamique, Allyn : *Some limitations of the Value concept*, Q. J. O. E., t. XXV, 1910-11, pp. 409-28. — Sur le caractère hypothétique des statistiques nationales basées sur la totalisation des valeurs de marché, Fisher, *Mathematical Investigations in the Theory of Value and Prices*, p. 86; à cause de la mobilité de l'étalon marginal, l'évaluation monétaire globale, outre qu'elle ne répond point à une réalisation possible, n'est pas un indice sûr de puissance économique. Le développement maximum de cette puissance impliquerait en effet un milieu économique entièrement gratuit, définitivement subordonné, un inventaire dont la valeur serait égale à zéro. — A un autre point de vue, Tarde signale le caractère aléatoire des évaluations d'ensemble en rappelant les antagonismes de richesses, les luttes de désirs; le cours de certaines valeurs de bourse sont, dans une mesure plus ou moins large, l'expression de paris formés contre d'autres valeurs; ces expressions antagonistes, ces espoirs contradictoires ne peuvent s'additionner (*Psychologie économique*, t II, p. 130). L'auteur ajoute qu'il serait également inexact de les soustraire les uns des autres (dans n'importe quel sens) et d'en constituer une somme algébrique; les virtualités inverses ainsi symbolisées par l'état des valeurs doivent être respectées. — D'où hétérogénéité entre les jugements de valeur appliqués aux diverses parties d'un même ensemble économique et à cet ensemble lui-même (la richesse publique différente de la somme des richesses privées), évaluation des capitaux plus complexe, plus aléatoire que celle des services.

CHAPITRE VI

Notion de Richesse

L'idée de richesse résume tous les concepts fondamentaux d'une théorie économique; il est donc nécessaire, pour apprécier l'importance du renouvellement scientifique réalisé par l'école psychologique anglo-américaine, de se demander quelle est sa définition d'ensemble de la richesse et sa classification des richesses.

I. — LIMITES DE LA NOTION DE RICHESSE

La notion de finalité humaine, reconquise dans toute son étendue, domine et unifie l'idée générale de richesse. Les richesses comprennent, à un moment déterminé, l'ensemble des objets dont la possession peut être obtenue et présente un intérêt, l'outillage disponible et nécessaire pour la réalisation d'un certain ensemble de fins; l'idée de richesse est circonscrite par l'idée de valeur (1), les richesses sont des supports objectifs du

(1) Clark, *Philosophy of Wealth*, p. 4 : « Wealth consists in the relative-weal-constituting elements in man's material environment. It is objective to the user, material, useful and appropriable. »

Fisher, *The Nature of Capital and Income*, p. 3 : « The term wealth is used in this book to signify *material objects owned by human beings*. » Telle est du moins la définition large, scientifiquement exacte d'après l'auteur, celle qui comprend les êtres humains parmi les richesses. La définition restrictive conforme à la pensée courante sera : « *material objects owned by man and external to the owner* » (p. 5). Cette définition exclut tous les êtres humains autres que les esclaves. Le terme *wealth* est considéré comme générique; pour les richesses individuelles, l'auteur propose comme préférable à toute autre l'appellation d'instrument,

jugement de valeur, ces deux termes passant simultanément de l'état virtuel à l'état actuel, selon les nécessités du milieu et du moment.

Cette définition est, dans ses lignes générales, sensible-ment conforme à la tradition. Sur un point important, l'école psychologique semble demeurer très imprégnée de tradition an-glaise : elle refuse d'admettre, comme le faisait l'ancienne école française, des richesses immatérielles, fondées sur l'idée si va-riée et si claire à la fois de service économique. C'est surtout dans un intérêt de méthode, pour ne pas réaliser une abstrac-tion (1), confondre un objet concret au milieu de ses propres attributs, que l'on évite la notion de richesse immatérielle; c'est aussi pour conserver à la richesse son caractère objectif, son rôle d'instrument. Le concept de richesse immatérielle risque-rait de confondre parmi les éléments extérieurs qui servent de condition à l'expérience psychique, des fragments détachés de cette expérience elle-même, le but serait peut-être dissimulé, absorbé dans la série des moyens; en même temps, on mécon-naîtrait cette double dépendance de la richesse à l'égard de l'homme, des fins humaines à l'égard du milieu objectif, qui caractérise et limite la zone de l'activité économique propre-ment dite. Toute action, toute réalisation qui n'exige pas comme intermédiaire la mise en œuvre d'un objet extérieur muni d'une valeur propre s'effectue toute entière dans ce champ des utilités gratuites, sans cesse élargi par l'effort économique, mais placé hors de son application actuelle, extérieur, par suite, au cadre de la pensée et de la science économique.

En dégageant ainsi le sujet de l'objet, en se refusant à dis-tinguer les richesses matérielles et les prétendues richesses imma-térielles, on affirme en réalité la prééminence de l'élément im-matériel dans toutes les richesses. Tout bien économique a un minimum d'incorporation, mais se perfectionne d'autant plus que son support matériel est relativement plus ténu. Loin d'avoir

employée pour la première fois par John Rae en 1831. — Carver, *Répartition des Richesses*, trad. Picard, Paris, Giard et Brière, 1912, p. 88, définit les biens économiques : objets appropriés assez rares pour laisser quelques besoins non satisfaits.

(1) Cet argument est surtout développé par Fisher (*op. cit.*, p. 4) : « A railway, a railway share, and a railway trip are not three separate items of wealth; they are respectively wealth, a title to that wealth, and a service of that wealth. »

rompu avec la préoccupation principale de l'école classique française, l'économie psychologique n'a fait qu'affirmer cette préoccupation sous une forme imprévue : si la constitution dua-liste de toute richesse manifeste d'une manière universelle la nature composite du fait économique, matériel et psychique à la fois, c'est l'aspect intellectuel, qui l'emporte de beaucoup, qui efface l'autre de plus en plus — sans l'éliminer tout à fait. Le terme courant de richesses immatérielles désigne en réalité ces objets dont le contenu spirituel a usé en quelque sorte le support matériel jusqu'à le rendre presque insaisissable. Enfin, affirmer la matérialité graduellement effacée, toujours existante, de la richesse (comme un indice de sujétion amoindrie, mais non complètement abolie), c'est affirmer du même coup son caractère subalterne, transitoire, l'impossibilité de songer à la considérer comme une fin, de construire un système d'explication économique basé sur la recherche indéfinie, inconditionnée, d'une telle fin. C'est souligner en même temps l'erreur qui consistait à voir dans l'acquisition de la richesse l'aspect le plus significatif de la vie économique, en négligeant presque complètement la dépense, l'utilisation de la richesse, qui est au contraire le fait le plus instructif et le plus clair, celui qui doit être pris comme point de départ de l'explication scientifique.

Il n'est pas sans intérêt d'examiner par quels procédés principaux les richesses immatérielles se trouvent éliminées ou, en d'autres termes, comment s'effectue l'incorporation économique des services. Les services ne sont, en effet, que des émanations de richesses : au lieu d'en faire des richesses indépendantes comme l'école classique française (1), ou de les éliminer, de ne les admettre en tous cas que parcimonieusement dans le champ économique, selon la tendance de l'ancienne école anglaise, on doit les y admettre tous; tous représentent, en effet, un résultat productif dans la mesure où ils sont mus vers une fin désirée; il faut seulement les enraciner.

Deux solutions principales ont été proposées : celle de Fisher

(1) Les tendances manifestées par l'école classique française ont trouvé leur expression la plus accusée chez Tarde, pour qui la richesse sociale consiste essentiellement dans l'ensemble des ressources intellectuelles, tout le reste n'existant que comme manifestation, comme accessoire de cet élément primordial : *Psychologie économique*, t. I, p. 333.

et celle de Clark. Fisher (1) rattache purement et simplement les services à leur cause efficiente, à leur source tangible, c'est-à-dire à la personne même de celui qui les rend. L'état des richesses ou des *capital goods* (les deux expressions sont synonymes) est un instantané de tous les objets et de tous les hommes dont l'action se trouve mise en œuvre pour la réalisation de fins désirées. En incorporant ainsi les êtres humains à l'ensemble des richesses, Fisher se rapproche (en apparence du moins) des premiers classiques anglais; certains d'entre eux, en effet, avaient déjà indiqué la possibilité d'intégrer l'effort humain dans l'ensemble des instruments de production. Mais ces essais avaient une signification toute différente. C'est ainsi qu'un ouvrier entraîné (2), un homme muni d'un talent personnel, représentaient un capital dans la mesure des dépenses faites pour leur formation, étant comme les porteurs, les transmetteurs d'une certaine quantité de richesses matérielles. C'est la conception de la valeur-coût, l'esprit de la théorie du salaire de subsistance, la tendance à exprimer les actes humains par un équivalent physique, qui s'expriment dans cette conception extensive de la richesse.

La théorie de Fisher est au contraire aussi concrète que finaliste : ce n'est pas dans la mesure de ses emprunts directs ou indirects à la richesse matérielle, ce n'est pas davantage en se morcelant en facultés, en aptitudes professionnelles que l'activité humaine figure parmi les richesses; elle y entre toute entière, y tient une place proportionnée non à son propre passé, à son mode de formation, mais à sa puissance créatrice.

---

(1) *The Nature of Capital and Income*, p. 7. Une idée analogue se trouve exprimée chez Smart *(Distribution of Income*, trad. Guéroult, p. 53) : intégration réciproque de l'homme et de la richesse, qui vivent en s'incorporant l'un à l'autre.

(2) Cette idée de capitalisation des frais d'éducation, invoquée pour expliquer les différences des salaires (théorie rappelée et réfutée par Carver, *Répartition*, p. 151), tendait à dissimuler le fait, pourtant indiscutable, de la rente de capacité. Le talent professionnel se trouve incorporé aux richesses, déjà chez Adam Smith. — Clark *(Philosophy of Wealth*, p. 7) constate que cette incorporation erronée du talent à l'inventaire des richesses a eu un résultat heureux en suscitant la théorie des services de Bastiat. V. critique de l'opinion de Stuart Mill et d'Adam Smith sur l'intégration de l'énergie humaine au nombre des richesses dans Tuttle, Q. J. O. E., t. XV, 1900-01 : *The fundamental Economic Principle*, pp. 218-53.

On a pu seulement se demander si le mode d'intégration adopté par Fisher n'appelait aucune réserve, si en confondant l'activité humaine dans la nomenclature des richesses il ne conservait pas encore, malgré l'importance des corrections réalisées, l'empreinte, trop fidèle, des tendances traditionnelles, si cette théorie n'impliquait pas une confusion entre l'homme, qui est le but de l'œuvre économique, et l'ensemble des moyens par lesquels cette œuvre se réalise. Sans doute, Fisher ne classe (avec réserve, conditionnellement en quelque sorte) l'activité humaine parmi les richesses que dans la mesure où elle est objective, assume le rôle d'instrument par rapport à une autre activité ou à elle-même. Deux activités sont en relation économique en tant qu'elles se servent de moyen, de point d'appui, de support l'une à l'autre, s'utilisent sans se pénétrer. Au lieu d'une annexion de la personnalité humaine à la richesse, il réalise plus exactement une incorporation directe de la richesse à la personnalité. L'activité intellectuelle puis musculaire, les instruments matériels forment comme une série continue d'énergies mises au service de la vie intérieure.

Malgré l'aspect original sous lequel se présente cette théorie, peut-être conserve-t-elle encore trop de traces de l'erreur traditionnelle qui consistait à identifier le facteur humain et le facteur matériel, à cause des similitudes de leur action physique, de leurs facultés assez larges de substitution réciproque — alors que leurs forces directrices, leurs modes d'impulsion sont inassimilables. La conséquence principale de cette erreur est d'incliner à croire que l'on peut déterminer un acte humain par des moyens analogues à ceux employés pour la mise en œuvre d'une force inanimée (1). On a également pu signaler quelques résultats peu acceptables, des difficultés vraiment insolubles résultées de la localisation trop vague, trop arbitraire de certaines richesses.

---

(1) Par exemple, entretenir juste la force de travail nécessaire à la continuation de l'effort, alors que la question est toute autre et beaucoup plus complexe : Suggérer, entretenir, renouveler l'intérêt capable d'inspirer un effort déterminé. V. Clark, *Philosophy of Wealth*, p. 53 : « If the laborer is an engine, his motive power is fuel; if he is a man, his motive power is hope. It is psychological rather than physiological forces wich keep him in motion. His will, and not merely his muscle, is an economic agent, and he is to be lured, not pushed, in the way of productive effort. »

Clark (1) considère que les services doivent être incorporés non aux personnes mais aux choses; ce n'est pas dans leur source mais dans leur trait d'union avec la réalité objective que la vie économique en prend possession. L'activité humaine reste toute entière distincte de la masse de la richesse; d'ailleurs, son morcellement, soutenable quand on considère un individu isolé, un acte unique, un instant, cesse d'être admissible si l'on se place au point de vue social et que l'on envisage l'ensemble des actes d'adaptation qui assurent d'une façon continue la réalisation des intérêts collectifs. Ainsi, une œuvre d'art sera considérée comme une richesse parce que, manifestation sensible d'une idée créatrice, elle a nécessairement un point d'appui matériel plus ou moins ténu mais indispensable. Pour prendre un exemple cité par Clark lui-même, une œuvre musicale est une richesse parce qu'elle doit prendre pour véhicule les vibrations de l'air; ni le don musical, ni le plaisir esthétique ne sont des richesses (ils font partie non de ce que l'on a, mais de ce que l'on est) (2), seul leur trait d'union extérieur peut être traité, protégé socialement comme un bien économique.

Une telle théorie est en réalité peu éloignée de l'idée de richesse immatérielle; elle se borne à exiger qu'un service se manifeste extérieurement pour le classer, pendant la durée de son incorporation matérielle, parmi les richesses. La conséquence la plus importante de cette théorie est de rétablir la continuité dans la série des richesses, d'atteindre dans tout bien économique le service. Une autre conséquence, tout aussi exacte, consiste à ne comprendre parmi les biens proprement dits que des œuvres réalisées, détachées de la personnalité de leurs auteurs et de laisser hors de leur domaine les aptitudes, et à plus forte raison la personnalité humaine. Il y a toujours une différence profonde entre l'ensemble des actes économiques, des contrats qui ont pour objet une richesse, c'est-à-dire une chose ayant ses contours, son existence détachée et ceux qui ont au contraire pour objet un service futur non incorporé, une part encore vivante, personnelle, d'activité humaine; les contrats d'échange et les contrats de travail demeurent essen-

---

(1) *Op. cit.*, p. 8 : La richesse ne se confond pas avec le service, elle constitue l'élément objectif inséparable du service.
(2) *Op. cit.*, p. 5.

tiellement différents et une définition trop étroite ou trop large
de la richesse risquerait de dissimuler cette différence.

Sans doute le prix des services, considérés dans leur pouvoir
intrinsèque, dans leurs facultés de substitution réciproque s'établira d'après une même loi d'ensemble (comme on le verra au
chapitre de la Distribution), il est moins exact de parler de la
valeur d'un objet que de la valeur d'un acte, mais l'influence
des facteurs économiques sera toujours plus distante quand il
s'agira de l'activité humaine que quand il s'agira d'un objet
extérieur. La valeur d'une richesse, qui est comme la projection actuelle, la synthèse anticipée de la valeur des actes auxquels cette richesse se trouve mêlée, sera, malgré son caractère
toujours problématique, plus réalisable que la synthèse des actes
économiques virtuellement renfermés en quelque sorte dans un
individu. L'évolution économique et juridique va dans le sens
d'une discrimination de plus en plus précise des actes : l'appropriation de la personne puis de la force de travail, pendant un
laps de temps précis, fait place à la disposition d'un certain
pouvoir économique, d'une action exercée dans un sens déterminé sur le milieu.

On a d'ailleurs pu remarquer (cette observation se trouve
particulièrement développée chez Wicksteed) (1) que, de très
loin, une évolution semblable s'accomplissait à l'égard des objets matériels eux-mêmes; de plus en plus, la spéculation économique considère les objets dans leurs résultats, pris comme
points d'appui immédiats de l'action, plutôt que dans leur individualité physique. Le développement des contrats de location,
le crédit (longtemps déguisé, emprisonné sous la forme vente)
restitué à sa véritable nature sous la forme prêt, sont autant de
témoignages de cette évolution. Ainsi, loin que les actes personnels tendent à s'absorber dans la richesse, c'est la richesse
matérielle elle-même qui tend à être envisagée non en bloc,
comme une chose, mais comme une série de résultats. L'attraction est exercée non par l'élément réel sur l'élément personnel,
mais de plus en plus par l'élément personnel sur l'élément réel.
En même temps que s'effacent, comme on le verra plus loin,
les différences établies entre richesses, l'ensemble des ressources économiques apparaît de plus en plus comme exprimant les

(1) *The common Sense of political Economy*, p. 107.

rapports de deux termès : d'une part, la richesse extérieure, le milieu, et, d'autre part, l'énergie humaine; c'est le rapport de ces deux termes qui explique, à tout moment, un état économique.

On entendra donc par richesse sociale l'ensemble des objets extérieurs disponibles et nécessaires à la réalisation d'une fin (la disponibilité est une condition plus large, moins absolue, plus nuancée, plus exacte au point de vue social que l'ancienne expression d'appropriabilité, marquée d'une empreinte trop individualiste). L'inventaire des richesses, loin de participer en quoi que ce soit des caractères d'un document inaltérable, se refait constamment; chaque instant ajoute et retranche des richesses par l'altération ou l'accentuation de la rareté. En outre, au même moment, selon la largeur du point de vue auquel se place le sujet économique, selon son champ de vision suggéré par son champ d'action, telle richesse sociale apparaît à la conscience ou se trouve dissimulée pour elle.

Le champ de conscience individuel ne se confond pas avec le point de vue social; toutes les variations du jugement de valeur refont constamment l'image d'ensemble de la richesse, puisqu'on peut en dernière analyse entendre par richesse tout objet matériel auquel se trouve reportée une valeur. Les deux concepts n'ont pas exactement la même extension. Les résultats que l'on ne peut incorporer d'avance dans une substance matérielle ne suscitent pas de richesses ou du moins, au lieu de se synthétiser à leur source, créent autant de richesses qu'ils ont de projections distinctes. La notion de richesse éveille l'idée de captation de valeur, Tandis que Ricardo (1), par exemple, avait considéré l'extension du concept richesse comme supérieure à celle du concept valeur, laissant en réalité à ce

(1) V. Marshall (*Principles*, Appendice, Théorie de Ricardo sur la valeur. pp. 813-21) : Ricardo considère que la compréhension du terme richesse dépasse de beaucoup celle du terme valeur; la richesse correspondant à l'utilité totale. — D'autres, au contraire, Senior, par exemple, ont considéré les deux termes comme recouvrant une même réalité : « The words wealth and value differ as substance and attribute. All those things, and those only, wich constitute wealth, are valuable. » (Cité par Walker, *Political Economy*, p. 5; l'auteur s'approprie d'ailleurs complètement cette conception; comme d'autre part il ramène toute valeur au pouvoir d'échange, le concept de richesse ne s'applique qu'aux objets susceptibles d'être échangés).

terme de richesse le caractère un peu vague qui lui est encore souvent conservé, l'abandonnant à peu près aux mêmes incertitudes que le terme valeur d'usage, la tendance actuelle est au contraire de renforcer la compréhension du terme et d'en resserrer l'extension. On distingue parfois la richesse-jouissance de la richesse-puissance : la richesse-jouissance, réduite à elle-même, signifierait simplement moyen de satisfaction; la richesse-puissance correspond à la rareté, pouvoir de contrainte d'un bien extérieur sur le désir et pouvoir dérivé, exercé sur l'activité humaine par le détenteur de ce bien. En réalité, la richesse-puissance implique la richesse-jouissance, cette dernière n'est que la condition préalable de la richesse, elle correspond à l'utilité totale; la richesse-puissance marque seule la place occupée par un bien dans le cadre de l'action économique. Les richesses seront donc en définitive des objets extérieurs assez distincts, assez indépendants, assez détachables de l'ensemble du milieu pour qu'un jugement de valeur puisse adhérer à eux seuls et avoir une signification propre.

II. — Classification des richesses

Plus encore que la définition d'ensemble des richesses, leur classification a donné lieu à des renouvellements profonds. Dans l'économie classique, elles étaient classées au point de vue de leur origine et de leur fonction physique, technique. Au point de vue de l'origine, on distinguait d'une part la terre, les agents économiques naturels, d'une façon générale les biens de rareté, nécessairement limités, et d'autre part les objets créés par l'activité humaine (cette distinction avait un intérêt capital pour l'application des lois de la valeur, elle fixait les domaines respectifs de la loi du coût de production et de la loi de la rente). Au point de vue de la fonction, on distinguait, d'une part, les biens qui servent à produire d'autres richesses, qui donnent un revenu (la terre et le capital), et, d'autre part, les biens qui ne donnent pas de revenu, sont consommés sans retour, semblent terminer une série économique.

Ces deux distinctions d'ordre physique, technique, se sont graduellement effacées à mesure que l'on se plaçait davantage au point de vue psychologique et que l'on considérait plus attentivement la fonction finale de tous les biens : l'utilité. La division des biens selon leur origine, qui suggère, comme on l'a vu, le morcellement dans la théorie de la valeur, dissocie la rareté et le coût (alors qu'ils constituent deux aspects d'une même synthèse vivante), se heurte en elle-même à d'insolubles difficultés si on veut l'appliquer avec rigueur. Agent naturel et produit artificiel sont sans cesse mêlés dans les proportions les plus variées; les biens réels ne se partagent pas en deux groupes opposés, ils forment plutôt une série continue. Quant à l'intérêt actuel, invoqué en faveur de la distinction, il ne se justifie pas, ou du moins n'est pas aussi net, aussi tranché qu'on avait semblé le croire. Il n'y a pas, d'un côté, des biens absolument limités dans leur quantité et par suite virtuellement illimités dans leur valeur (les agents naturels), de l'autre des biens indéfiniment productibles, dont la valeur serait au contraire définie, arrêtée. Il est évident que tous les biens, quels qu'ils soient, sont limités dans leur quantité, non seulement actuelle, mais éventuelle; tous représentent en dernière analyse le produit de forces naturelles, l'expression d'un effort vivant, dont les limites sont plus ou moins lointaines, plus ou moins mobiles, mais existent et font sentir constamment leur pression.

La limitation absolue de la terre, de l'espace disponible, la rapidité de l'essor de la production industrielle est une antithèse de moins en moins significative : la culture intensive, le développement des transports, la colonisation, les dessèchements et les défrichements sont autant de créations économiques du sol; une matière stérile ou incomplètement utilisée est transformée en richesse. D'ailleurs, le relatif a, dans le domaine économique, plus d'importance que l'absolu; les conditions et les limites de l'action envisagées au point de vue statique, dans leur cadre spatial, ont moins d'importance que les limitations dans le temps, l'adaptation successive, l'aide et l'obstacle de la durée. Chaque problème économique concret soulève une question de limite relative; le sol, comme tout autre agent, se distribue entre les divers genres de production, selon la même loi d'utilité marginale. Telles sont les principales raisons qui ont, sinon supprimé, du moins atténué dans de très larges proportions la distinction économique établie entre les richesses selon leur origine (1). Ce point de vue nouveau a eu pour résultat la généralisation de la loi de la rente, basée à l'origine sur la rareté absolue, considérée comme une véritable anomalie économique, envisagée graduellement au contraire comme une modalité permanente de la valeur, comme la réfraction de la rareté à travers les milieux, de même que l'intérêt en est une réfraction à travers les moments économiques.

Quant à la distinction établie entre les biens de production (terre, capital) et les biens de consommation, elle s'inspirait d'un point de vue directement hérité des physiocrates. A travers de perpétuelles variations, le critérium de la distinction entre ces deux séries de biens pouvait être ainsi précisé : est un capital tout bien qui donne un revenu, c'est-à-dire une nouvelle richesse matérielle, un « croît », selon l'expression de Smart (2). La productivité économique était identifiée avec la productivité physique (comme dans l'argument traditionnel, tiré de la stérilité du prêt, contre la légitimité de l'intérêt). Le peu de certitude d'un tel critérium, malgré sa rigueur apparente, serait déjà suffisamment démontré par les variations continuelles, les contours demeurés toujours vagues du concept traditionnel de capital; si les frontières de son domaine ont toujours été glissantes, il est certain qu'elles ont eu une tendance constante à s'élargir, tandis qu'à travers les difficultés d'espèce, des subtilités nombreuses, se dégageait et se fortifiait la notion du revenu.

Fisher (3) a pu prétendre avec quelque raison qu'il développait l'idée traditionnelle de capital dans toute sa compréhension,

(1) V. Carver, *Répartition*, pp. 91-7, estime que la division doit demeurer, mais plus effacée qu'elle ne l'était dans l'économie traditionnelle. — Clark (*Essentials of economic Theory*, p. 37) : la distinction du sol et des autres biens, importante dans l'économie dynamique, ne l'est pas dans l'économie statique. Carver semblait au contraire considérer les périodes statiques comme de nature à souligner plus particulièrement les caractères originaux du sol comme facteur économique, sa valeur étant, pendant ces périodes, sans proportion avec son coût de production. — C'est certainement Fisher qui, conformément à l'allure générale de sa théorie, devait être amené à rejeter le plus complètement la distinction établie entre le sol et les biens produits (*Nature of Capital and Income*, p. 56, note 1, pp. 186-7).

(2) *Distribution of Income*, trad. Guéroult, chap. VII, p. 31.

(3) V. sur l'évolution du concept de capital : *Nature of Capital and Income*, pp. 54-7.

en formulant la théorie qui ne lui est pas exclusivement personnelle, mais à laquelle son nom s'est attaché à cause de l'abondance et de l'originalité des développements qu'il lui a donnés.

Cette théorie peut être résumée ainsi : tout objet producteur d'un revenu est un capital, toute expérience psychique désirable est un revenu, donc tout objet dont dépend une expérience psychique désirable est un capital, ce qui revient à dire que l'idée de capital s'absorbe dans l'idée de richesse (1). Les caractères privilégiés que l'on avait cru discerner dans certaines sortes de biens n'étaient que des formes plus apparentes, plus saisissables, des cristallisations de phénomènes qui sont communs à tous les biens économiques, phénomènes d'autant plus réels et certains qu'ils revêtent une forme plus rapide, une enveloppe matérielle plus ténue. On retrouve dans cette théorie toutes les caractéristiques essentielles de l'école psychologique anglo-américaine : l'hégémonie économique de la consommation, la mise en regard incessante de la réalité économique avec les faits psychiques dont elle est la manifestation et l'écho.

Le théorie de Fisher se distingue par une sorte d'interversion dans l'importance respective des concepts de capital et de revenu; la notion de revenu est désormais mise au premier plan : si, matériellement, le revenu est un produit du capital, au point de vue économique le capital peut être considéré comme un produit du revenu. Le revenu est d'une nature essentiellement psychique (2) : l'expérience consciente désirable, notion synthétique irréductible à l'ancienne notion de plaisir plutôt assimilable peut-être à la notion d'intérêt, telle qu'elle apparaît dans les théories morales pragmatistes, embrasse, des plus modestes aux plus élevées, toutes les manifestations de la vie intérieure.

Les biens capitaux (capital goods) sont les sources extérieures, les causes matérielles et nécessaires des stimuli qui suscitent ces réactions. La cause est plus ou moins lointaine, l'effet plus

---

(1) « A *stock of wealth* existing at an *instant* of time is called *capital*. A *flow of services* through a *period* of time is called *income*. » (*Op. cit.*, p. 52). — « A full view of capital would be afforded by an instantaneous photograph of wealth. This would reveal, in addition to the durable wealth a large amount of goods of rapid consumption (*op. cit.*, p. 66) »

(2) *Op. cit.*, chap. X, *Psychic income*, pp. 165-79.

ou moins certain. Les biens de consommation, au sens le plus large du mot, c'est-à-dire ceux qui font l'objet d'une évaluation actuelle, immédiate, plus ou moins prolongée (un aliment prêt à être consommé, une voiture ou une maison utilisée ou habitée par son propriétaire), loin de prendre place parmi les biens improductifs (où ils étaient rangés selon l'esprit de la tradition classique) sont au contraire les capitaux les plus certains, leur revenu est le plus positif de tous. Les formes traditionnelles du revenu sont en réalité les plus imparfaites; ce sont des *interactions,* des véhicules, des promesses plus ou moins incertaines de revenu. Un capital industriel ne donne pas à son détenteur un revenu immédiat, mais des interactions, c'est-à-dire des objets aptes à constituer, après une série plus ou moins longue de migrations, un revenu psychique. La généralisation de l'idée de capital implique une formule beaucoup plus large et beaucoup plus nette à la fois de la production économique, qui est définitivement immatérialisée, se ramène à une création ou à une augmentation d'utilité effective, c'est-à-dire à la rencontre d'une adaptation heureuse, plus ou moins neuve, jamais complètement inédite ni tout à fait servilement répétée, mêlant l'imitation et l'invention dans les proportions les plus variées.

Les notions traditionnelles qui représentaient le capital comme un auxiliaire de la production, comme une réserve, constituaient donc des demi-vérités, exactes seulement si on les développe à la fois en extension, en les appliquant à tous les biens économiques, et en compréhension en les confondant avec la définition même des fonctions d'ensemble de la richesse. Après avoir été le signe d'une hégémonie parmi les richesses, le terme capital, en s'universalisant, en est venu, par une sorte d'interversion, à n'exprimer qu'un aspect secondaire, relativement artificiel de la richesse. L'inventaire des *capitals goods* à un moment déterminé se ramène à la localisation, à l'évaluation des revenus psychiques réunis en puissance dans une société, un capital existe par la croyance plus ou moins justifiée qu'il suscite en une série plus ou moins longue d'expériences psychiques désirables (ou plutôt désirées).

La vie économique se meut dans le revenu : réalité à double aspect, psychique et matérielle à la fois, mais avant tout psychique; c'est le courant même de la vie intérieure (« stream of consciousness » (1), selon l'expression directement transposée de W. James chez Fisher), entraînant avec lui les objets extérieurs qui, de près ou de loin, sont en rapport d'action avec cette vie intérieure et s'y annexent. Le capital est un aspect statique de cette réalité mouvante, un instantané de l'outillage économique à un moment donné, un essai tenté pour identifier, pour fixer ce perpétuel devenir, pour séparer les éléments de cet ensemble marqué à l'effigie d'une même personnalité, c'est (par une rencontre de formules assez curieuse avec la philosophie bergsonienne), l'instantané, le clichage du milieu économique, découpé pour les besoins de l'action, la représentation servant cette action, mais, tout juste parce qu'elle fait partie intégrante de son organisation, impropre à la pénétrer et à nous en livrer le secret.

Il faut, pour reconstituer la vie économique, ne point s'arrêter à ces points de repère et suivre dans sa complexité la notion dynamique de revenu. Le sens de la réalité du temps pénètre ainsi de plus en plus l'explication économique; au lieu d'un assemblage d'éléments se décomposant et se recomposant selon un processus mécanique, on aperçoit une synthèse organique ne se reproduisant jamais exactement deux fois, parce qu'elle garde en elle-même les empreintes de son propre passé, sa fidélité de conservation assurant sa continuelle variabilité — synthèse constamment recréée, livrée à chaque instant à l'initiative et aux risques de l'action. De Jevons à Fisher la pénétration de l'idée de richesse par la notion de temps s'est de plus en plus accentuée, cette notion de temps devenant synonyme non plus de durée indifférente, passive, de cadre inerte, mais d'activité efficace.

En regard de ces vues, il est intéressant de placer la théorie de Clark (2) sur le capital; différente dans sa formule, elle les complète en réalité beaucoup plus qu'elle ne les contredit. Le

___

(1) *Op. cit.*, p. 168 : « We define subjective income, then, as the stream of consciousness of any human being. All his conscious life, from his birth to his death, constitutes his subjective income. »

(2) Clark, au lieu d'absorber la notion de capital dans celle de richesse, n'enferme sous ce concept que les instruments de production : « Capital consists of instruments of production..., the

concept général de capital a, d'après Clark, une double signification, très nette dans le langage courant, tout aussi indispensable pour les besoins de la spéculation scientifique. On doit
distinguer les capitaux-biens et le capital pur (1). Les capitaux-
biens consistent dans l'ensemble des objets utilisés à un moment déterminé, masse essentiellement instable, en continuel
effort d'accommodation; une sous-division se trouve ébauchée
entre ces divers biens, qualifiés actifs ou passifs, selon qu'ils
impriment ou reçoivent une action extérieure (cette distinction
prétend remplacer avec avantage celle des capitaux fixes et
circulants).

Le capital pur est au contraire une collectivité permanente :
ce terme désigne l'ensemble des biens disponibles dans une
économie déterminée. Plus exactement, le capital pur exprime
la valeur d'un ensemble de biens affectés à une fin déterminée.
Le capital pur d'une exploitation industrielle, par exemple,
sera la valeur de tous les capitaux-biens enrôlés dans cette exploitation; c'est ce qu'expriment la pensée et le langage courants quand ils définissent le capital, la somme d'argent engagée dans une affaire. Le développement de la notion de capital a pu être à bon droit considéré comme une affirmation de la
prééminence du point de vue pécuniaire, résultat de l'extension
du domaine de l'échange, de l'indépendance croissante de
l'idée de valeur économique.

Cette notion concrète, individualiste du capital, considéré
comme un équivalent pécuniaire, enveloppe une signification
sociale plus large. Le capital pur consiste dans une certaine
quantité d'énergie économique, dans une certaine réserve d'utilité effective. Il y a place, à travers la vie éphémère des capitaux-biens, pour une existence perpétuelle du capital pur. Une

capital of the world is, as it were, one great tool in the hand of
working humanity — the armature with wich humanity subdues
and transforms the resisting elements of nature. » (Distribution
of Wealth, p. 117).

(1) V. Distribution of Wealth, chap. IX : Capital and Capital-
Goods contrasted, pp. 116-140. Essentials of economic Theory,
chap. II. Varieties of economic goods, pp. 20-38. « Capital is this
permanent fund of productive goods, the identity of whose component elements is forever changing. Capital goods are the shif-
ting component parts of this permanent aggregate. » (Essentials,
p. 29).

industrie renouvelle peu à peu tout son outillage, son capital pur peut demeurer constant malgré ces transformations ou plutôt grâce à elles. L'existence physique trop ménagée d'un capital-bien inactif, suranné, entraînerait l'épuisement plus ou moins rapide, l'extinction du capital pur contenu en lui. Le dynamisme intense des capitaux-biens est la condition indispensable de la statique du capital pur. Le capital pur survit dans le tourbillon des capitaux-biens et il en vit, comme une chute perpétuée par les innombrables gouttes d'eau successivement entraînées dans son mouvement, comme un être organisé subsistant par le renouvellement continuel de ses tissus (1).

Une société économique normale, en état statique, se caractérise par la conservation intégrale de l'énergie, c'est-à-dire par la constance du capital pur. Un tel état implique une activité permanente, libre dans ses mouvements, délibérément fixée dans ses directions. C'est ce qu'exprime la formule : *mobility motionless* (2).

L'utilisation des forces atteint alors son maximum, sans déperdition d'énergie; l'activité économique se meut dans un cycle définitivement tracé; — d'autre part, aucune force nouvelle ne surgit. C'est alors que les lois économiques agissent sans frottement, que le monde économique devient en quelque sorte transparent : si cet état de choses ne se réalise jamais dans toute sa pureté, il tend constamment à se réaliser. L'énergie économique a comme un pouvoir propre de conservation; elle survit sans effort; bien des actes économiques nous apparaissent sous un aspect peu exact parce que nous les considérons isolés, que nous les détachons de la série dont ils ne sont que les chaî-

---

(1) *Distribution of Wealth*, p. 120. — *Essentials*, p. 28 : « The waterfall that drives the machinery of a mill is permanent, though no particular particle of water remains in it for more than a moment... » « The distinction between capital goods, on the one hand, and capital, on the other, is, then, like that between particular tissues and a living body, or like that between particular particles of water in the river and the river that flows forever. »

(2) *Distribution of Wealth*, p. 64 : « ... perfect mobility without motion is the sign of a static state. » — V. définition d'une société statique dans *Essentials of economic Theory*, p. 132 : société imaginaire dans laquelle la population, le capital, les méthodes de production et les goûts des consommateurs demeurent constants.

nons; de même qu'il y a des suppressions apparentes de richesse
qui ne sont en réalité que des actes de conservation, il y a des
créations apparentes qui ne sont que des continuations. De là
des hypothèses inutiles, inexactes, comme par exemple l'intervention de la notion de temps dans la théorie de l'intérêt (v. *in-
fra*, ch. X), le capital pur donnant un revenu immédiat (1). Dans
un état statique, les efforts individuels sont ordonnés de manière
à n'être que l'expression, le prolongement d'une activité sociale.

Si l'activité statique s'exerce sur les *capital-goods*, l'activité
dynamique a pour objet propre le capital pur d'une société, se
traduit par une variation dans son pouvoir économique intrinsèque; on la considère habituellement comme liée à une augmentation de ce pouvoir. L'accroissement du capital pur (accroissement au rythme plus accéléré que celui de la population en
dépit des appréhensions malthusiennes) est un fait qui domine
l'évolution économique contemporaine (2); mais le phénomène
inverse, la déperdition d'énergie est cependant aussi un phénomène d'ordre dynamique, bien qu'on le considère plutôt comme
une manifestation d'inactivité, de torpeur. Ce phénomène peut
résulter de l'inadaptation d'une activité à son but ou d'une dépense excessive d'activité, de l'accroissement disproportionné
d'un désir; en tous cas, l'appauvrissement dans la richesse générale suscitera, tout comme le phénomène inverse, des changements de formes dans les biens, de direction dans le travail,
de moment et de forme dans la consommation, toutes réactions
essentiellement dynamiques.

L'ensemble des causes qui agissent sur le capital pur se
rattachent à la production ou à la consommation. Celles du premier ordre se ramènent, à travers des modalités diverses, à l'invention (initiative productrice ou perfectionnement de méthodes
industrielles, commerciales). L'invention au sens social du mot,
c'est-à-dire l'impulsion transmise, le geste consacré par l'imitation, est créatrice de richesse, c'est là son effet principal; mais
ses effets incidents, momentanés, locaux, peuvent consister et

---

(1) *Distribution of Wealth*, p. 314 : La fonction essentielle du
capital est de synchroniser l'effort et le résultat.
(2) *Distribution of Wealth*, p. 172.

consistent presque toujours en des destructions de richesses anciennes.

La dynamique de la consommation est en réalité la plus importante, encore que son action se manifeste en général par des actes moins apparents; son action est continue, elle transmet du monde économique au monde moral toutes leurs vibrations respectives. Elle peut se ramener aussi à l'invention : les désirs se renouvellent, se suggèrent, se limitent les uns les autres, forment avec les croyances des combinaisons diverses, posent des problèmes inédits d'équilibre laborieusement résolus par la combinaison des efforts producteurs. On peut à cet égard rapprocher des vues de Clark celles de Tarde sur l'évolution des désirs et leurs répercussions économiques (1).

Les désirs évoluent dans le sens de leur accumulation beaucoup plus que de leur substitution définitive (les substitutions momentanées, hiérarchiques en quelque sorte, sont beaucoup plus fréquentes que les substitutions par incompatibilité définitive, par contradiction logique). Cette accumulation de désirs aura pour conséquence normale une raréfaction relative de richesse, mais pour effet incident assez fréquent une intensification du pouvoir de la richesse, un surcroît de services, c'est-à-dire un accroissement final de capital pur. Le principal événement dynamique qui réunit les deux ordres d'idées examinées plus haut consiste dans les fluctuations de la population.

Aussi bien, un système économique se définit-il avant tout par ce rapport entre la population et la richesse, considérées dans leurs facultés respectives de développement, dans leur adaptation réciproque plus ou moins parfaite. A chaque instant, la formule la plus vraie des valeurs, celle qui assure et traduit la distribution des forces conforme au résultat maximum, dépend de ce rapport de densité entre la population et la richesse extérieure. On peut rapprocher cette notion de densité économique de la notion de densité sociale, considérée comme clef de voûte de l'explication sociologique; ce sont deux expressions indépendantes d'une même idée générale, celle de la solidarité des quantités et des formes sociales, du caractère

(1) Tarde, *Psychologie économique*, t. I, pp. 153-6.

organique des séries, de leur irréductibilité à des accumulations atomiques.

Cette idée se trouve souvent exprimée chez Clark; une dilatation ou une contraction de la richesse sociale, plus exactement une variation dans le rapport de ces deux termes, population et milieu, ne se traduira jamais par une augmentation ou une diminution arithmétique proportionnelle dans les formes d'outillage existantes, un appauvrissement de moitié ne coïncidera pas avec un outillage semblable au précédent, diminué dans la même proportion numérique (1). C'est tout un monde économique nouveau qui devra naître; chaque renouvellement dans le problème de l'adaptation appelle une solution inédite, chaque état dynamique tend de lui-même à la reconstitution de son propre milieu (2).

Avant d'examiner les critiques soulevées par cette notion dualiste de capital, il importe de noter, à travers l'indépendance respective des points de vue, l'opposition apparente de certaines formules, les concordances d'autant plus significatives qui existent entre les conclusions de Fisher et celles de Clark sur la synthèse de l'idée de richesse. Une vue essentielle leur est commune : la plasticité de la richesse, ses perpétuelles transmutations, son caractère vivant, son écoulement rapide, condition essentielle de la pérennité de son pouvoir; la richesse la plus précieuse n'est pas celle qui s'immobilise dans des constructions rigides, il faut redouter, au contraire, que ces biens aux contours inflexibles ne soient dépassés, délaissés par la vie;

_____

(1) *Distribution of Wealth*, chap. XVIII, *The Growth of Capital by qualitative Increments*, pp. 265-75. — La densité est ansi étudiée dans ses résultats économiques, dans l'influence qu'elle exerce sur la structure de la richesse, de même qu'elle est étudiée par l'école sociologique dans son action sur les groupements humains.

(2) Plus une société est dynamique, plus elle se dirige d'un essor rapide vers la réalisation complète de son propre modèle statique : La société industrielle américaine, avec toutes les influences transformatrices qui la dominent, est plus près aujourd'hui de réaliser une forme normale que ne le sont les sociétés européennes, moins mobiles et beaucoup plus que les sociétés de l'Asie, en état de demi-torpeur. Un liquide épais peut garder une surface très éloignée de l'équilibre; mais une substance extrêmement fluide atteindra bientôt son niveau d'équilibre, bien que l'on agite le récipient qui la contient assez vigoureusement pour susciter des vagues à sa surface et des courants à travers la masse liquide (*Essentials of economic Theory*, p. 197).

l'hégémonie réelle de la *wealth-flow* succède à l'illusion de la *wealth-fund*. Fisher a surtout insisté sur la succession des formes éphémères, mais la notion d'un fonds permanent, d'autant moins limité dans sa durée qu'il est moins compromis dans des incorporations définitives, est tout au moins latente chez lui et peut être facilement dégagée. C'est cette richesse virtuelle, cette réserve exempte de tout assujettissement trop prolongé qui seule est susceptible de durer indéfiniment.

L'idée de richesse organisée, vivifiée par l'action humaine, diversement envisagée, se trouve au fond des deux concepts de capital pur et de revenu. Le revenu est surtout la richesse modelée à l'empreinte du désir, le capital pur l'instrument vivifié par un effort d'organisation. Sous ces deux aspects, c'est l'adaptation qui perpétue, en la diversifiant sans cesse, l'efficacité des biens extérieurs. L'ancienne idée de richesse objective perpétuelle impliquait conservation d'énergie directement et indéfiniment incorporée à un objet extérieur. Sous des formules diverses, Clark et Fisher montrent combien une telle croyance devient assez rapidement illusoire. L'énergie économique ne se conserve que sous l'action continuelle d'une énergie humaine. Ce que Clark appelle les attributs du capital pur et notamment le plus important de tous, le synchronisme de la production et de la consommation, la transmutation immédiate de tout effort en résultat définitif est avant tout une réalié humaine, une œuvre de longue organisation, sans cesse renouvelée.

Ces précisions indiquent d'elles-mêmes ce que l'on peut penser du reproche adressé par Böhm-Bawerk (1), notamment à

---

(1) Böhm-Bawerk : *The positive Theory of Capital and is Critics* (Q. J. O. E., t. IX, 1894-95, pp. 113-31). — Il est intéressant de rapprocher de la distinction de Clark celle de Tuttle (*The fundamental economic Principle*, Q. J. O. E., t. XV, pp. 213-53) : Le terme de richesse devrait être réservé à la puissance économique des biens extérieurs; elle signifierait valeur, c'est-à-dire relation de bien-être (*weal-relation*) entre un individu et son milieu matériel. Quant aux richesses concrètes, elles seraient appelées : biens économiques. L'auteur présente cette distinction comme réalisant d'une façon nette la pensée que Clark n'a exprimée qu'à moitié. *Wealth* désignerait, avec une exactitude plus complète, le capital pur, les biens économiques seraient des *capital goods*. C'est bien, en effet, la même idée générale qui se trouve exprimée : distinction entre le pouvoir et les formes de la richesse. La principale

la théorie du capital pur. Le capital pur serait une conception imprégnée de métaphysique, une abstraction que l'on aurait superposée aux réalités vivantes, aux biens concrets, seuls objets véritables de la science économique.

Loin d'être une abstraction réalisée, le capital pur exprime la force d'organisation communiquée à la richesse, le mouvement constant dans son énergie, renouvelé dans ses formes, qui réunit l'homme et son milieu. C'est seulement dans la forme que l'exposé de la théorie se ressent des habitudes de la pensée ricardienne, demeurées très vivantes chez un grand nombre des auteurs étudiés ici; à ne considérer que les termes employés, il semble en effet parfois être question de notions purement objectives, mais il est facile de dépasser ce que la formule a de trop inerte et d'atteindre les phénomènes d'action qu'elle exprime.

En réalité, elle rappelle que les éléments psychiques, les intérêts momentanément subordonnés à certaines conditions matérielles pour s'en détacher ensuite sont, malgré leur complexité, les seules notions positives de la science économique; l'existence et la disparition des richesses ne sont pas liées uniquement à des causes physiques, mais surtout à des causes intellectuelles; une considération exclusive ou même privilégiée des contours extérieurs de la richesse risque de s'arrêter à des ombres. Cette affirmation pourrait servir de résumé à la théorie générale de la richesse, telle que l'a comprise l'économie psychologique anglo-américaine.

La signification morale de la richesse aura donc infiniment plus d'importance que son accumulation; le préjugé mercantiliste de la richesse-fin apparaîtra de plus en plus comme une contre-vérité manifeste. Les préoccupations devront se diriger dans une plus large mesure, non seulement vers les problèmes de distribution proprement dite, mais plus encore, de distribu-

différence entre ces théories consiste dans leur extension inégale : les considérations de Tuttle s'étendent à l'ensemble du monde économique, celles de Clark aux capitaux, c'est-à-dire aux instruments de production seuls (il est vrai qu'une conception assez large de ce mot semble être acceptée par lui : les objets de consommation mis en vente par un commerçant sont des biens capitaux; seuls les objets parvenus aux mains du consommateur et dont l'utilisation définitive est prochaine ne figurent point parmi les capitaux, bien que d'ailleurs leur régime économique soit réglé par des principes analogues).

tion intérieure, c'est-à-dire de consommation, d'adaptation de la richesse aux désirs en vue de son rendement psychique le plus abondant. L'origine de la richesse deviendra moins intéressante que sa destination actuelle (1). La science devra suggérer à l'art économique, plutôt que le problème du maximum, la poursuite de l'optimum (2).

(1) V. dans le même sens Auguste Comte, *Politique positive*, t. II, p. 156 — Cournot, *Principes de la Théorie des Richesses*, liv. I, ch. IV, p. 71 : Complexité extrême, intérêt relativement médiocre d'une reconstitution de l'origine des richesses.

(2) Clark, *Philosophy of Wealth*, p. 205. — Tarde, *Psychologie économique*, t. II, pp. 430-44. — Cf. dans le même sens Cournot, *Principes de la Théorie des Richesses* (Paris, 1863, livre IV, Optimisme économique, ch. I, pp. 424-5) : Analogie entre l'idée d'optimisme économique et la notion de finalité en philosophie naturelle. — A cet égard, Cournot exprime, sur la nature essentiellement multiple de la finalité, des idées qui ne sont pas sans analogie avec celles énoncées par la suite dans la philosophie de Tarde.

DEUXIÈME . PARTIE

APPLICATIONS

CHAPITRE VII

Théorie des Prix

La théorie des prix constitue la manifestation extérieure la plus caractéristique de l'idée de valeur; l'ensemble des notions (utilité, utilité marginale, coût) qui, après une élaboration nouvelle, se sont réunies pour former la théorie psychologique de la valeur, doivent donc trouver leur contre-épreuve, leur mise en œuvre sensible dans l'analyse du mécanisme des prix. Mais le prix n'est pas l'expression tout à fait pure de la valeur. De par sa constitution, il oppose à l'image de l'idée de valeur bien des éléments de réfraction; l'un d'eux peut être déjà indiqué : un rapport d'échange détermine la place, le point d'efficacité maxima de diverses parcelles de richesse, le lieu du désir le plus puissant pour chacune d'elles. C'est un rapport entre personnes à l'occasion d'une substitution de richesses. L'échange constitue une sorte de drame dont l'intérêt, le ressort d'action n'est pas seulement une comparaison réfléchie, poursuivie entre les mérites économiques de diverses parcelles de richesse. Une autre action, d'énergie très diverse, s'implique dans l'action principale et le dénouement peut dépendre dans une assez large mesure de facteurs personnels : sympathie, ou, au contraire, opposition, attrait de lutte dépassant l'intérêt purement économique du débat, suggestion unilatérale ou réciproque, faculté de divination, don d'entraînement.

La contribution de l'école anglo-américaine à la théorie des prix peut être étudiée à deux points de vue : traduction de l'idée de valeur par les rapports d'échange — altérations possibles de la valeur par la formule du prix.

I. — CARACTÈRE INTERPSYCHOLOGIQUE DE LA NOTION DE PRIX

Le prix peut être considéré comme l'expression transactionnelle d'une valeur acceptée par les unités économiques groupées en un même marché. Après avoir signifié surtout le rayon territorial dans lequel s'opère matériellement l'échange d'une catégorie de produits déterminés dans des conditions objectives aussi semblables que possible, le terme marché désigne essentiellement le champ interpsychologique dans lequel agissent et réagissent librement les uns sur les autres un ensemble donné de contractants (1); il évoque l'idée d'une véritable société économique aux limites spatiales variables, extensibles, souvent indécises, réunissant un certain nombre d'individus dont les points de vue, les jugements économiques sont assez rapprochés les uns des autres et les ressources assez variées pour que des opinions collectives puissent se former entre eux et que des échanges présentent un intérêt pour les uns et les autres.

Les conditions objectives : liberté égale du commerce, suppression des obstacles physiques et économiques opposés aux échanges ne sont que des éléments extérieurs qui permettent au lien intellectuel de produire tous ses effets mais ne pourraient le suppléer entièrement. Un marché constitue en quelque sorte une personne morale; sa fonction unificatrice s'accomplit d'une

_____

(1) On peut rapprocher à cet égard les idées de Cournot, de Jevons et de Tarde : Territoire dont les parties sont unies par des rapports de libre commerce, en sorte que les prix s'y nivellent avec facilité et promptitude (Cournot, *Recherches*, ch. IV). — Ensemble de personnes en relations d'affaires sur un objet déterminé (Jevons, *Théorie*, ch. IV, p. 153). — Domaine géographique et social où se trouve circonscrite la solidarité des valeurs vénales et où règne l'uniformité des prix (Tarde, *Psychologie économique*, t. I, p. 75).

manière plus ou moins parfaite, selon qu'elle est plus ou moins aidée par les ressources d'information, l'état d'interpénétration, les facultés d'action mutuelle des unités économiques de base. Il y a ainsi des multitudes de groupes économiques parfois réduits à un très petit nombre de personnes, d'autres fois réunissant au contraire les agglomérations les plus diverses, rapprochant les distances géographiques et sociales les plus lointaines.

Le mode de formation, de développement des marchés met en lumière le caractère immatériel des liens sociaux. Dans les phénomènes de l'échange, comme dans les phénomènes économiques en général, on a trop exclusivement considéré d'abord les aspects de la lutte, d'isolement; il importe au contraire de mettre au premier plan les phénomènes de cohésion, de conformité, de composition des forces. Ainsi, les phénomènes du marché ne sont pas uniquement la mise en œuvre du principe de concurrence; l'existence d'un marché a pour condition préalable, en effet, un état d'esprit sympathique au sens le plus large du mot (1). On a parfois, il est vrai, tenté la démonstration historique du caractère originairement hostile des relations de l'échange — en réalité les faits invoqués montrent l'extension du lien économique environnée parfois d'un cadre d'hostilité antérieure, marquant elle-même une trêve plus ou moins durable, naissant d'une moindre hostilité, tendant à développer le champ de la sympathie.

Dans l'opération même de l'échange, la lutte n'intervient qu'à titre transitoire pour transformer un accord virtuel en union effective. Le cloisonnement ou l'extension de certains marchés ne peut s'expliquer que par la prédominance des forces psychiques dans leur évolution. Rien ne saurait mieux montrer l'insuffisance des formules de la valeur-coût que les différences déconcertantes de prix d'objets analogues produits dans des conditions identiques, mais dont les divers exemplaires sont placés, simultanément ou successivement, dans plusieurs marchés dif-

(1) Clark, *The Philosophy of Wealth*, insiste sur la nécessité de considérer le marché comme « permeated by moral influences », le principe de concurrence étant constamment subordonné à l'action suprême des forces morales, parfois même complètement effacé par elles (p. 45). L'harmonie économique ne peut résulter de l'égoïsme (« Every man for himself ») mais du sentiment du droit. (« Every man for mankind is the principle of organic unity », p. 18).

férents, c'est-à-dire au milieu de groupes sociaux plus ou moins
étrangers les uns aux autres, faute de sympathie dans les jugements de valeur et d'informations suffisantes. Il est peu de vil-
les qui ne présentent quelques exemples de la juxtaposition, de
l'étanchéité plus ou moins accentuée des marchés.

Comme on l'a remarqué très justement, il y a parfois autant
de marchés que d'actes d'échange. Les formes relativement
primitives du trafic, dont l'expression la mieux conservée a été
trouvée dans les bazars orientaux (1), ont pour but stratégique
de réaliser ce morcellement, de modeler chaque contrat d'après
l'originalité individuelle de l'acheteur ou du vendeur, des contractants successifs qui se trouvent en rapport avec le commerçant, ce dernier préoccupé avant tout d'extraire le profit maximum de chaque contrat, considéré comme un ensemble complet.

C'est une tactique diamétralement opposée qui suscite les
mouvements de centralisation, les publications de mercuriales,
les essais plus ou moins complets en vue de la constitution de
marchés mondiaux; cette tactique a pour exemple classique, en
quelque sorte, les procédés des grands magasins, qui consistent à frapper toutes les ventes à une même estampille, à reposer sur la publicité comme le commerce primitif reposait sur le
secret, à prendre le marché par masses, à susciter par contagion imitative les plus larges courants possibles d'achats. Les
limites des prix, dans un groupe social déterminé, seront donc
plus ou moins fermes, selon l'unité de conscience économique
réalisée dans ce groupe (2).

Le prix apparaît comme le phénomène interpsychologique
par excellence, soutenu, modelé par les jugements de valeur
individuels répandus à travers le groupe social dont il émane,
mais sans se confondre avec aucun d'eux, renaissant constamment de l'action collective. La nature transactionnelle de la
notion de prix s'affirme dans sa forme essentielle : cette notion
exprime un rapport d'égalité, un objet vaut tel prix. Les jugements de valeur, pris en eux-mêmes, dans leur signification intime, énoncent au contraire une inégalité : tel objet ou tel acte

(1) Wicksteed, *The common Sense*, p. 248 : le bazar oriental cherche non à réunir, mais à isoler ses divers acquéreurs.
(2) Tarde, *Psychologie économique*, t. I, p. 75.

déterminé est préféré à tout autre acte possible, représenté par l'acte alternatif reconnu le plus désirable immédiatement après l'acte choisi. L'équation-prix recouvre deux courants d'inéga-lité psychique de sens inverse, indique la nécessité collective réciproque d'une substitution de richesse, expression vivante, utilisation d'un désaccord sur la valeur, exemple constant de ces désaccords logiques d'où naissent les concordances téléolo-giques, formule statique recouvrant une synthèse dynamique. L'idée d'équilibre impliquée dans cette formule et sur laquelle a surtout insisté l'école mathématique est une idée essentielle-ment interpsychologique : dans son acception la plus rudimen-taire, la plus rapprochée des conceptions traditionnelles, elle signifiait nombre égal d'acheteurs et de vendeurs, équation de l'offre et de la demande; dans un sens plus profond, la notion d'équilibre signifie position assurant le maximum d'efficacité simultanée aux forces en présence; c'est le théorème du maxi-mum d'ophélimité, la formule unitaire du prix reflétée par les situations diverses des individus qui l'ont créée.

Si l'échange a eu lieu normalement, librement (1), il réunit dans une diversité harmonieuse le succès des divers desseins en présence. La pression respective des désirs concurrents les amène à réaliser tous le maximum possible d'épanouissement simultané. Le maximum d'avantages simultanés ne signifie pas, tant s'en faut, avantages égaux; il y a au contraire inégalité presque nécessaire entre les avantages recueillis par les divers individus participant aux opérations d'un même marché, entre les diverses opérations de même nature successivement effec-tués par un même individu. Tout au plus a-t-on pu dire, très approximativement, que si l'on considère dans leur ensemble les deux groupes opposés (acheteurs et vendeurs), les avantages totaux respectifs tendent à se compenser. On ne doit donc pas perdre de vue la complexité réelle recouverte par l'équation-prix, qui ne traduit littéralement aucune des opinions intérieu-res en présence, n'est que la rencontre d'une série de forces

(1) V. Rist, *Economie optimiste et Economie scientifique (Revue de Métaphysique et de Morale*, 1907, pp. 643-63), le maximum ré-ciproque d'ophélimité caractérise le prix d'équilibre : « la libre concurrence ne favorisera pas l'acheteur au détriment du ven-deur et réciproquement. » (Walras). — L'équilibre d'ensemble est une résultante de déséquilibres individuels favorables.

psychiques composées. Au lieu de l'ancienne idée de discipline imposée du dehors, d'unification par le coût, c'est la notion de discipline intérieure; l'idée de similitude, d'homogénéité psychique, d'offre et de demande se comptant par unités, sans qu'on ait à les peser, s'efface, l'idée de diversité sympathique, au sens le plus large du mot, prend une place prépondérante.

L'autonomie respective des appréciations individuelles, que la formule interpsychologique du prix exprime simultanément sans les confondre, se trouve énergiquement affirmée. La formule collective d'un rapport d'échange ne signifie pas comparaison directe, pénétration réciproque, encore moins équivalence intrinsèque entre les désirs des divers échangistes qui adoptent la même attitude; entre leurs consciences respectives, « No bridge » (1). Chacun d'eux compare le désir mis en question par l'échange actuel, non avec les désirs d'autrui, qui lui sont incommensurables, mais avec ses propres désirs. La syn-

(1) V. Gide et Rist, *Histoire des Doctrines économiques*, p. 609. — Wicksteed, *The common Sense*, pp. 145-8. Il n'y a pas de moyen théorique pour comparer les sensations et les expériences de deux esprits différents. Tout homme a une échelle d'évaluation objective où ne figurent que les objets susceptibles d'échange; c'est cette échelle qui se trouve unifiée chez tous les membres d'un même marché. Mais il y a une autre échelle vitale ou psychologique purement individuelle, où figurent tous les désirs, même ceux qui ne s'appliquent pas à des objets susceptibles d'échange; l'identité de classement sur la première échelle laisse réservées toutes les diversités de la seconde. Celui qui estime un objet au prix le plus élevé n'est pas nécessairement celui qui le désire le plus. Les identités d'appréciation monétaire impliquant non des égalités intrinsèques de désirs, tout à fait indémontrables, mais des égalités de rapports, des proportionnalités.
C'est un résultat analogue qui se trouve indiqué chez Fisher *Mathematical investigations in the Theory of Value and Prices*, pp. 36-37) : au lieu de dire que l'utilité de toutes les dépenses marginales d'un même individu est identique ou (ce qui serait encore moins exact) que l'utilité marginale d'un même article est identique pour tous ses consommateurs, il conviendra d'affirmer simplement que l'utilité marginale de tous les articles consommés par un même individu est proportionnelle aux utilités marginales de la même série d'articles pour chacun des autres consommateurs, ce rapport continu, uniforme, constituant l'échelle des prix desdits articles. Il faut ainsi substituer la formule de la proportionnalité à celle de l'égalité. Chaque individu doit ordonner sa consommation de telle sorte que les utilités des dernières unités de chaque article consommé se trouvent dans le même rapport que les prix de ces articles. Le marché, dans son ensemble, doit susciter des prix permettant à chaque individu de résoudre ce problème et en même temps d'épuiser le stock disponible.

thèse se fait entre les éléments d'une même cónscience, non
entre deux désirs ayant une intensité propre, existant comme des
forces distinctes détachées de la personnalité humaine. L'accord
d'une série d'acheteurs et de vendeurs sur un même prix ne signifie pas égalité intrinsèque, mais proportionnalité entre leurs
désirs respectifs, égalité du rapport qui existe, dans la conscience de chacun d'eux, entre un désir déterminé et le désir
alternatif le plus fort réalisable par l'échange au moyen de la
même quantité de richesse sociale, encore cette proportionnalité entre les désirs de tous les échangistes participant au même
acte économique ne se réalise-t-elle qu'à la fin de la série des
échanges, dans la région marginale. C'est une proportionnalité
qui existe à la limite de l'action qui, plus exactement, constitue la limite extérieure, celle qui ne sera pas atteinte parce
que l'action n'aurait plus de raison d'être; les échanges resteront situés en deçà de cette zone d'indifférence, l'action est en
quelque sorte tangente par rapport à elle; pratiquement même,
elle en demeure assez éloignée, ressent à son égard une influence
non pas attractive, mais prohibitive; il faut se souvenir des
liens étroits qui unissent l'économie psychologique à la théorie
mathématique des limites pour expliquer cette hypothèse de
l'action poussée jusqu'au seuil de la zone d'indifférence. L'irréductible diversité des états de conscience entre les partenaires
d'un même groupe, qui ne sont pas de simples exemplaires sté-
réotypés d'une même formule économique, ne doit pas laisser
perdre de vue les liens moraux préalables à l'union d'un certain
nombre d'individus dans le cercle d'un même marché. Dans
l'échange comme dans la division du travail (l'un et l'autre ne
sont que les résultats d'un même ensemble de faits essentiels :
la solidarité, l'organisation économique, l'individualisation des
organes et leur discipline), on a trop longtemps vu d'une façon
exclusive les aspects d'isolement, isolement objectif des fonctions (1) dans la division du travail, isolement subjectif des intérêts dans l'échange.

Dans la théorie de l'échange, la concurrence illimitée aboutit
à l'impersonnalité finale de la décision, le fait objectif du coût

_____

(1) On pourrait rapprocher le passage d'Adam Smith sur la
division du travail de l'article de la méthode cartésienne relatif
à l'analyse des difficultés

étant comme le barrage devant lequel s'arrête l'action de toutes les luttes, de toutes les surenchères du marché. Ce sont au contraire les aspects d'organisation qui vont se trouver mis en lumière; c'est un effort d'organisation qui constitue l'essentiel de la division du travail et de l'échange. Le caractère réciproquement complémentaire des activités, des désirs d'un certain nombre d'individus importe beaucoup plus que leur morcellement, qui n'en révèle que l'aspect secondaire, transitoire. Division du travail et échange constituent de véritables constructions interpsychologiques, dont on méconnaît la signification si l'on n'en veut considérer que les parties isolées.

Ce que l'on appelle parfois l'harmonie économique, c'est-à-dire l'action commune des divers intérêts en présence dans le sens de leur plus grande somme possible de satisfaction simultanée, n'est ni aussi parfaite, ni aussi automatique qu'on l'a cru parfois; la vie économique ne la réalise que dans la mesure où elle prolonge une vie morale collective déjà intense, manifestée notamment par une organisation juridique. On a souvent observé l'antériorité des institutions juridiques sur les institutions économiques qui, dans certaines sociétés, ne les suivent qu'à plusieurs siècles d'intervalle. Les titres d'ancienneté de l'échange ne sont pas sans donner lieu à de vives controverses. L'idée de l'échange objectif ne se développe, en tous cas, que protégée par toute une organisation sociale.

Un échange isolé n'est souvent qu'une action incomplète. Tandis que l'échange en nature, le troc, réalise en une fois la plénitude de sa mission, la vente est un demi-échange, dénouement séparé de l'action préparatrice antérieure pour l'acheteur, simple prologue d'action pour le vendeur. Au lieu d'une comparaison directe, pour chaque partenaire, entre deux désirs concrets, c'est une comparaison entre un désir concret et une raison sociale de désirs représentée par la monnaie. L'intervention de la monnaie, loin d'appauvrir la signification psychologique de l'échange, l'enrichit, loin de défigurer le jugement de valeur, en dessine la caractéristique la plus importante. Chaque délibération économique, en effet, est précédée d'une comparaison préalable plus ou moins réfléchie, effectuée dans les limites de la clairvoyance et de l'énergie de chacun, mais toujours réalisée ou tout au moins indiquée, entre un désir et tous les autres désirs réalisables par le même moyen, cette série dégressive se trouvant en définitive représentée, après des éliminations successives, par le désir actuel le plus énergique après celui dont la satisfaction immédiate est décidée. Cette revue encyclopédique se trouve plus nettement indiquée dans la vente que dans l'échange direct. Sans doute l'image du désir représentatif reste jusqu'à un certain point diffuse; la raison sociale des désirs exprimés en monnaie ne se condense pas toujours, dans la pensée des deux groupes échangistes, en un désir final concret, mais cette imprécision relative n'infirme pas l'enrichissement psychologique réalisé. Le caractère spéculatif de l'échange en monnaie, la solidarité étroite de l'ensemble des actes d'échange accomplis par les membres d'un même groupe économique est un fait qui a été surtout mis en lumière pour les échanges internationaux; il est tout aussi vrai des échanges intérieurs. L'échange international, en présentant l'image agrandie, les contours plus accentués d'une même réalité, a seulement dissipé plus vite certaines explications par trop artificielles (comme par exemple celle de la valeur-coût).

On verra d'ailleurs plus loin le soutien et l'obstacle que l'instrument monétaire apporte à la fois aux expressions des jugements de valeur. Il suffit pour le moment de retenir le lien organique qui unit la série des échanges réalisés pendant une période déterminée par un même sujet économique (individuel ou collectif) et l'ensemble des échanges concomitants réalisés entre les sujets d'un même groupe. Après avoir déterminé ainsi la signification générale du prix, il importe de rechercher les rapports exacts qui existent entre ce jugement collectif et l'ensemble des jugements individuels qui le soutiennent, l'inspirent, sans jamais se confondre avec lui. C'est le problème des limites économiques du prix, étudié d'abord par Böhm-Bawerk, repris surtout par Hobson et Wicksteed.

II. — LA THÉORIE DES COUPLES LIMITES ET SES DÉRIVÉS

L'un des caractères les plus marqués de la notion économique de prix, comparée à l'ensemble des jugements de valeur, consiste dans une accentuation énergique de l'idée de coût;

— tandis que sous sa forme générale le jugement de valeur s'oriente surtout vers l'utilité, le but positif à réaliser, ou plus exactement embrasse dans une même considération l'alternative choisie et la série des alternatives éliminées, représentées par la plus importante d'entre elles, le réel et le terme représentatif de la série des possibles, le jugement de prix insiste avant tout sur la raison du but.

La formule d'égalité interéconomique ne peut être vraie qu'à la condition suivante : étant donné une certaine richesse concrète et une autre richesse, en général une somme d'argent, l'échange implique deux séries de jugements inverses, les uns considérant la somme d'argent, le prix proprement dit, comme un coût par rapport à la chose, c'est-à-dire comme une alternative inférieure, les jugements de l'autre série reversant le rapport de ces deux termes. C'est parce que l'échange présente, comme on le verra, son maximum de signification au point de vue de l'acheteur, qu'il n'est au fond qu'un débat entre acheteurs, qu'il est exact de dire que le jugement de prix considère avant tout la valeur dans la perspective de l'achat, dans son terme de de base (le coût). Tel a été le point de départ des recherches faites sur la détermination des limites du prix. La formule du prix est une simple passerelle jetée entre deux termes qui, si on les prend en eux-mêmes, isolés, demeurent très largement inconnus, deux jugements de valeur concourant à une action commune sans qu'il y ait entre eux aucune fusion réciproque, le prix marquant à leur égard une simple limite de compatibilité. C'est seulement lorsqu'un courant pressé se forme, suscité par l'opposition théorique et la synthèse pratique de jugements nombreux que l'on peut essayer d'établir un rapport plus précis (bien que se ramenant toujours à l'idée de limite) entre ces jugements et la formule qui leur sert d'expression commune. Le prix devient d'autant plus intelligible que sa signification collective s'enrichit. Il constitue le fait interpsychologique par excellence, celui qui se reproduit à tout instant, dominant les jugements individuels, mais dans la mesure seulement où il exprime leur force accumulée, constamment pénétrable à leurs réactions, synthèse originale et mouvante.

Le point de départ de l'explication psychologique actuelle des prix se trouve dans la théorie des couples limites de Böhm-

Bawerk, dont on peut ainsi résumer la conclusion : étant donné un certain nombre de vendeurs et d'acheteurs appliquant à une série d'objets identiques les évaluations les plus diverses, il se formera autant de contrats qu'il y aura de couples commerçants, c'est-à-dire d'acheteurs pouvant trouver en face d'eux un vendeur dont l'estimation personnelle soit plus modeste que la leur. Un seul prix régira ce groupe de transactions; il aura pour limite maxima l'évaluation du dernier acheteur échangiste, celui qui estime l'objet déjà si bas qu'il trouve seulement un vendeur possible en face de lui et celle du premier vendeur exclu, dont l'évaluation dépasse déjà le niveau de toute offre possible. La limite minima est fixée par un autre couple composé du dernier vendeur échangiste, celui qui a encore trouvé un acheteur pour couvrir sa demande (ou plus exactement son estimation) et du premier acheteur exclu, celui qui estime l'objet si peu, qu'il ne trouve plus de vendeur. Le marché le plus vaste, le plus diversement composé se trouve sous la dépendance de quatre évaluations qui limitent le champ de son essor, l'amplitude de ses oscillations (1).

(1) La théorie de Böhm-Bawerk, rappelée notamment dans Hobson, *Economics of Distribution*, pp. 7-20, prend comme exemple une foire aux chevaux où se rencontrent huit vendeurs, savoir : A qui estime £ 10 le cheval dont il est détenteur, B qui estime £ 11 un cheval de qualité identique, C qui l'estime £ 15, D £ 17, E £ 20, F £ 21 1/2, G £ 25, H £ 26. En face d'eux se trouvent dix acheteurs dont les estimations sont les suivantes : I £ 15, J £ 17, K £ 18, L £ 20, M £ 21, N £ 22, O £ 24, P £ 26, Q £ 28, R £ 30. L'examen de ces évaluations individuelles doit déterminer le cadre de l'évaluation collective. Pour que cette évaluation puisse se dégager à la fois dans son unité et sa fidélité, il suffit d'admettre une liberté d'action économique complète, une indépendance illimitée entre tous les membres des deux groupes, une publicité permettant à tous de connaître les actes accomplis sur le marché; par contre, une discrétion complète couvre les projets, les résolutions intimes des divers partenaires, ainsi que les particularités de leur situation économique, les limites de leur résistance possible. Tous sont présumés lutter à armes égales, ou plutôt c'est moins d'une lutte que d'une comparaison entre l'énergie respective de plusieurs désirs de même espèce qu'il s'agit. L'opposition n'est qu'une phase préliminaire du phénomène d'adaptation collective. L'image du marché se trouve simplifiée, réduite à une sorte d'enchère publique, chaque attitude individuelle se traduit immédiatement en résultat collectif. Dans la mesure plus ou moins complète où ces conditions seront réalisées, le fait interpsychique se dégagera dans son unité disciplinée, au lieu de se morceler en une série discontinue de contrats largement livrés au hasard. En l'état de ces faits, une mise à prix de £ 10 sera immédiatement couverte, puisque dix acheteurs se disputeront un seul ven-

Il semble possible de simplifier la formule de Böhm-Bawerk; tel a été l'effort réalisé par Hobson, qui attribue non plus à deux couples mais à deux individus limites ce contrôle du prix collectif (1).

deur (A). Quand les enchères auront ainsi élevé le prix au-dessus de £ 20, il restera encore six acheteurs (M—R) en présence de cinq vendeurs seulement (A—E). Quand la mise à prix de £ 21 est dépassée, il ne reste plus que cinq acheteurs possibles (N—R). Un prix dépassant légèrement £ 21 (£ 21 1 sch. par exemple) pourrait devenir la formule de ralliement entre les cinq couples ainsi sélectionnés (N—R, A—E). Mais, comme le dernier acheteur a un prix limité de £ 22, il est à présumer que sous la pression des vendeurs le prix s'élèvera, tendant à atteindre cette évaluation de £ 22; il ne pourra y parvenir car, au moment où l'enchère atteindra £ 21 1/2, il se produira non pas une résistance des acheteurs, mais l'entrée en lice d un nouveau vendeur (F, £ 21 1/2); le déséquilibre sera donc réintroduit en sens inverse jusqu'à ce que le prix ait rétrogradé en deçà de £ 21 1/2; il ne pourra en conséquence dépasser £ 21 10 sch. (il y aurait six vendeurs pour cinq acheteurs) ni s'abaisser jusqu'à £ 21 (il y aurait six acheteurs pour cinq vendeurs). C'est ce résultat qui est exprimé dans la formule de Böhm-Bawerk sur l'action des couples limites. La limite supérieure est constituée par l'évaluation du dernier acheteur échangiste (N £ 22) et celle du premier vendeur exclu (F £ 21 1/2), la limite inférieure par l'évaluation du dernier vendeur échangiste (E £ 20) et celle du premier acheteur exclu (M £ 21). L'unité, la constance du prix seront assurées dans la mesure seulement où il sera le résultat composite de ces évaluations privilégiées. Si la cohésion du marché se trouve en défaut, s'il se forme un plus ou moins grand nombre de contrats particuliers, selon les rencontres entre échangistes mal informés, le contrat ainsi formé hors de la règle ne sera pas un simple fait accidentel, il modifiera définitivement les conditions de l'équilibre désormais possible. L'acheteur et le vendeur satisfaits par l'échange, retirés de la lutte, laissent en disparaissant le groupe composé de toute autre façon, définitivement altéré dans sa physionomie; pour ce groupe nouveau, le prix limite sera à définir de toute autre manière.

(1) Hobson (*Economics of Distribution*, Londres, Macmillan, 1903, p. 18). Ce ne sont pas deux couples limites qui circonscrivent le champ d'évolution du prix. Le prix ne peut aller plus haut, ou plus exactement aussi haut que l'évaluation du premier vendeur exclu (£ 21 1 2), ni aussi bas que l'évaluation du premier acheteur exclu (£ 21). qui seraient alors en surnombre. Un seul des partenaires de chaque couple limite se trouve investi d'un pouvoir économique effectif. L'évaluation du dernier acheteur actif (N £ 22) est sans influence positive sur la limite maxima : au lieu d'être £ 22, son évaluation pourrait être £ 21 11 sch., ou encore £ 22 1/2, par exemple, sans que le prix fût modifié. Son action se trouve prévenue, effacée par celle du premier vendeur exclu; c'est seulement si, pour une raison quelconque, l'action de ce sujet se trouvait paralysée, que la sienne s'exercerait, il a une fonction de suppléance; il en va de même de l'estimation du dernier vendeur effectif (E £ 20), son évaluation personnelle pourrait être égale à £ 20, 19 sch., sans que le résultat fût altéré. Le dernier acheteur et le dernier vendeur admis au marché n'ont donc aucune

Au lieu des « *marginals-pairs* » de Böhm-Bawerk, des deux frontières curvilignes, on a deux frontières rectilignes, des unités limites, en haut le premier vendeur exclu, en bas le premier acheteur non commerçant, exerçant seuls une pression actuelle sur le marché, fournissant par leurs appréciations des points de repère non atteints, des obstacles réels, défendant l'équilibre tout juste dans la mesure où ils le menacent. La loi du marché est donc faite du dehors, les échanges actuels dépendent d'échanges virtuels; les limites du marché se présentent comme un cadre extérieur au marché lui-même. L'unité marginale est prise en dehors du groupe. La détermination immédiate du prix par les contractants imminents relève des mêmes conceptions fondamentales que la détermination de la valeur par le coût, c'est-à-dire par le désir imminent.

Un essai encore plus accentué a été tenté par Wicksteed (1) pour simplifier ou, plus exactement, immatérialiser la théorie de Böhm-Bawerk. Les forces qui limitent les variations du marché ne s'incarnent pas nécessairement dans un acheteur et dans un vendeur. Il n'y a pas intérêt à envisager séparément offre et demande, les expressions de désir importent seules, le prix définit l'énergie actuelle du désir; en l'état d'une certaine rareté objective, il est circonscrit non par des couples ou des personnages limites, mais par des évaluations limites. En réalité, la seule force élémentaire du marché se ramène à la demande. Le dualisme de l'offre et de la demande est superficiel et artificiel. Un vendeur qui exige un prix déterminé et refuse de vendre tant que ce prix n'est pas atteint demande en réalité sa propre marchandise à ce prix. L'échange, réduit à ses caractères essentiels, est comme une enchère ouverte où le détenteur de l'objet par sa mise à prix initiale, ses interventions ultérieures, devient acheteur éventuel de sa propre chose; toute atti-

action personnelle sur la fixation du rapport d'échange; entre leurs évaluations respectives et la décision qui intervient il n'y a que le rapport banal existant entre toute évaluation efficace et le prix collectif. Ce prix doit être à la fois supérieur à l'évaluation de tous les vendeurs, inférieur à celle de tous les acheteurs, le dernier vendeur et le dernier acheteur ayant seulement les évaluations les plus rapprochées du prix commun.

(1) Wicksteed, *The common Sense of political Economy*, pp. 500-513.

tude; même simplement expectante, sans déplacement extérieur de richesse, a un ſ. . . . · actif.

Reprenant la . . ιοιιstration d'Hobson, Wicksteed établit qu'il suffit pour résoudre les questions essentielles du problème : répartition définitive d'un certain nombre d'unités de richesse entre les membres d'un groupe économique, rapport collectif d'échange propre à assurer cette répartition, de connaître la quantité d'objets dont se compose ce stock et l'énergie du désir de chaque membre du groupe; quant à sa qualité d'acheteur ou de vendeur éventuel, de détenteur ou de non détenteur, elle peut être ignorée, négligée (1). Le stock de richesses se distribue entre les sujets économiques dont l'évaluation est la plus élevée; quant au prix, la loi de concurrence ou d'indifférence a pour résultat de l'abaisser légèrement au-dessous de l'évaluation du dernier détenteur définitif (F, £ 21 1/2) et de la maintenir au-dessus de l'estimation la plus voisine de la possession effective (M. 21); on revient presque à la formule théorique de la valeur, placée entre le dernier désir satisfait et le premier désir laissé en souffrance. Bien que dans l'exemple classique cinq échanges aient seuls sanctionné la rencontre des dix-huit partenaires, il est bien intervenu huit actes économiques; si la distribution initiale avait été différente, les échanges auraient pu être plus ou moins nombreux, sans que rien d'essentiel fût modifié (répartition et prix).

La conservation d'un bien économique, effectuée délibérément et malgré une offre précise d'achat, équivaut à une acquisition renouvelée; la résistance n'est pas un simple phénomène d'inertie mais une action rivale. Cette interprétation de l'échange le relie plus intimement encore à la théorie marginale qui, après avoir montré les évaluations individuelles sous la dépendance de l'évolution historique du désir, permet de définir l'évaluation collective comme une fonction de la diversité coexistante, du développement spatial des désirs.

(1) Il y a huit chevaux disponibles et dix-huit individus dont les évaluations respectives sont : A, 10 — B, 11 — C, 15 — I, 15 D, 17 — J, 17 — K, 18 — L, 20 — E 20 — M, 21 — F, 21 1/2 — N, 22 — O, 24 — G, 25 — H, 26 — P, 26 — Q, 28 — R, 30. Il est facile de déterminer l'attribution de ces huit chevaux. Elle suivra l'ordre de classement dans des évaluations : F, N, O, G, H, P, Q, R seront les possesseurs définitifs; qu'ils achètent ou conservent l'objet, le mécanisme de l'opération est identique.

III. — Objections opposées a la théorie psychologique des prix

Cette vue conduit d'elle-même à l'examen d'une des principales objections adressées aux théories psychologiques du prix. On leur reproche souvent de reposer sur une conception économique par trop primitive (1), de méconnaître, dans l'orientation de son développement réel, le mécanisme de l'échange, soutenu et compliqué par la division du travail. Dans la plupart des échanges, l'objet aliéné n'a aucune signification d'utilité pour l'une au moins des deux parties : producteur surchargé d'objets dont il ne consomme lui-même qu'une quantité infime ou nulle, intermédiaire dont la spécialisation professionnelle et les goûts personnels peuvent être complètement séparés.

Ainsi, quand on affirme la préférence manifestée par le vendeur en faveur d'un prix déterminé, on se borne à une affirmation exacte mais vaine, puisque la division du travail et l'échange, pour réaliser leur pleine efficacité, doivent enlever toute signification indépendante aux objets qui se trouvent réunis entre les mains du producteur ou du vendeur professionnel; ces biens n'existent pour eux que comme résultats d'une série d'efforts, de sacrifices; le prix ne peut, à leur point de vue, supporter de comparaison qu'avec ce seul terme, la production devant nécessairemenet s'arrêter si la comparaison est défavorable. Une comparaison du prix et de l'utilité personnelle, subjective, ne donnerait aucun résultat parce que cette utilité est égale à zéro ou même négative.

En réalité, le désir du vendeur pour sa chose est avant tout une interprétation du désir social. En face de chaque acheteur, le vendeur représente la force accumulée de tous les autres acheteurs (2) possibles; il discerne l'énergie de leurs désirs, la prévoit, la stimule aussi, l'amène à prendre conscience d'elle-

(1) V. Notamment Macvane, *Marginal Utility and Value*, Q. J. O. E., vol. VII (1892-3), pp. 255-84.
(2) Wicksteed (*The common Sense of political Economy*, p. 212) qualifie l'estimation du vendeur de « vicarious ».

même, l'organise de manière à lui donner son maximum d'énergie. Il est certain, en effet, que le règne du consommateur sur
les prix, qui est une des affirmations principales de l'économie
psychologique, n'exclut pas le pouvoir très large, l'initiative
fréquente, le gouvernement économique en quelque sorte exercé
sur l'état du marché par le producteur, l'intermédiaire dépourvu
de tout pouvoir propre, mais mandataire d'une collectivité
d'acheteurs présents, futurs, dispersés — n'ayant d'ailleurs
d'action économique qu'en s'appuyant sur ces forces, en les
coordonnant.

L'autorité du coût, sanctionnée par les restrictions éventuel-
les de la production, n'est que l'un des moyens par lesquels
peut être suscitée, utilisée la réaction du désir. En face d'un
désir devenu inerte, elle est vaine et le prix s'affaisse irrémé-
riablement, indéfiniment. Le prix formulé par un vendeur réfléchit donc non pas le coût de production, perdu en partie dans
un lointain inextricable, normalement dépassé par le prix (du
moins dans ses parties encore discutables, susceptibles d'évaluation), parfois aussi, pour des raisons diverses (création ou
maintien d'une situation économique aux perspectives jugées
favorables), supérieur au prix — mais une synthèse de désirs,
une croyance plus ou moins informée sur l'attraction économique exercée par une certaine quantité d'objets à l'égard de la
collectivité sociale composant un marché.

Cette croyance est plus ou moins indépendante, plus ou
moins ferme, selon l'étendue du marché; plus l'existence de ce
marché est brève, resserrée, plus la conduite du vendeur est
passivement déterminée par la demande immédiate, les prix
subissant sans correctif toutes les fluctuations rapides du désir.
Plus le marché s'élargit et se prolonge, plus se développe pour
le vendeur la faculté d'appel de l'acheteur immédiat à l'acheteur plus lointain; la croyance à un prix supérieur au prix momentané, le prix réservé prend alors une importance de plus en
plus considérable. L'offre n'existe que comme demande rivale,
acheteur et vendeur ne représentent pas deux fonctions économiques distinctes, mais les aspects, les moments différents d'une
seule et même fonction.

On a d'un côté la demande actuelle, éphémère, isolée mais
certaine dans son existence, de l'autre la demande collective,

diffuse, interprétée par le vendeur; chaque décision économique est le résultat d'une rencontre entre ces deux forces, l'une considérable mais dont les contours se fondent dans une incertitude relative, l'autre aussi précise que bornée. Le *higgling of market*, cette lutte entre acheteur et vendeur, qui exerce parfois une si grande influence sur la détermination du prix, se ramène donc, en dernière analyse, à une concurrence entre acheteurs. L'indépendance du vendeur à l'égard de l'acheteur immédiat, c'est-à-dire l'étendue, la durée de son mandat économique collectif, est extrêmement flexible; elle a des limites sociales extérieures au vendeur, ce sont les limites mêmes du marché dans lequel s'exerce son activité, mais ces limites extrêmes peuvent dépasser de beaucoup l'étendue réelle de son mandat effectif, qui dépend dans une large mesure de sa capacité économique personnelle, de sa faculté de résistance, de durée.

Deux facteurs, en effet, influent sur son attitude : la valeur sociale attribuée à l'objet vendu et la valeur subjective d'échange du prix immédiatement offert. Ce prix, même inférieur à la valeur sociale, estimée, espérée, sera accepté s'il doit permettre la réalisation d'un désir urgent. Ainsi, en expliquant l'échange par les variations de l'utilité, loin de le faire rétrograder en deçà de la division du travail, on ne dégage que mieux, au contraire, la signification sociale de ces deux faits essentiels. Qualifiée parfois de *near-sighted*, la théorie marginale pourrait aisément retourner ce reproche à la théorie traditionnelle; son regard n'est pas plus court, mais se place à la fin de l'action pour étudier de là et saisir dans toute leur complexité les efforts antérieurs d'adaptation. L'action du vendeur, le phénomène de l'offre, loin d'être négligés, sont décomposés en leurs véritables éléments; s'ils perdent ce caractère de force originale, irréductible, qui ne leur avait d'ailleurs pas été bien nettement attribué, leur puissance, leur capacité synthétique ne sont que mieux mises en lumière.

Cette théorie unitaire du marché, qui n'est qu'une transposition originale et fidèle à la fois de la théorie marginale, explique sous une nouvelle forme les rapports du coût et de la valeur. Sous son expression prix, comme sous toutes ses autres formes, la valeur, dans chaque jugement qui la formule, dans chaque action qui la réalise et dessine d'avance ses modifications pro-

chaines, est directement déterminée par le coût présent de l'acte
mis en question; quant aux coûts des actes antérieurs déjà révo-
lus, destitués par eux-mêmes de toute action directe, ils n'agissent ou plutôt ne paraissent agir, ne sont en conformité effective
avec l'action présente que dans la mesure où la prévision est
d'accord avec l'événement, étant aussi privés d'action par eux-
mêmes, que l'utilité rétrospective. Le sentiment du coût peut
seulement agir comme stimulant du désir, réveiller le sentiment
de la rareté subjective par la manifestation extérieure de la rareté objective. C'est ainsi que dans certains cas exceptionnels
le prix élevé d'un objet peut constituer sa principale source
d'attrait pour certaines catégories d'acheteurs; la possession de
cet objet est alors poursuivie, dans une large mesure, en vertu
de l'attrait propre de la réussite, de la découverte, peut-être
aussi comme moyen d'affirmation de la richesse, de la distinction sociale.

A Beaucoup plus souvent, le souvenir du coût stimule le vendeur dans ce débat où, par son intermédiaire, communiquent
tous les acheteurs éventuels; sa hardiesse spéculatrice, sa patience, sa force de suggestion se déploient d'autant plus qu'il
se propose pour but immédiat la défense d'un coût.

A côté d'objections suscitées par les représentants de l'économie traditionnelle, il en est qui s'inspirent non plus du caractère psychologique proprement dit, mais de l'individualisme
jugé excessif, de l'allure abstraite de la théorie des limites.
Ainsi, on a vu une reconnaissance presque explicite d'impuissance dans le fait que les variations du prix sont seules expli-
quées, l'origine du phénomène demeurant obscure, sa manifestation finale indécise. Cette double critique donne l'occasion
de souligner deux caractéristiques essentielles de la théorie des
limites : l'origine du prix, en tant que phénomène collectif,
n'est pas donnée en une fois, le prix n'est pas imposé aux évaluations individuelles mais surgit de leur action combinée; la
formation et les variations du prix ne sont pas deux problèmes
économiques différents; c'est la notion du lien fonctionnel, de
l'action interpsychique qui se trouve une fois de plus affirmée.
Quant à la contingence du prix (simplement déterminé dans
l'amplitude de ses oscillations), elle résulte d'une affirmation
positive, plutôt que d'une lacune d'explication. La discipline

intérieure du prix, la régularité de ses variations prennent une
fermeté d'autant plus grande qu'un marché réunit un plus grand
nombre d'évaluations libres et jouit d'un milieu créant des possibilités plus étendues de liberté.

On peut enfin noter une critique tendant à représenter la théorie comme plus profondément mathématique que psychologique :
entre les évaluations individuelles aux contours arrêtés, il y a
surtout un rapport mécanique par pression extérieure, sans interpénétration. C'est ainsi qu'Edgeworth estimera nécessaire de
substituer, dans les exemples traditionnels, à des acheteurs et à
des vendeurs maîtres de leurs droits, susceptibles par suite de
s'impressionner efficacement les uns les autres, des commissionnai-
res avec mandat impératif (1). La théorie qui nous occupe aurait
donc méconnu ce que Tarde appelle la liquidité des états d'esprit de personnes placées en rapport d'échange.

En réalité, la théorie des limites (qui est une synthèse de la
théorie marginale et de la théorie de l'équilibre) n'étudie que
des rapports strictement économiques, détermine le cadre dans
lequel doivent se mouvoir des activités, en tant qu'elles demeurent en état de rencontre économique, l'une aidant l'autre en
vue d'un intérêt ultérieur, les unes n'étant par rapport aux autres que des forces adductrices de richesse; toute action implique une organisation économique, par contre, il est très rare
qu'un acte même purement médiat soit dénué de tout intérêt propre et, par suite, complètement fermé aux influences non économiques. La science économique a pour objet non une réalité
existant à l'état isolé, mais un aspect distinct, discernable à
divers degrés dans toute réalité humaine.

Après avoir vu comment les théories psychologiques s'efforcent de définir le rôle de l'échange en tant que mode d'expression de la valeur, il reste à se demander comment elles ont envisagé le pouvoir de réaction que peut exercer le mécanisme de
l'échange sur l'état des jugements de valeur.

_____

(1) *Revue d'Economie politique*. 1891, *Théorie mathématique de
l'Offre et de la Demande et du Coût de Production*, pp. 10-29.

IV. — RÉPERCUSSIONS DE LA THÉORIE PSYCHOLOGIQUE SUR LA NOTION DE JUSTE PRIX

Parmi les causes qui tendent à altérer plus ou moins l'expression de la valeur par le rapport d'échange, qui constituent l'acte d'échange à l'état de réalité distincte, ayant dans quelque mesure sa signification propre, on doit en citer deux : l'une, que nous ne ferons qu'indiquer, provenant des fluctuations de la valeur propre à la marchandise monnaie, l'autre, plus importante, résultant non de l'intermédiaire objectif mais de l'intermédiaire humain, du rapport social qui se mêle au rapport économique, concourt à déterminer, à sanctionner l'acte final qui leur sert d'expression commune.

L'intervention, le perfectionnement graduel de la monnaie ont pour résultat essentiel de fournir à l'analyse psychologique un instrument d'une extrême délicatesse. Chaque désir concret trouve dans la monnaie un témoin de ses propres fluctuations doublement précieux par sa constance relative et ses nuances infiniment subtiles d'expression (1). La monnaie synthétise bien l'expression collective, la raison sociale de tous les désirs. De même que la force psychique d'un désir se définit par le pouvoir d'absorption qu'il exerce sur l'énergie personnelle, sa force économique s'exprime par sa main-mise sur la réserve générale de richesse. La double synthèse subjective et objective que renferme toujours un jugement de valeur apparaît avec le maximum de netteté dans son expression monétaire : place d'un désir au milieu de tous les désirs, d'une richesse parmi l'ensemble des richesses. La signification de l'échange monétaire se particularise, s'altère lorsque, au cours d'une opération d'échange ou d'un groupe d'opérations subordonnées à une même organisation d'ensemble, la signification économique de la monnaie se modifie.

Ce danger se réalise surtout dans les contrats à long terme; il est particulièrement manifeste dans les échanges qui ont la monnaie pour objet, les prêts d'argent qui consistent (c'est du

(1) V. Marshall, *Principles*, App. F, pp. 791-3, *The Barter*.

moins la signification essentielle que leur donnera l'économie psychologique) dans la vente d'une somme d'argent présente pour une somme d'argent future plus élevée. L'école psychologique s'est préoccupée (avec Fisher notamment) de maintenir à l'expression prix la plénitude de sa signification psychologique. Dès que, dans le courant de l'exécution d'un acte économique, la valeur de la monnaie se modifie par un afflux normal de métaux précieux amenant une hausse générale des prix (pour prendre le fait particulièrement notable de la vie économique de 1897 à 1914), il importe d'assurer une constance effective dans les termes du contrat en mettant au point l'expression monétaire au moyen d'un contrôle collectif, d'un témoignage directement puisé dans l'examen de la collectivité des richesses. L'incertitude, plus exactement la particularisation du jugement de valeur par le rapport d'échange monétaire, met en jeu un concours d'influences économiques, montre réunis dans un seul et même jugement une tentative toujours imparfaite d'expression encyclopédique de la valeur et un rapport d'échange entre deux richesses particulières. On peut considérer comme se rattachant aux préoccupations psychologiques les vues exposées par Fisher notamment (1) pour la stabilisation de la valeur de la monnaie, pour l'élimination aussi complète que possible du caractère spéculatif, trop souvent perdu de vue, que les variations de cette valeur impriment aux marchés.

Mais la principale cause de complexité du phénomène de l'échange, celle qui lui donne son caractère original et empêche la théorie des prix d'être absorbée dans l'étude générale de la valeur, vient de ce qu'il exprime à la fois un rapport économique et un rapport social, étroitement impliqués l'un dans l'autre. Le propre de l'économie psychologique est d'avoir montré combien l'analyse doit les distinguer profondément l'un de l'autre et en même temps combien, dans l'action, ils sont peu séparables. Elle a été amenée ainsi à quelques suggestions intéressantes sur cette question si ancienne, toujours renaissante, du juste prix.

Trois conceptions d'ensemble résument l'évolution de la pen-

(1) V. Fisher. *The purchassing power of Money*, New-York, 1911, chap. XIII. Le but poursuivi par l'auteur est de substituer à la stabilité matérielle de la monnaie une stabilité économique, par l'usage combiné de l'étalon d'or et du contrôle des *Index numbers*.

sée économique sur ce point si délicat : théories du juste prix proprement dit, du prix normal et du prix d'équilibre.

L'ancienne notion de juste prix impliquait en général subordination des faits économiques aux considérations morales, rapport d'échange fixé moins par la volonté des contractants que par une autorité (puissance publique ou corporative) supérieure au contrat privé. Juste prix signifiait surtout prix loyalement établi, humainement calculé, démontrant sa légitimité par sa stabilité, sa résistance aux caprices éphémères du marché (1).

L'économie classique s'oppose à cette théorie plus qu'elle ne la renouvelle profondément. Le prix doit être déterminé librement par la concurrence, la lutte et l'accord des intérêts. L'intervention de tout autre facteur est contraire à la nature des choses économiques, au développement de la richesse. Mais, comme si elle voulait démontrer par un exemple caractéristique combien il est difficile d'échapper à la préoccupation du juste prix, la théorie classique croit nécessaire d'établir que ce prix normal, produit exclusif de l'action des intérêts individuels, réalise spontanément la justice économique par l'égalité du coût et de la rémunération. Le prix normal, qui n'est complètement intelligible que si on le rattache à la théorie d'ensemble de l'ordre naturel, a un caractère aussi peu spontané en réalité que l'ancienne notion de juste prix. La subordination primitive des forces économiques aux forces morales se trouve intervertie, une même confusion demeure sur leurs actions respectives, confusion qu'il était réservé à l'économie psychologique de dissiper complètement.

On pourrait croire d'abord qu'en livrant le prix à toute la mobilité du désir, à l'arbitrage souverain de l'acheteur, en déracinant en quelque sorte la valeur d'un objet de son passé économique, en substituant à l'idée de compensation celle de rémunération, les écoles psychologiques se sont engagées dans une théorie essentiellement positive mais en même temps d'un caractère technique n'admettant aucune pénétration entre le do-

(1) V. définition du juste prix de Cajetan (XVIᵐᵉ siècle) citée dans Rist (*Économie optimiste et Économie scientifique*, *Revue métaph. et morale*, 1905, pp. 643-63. Le juste prix ressemble, aux termes de cette définition, assez exactement au prix normal (prix établi sans fraude ni violence). — V. sur la théorie générale du juste prix : De Tarde, *Idée de juste Prix* (Paris, Alcan, 1907).

maine économique et le domaine moral. En réalité, elles ont surtout voulu obtenir une analyse tout à fait rigoureuse du rapport économique. Le mécanisme du prix, lorsqu'il joue correctement, définit le degré de dépendance d'un désir à l'égard d'un moyen et prépare l'utilisation la plus énergique de ce moyen : expression vraie, action efficace, inséparables l'une de l'autre et d'autant mieux réalisées qu'entre les deux termes rémunération et service le rapport est plus exact.

Le prix est donc la résultante d'un ensemble d'aspirations, d'une certaine distribution de forces ; il les exprime, synthétise leurs adaptations réciproques, ne les rectifie pas de lui-même. C'était par suite d'une véritable illusion que la théorie classique attribuait au laisser-faire économique un pouvoir de réalisation, de justice distributive. La solution d'un problème subordonné (adaptation des moyens aux fins) ne peut impliquer celle d'un problème supérieur : une série d'actes économiques, exactement, judicieusement accomplis, ne garantit pas d'elle-même son propre résultat social, sa répercussion sur les conditions respectives des partenaires intéressés, considérés en eux-mêmes et dans leur contribution à la vie collective, demeure réservée.

Mais l'indépendance des principes ne fait que mieux ressortir l'interpénétration des faits. Si le rapport économique ne crée point par lui-même de résultat moral, en dehors d'une certaine ambiance de justice il n'y a pas de rapport économique digne de ce nom. La notion de l'échange peut se résumer dans une expression interpsychologique de la rareté; cette expression doit être l'œuvre commune des partenaires en présence; si au contraire l'échange ne traduisait que la décision imposée par les plus forts de ces partenaires, il se trouverait altéré même dans sa signification proprement économique et ne constituerait plus qu'une extorsion à peine déguisée.

Cette discussion préalable, cette mesure respective des désirs implique une liberté non seulement extérieure, formelle, mais intérieure, effective : sécurité de relations, attitude loyale des contractants les uns envers les autres, permettant un examen éclairé de la situation. L'autorité économique du prix se développe en raison directe de cette discipline morale préalable. Parfois, ce milieu moral donné à l'acte économique est extrêmement réduit; le prix, tout en gardant son caractère d'expression interpsychologique, reflète trop exclusivement une situation particulière; un service est aliéné à un prix qui n'exprime pas sa valeur sociale; deux causes très opposées peuvent amener ce résultat : faiblesse extrême du vendeur, qui subit la loi de l'acheteur immédiat sans avoir le temps d'exercer son recours à l'acquéreur distant, ou résistance exceptionnelle de ce vendeur, qui accepte une perte plus ou moins prolongée pour décourager ses concurrents et s'assurer un monopole. Dans ces deux hypothèses extrêmes (dont on peut trouver des exemples dans deux situations souvent étudiées : *wages of starvation, dumping*), il s'agit de rapports économiques isolés, de fins particulières, de prix exprimant une rareté ou une abondance accidentelle. Les rapports ainsi dégagés, purement fragmentaires, ne sont que des expressions économiques exceptionnelles, ne concourant pas à la formation d'une connaissance d'ensemble des actes économiques.

L'action principale d'une discipline morale consistera donc à réaliser l'unité économique du marché : amener les contractants à ne point profiter de l'avantage personnel, accidentel, qu'ils peuvent avoir à l'égard de leur contractant, baser la discussion économique sur l'appréciation impersonnelle du service demandé et offert, c'est-à-dire objet d'une demande multiple. La concurrence extérieure n'est qu'une image anticipée, imparfaite, de cet état de libre substitution, de concurrence établie entre les choses sous l'autorité du désir social; la rectitude économique du prix se trouve réalisée dans la mesure où il exprime la rareté collective, le rapport précis d'un groupe social à l'égard d'une richesse déterminée et, d'une façon plus lointaine, de l'ensemble des richesses existantes (1).

La manifestation la plus efficace de l'influence des forces morales sur les faits économiques consiste donc à poser le problème de l'échange, à en élargir les données, à placer tous les échanges qui s'effectuent à un même moment, dans un même milieu, sous le double contrôle objectif et collectif qui leur imprime, à travers la diversité des situations particulières, une

---

(1) Une certaine analogie peut être établie entre les applications du critérium de l'universalisation en matière morale et en matière économique.

même estampille indépendante du caprice de chacun, dépendante de l'autorité de tous. Ainsi, le jeu spontané des forces économiques ne tend pas vers la récupération pure et simple d'un processus déterminé, il tend au contraire à unir dans une synthèse aussi large que possible toutes les évaluations d'un groupe social déterminé, à mettre en harmonie non le présent des coûts, la stabilité du rapport entre les stades successifs et le passé économiques d'une même richesse, d'un même agent, mais toutes les actions qui se condensent, à un moment déterminé, en un même effort d'adaptation d'une société à son milieu. Il s'agit là d'ailleurs d'un résultat lentement, laborieusement obtenu; l'autorité sociale a un rôle beaucoup plus complexe que celui de laisser le champ libre aux intérêts individuels et ne doit pas reculer devant les interventions qui ont pour résultat d'établir ou de consolider une liberté (1).

Si l'on suppose le prix marginal ou prix d'équilibre complètement réalisé, expression exacte du service social, formule transactionnelle, limite commune réalisant le maximum de proximité simultanée à l'égard des évaluations individuelles, on obtient l'expression objective, c'est-à-dire impersonnelle, que les écoles psychologiques ont eu pour caractéristique de communiquer aux rapports et aux résultats économiques. Comme on l'a déjà vu, cette formule, en raison de son caractère essentiel, se trouve détachée des conditions de vie des partenaires individuels; un service est rémunéré selon son efficacité, c'est-à-dire sa rareté.

Cette rémunération peut être très supérieure au coût au sens traditionnel du mot, à la conservation de l'effort. Elle peut aussi lui être inférieure. Dans ce dernier cas, lorsque sans aucune pression anormale, par le seul effort de l'évaluation collective, un service n'atteint qu'un prix ne suffisant pas à assurer sa reproduction, deux remèdes possibles peuvent être proposés à ce déséquilibre : d'abord l'élévation artificielle, imposée au prix. Ce serait le retour à la notion médiévale de juste prix. Cette solution n'est pas sans exemple : à l'occasion du rapport économique, on essaie d'agir directement sur le rapport social,

---

(1) V. notamment Clark, *Essentials of economic Theory*, ch. XXX, pp. 555-61, mettant en lumière toutes les difficultés que soulève la lutte de l'Etat contre les monopoles dans une société dynamique.

l'un se mêlant à l'autre, la formule du prix dépendant à la fois de l'analyse économique du service et de la reconstitution synthétique d'une condition humaine. En général, l'influence du second élément agit dans le sens de l'égalisation, soit à travers le temps (prix coutumier, ancienne formule de prédilection du juste prix) soit entre les diverses catégories de services (établissement d'un minimum de base commun entre les divers salaires, par exemple).

Sous cette forme, le juste prix est, dans une assez large mesure, le prix sympathique, la limite imposée au *self interest*, l'interprétation directe des fins respectives des divers partenaires, l'acte économique devenant, dans quelque mesure, un acte imprégné de finalité directe, une disposition de richesses et non plus un mode d'acquisition. De telles influences ont un rôle considérable dans la vie économique, qu'elles s'inspirent de sympathies individuelles ou collectives. Leur place demeure essentiellement réservée; d'ailleurs, la notion psychologique de base des rapports économiques, le désir efficace est une synthèse complexe où se résume à chaque instant la vision entière du milieu interprété par le caractère.

Mais en même temps que le caractère inévitable, renaissant de ces influences, leur nature accidentelle, temporaire, toujours précaire, doit être reconnue. Le prix supérieur ou inférieur au service est une mesure de transition, d'exception, un prélèvement indirect sur le fonds de richesse sociale. La réaction vraiment durable contre le résultat du prix consiste non dans une altération immédiate de l'expression, mais dans une action exercée sur les termes du rapport réel; quand une série de décisions économiques objectivement équitables maintiennent un agent en situation déficitaire, la réaction profonde, efficace, devra s'exercer sur la productivité de l'acte ou du bien déficitaire que l'on s'efforcera de situer dans un milieu plus favorable au développement quantitatif et à l'amélioration qualitative de ses services. Dans l'hypothèse inverse, quand le prix est supérieur aux ressources d'une partie notable des consommateurs, l'effort principal devra tendre vers le développement de leurs ressources, surtout par l'augmentation de leurs facultés productrices.

En résumé, l'action des forces morales sur les forces écono-

miques se manifeste sous trois formes : création d'un milieu social assez sûr pour que se dégage, impersonnellement, une expression collective exacte de la rareté — réactions sympathiques
directes sur l'expression jugée trop rigoureuse, effacement de la
préoccupation économique par la préoccupation morale immédiate — enfin réorganisation des forces en vue d'une répartition
quantitative de la richesse considérée comme plus juste. On
a dit parfois que les écoles psychologiques avaient localisé
l'optimisme classique ; cet optimisme réduit, conditionnel,
reposant sur la spontanéité, la perfectibilité des éléments qui
soutiennent la vie économique est peut-être suggestif d'espoirs
plus réels que l'optimisme primitif (impliquant la réalisation
spontanée du meilleur monde économique possible). Cette distinction du problème économique et du problème social, qui
souligne en même temps la multiplicité, la complexité de leurs
liens, se retrouvera aussi à la base de l'étude de la distribution.

CHAPITRE VIII

La Théorie marginale et la Distribution

L'idée psychologique de valeur a pénétré profondément les théories de la Distribution; elle a transformé non seulement les méthodes, les conclusions, mais jusqu'à la signification du problème.

I. — CONTINUITÉ ENTRE LES THÉORIES DE LA VALEUR ET DE LA DISTRIBUTION

Dans l'économie traditionnelle, la distribution, le partage du prix met directement en jeu les diverses classes types de la société (travailleur, capitaliste-entrepreneur, propriétaire foncier); la répartition des richesses, dans son ensemble, s'y trouve dessinée d'avance, entraînant avec elle une perspective directe sur les conditions humaines. C'est un effort inverse qui est réalisé par l'économie pure; le problème se définit dans des termes beaucoup plus modestes : détermination du prix des services.

Entre les problèmes de la valeur et de la distribution, la continuité ne s'était jamais affirmée aussi nette. De même que la valeur d'un objet achevé est contrôlée par son utilité, c'est-à-dire par l'énergie du désir directement ressenti, l'ensemble des services et des choses qui concourent à ce résultat décisif valent en raison de leur productivité, c'est-à-dire de l'énergie pressentie d'un désir plus ou moins lointain, de l'attraction exercée sur lui et reconstituée à travers des mélanges d'actions plus ou moins complexes, des intervalles de temps parfois considérables.

L'utilité apparaît comme une synthèse actuelle; la productivité est au contraire objet d'analyse, de spéculation, au sens théorique et pratique de ce terme. A des degrés divers de complexité, c'est cependant le même problème qui, envisagé à des stades différents de l'action économique, livre plus particulièrement tels ou tels de ses aspects toujours présents, toujours essentiels en réalité.

Utilité, productivité ne sont que des vues sur le désir, sur une réalité distante, mouvante, que l'action économique approche sans l'atteindre jamais directement. S'il a pu être dit, dans une formule qui résume toute la théorie psychologique, que la productivité n'est qu'une utilité médiate, il est aussi exact de dire que toute utilisation est une production : l'acte final de consommation n'est lui-même qu'une tentative de production psychique, continuation, réincarnation du processus industriel antérieur (1).

De même, l'allure indépendante, directe, du jugement d'utilité que l'on serait tenté d'opposer aux complexités d'évaluations du pouvoir productif n'est jamais que relative : en se dégageant de l'hédonisme proprement dit, l'économie psychologique substitue au morcellement des plaisirs et des peines recherchés, évités pour eux-mêmes, l'interdépendance, la hiérarchie des fins, considérées comme les fonctions d'une formule personnelle, les éléments de réalisation d'un caractère. Quelquefois, plusieurs utilités coexistent dans un même objet, plus souvent encore, les désirs, au lieu de vibrer isolément, forment un ensemble harmonique, cherchant dans des combinaisons de richesses extérieures les moyens complexes de leur réalisation. Les théories marginales ont eu pour caractéristique de mettre en lumière non seulement les rivalités, mais aussi et plus encore les appels réciproques des désirs, leur discipline. Utilité et productivité tendent donc à se rapprocher en ce qu'elles révèlent la solidarité des actes économiques, leur caractère médiat, leur organisation subordonnée en dernier ressort aux exigences de la vie intérieure.

En même temps que la considération du prix des services

---

(1) I. Fisher, *The Nature of Capital and Income*, chap. X, pp. 161-79. V. en particulier, p. 179, tableau de la succession des services.

révèle la vraie perspective des jugements de valeur, leur relation propre avec leur objet, elle souligne leur mode réel de formation, leur caractère collectif. Les jugements directs d'évaluation ont un aspect personnel immédiat qui pourrait tromper
sur leur véritable nature, faire oublier à quel point, sous quelles formes multiples ces jugéments sont sujets à la pression collective; l'insuffisance, l'incompétence du jugement purement
individuel apparaît au contraire nettement à l'égard de la productivité, qui n'est intelligible que par sa subordination à une
œuvre collective supérieure, ultérieure, insusceptible de tenir
dans le champ d'une seule et même conscience.

En réalité, sous toutes leurs formes plus ou moins médiates,
les jugements de valeur économique sont préparés, anticipés par
une série de producteurs, d'échangistes, collecteurs de la richesse, agents de la réalisation du désir, obligés d'en mesurer
la pression tout à fait exacte; l'erreur caractéristique de l'économie traditionnelle avait été de supposer ou en tous cas de
laisser croire par le tour elliptique de certaines de ses formules
que le pouvoir créateur de la valeur était placée aux mains de
ceux qui, en réalité, ont seulement la responsabilité des jugements de valeur.

Cette responsabilité, sanctionnée par le succès économique,
se manifeste avec des caractères un peu différents, selon la date
plus ou moins prochaine de la maturité de la richesse ou, ce
qui revient au même, de l'actualité du désir. L'erreur commise
sur une utilité prochaine, sur un bien déjà terminé sera rapidement découverte mais directement irréparable; une certaine
quantité de richesse matérielle se trouvera compromise d'une
manière souvent définitive, mais le courant d'activité productrice, averti par l'échec direct, ne risquera pas d'être plus longtemps compromis. L'erreur commise sur une productivité se
corrige plus lentement; parfois, avant d'être ressentie par ses
auteurs directs, elle est subie par une série d'autres producteurs
intermédiaires; en outre, elle se traduit souvent par des immobilisations définitives de capital.

Par contre, l'erreur sur la productivité laisse place à la découverte d'une destination nouvelle pour l'instrument qui n'a pas
rempli sa destination primitive; l'insuccès plus périlleux par la
profondeur de ses répercussions est moins nécessaire, laisse plus

de place aux adaptations correctrices. Mais ce sont là des différences de degré et non de nature; l'activité économique étant toujours séparée du désir par un intervalle de temps et par un risque subit toujours simultanément la pression de ce risque sur le résultat de son activité antérieure et sur la direction de son activité présente; ces deux formes du risque sont seulement en raison inverse l'une de l'autre; l'activité qui s'est modelée sur une forme presque achevée de désir risque l'insuccès rapide et définitif; celle qui marque seulement l'ébauche d'une réalisation ultérieure possible est plus susceptible de s'adapter à une réalisation toute différente peut-être de celle d'abord entrevue; les facultés de défense de l'activité passée et de l'activité future sont en général en raison inverse les unes des autres.

De même qu'une valeur est exactement appréciée, un prix juste (en donnant à ce mot le sens relatif qui s'impose en matière économique), lorsqu'ils sont contrôlés réellement, sincèrement, collectivement, par l'énergie du désir, de même une distribution réalise la rectitude économique quand elle est sanctionnée, selon la formule de Clark, par la productivité spécifique (1) et qu'elle donne à un service l'équivalent de ce qu'il a créé d'utilité.

On ne remonte pas au delà, il ne s'agit pas de savoir comment se trouvera établie la situation d'ensemble de celui qui a fourni le service; la distribution du prix ne se confond pas avec la distribution des richesses; ce ne sont pas deux sillons dont l'un ne serait que l'image agrandie de l'autre. Une distribution correcte, au sens économique du mot, c'est-à-dire assurant à l'efficacité psychique de l'ensemble des services et des biens actuellement produits, dans son expression la plus exacte, peut coïncider avec une distribution d'ensemble de la richesse extrêmement défectueuse; en tous cas, le premier résultat n'est à aucun degré garant du second.

D'abord, on n'envisage pas, derrière chaque service, le revenu d'une classe d'hommes déterminée. Les revenus personnels, que l'on considère l'ensemble d'une vie ou simplement d'une affaire déterminée, sont essentiellements composites.

En outre, la distribution du prix ne refait pas, par une action

(1) Clark, *Distribution of Wealth*, Préface, p. v : une distribution normale assure à chacun ce qu'il a spécifiquement produit.

mécanique en quelque sorte, la distribution générale des richesses; dans une assez large mesure, au contraire, elle la suit, se borne à l'exprimer; le pouvoir économique, la direction donnée à ce pouvoir sont sous la dépendance profonde, quoique non exclusive, de l'état préalable de la richesse chez les divers partenaires de l'action. Ces précisions sont nécessaires pour apprécier les limites de cette concordance de doctrines que l'on a cru pouvoir noter, parfois sans restrictions, sans nuances, entre l'économie psychologique et l'économie traditionnelle.

En réalité, l'optimisme des écoles psychologiques est autrement localisé, autrement prudent que celui des classiques (1). Pour mesurer la distance qui sépare le point de vue économique (adaptation des moyens aux fins, des choses aux personnes) et le point de vue social (adaptation mutuelle des fins), il suffit de rappeler l'aspect impersonnel, mathématique, revêtu par la théorie du service producteur. Qu'il émane d'un acte humain ou d'un facteur inanimé, ce service est envisagé exactement sous le même rapport; autant le point de vue psychologique domine l'appréciation de la fin, autant le moyen est considéré à un point de vue impersonnel.

Le service est d'ailleurs non seulement dépersonnifié, mais immatérialisé, il n'existe que comme résultat; la science économique discerne à travers les actes et les choses des unités productrices diversement localisées, constamment comparées entre elles, substituées les unes aux autres. Il s'agit avant tout de déterminer la valeur de chaque unité et d'inscrire cette valeur au compte de l'instrument dont elle émane; on s'efforcera ainsi d'établir entre les facteurs et les résultats économiques un ensemble d'imputations (2), de rapports demeurant exacts tant que les conditions de l'action demeurent constantes, quels que soient d'ailleurs les régimes divers qui règlent l'appropriation des instruments. La distribution est moins un problème de morale que de logique économique.

Il suffit, pour mesurer la distance qui sépare ce problème du problème social de la distribution des richesses, de considérer que la détermination du prix d'une unité productrice de capital ou de

_____

(1) V. Rist, *Économie optimiste et Économie scientifique, Revue de Métaphysique et de Morale*, 1907, pp. 596-619.
(2) V. Wieser, *The natural Value*, p. 72.

travail ne fournit d'indication ni sur le nombre d'unités contenues dans les divers facteurs existants de la production, ni sur
le nombre d'individus aux mains desquels se trouvent réellement concentrés ces moyens d'action, partage global entre les
divers facteurs pris collectivement, partage des revenus personnels, synthèses de distribution objective et subjective sont également placées hors de ce champ direct d'investigation (1).

Evaluation des services, distribution sociale des richesses sont
loin cependant d'être indifférentes l'une à l'autre. Originairement dépendante d'une répartition préalable, la distribution
actuelle du prix influe d'une façon plus ou moins sensible sur la
répartition ultérieure, la modifie en même temps qu'elle l'exprime, la renouvelle au moment même où elle la réalise, soutient avec elle ce lien de causalité réciproque dont la notion
tend à devenir l'expression vraiment universelle des rapports
d'ordre social. Ainsi, une distribution exacte, loyale du prix a
un pouvoir correcteur non exclusif mais appréciable, progressif sur l'état général de la répartition des biens (2).

(1) Rist, *op. et loc. cit.*
(2) Il a pu être indiqué par Wicksteed (*The common Sense of
political Economy*, p. 187) que la principale utilité des théories
marginales avait été d'envisager la richesse au point de vue im-
matériel, de montrer à quel point on la pénètre peu quand on
l'additionne par unités de même espèce, ce que contiennent de mi-
rages ces prétendues évaluations objectives. A travers des unités
matérielles, homogènes de richesse, on doit pénétrer des réalités
immatérielles, changeantes, ce qui revient à dire que tout, dans
la considération de la richesse, dépend de la manière dont elle
est utilisée et aussi du groupement de sa possession. Si la production a été d'abord le principal objet de la curiosité scientifique,
le centre d'attraction de cette curiosité s'est déplacé pour se diriger vers le rendement psychique et par cela même la question de
distribution extérieure et intérieure de la richesse est passée au
premier plan. Hobson (*The Economics of Distribution*, Préface),
comme Wicksteed, a montré les liens qui existent entre le problème économique de la distribution du prix et le problème social
de la distribution par une étude attentive de la discrimination
des résultats économiques. Il y a certains résultats qui ne sont
attribuables à l'action positive d'aucun agent économique proprement dit, des *unearned increments* dont la répartition apparaît plus particulièrement contingente, échappe à une détermination économique proprement dite, peut évoluer en laissant l'état
des forces économiques intact. Il y a là un champ d'action dans
les limites duquel l'auteur estime que les considérations sociales
peuvent se mouvoir, émancipées de toute sujétion, à l'égard des
considérations économiques.

II. —, Double problème de la distribution : détermination du prix des services producteurs, répercussion de ce prix sur la valeur des agents de production.

En même temps qu'elle allège le problème de la distribution, l'économie pure conçoit sous un aspect nouveau la place de ce problème dans la vie économique. On a souvent indiqué l'interversion de point de vue réalisée par l'économie pure, l'antithèse de l'ancienne valeur-coût rétrospective, dirigée, entraînée par la distribution et de la valeur-utilité prospective contenant en elle-même la loi de la rémunération de tous les services, soumis à une seule et même discipline. Un regard d'ensemble sur la théorie de la distribution dans l'école ricardienne permettra d'apprécier avec plus de netteté les résultats obtenus.

Il n'est pas rigoureusement exact que le prix normal soit l'empreinte pure et simple, le total passivement établi d'une répartition préalable. La seule nécessité qui pèse sur les valeurs se résume ainsi : les objets s'échangent proportionnellement aux quantités respectives de travail immédiat ou lointain nécessaire à leur formation; si un objet est produit en une journée de travail et qu'un autre objet ait coûté deux journées d'un travail semblable, l'unité de ce dernier objet s'échangera contre deux unités du premier (1).

Telle est la loi de la valeur normale, qui déclare n'exiger, pour sa pleine réalisation, qu'un état de liberté ou, plus exactement (dans une formule mécanique qui exprimera mieux l'allure générale de la théorie), de mobilité des forces économiques. Mais si la valeur n'est faite que de travail, le prix n'est

(1) Ricardo, trad. française, édition Guillaumin, *Principes d'Économie politique*, pp. 5-31. Cette proposition, à défaut d'un contrôle expérimental direct, qui nécessiterait des régressions pratiquement irréalisables, des rapprochements, des réductions à l'unité, établies entre travaux extrêmement disparates, se réclame d'un point d'appui logique. Si un objet coûtant moins de travail était vendu plus cher qu'un autre objet en ayant coûté plus que lui, l'effort producteur se détournerait de l'industrie la moins favorisée, affluerait dans l'industrie rivale jusqu'à ce que l'effet de la concurrence y eût abaissé au niveau du coût-travail le prix du produit jusque-là favorisé.

pas distribué exclusivement au travail, il n'y a même aucun rapport nécessaire entre la rémunération synthétique (prix) et la rémunération du travail (1).

Le mécanisme de l'évaluation normale ne donne donc qu'une masse indivise, répartie ensuite, hors de son action, en vertu de forces indépendantes, entre deux copartageants normaux : salaire et profit.

Sur le salaire, un ensemble de propositions (moins absolues sans doute quand on les examine à leurs sources originales qu'elles ne le paraissent à travers les efforts qui ont été faits pour en dégager l'esprit) soumettent l'appréciation économique du travail à la théorie de la valeur-coût (2). Une quantité déterminée de capital, un fonds des salaires fixé par les producteurs se trouve affecté à la rémunération du travail; ce fonds se répartit entre la main-d'œuvre disponible, le salaire individuel est le quotient d'une division dont le dividende est représenté par le fonds des salaires, élément invariable, inflexible (3), et dont le diviseur est constitué par le total de la main-d'œuvre effectivement occupée. La population, et par suite la main-d'œuvre disponible, tend à augmenter, à grossir l'importance numérique du diviseur jusqu'à ce que le quotient s'abaisse au niveau du salaire naturel, à cette limite assez flexible d'ailleurs du minimum de subsistance qui donne à la théorie des aspects si différents, selon qu'on le définit simplement en fonction de la vie purement physique ou de la vie compliquée de tout son cortège progressif d'exigences sociales (necessaries of life ou

(1) V. Ricardo, *op. cit.*, pp. 31-4. Ricardo (se séparant sur ce point d'Adam Smith) insiste avec énergie sur cette indépendance respective : un objet peut, sans qu'il y ait incompatibilité d'aucune sorte, valoir mille, alors que le travail total qui a servi à le constituer recevra cent par exemple; le prix pourra s'élever à deux mille, la rémunération du travail ne subissant aucune élévation; à l'inverse, le prix pourra baisser et le salaire s'élever, leurs variations respectives ont chacune leurs lois propres.

(2) Ricardo, *op. cit.*, p. 67 : le salaire naturel est celui qui fournit à l'ouvrier en général le moyen de subsister et de perpétuer l'espèce sans accroissement ni diminution; ce salaire dépend avant tout des prix des subsistances.

(3) Du moins à l'égard du travailleur et de l'ensemble de la société, puisqu'on le suppose déterminé par une volonté particulière, celle du détenteur de capital.

V. Histoire et critique de la théorie du fonds des salaires, Taussig. *Wages et Capital* (New-York, Appleton, 1900, 2me partie, pp. 121-318).

standard of life, loi d'airain ou loi d'or, comme elle a été appelée alternativement) (1). Le salaire vaut donc exactement ce que coûte le travail, ce coût étant envisagé d'ailleurs en géné-, ral dans des limites plutôt étroites. Tandis que la valeur des choses est ramenée à un élément vivant, par un mouvement inverse l'énergie humaine est traduite en termes d'énergie physique, réintégrée presque au point de vue économique parmi les forces inanimées, dépendant avant tout du prix des subsistances, du blé en particulier.

Dans cette masse indivise que constitue le prix, tout ce qui n'est pas inéluctablement attribué au salaire en vertu de la théorie du fonds des salaires constitue le profit, rémunération assez mal définie, qui comprend sous ce titre général de rémunération du capital tout ce qui n'est ni salaire ni rente; le profit proprement dit (bénéfice de l'entreprise industrielle) et l'intérêt s'y trouvent confondus (2). Cette rémunération du capital, attribuée au possesseur, au collecteur des biens capitaux, c'est-à-dire des richesses produites, incorporant du travail passé et secondant le travail présent dans l'élaboration des richesses futures, est donc résiduelle; elle n'a pas de maximum déterminé; d'autre part, elle est comprimée par le salaire; le salaire ne peut s'abaisser en deçà d'un certain minimum; si ce minimum s'élève par suite du prix des subsistances, le niveau général des prix ne s'élève pas nécessairement, mais celui des profits s'abaisse.

Il ne s'abaisse d'ailleurs pas indéfiniment; les profits ont, eux aussi, leur minimum de subsistance. L'intérêt ou le profit naturel représente la rémunération nécessaire pour que l'on consente à épargner, à placer, à donner une direction productrice aux capitaux dont on est détenteur; si ce minimum n'est pas atteint, la sanction économique est la même qu'en matière de salaire : elle consiste dans la disparition de l'organe dont la subsistance n'a pas été assurée ou, plus exactement, dans

_____

(1) Gide, *Cours d'Économie politique*, 2ᵐᵉ édit., p. 658.
(2) L'un et l'autre restent assez indistincts dans leurs traits essentiels : la caractéristique de l'économie anglaise est en effet d'avoir, à la différence de l'école française notamment, mal discerné la fonction originale de l'entrepreneur; quant à l'insuffisance des théories traditionnelles suscitées par le phénomène de l'intérêt, elle a été mise en relief par Böhm-Bawerk et Fisher.

son émigration vers un emploi plus productif. Telles sont les deux catégories non solidaires mais au contraire économiquement antagonistes qui, par leur pression totale, leur accumulation indistincte, déterminent le classement des valeurs.

Mais la distribution n'est pas complète; outre ces deux facteurs situés en deçà du prix, mouvant les valeurs à la manière d'une *vis a tergo*, il est un élément de distribution situé au contraire au delà du prix, déterminé par lui, rémunération tardive, intermittente, fortuite, anomalie économique semblant constituer un renversement, une suspension tout au moins des lois de la valeur, alors qu'en réalité on verra plus tard en elle la première révélation, l'aspect le plus évident des véritables directions du jugement économique.

La valeur n'étant faite que de travail, se mesurant sur la quantité (non sur la valeur) de travail contenue dans un objet déterminé, implique seulement la participation de deux facteurs : travail proprement dit (travail immédiat) et capital, c'est-à-dire travail lointain, énergie de travail accumulée, le procédé capitalistique se ramenant à une collaboration organisée, à un trait d'union établi entre des travaux dispersés dans le temps, aboutissant à réaliser la simultanéité économique d'efforts successifs, la réunion non seulement d'un nombre plus ou moins étendu de travailleurs actuels, mais de travailleurs présents et passés (1).

Cette production s'effectue à travers un milieu donné qui est le cadre et non l'œuvre de l'effort humain et, par suite, n'a pas de caractère économique proprement dit; le sol n'est pas différent, à ce point de vue, des autres éléments du milieu. Sans doute il peut, dans une mesure considérable parfois, servir de support à des capitaux élevés au-dessus de lui, ou même enfouis dans son sein; ce fait n'a jamais été méconnu par la doctrine ricardienne. Mais, pour si difficile qu'il puisse être parfois de distinguer leur action de celle des apports capitaux, le sol possède un certain nombre de qualités non acquises, indestructibles et originelles, selon la formule même de Ricardo,

(1) Clark a insisté sur l'émancipation économique de la production à l'égard du temps par la simultanéité de l'effort et du résultat, l'obstacle du temps vaincu par la transmutation du futur en présent; la capitalisation réalise d'abord essentiellement la transmutation du passé en présent.

c'est-à-dire hors de l'action humaine, tels l'étendue, le don naturel de fertilité, éveillé, développé, mais non créé par le travail.

La terre, abstraction faite du capital qu'elle renferme, est par elle-même sans valeur, n'a point de place parmi les facteurs économiques proprement dits, n'agit pas sur la formation de la valeur qui a toujours lieu hors d'elle, sous la pression exclusive du travail; c'est ce qu'exprime la formule (sujet de discussions interminables) : la rente n'entre pas dans le prix.

Mais le travail producteur peut s'effectuer dans des conditions de milieu inégalement favorables et notamment sur un sol plus ou moins propice, soit par sa fertilité (c'est le critérium essentiel de classement), soit par sa proximité du lieu d'utilisation des produits. Une même quantité de blé coûtera plus de travail immédiat et lointain sur une terre peu fertile que sur une bonne terre. Tant que l'effort producteur jouit pleinement de cette mobilité, dont la perfection est en raison directe de la réalisation des valeurs normales, l'égalité reste établie entre les diverses doses de travail, toutes se concentrant sur les terres les mieux aptes, les autres se trouvant unanimement délaissées, et comme chaque boisseau de blé coûte alors exactement la même quantité de travail, son prix est uniformément égal à la somme des salaires et des profits, sans autres résidus.

Si au contraire l'afflux de la population amène l'utilisation totale des terres les plus fertiles et suscite une demande de blé dépassant la quantité pouvant être donnée par la seule culture de ces terres, on est obligé de mettre en culture des terres moins fertiles, délaissées jusque là et sur lesquelles une plus grande quantité de travail sera nécessaire pour produire une même quantité de blé; dès lors, la base du prix du blé changera : ce prix aura pour mesure la quantité de travail nécessaire à la production dans les conditions les plus difficiles, sur la terre la plus ingrate, dans le milieu le plus réfractaire à l'efficacité du travail. Le blé produit sur les terres les plus fertiles, seules cultivées au début, est payé le même prix que celui des dernières terres mises en culture; il coûte cependant moins de travail.

Si la terre n'était pas appropriée, la différence entre le prix et le coût, plus exactement entre le coût normal, social et le coût individuel, se traduirait en un profit supplémentaire, mais cette supposition serait contradictore avec les données du problème qui impliquent, en même temps que la mise en culture des terres médiocres, l'appropriation, la rareté des bonnes terres. Dès lors, tout producteur de blé se trouve placé dans l'alternative de produire sur le sol le plus pauvre actuellement en culture, le sol *no rent*, au coût maximum, ou de s'assurer une terre fertile et de produire ainsi avec le minimum de travail. La rente se ramène donc à un moindre travail, à un moindre salaire.

Ce qui est vrai de la rente extensive, la plus connue, celle dont l'exposé affecte la forme d'une loi historique (si discutée d'ailleurs), l'est aussi de la rente intensive, plus effacée, mais plus constamment présente. Quand la demande de blé augmente, au lieu d'étendre la culture sur un champ plus vaste, on peut la développer en intensité et, en vertu de la loi du *diminishing return*, les derniers actes producteurs donneront un rendement inférieur à celui dés premiers efforts et de nouveau, sous une autre forme, se présentera la même alternative : demeurer sur une terre en voie d'épuisement et produire dans des conditions plus laborieuses ou s'assurer au moyen d'une rente l'usage d'une terre relativement neuve; la rente survit plus longtemps avec ses caractères de revenu accidentel, différentiel, dans son application intensive que sous son aspect extensif.

La théorie classique de la rente implique en effet, sauf dans des cas très exceptionnels, que certaines terres ne donnent pas de rente; c'est une condition nécessaire, semble-t-il, pour que la rente ne rentre pas dans le prix. Il faut bien qu'il y ait une production qui ne soit faite que de capital et de travail pour fixer le prix et justifier ainsi la théorie de la valeur-coût, établir sa compatibilité avec le fait de la rente. Or, dans une société de population très dense, toutes les terres sont appropriées, donnent lieu en fait à la perception d'une rente, mais même quand il n'y a pas de terres *no rent*, il y a des usages *no. rent*, c'est-à-dire des circonstances dans lesquelles la terre n'est plus que le support passif des efforts producteurs. A chaque instant, la rente est égale à l'économie relative de travail, calculée en prenant pour pierre de touche une partie déterminée du produit global, celle qui est obtenue dans les conditions actuelles de milieu les moins favorables, sans dépenses additionnelles pour location de terres, mais avec une dépense complémentaire pour surcroît de travail.

La rente, revenu obtenu sans travail, n'a donc, à la différence des rémunérations normales, ni maximum ni minimmum; la rente cesse d'exister, la terre demeure, ayant simplement changé de mission, dépouillé son caractère toujours accidentel de bien économique, s'étant réintégrée dans le milieu libre — la rente augmente, la quantité de terre disponible reste constante, la hausse du revenu ne suscite point, par elle-même, une augmentation quantitative de l'agent producteur.

La théorie classique de la distribution entoure donc, en quelque sorte, le prix; elle apparaît comme divisée en deux zones bien différentes : celle des rémunérations normales, expression de la règle économique, celle de la rémunération exceptionnelle, individuelle. D'autres observations doivent encore être faites : il importe de noter l'absence de solidarité entre ces diverses parties du mécanisme: ce sont surtout des antagonismes qui existent entre les copartageants; le moyen normal d'accroissement d'une part, est dans la réduction de l'autre. Ainsi, le plus grand salaire n'est pas obtenu normalement par une augmentation du prix; ce n'est là que le moyen exceptionnel; le prix est comme le répondant éventuel, de dernier ressort, qui joue si le salaire et le profit ont l'un et l'autre atteint leur limite de compression, se sont abaissés à leur minimum de subsistance; normalement, le salaire se prend d'une manière immédiate sur le profit.

Cet état de solidarité négative s'explique par le fondement même de la théorie classique : le prix, calqué sur le coût — au lieu d'être envisagé comme un gain, s'expliquant par l'exacte adaptation d'un service à un but, évoluant par suite sous la dépendance des perfectionnements du service — est une simple restitution de forces. Ce système disparate trouve son principe d'unité, son point d'appui latent dans la théorie de la population. La pression de la population sur les subsistances oblige à étendre et à intensifier à la fois les cultures, à payer des rentes supplémentaires, à augmenter les salaires; — les profits se trouvent comprimés entre le développement monétaire et réel des unes, monétaire seulement des autres.

Telle est, dans ses lignes essentielles, l'ancienne théorie, à la fois utilisée et corrigée par l'économie psychologique. Les changements réalisés se résument tous dans l'interversion du principe initial : chaque contribution productrice est payée non en raison de ce qu'elle coûte, mais de ce qu'elle produit, au lieu que le chef d'entreprise intercepte tout rapport économique direct entre les producteurs et l'acheteur final, il y a communication constante entre eux; l'action de l'entrepreneur est représentée beaucoup plus comme un trait d'union que comme une cloison étanche. Le prix n'a ni maximum ni minimum déterminé d'avance, à quelque objet qu'il s'applique; au cours d'une action productrice, les divers services se trouvent non pas aliénés mais associés; l'ancienne solidarité négative se change en solidarité positive (1).

A travers la théorie de la distribution qui en est peut-être la partie la plus caractéristique, la plus critique, l'esprit général de la science économique se modifie, l'idée de lutte, d'insuffisance de la richesse, plus exactement de fixité relative dans la richesse (ce que l'on a parfois appelé le darwinisme (2) de l'économie politique anglaise), se trouve effacée par l'idée de coopération, de création accumulée et renouvelée.

Cette préoccupation téléologique, substituée aux préoccupations historiques, introduit la précision là où était l'indéfini, l'unité de loi à la place du morcellement. Une loi uniforme, aussi simple dans son énoncé général que complexe, il est vrai, dans l'établissement de ses formules précises, explique la rémunération de tout facteur : travail, capital, terre. Le prix, au lieu d'être un ensemble disputé par plusieurs copartageants rivaux, n'est qu'une expression commune; il se répartit sans résidus, tandis que presque toutes les parts distinguées dans l'ancienne théorie étaient relativement résiduelles, le profit à l'égard du salaire, la rente à l'égard des deux premiers. L'originalité des divers facteurs est loin d'être méconnue, mais elle se manifeste dans ses rapports avec une loi commune, ainsi qu'on le verra plus loin.

(1) Cette conception, presque nécessairement impliquée dans le principe psychologique de la valeur, se trouve déjà chez Condillac (le salariat est une association latente), v. Gide et Rist, *Histoire des Doctrines économiques*, p. 56), plus tard chez J.-B. Say (v. Gide et Rist, *op. cit.*, pp. 125-32).
(2) Tarde, *Psychologie économique*, t. I, p. 224.

Cependant, une ébauche de vérité se trouvait dans ce dessin rigide, si éloigné de la réalité concrète, tracé par l'école classique. Il n'y a pas deux modes distincts d'attribution pour les rémunérations des services producteurs; les services du sol sont évalués comme ceux de tout autre agent, d'après leur utilité effective; mais on doit distinguer, à travers l'unité objective de loi des rémunérations, deux points de vue différents.

Une rémunération peut être envisagée dans son résultat comme élément du revenu social; c'est le point de vue le plus réel, le plus précieux, celui qui permet de saisir, représentée par le prix du service, la sanction collective attachée à un acte, à un fait déterminé.

Mais il y a place ensuite pour une opération de second degré; les services producteurs doivent alors être rapprochés de leur source, chaque série de services incorporée dans un même bien extérieur, étant alors considérée comme un revenu distinct, permettant d'établir le compte d'un instrument de production et par suite sa valeur. Ce rapport établi entre un revenu déterminé et le bien plus ou moins saisissable, durable, qui lui sert de source peut être envisagé lui-même à deux points de vue : d'abord, sous sa forme la plus primitive, un service est rapproché de sa cause physique (une récolte de la terre qui l'a portée), c'est le rapport rente, mettant en jeu le lien d'un service avec son milieu psychique et social.

Un autre rapport plus complexe met en présence un revenu et une source de revenus, envisagés non plus dans leurs formes concrètes, mais dans leurs valeurs respectives; on estime avec le plus de précision possible source et service et l'on étudie les rapports de ces deux évaluations, les liens et les distances inévitables qui existent entre elles : c'est le rapport intérêt, l'action économique étudiée non plus dans son milieu, mais dans son moment, plus exactement le tracé des moments successifs par lesquels est passée une série d'actions.

Les rapports rente et intérêt impliquant un retour vers la source des services, s'appliquent de préférence aux services incorporés dans des richesses; cependant, il importe de ne pas les perdre de vue lorsque l'on étudie les services humains; ce n'est pas la moindre nouveauté de la théorie psychologique que d'avoir montré comment les sources humaines d'activité sont,

dans une mesure assez variable, pénétrées par des modalités
économiques que l'on considérait comme exclusivement relatives aux revenus des choses et même de certains biens économiques limités.

Le mécanisme réel de l'évaluation va dans un sens inverse de
celui proposé par l'école classique : des biens achevés (théorie
des prix) aux services producteurs (loi générale de la distribution) de ces services aux biens capitaux (théories de la rente et
de l'intérêt, envisageant ce rapport à deux degrés successifs de
complexité). Tandis que la théorie de la distribution proprement dite envisage les rapports respectifs des désirs réunis dans
un même milieu, à un même moment, les théories de la rente et
l'intérêt sont comme des perspectives sur les résultats d'un
même fait économique à travers des milieux différents ou à des
moments successifs. Les jugements portés sur ces divers éléments ont entre eux des liens non unilatéraux mais largement
réciproques, réagissant constamment les uns sur les autres dans
la mesure où ils ont pour objets des expressions vraies, des
alternatives actuelles de désirs. Le problème économique s'arrête à ce point, sans aller jusqu'à considérer, au delà des facteurs
de la production, la condition personnelle des agents producteurs.

III. — Notion de productivité marginale

Le principe de la productivité spécifique ou marginale, qui
domine toute la théorie de la distribution, est un corollaire, une
transposition directe de l'utilité marginale. Etant donné que
le prix d'un objet a pour mesure l'utilité marginale moyenne,
sociale de cet objet, on doit considérer chacun des éléments
qui concourent à le former comme autant de fragments de l'utilité effective que cet objet incarnera. Le prix du service producteur, représentatif d'une utilité plus ou moins lointaine, procède avant tout d'une interprétation de la demande, dépend
non des chefs d'entreprise, simples mandataires « payeurs en
chef » pour le compte de la collectivité, mais de la volonté
souveraine (à quelque mobile qu'elle obéisse) de l'acheteur
placé au terme de la série; de là l'effacement des conceptions
traditionnelles de gains résiduels, de gains de subsistance; le

lien établi entre les problèmes de distribution et de consommation se trouve profondément modifié, élargi.

Les rémunérations normales dépendaient de la consommation passée du producteur, à la fois arbitre et sujet de la distribution; c'est au contraire à un problème de consommation actuelle, que la distribution se lie; le producteur est à la fois dessaisi de la domination qui était présumée avoir sa source en lui, émancipé de la nécessité qui limitait, étreignait son action.

Au lieu de la consommation aliénée, c'est la faculté de consommation créée qui fixe le prix; l'activité productrice, sous son aspect décisif, doit être considérée non en tant qu'exhaustive, mais que créatrice d'énergie. Le trait le plus important peut-être du système est de substituer à un critérium individuel une règle collective (1). L'utilité et la productivité ayant une même signification fondamentale, les jugements par lesquels toutes deux s'affirment, infiniment divers dans leur complexité, reposent sur le même principe marginal : étant donné un certain nombre de facteurs identiques, la rémunération de tous est égale au moindre service qui puisse être rendu par chacun à l'œuvre collective.

Ce principe est mû par les ressorts essentiels examinés en

(1) C'est à ces termes que se résume, dans sa partie essentielle, la critique de l une des formules centrales de la théorie classique : l'égalité du coût et du prix normal, formule sujette à une triple correction, l'une qui contredit moins la formule qu'elle ne la précise dans sa vraie signification, enveloppée parfois de formules par trop elliptique, au lieu d'une égalité conçue comme réalité directe, il y a seulement une tendance vers l'égalité, un mouvement réalisé suivant la courbe des événements économiques, ne s'achevant jamais, tant à cause des obstacles rencontrés que de l'inconstance des directions. En second lieu, ce n'est pas le coût lointain, révolu, aussi dénué de pouvoir que l'utilité révolue, qui doit être prise en considération, mais le coût vivant, le désir prochain, le coût en avant de l'utilité et non en deçà, directeur de l'action et non simple antécédent. — Enfin, ce n'est pas d'un équilibre individuel mais social qu'il s'agit; la théorie classique de la distribution réduit par trop l'ensemble des rapports économiques aux proportions d'un compte d'entrepreneur, alors qu'en réalité c'est le coût social qui est en question, le problème des alternatives imminentes qui se trouve posé, renouvelé à chaque stade de l'action. — Au lieu d'une égalité entre deux termes individuels, il y a tendance à une égalité de rapports entre les coûts et les prix en vigueur dans un même groupe économique (v. Clark, *Distribution of Wealth* (p. 17). La définition traditionnelle du prix normal : « égal au coût » est essentiellement individualiste. En réalité : « normal prices mean equalized wages and equalized interest » (p. 16); v. dans le même sens *op. cit.*, p. 69.

matière d'utilité (principes de décroissance et de substitution), mais le jeu de ces forces peut être analysé avec plus de détails à mesure que l'on remonte plus haut dans l'élaboration productrice (1). Une force dont l'action n'était pas apparue en matière d'utilité se fait jour et influe directement sur l'évaluation des services producteurs : c'est le principe de *diminishing return* physique. Les spéculations sur l'utilité ne se préoccupent pas du problème de la production; ou le leur a d'ailleurs vivement reproché, elles envisagent la quantité de richesse et l'énergie du désir sans remonter jusqu'aux diverses causes qui influent sur le premier ce ces deux termes; cette abstraction peut être considérée comme légitime, puisqu'elle permet de réaliser la synthèse économique du coût et de la rareté, de rétablir l'unité nécessaire dans le problème de l'évaluation; en réalité, une seule phase (décisive il est vrai) du problème se trouve éclairée d'une lumière plus vive qu'elle ne l'avait été jusqu'alors.

L'évaluation des services producteurs oblige au contraire à

---

(1) Le principe de substitution, déjà prépondérant dans l'évaluation des biens achevés, prend plus d'importance encore quand il s'agit d'évaluer des ébauches, encore modifiables, d'utilités futures; c'est la substitution du moyen au moyen qui est surtout envisagée (de même que celle des fins entre surtout en jeu en matière d'utilité proprement dite), substitution de moyens d'autant plus libre qu'on est plus loin de l'utilisation finale; plus on envisage des services relativement élémentaires, plus variées sont les combinaisons dans lesquelles ces services peuvent entrer; on a souvent insisté sur la facilité (démontrée mieux encore par l'effort industriel de guerre actuel) avec laquelle un outillage peut s'adapter à des formes de production très différentes de celles qui lui avaient d'abord été assignées; la division du travail, l'extrême spécialisation des tâches personnelles et réelles a, dans l'ensemble, plutôt augmenté que diminué la mobilité économique des agents producteurs, leur interdépendance s'accentue mais les modes de groupement, les formes d'organisation progressent plutôt en variété; si l'on considère un facteur déterminé, la multiplicité des alternatives de dépendance tend à donner à l'agent producteur une indépendance personnelle effective (comme la multitude des liens sociaux tend à consacrer l'autonomie personnelle); tout juste parce que son action se limite à un tâche précise, peu significative par elle-même, elle est susceptible de s'intégrer dans un grand nombre de combinaisons productrices possibles; de même plus une industrie est développée, plus nombreuses sont les facultés de substitution entre ses facteurs les plus divers. L'action du principe de décroissance du désir se trouve d'autant plus atténuée que le principe de substitution s'exerce avec plus de plénitude; son efficacité diminue donc à mesure que l'on remonte le cours de l'œuvre productrice. (Sur la substitution, v. Leroy-Beaulieu, préface à trad. fr. de *Distribution of Income*, de Smart).

envisager l'action économique non plus seulement au moment
final, critique, mais dans tout son développement. La réunion
sur un point déterminé des services producteurs met donc en
jeu la double limite qui circonscrit le champ de l'action : plus
les services s'accumulent, plus leur efficacité physique diminue
(rendement non proportionnel), plus les produits s'avilissent
(loi de décroissance du désir); ces deux forces cheminent normalement l'une à la rencontre de l'autre, l'avilissement et le
rendement non proportionnel s'unissant pour accentuer la stérilité économique relative de l'effort et hâter son découragement.

Mais au lieu d'agir cumulativement, ces deux forces agissent
parfois d'une manière réciproquement compensatrice; le ralen-
tissement forcé dans la progression de la productivité physique
permet à la productivité-valeur de se maintenir à un taux sensiblement constant; en tous cas, leurs alliances, leurs oppositions doivent être, dans chaque situation, étudiées d'une façon
précise pour que l'action propre de chacune se trouve aussi
exactement que possible dégagée (1). L'identification hâtive de
ces deux concepts si différents et si connexes à la fois de productivité physique et de productivité en valeur suscite bien
des erreurs, tend à perpétuer dans certaines théories (celle de
l'intérêt notamment) l'ancienne conception physiocratique du
revenu net (2).

(1) Les mouvements d'afflux des divers facteurs n'étant pas simultanés, l'abondance de l'un suscite, toutes choses égales, la
rareté de l'autre (v. Clark, *Distribution of Wealth*, pp. 171-2).
On peut comparer cette formule à celle qui sert de base à la
loi des débouchés de J.-B. Say (L'abondance plus grande d'un produit ou d'un facteur a pour résultat un accroissement de rareté
collective des autres produits, des autres facteurs).

(2) Les deux principes, en même temps qu'ils ont leurs concordances et leurs interférences de résultats, ont aussi leur paralléli-
lisme, qu'on envisage l'étendue de leur action ou la nature de
leurs palliatifs. Leur universalité d'application a été discutée; il
n'y a pas à revenir sur ce qui est relatif au principe de *diminishing return* psychique, l'universalité du principe de *diminishing
return* physique est tout aussi certaine; pour lui aussi, les prétendues exceptions ne sont en réalité que des cas d'application plus
ou moins lente. Ainsi, on oppose en vain le *diminishing return*
agricole à l'*increasing return* industriel. *Increasing* et *diminishing return* ont chacun leur moment d'action; l'un et l'autre
s'appliquent partout, pendant des phases déterminées et non toujours dans des zones spatiales limitées. Comme en matière psychologique, une formule précise de la loi suffit à dissiper bien des
malentendus : étant donné un milieu, c'est-à-dire un ensemble de

forces productrices constitué, supposé stable, si on lui adjoint une série d'actions identiques, les résultats de ces combinaisons successives formées de groupes producteurs, dont tous les éléments demeurent intacts, tandis qu'un seul augmente de fractions égales à chaque expérience, ne seront pas proportionnels aux variations de ce facteur unique; si par exemple l'adjonction de la première unité de ce facteur a augmenté le produit total de dix unités, le concours d'une seconde unité augmentera le produit total non de dix unités nouvelles, mais d'un nombre plus grand ou plus petit; ce nombre sera plus grand lorsque la formule d'adaptation la meilleure entre le facteur variable et les facteurs constants sera en voie d'être atteinte; la seconde unité ajoutée donnera alors quinze, par exemple, au lieu de dix. Quand le point d'efficacité maxima sera atteint, la période de *diminishing return* commencera; si par exemple, en l'état de l'importance actuelle des éléments constants, la formule d'adaptation la plus efficace impliquait l'addition de dix unités du facteur variable et que la dernière unité, celle qui a marqué le progrès suprême, ait augmenté, relativement à celle qui l'a immédiatement précédée, le produit total de trente unités (alors que l'unité antérieure, ne l'avait augmentée que de vingt-huit), la onzième unité ne l'augmentera plus que de vingt-cinq.

Ces deux courbes inverses sont les signes d'une imperfection économique dont la correction s'effectue par deux moyens opposés successifs, mais qui résulte d'un même fait fondamental : la disproportion actuelle des forces physiques, l'utilité d'une formule mieux équilibrée. L'une et l'autre rappellent l'harmonie nécessaire des forces (comme le principe de *diminishing return* psychique rappelle l'harmonie des désirs et des tendances, l'adaptation de tout jugement de valeur non à une force psychique isolée, mais à une synthèse personnelle). Les périodes d'*increasing* et de *diminishing return* marquent progression ou régression à l'égard de cette formule d'équilibre, de cette loi d'harmonie, elles ont une signification concordante en ce qu'elles montrent la nécessité d'un effort permanent d'organisation.

Il n'a pas paru inutile de signaler bien des fois la différence qui existe entre l'*increasing return* et les économies de frais généraux résultant des grandes entreprises; une intensification de la force productrice d'une entreprise n'amène souvent pas une augmentation proportionnelle des frais généraux; en un certain sens, il est permis de dire alors que ces frais jouaient le rôle de milieu, de témoins; l'accroissement des facteurs variables donne des produits moins coûteux, c'est-à-dire en somme un produit net plus abondant; c'est là un aspect assez lointain du principe d'*increasing return*, mais cette application n'est ni absolument exclusive à l'industrie, ni indéfiniment vraie. Quand la limite d'équilibre entre les frais généraux et les dépenses de production directe est atteinte, la dégression se produit et l'on a intérêt à augmenter l'élément demeuré en retard sur le développement d'ensemble de la production. Il est seulement exact que l'industrie, où la dépendance à l'égard de l'action humaine s'élève au maximum, où la pression du milieu physique est réduite au minimum, permet des réadaptations plus libres, des combinaisons plus précises, grâce auxquelles on peut réserver aux forces productrices les combinaisons les plus aptes à donner le bénéfice de l'état d'*increasing return*. — de même le *diminishing return* se rencontrera plus souvent par le fait du sol que des autres facteurs, parce que les autres facteurs s'accroissent, changent leurs fonctions plus facilement que lui; mais on ne saurait être autorisé à convertir une simple indication en une règle aosolue; l'économie pure a montré que bien des particularités apparentes n'etaient que les premiers indices de faits généraux, que l'on attribuait exclusivement à certains objets, a certains actes des caractères qui n'appartenaient pas à eux seuls, mais qui se révélaient simplement chez eux d'une manière plus apparente. Le seul moyen de conjurer les effets du *diminishing return*, objectif ou intérieur, se ramène a une réintégration de l'équilibre dans l'ensemble des forces en présence; cet équilibre est reconquis par un effort de variation, variation consistant soit dans l'enrichissement du milieu sur lequel agit l'élément pris comme objet d'observation, soit par un renouvellement accompli dans le mode d'action de cet élément sur son milieu. — La rareté d'un facteur exprime le point d'évolution où se trouve exactement ce facteur à l'égard de l'ensemble des autres forces associées avec lui; sa courbe ascendante ou descendante marque les variations de ses rapports quantitatifs avec l'ensemble des richesses impliquées dans la même action collective. Si l'on considère l'ensemble de l'évolution économique contemporaine, ce n'est pas le sol qui a été l'agent le plus constamment raréfié par la loi du *diminishing return* : les mouvements de population résultés du développement industriel, le grossissement démesuré des grandes agglomérations suscitent des progressions de rente foncière considérables en elles-mêmes, mais locales, peu importantes peut-être dans l'ensemble du mouvement de la richesse, plus qu'compensées probablement par le délaissement relatif d'autres parties du sol, plus ou moins complètement dépeuplées, concurrencées dans leurs produits par des produits lointains. — On a pu dire avec exactitude que, si les faits n'avaient pas démenti la loi de Malthus, ils avaient en tous cas conjuré ses inquiétudes (et peut-être confirmé d'autant plus la loi, en tant que proposition générale); au lieu d'avoir à constater le *diminishing return* du travail, sans cesse plus abondant, sur un sol immuable et proportionnellement de plus en plus rare, on a au contraire le spectacle d'ensemble d'une richesse extérieure donnant un rendement décroissant aux mains d'une force de travail qui s'est accrue moins vite qu'elle. Le résultat qui importe le plus, d'ailleurs, est dans l'universalité commune des deux principes de *diminishing* et d'*increasing return*, significatifs d'un même fait essentiel, combinant leurs actions physique et psychique avec une plénitude plus grande à mesure que l'on remonte plus haut dans la formation des richesses (v. Bullock : *The Variations of productive Forces*, Q. J. O. E., t. XVI, 1901-02, pp. 473-513).

IV. — APPLICATION DE LA THÉORIE DES LIMITES A LA PRODUCTIVITÉ

L'économie psychologique s'est appliquée avec beaucoup de soin à fixer le critérium de la productivité marginale. Menger et Wieser ont tenté des esquisses successives d'une théorie analytique de la production, Clark en a donné la formule la plus achevée, la plus caractéristique des mérites et aussi des lacunes de la conception marginale.

Menger et Wieser ont étudié le problème, en quelque sorte, du dehors; au lieu d'aborder directement l'unité marginale productrice, ils s'attachent à l'ensemble du résultat producteur. La théorie de Menger (1), dite de la coopération, repose sur la mesure d'un service par la perte résultant de sa privation. L'efficacité d'une force a un critérium négatif : cette force se mesure par la différence établie entre le résultat final que l'on obtient avec elle et celui qui est obtenu quand elle disparaît, toutes choses égales d'ailleurs. On peut reprocher à une telle théorie un point de vue par trop mécaniste; elle n'est pas sans quelque ressemblance avec la conception spencérienne de la symétrie des évolutions progressives et regressives; l'œuvre productrice serait en effet expliquée, le secret de sa formation se trouverait surpris par cette régression artificielle, cette dissociation des éléments.

Le lien organique qui unit les diverses parties d'un ensemble producteur se trouve méconnu; en retranchant un facteur, on appauvrit l'ensemble non seulement de l'apport individuel de ce facteur, mais du résultat social produit par sa combinaison avec les autres facteurs. Ainsi, en attribuant rétrospectivement à cette force distraite toute la part de richesse disparue depuis son retrait, on lui attribue plus qu'il ne lui est dû; le témoignage pratique de l'erreur où conduit cette conception atomique, cette hypothèse d'une juxtaposition pure et simple de forces se trouve dans les paradoxes économiques qui pourraient se réclamer de l'application littérale d'une telle théorie.

(1) V. Exposé et discussion de la théorie de Menger dans Wieser, *The natural Value*, liv. III, ch. IV, pp. 81-6.

Si l'on généralise la proposition, en effet, que l'on élimine d'une coopération économique, non pas un facteur relativement limité, une certaine forme de capital ou de travail par exemple, mais toute une catégorie économique, que l'on supprime tout le travail ou tout le capital, le produit se trouvera non plus raréfié mais anéanti; l'un ou l'autre de ces facteurs essentiels aura ainsi le droit de revendiquer l'intégralité du produit. Il faut donc, pour que cette tentative analytique ait quelque valeur, qu'elle ait pour objet un facteur d'étendue assez limitée; la part de vérité contenue dans ce système ne pourra être utilisée que si l'on substitue aux unités qualitatives (catégorie de facteurs prise en bloc) des unités quantitatives, fractions d'une force productrice.

Sous ces réserves, la théorie du contrôle régressif reproduit un mouvement essentiel dans le rythme de la conception marginale. Elle ne devra pas être complètement oubliée, mais se combiner avec celle de Wieser (1), qui prend pour critérium le produit positif, suit l'œuvre productrice dans l'ordre même où elle se développe, repose sur l'imputation économique : étant donné un produit, on doit répartir sa valeur entre les divers facteurs économiques par l'action desquels ce bien a été produit et proportionnellement à l'action efficace de chacun. La théorie de l'imputation a pour fondement la distinction essentielle de la production physique et de la production économique. Le problème de l'imputation morale, pénale, n'est pas résolu par une régression vers toute la synthèse de causes et d'effets successifs résumés dans un résultat final, mais exige une reconstitution des actes volontaires dont le résultat accumulé doit servir de base à un jugement sur l'auteur de l'acte envisagé; de même la formation d'une richesse met en œuvre bien des forces non appropriées, inexistantes au point de vue économique, il importera, en laissant ces éléments hors du calcul, d'établir la part qui revient dans la rémunération collective à chaque facteur réalisant un certain degré de rareté. Cette discrimination de résultats sera obtenue sans briser en quelque sorte l'unité de l'œuvre productrice; en restant en pleine synthèse, un système assez ingénieux permettra d'analyser les actions et les sanctions productrices d'un système complexe, sans le frac-

(1) *Op. cit.*, chap. V-VIII, pp. 85-99.

tionner ni l'arrêter. Si deux richesses différentes contiennent l'une et l'autre les mêmes facteurs, même matière, même catégorie équivalentes de travail, connaissant le prix de l'unité de ces produits et les quantités respectives d'unités des différents facteurs il est facile de construire deux équations. Si, par exemple, un produit nécessite certaines quantités déterminées de matières premières et un certain nombre d'heures de travail, on s'acheminera vers la connaissance de la valeur exacte des divers facteurs en construisant une équation dont chaque inconnue représentera un facteur de production; elle sera précédée d'un chiffre indiquant le nombre d'unités par lequel ce facteur se trouve représenté dans le produit envisagé; le second terme de l'équation sera constitué par le prix total. Il suffira, pour que la valeur des divers agents de production soit déterminée, que l'on ait un système comprenant autant d'équations que d'inconnues (1). Wieser conclut non seulement à la justesse mais à la facilité de son système : le monde économique offre en effet infiniment plus d'équations que d'inconnues, un nombre relativement petit d'éléments sert à former une multitude de richesses.

Si le fait fondamental indiqué est vrai, si des éléments économiques, relativement peu nombreux, se retrouvent dans des formules très diverses, il s'en faut que ces formules aient une précision suffisante pour pouvoir affecter la forme d'équations : résumer le coût intégral d'un objet impliquerait une régression indéfinie et rouvrirait toutes les difficultés suscitées par la théorie de la valeur-coût. Il n'y a en réalité aucun produit dont la filiation économique puisse être arrêtée avec une certitude suffisante pour donner lieu à l'établissement d'une équation. La théorie de Wieser participe donc du même défaut initial que celle de Menger; elle s'essaie comme elle à une reconstitution totale de la production, aussi peu praticable que peu concluante dans ses résultats. L'une et l'autre, encore trop peu dégagées d'une même tendance à la matérialisation des éléments économiques (alors que le caractère positif de ces éléments est en raison directe de l'accentuation de leur caractère psy-

_____

(1) Si l'on suppose un produit composé de trois éléments constitutifs, il suffira, pour déterminer la valeur propre de ces trois éléments, que l'on puisse trouver trois produits dans lesquels ils entrent seuls et dans des proportions définies. On pourra en effet formuler trois équations pour ces trois inconnus.

chologique) explique les phénomènes de valeur comme des résultats matériels directement et complètement| expliqués par leurs antécédents au lieu de les expliquer comme des jugements humains par leur perspective, comme des actes par leur fin (1).

La conception marginale n'a donc pénétré pleinement dans la théorie de la distribution que bien après qu'elle avait été consacrée dans la théorie de la valeur. On en trouvera chez Clark l'essai d'application le plus complet. En même temps qu'il transpose dans cet ordre d'idées plus complexe le principe marginal des petites variations, Clark s'efforce d'enlever à ce principe le caractère abstrait qu'il affecte souvent, de montrer en lui la simple expression plus précise de calculs inséparables de toute entreprise industrielle. On déterminera donc la valeur actuelle de tous les facteurs de la production par la considération exclusive des unités, des zones, des moments marginaux.

L'ensemble des forces productrices d'une même industrie formant une synthèse vivante en quelque sorte, il faut se garder d'une reconstitution — inutile autant qu'illusoire, trompeuse à tous égards — des actions physiques produites par chaque catégorie, et à plus forte raison par chaque unité des diverses forces en jeu. Le résultat final (productivité en valeur) importe seul; plus ce résultat sera envisagé près de sa réalisation et dans de larges ensembles, plus on s'éloignera des considérations atomiques des régressions impraticables — plus l'expérience aura de chances d'être exacte.

La productivité totale est à la fois aussi obscure et aussi inefficace que l'utilité totale; elle ne peut donner lieu à aucune esquisse d'évaluation consistante, car de même qu'en re-

(1) Le schéma des équations, qui a simplement la valeur d'une analogie lointaine, sans application précise possible, ne diffère pas beaucoup de la théorie ricardienne. Il se ramène à une affirmation analogue : les valeurs des objets sont entre elles comme les quantités de travail qui, sous les formes les plus diverses, aux dates les plus variées, leur servent de soutien économique. Cette proportionnalité est impliquée par les formules de Wieser qui, en réalité, n'y ajoutent rien de bien essentiel. La proportionnalité des efforts et des valeurs n'est pas un principe d'explication, un fait pouvant servir de point de départ aux démonstrations scientifiques, mais un résultat approximatif, lointain, préparé par une discipline préalable; c'est la valeur en perspective qui attire l'effort, non l'effort qui crée la valeur. A vrai dire, la théorie ricardienne n'a pas prétendu autre chose; l'effort n'est pas la cause de la valeur, mais son signe, le seul signe saisissable pour elle, puisque l'étude directe du désir n'est pas encore abordée.

montant aux origines d'une synthèse donnée de désirs, on en
trouve un assez grand nombre d'infinis, c'est-à-dire d'incommensurables les uns aux autres à l'origine, on retrouve, en remontant le cours de la production, des services incommensurables les uns aux autres parce que chacun est indispensable et
irremplaçable. Comme l'a indiqué Jevons (1), on peut ignorer
des quantités totales et apprécier les petites variations qui viennent altérer ces quantités. La valeur d'un service producteur
dépend donc, à chaque instant, du service actuel rendu par
l'unité marginale de ce facteur.

L'unité marginale sera définie, en termes essentiellement
psychologiques : unité juste perceptible, action qui donne un
résultat appréciable (parce qu'elle augmente le produit total),
mais trop ténu pour marquer une altération progressive ou dégressive dans le taux du rendement (2).

Son efficacité physique sera, comme l'efficacité psychique
de l'unité marginale des biens de consommation, entre les deux
seuils absolu et différentiel, au delà du premier, en deçà du
second : elle aussi marquera l'instant rapide, la vision cinéma-
tographiée, la période d'immobilité appelée aussi période d'indifférence. L'action économique se trouve prise à un moment
assez bref pour apparaître sous un aspect mécanique; c'est le
moment de proportionnalité sensible entre une action isolée et
un résultat global, de coïncidence sensible entre un fragment
de courbe et une ligne droite; la théorie des limites et des petites variations se trouve ainsi appliquée non plus à des actes
psychiques, aux réflexions intérieures suggérées par la vie économique, mais au monde économique directement. Le propre
de l'unité marginale est en effet de pouvoir être indifféremment progressive ou régressive, une unité enlevée diminuant
autant le produit qu'une unité ajoutée l'augmenterait; l'unité
marginale est la limite de deux séries de variations convergentes. Ainsi se trouvent conciliés et dépassés à la fois les points
de vue adverses de Menger et de Wieser; leur désaccord, ainsi

(1) *Théorie de l'Économie politique*, traduct. Barrault, p. 111 :
on peut connaître le degré d'utilité en un point bien qu'ignorant l'utilité totale. Une personne peut n'avoir pas d'idée de sa
richesse totale, mais posséder le compte exact de ses revenus et de
ses dépenses.
(2) Clark, *Distribution of Wealth*, pp. 246-261.

qu'on l'a fait observer pour un désaccord analogue, s'explique
par un malentendu : la valeur d'un agent de production n'est
mesurée ni par ce qu'il ajoute, ni par ce que son retrait supprime, si l'on prend ces deux termes dans leur ensemble, mais
elle dépend des deux et, pour éviter toute contradiction, doit
les saisir au point où ils tendent à se rencontrer : les antagonismes irréductibles des périodes supra marginales aboutissent
aux concordances dans cette zone d'immobilité relative ou d'indifférence qui vient d'être définie théoriquement et qui va être
décrite d'une façon plus complète. Ce qui était inapplicable à
ΔX devient exact appliqué à dx (1).

V. — LA NOTION DE PRODUCTIVITÉ MARGINALE ET L'EXPÉRIENCE ÉCONOMIQUE

En l'appliquant aux phénomènes de distribution, Clark s'efforce, de donner à la théorie marginale un caractère concret, de
démontrer qu'elle n'est que l'expression des calculs auxquels
se livrent constamment les chefs d'entreprise. Une notion nette
de la productivité marginale résume en effet la sanction de tout
effort industriel.

Cette notion se lie aux idées économiques essentielles de
Clark : la coopération organisée entre les hommes et leur milieu physique doit avoir lieu selon des proportions dont la formule varie avec les ressources propres à chaque facteur; la recherche de cette formule d'efficacité maxima est sans cesse à
refaire; elle tend à se réaliser, plus exactement, l'interprétation des résultats économiques la dégage plus ou moins nettement, mais elle se transforme avant d'être réalisée; sa complexité vient de ce que les résultats économiques ne s'additionnent pas, ne se multiplient pas en proportion simple avec les
modifications quantitatives des forces productrices; le développement ou la réduction proportionnelle de ces forces ne donne
pas des représentations successives augmentées ou réduites d'un
même modèle, mais suscite des créations irréductibles au modèle antérieur (2). Cette proposition, qui ne fait que traduire

(1) Edgeworth. Q. J. O. E., t. XVIII, pp. 167-8.
(2) *Distribution of Wealth*, p. 170.

dans le domaine extérieur ce qui a déjà été dégagé dans le domaine psychique, se ramène à l'affirmation du caractère organique des groupements de forces économiques, principe dont la pénétration plus ou moins complète a été l'un des moyens de différenciation les plus significatifs entre les systèmes économiques.

La science économique en arrive à chercher de plus en plus, dans les faits extérieurs, une projection des modalités de la vie psychique, projection d'autant plus directe que les résultats extérieurs d'aspect objectif sont ici, dans une large mesure, des produits de l'action humaine (1).

Le rapport quantitatif existant entre les forces disponibles, humaines et extérieures à l'homme (car c'est cette distinction qui a en réalité la plus grande importance) fixe donc leurs formes de groupements les plus productives. Si l'on considère, pour simplifier, l'ensemble du monde économique comme une vaste entreprise industrielle, chaque état numérique de la richesse appellera certains aspects de richesse. Si la richesse disponible double, toutes choses égales d'ailleurs, l'outillage industriel existant ne sera pas doublé, ses augmentations seront beaucoup plus qualitatives que quantitatives. Le phénomène inverse se produira s'il y a diminution de richesse; il y aura moins raréfaction que régression de l'outillage. C'est en somme une des lois bien connues de la consommation appliquée intacte à la production, c'est une manifestation de plus de cette tendance à expliquer l'action par son terme, à montrer la continuité des faits économiques renfermant tous, à des degrés divers, production continuée, consommation anticipée.

Ainsi, les formes d'ensemble des diverses actions productrices seront déterminées par le rapport de la population et de la richesse et la loi marginale ne fait au fond qu'exprimer ce principe essentiel de discipline. La zone d'indifférence, qui est le

---

(1) En outre, en se plaçant à un point de vue plus général, aussi complet a été l'échec des tentatives d'explication de faits humains par des catégories d'ordre physique, autant certaines formes de relations qui semblaient ne pouvoir s'appliquer qu'à des phénomènes d'ordre moral apparaissent de plus en plus comme susceptibles d'embrasser même des faits d'ordre physique (idées de contingence relative, de déterminisme statistique, de réciprocité d'action, de rapport fonctionnel).

lieu des unités marginales, marque le terme, plus ou moins flottant, de l'action utile, la pression minima de l'intérêt.

Cette zone d'indifférence est d'abord définie à un point de vue individuel. Etant donné une entreprise qui dispose d'un certain capital, supposé stable et d'une main-d'œuvre encore mouvante, en voie d'adaptation à l'outillage, la progression de la main-d'œuvre donnera d'abord des résultats plus que proportionnels, c'est l'indice d'une insuffisance; puis la progression cessera et, pendant une phase plus ou moins prolongée, la main-d'œuvre pourra être augmentée ou diminuée sans profit ni perte; c'est ce signe qui est caractéristique de la zone d'indifférence (1) et justifie son nom; indifférence ne signifie pas absence de résultat physique, mais identité économique de la cause et de l'effet, sans qu'il y ait place pour aucune variation, d'où absence d'intérêt. Ainsi, dans une entreprise déterminée constituant une organisation définie de forces humaines et physiques, ayant elle-même des rapports normaux avec un groupe social, l'ouvrier marginal, la machine marginale, la terre marginale seront les unités dont la présence ou l'absence ajoute ou retranche à la valeur du produit total une somme juste égale à celle que coûte leur concours. Cette manifestation locale du phénomène marginal n'est que le résultat, l'indice d'un phénomène plus étendu; mais, avant de suivre l'élargissement nécessaire du phénomène, il n'est pas inutile de le décrire entièrement, tel qu'il se manifeste déjà sous cet aspect réduit.

On parle souvent de l'unité marginale en l'identifiant avec une individualité. On serait alors tenté de croire, par une extension trop littérale du concept ricardien, que l'ouvrier ou le capital marginal est comme l'équivalent de la terre marginale, de la dernière terre mise en culture, de l'instrument le plus pauvre. Il n'en est rien ; le principe de productivité, comme celui d'utilité marginale, perd toute sa signification si on lui enlève son point d'appui mathématique, s'il cesse de se mouvoir au milieu d'unités de même espèce. Le rapport marginal, la discipline marginale s'établit donc entre des instruments de même puissance, les vicissitudes de leurs valeurs n'étant sous la dépendance que de leur rapport numérique avec l'ensemble du milieu. Sans doute il y a encore beaucoup de l'idée ricar-

(1) Clark, *Distribution of Wealth*, p. 102.

dienne dans la théorie marginale, mais la préoccupation qui inspire la théorie classique de la rente et celle qui est à la base des spéculations marginales sont loin de se confondre.

Le fait servant de point de départ est le même dans les deux théories : répétition d'une série d'actes identiques dans un même milieu, divergence des résultats finalement décroissants; mais la théorie de Ricardo se préoccupe du rôle joué par le milieu, l'élément fixe, centre d'attraction inextensible d'un afflux de forces de plus en plus pressé. Au lieu de se préoccuper des accroissements de valeur du milieu, les théories psychologiques envisagent l'autre aspect de l'événement, les dépressions de valeur de l'élément variable. Les deux théories considèrent sous deux aspects différents les résultats qualitatifs des altérations quantitatives survenues dans les rapports des divers éléments: Ricardo montre l'intégration et l'élévation graduelle dans la hiérarchie des biens économiques d'objets autrefois exclus du cercle des richesses, ne leur appartena point par droit de naissance, mais occasionnellement; la théorie marginale marque au contraire la sortie prochaine d'un bien du domaine des richesses, ou du moins la régression marquée, la menace d'exclusion. La marge qualitative, la marge de conquête qui dominait la théorie de Ricardo devient marge quantitative et régressive (1).

(1) En réalité, ce sont deux périodes différentes de l'action : la théorie marginale actuelle se place à un moment antérieur à celui pris pour centre des démonstrations de Ricardo. C'est le moment du dernier travail utile dans l'ancien milieu, le point d'équilibre, extrêmement rapide, à peine saisissable; Ricardo considère ce point comme déjà franchi, l'afflux des forces mobiles s'étant porté sur un terrain nouveau. La théorie de Ricardo met en lumière un accroissement de valeur, accroissement de valeur du produit, création de valeur du sol; la théorie marginale étudie avant tout l'évolution dégressive d'une valeur; ce sont les deux mouvements inverses composant une même action complexe qui se sont trouvés étudiés tour à tour d'une façon exclusive. Ces deux actes inverses ont d'ailleurs une même signification dernière; ils montrent combien la valeur est fonction de la rareté, c'est-à-dire du rapport actuel, mouvant, entre la quantité objective et l'énergie du désir, l'une montre l'influence de ce rapport manifestée par une création économique de richesse, l'autre par une réduction de richesse.

Si dans la théorie de Ricardo les terres inégales sont classées d'après leur mérite propre, dans la théorie de Clark les séries d'actes producteurs sont ordonnés d'après l'aide qu'ils reçoivent de leur milieu; les unités marginales sont tout juste celles que leur milieu n'aide plus, qui sont sur des terres sans rentes, plus largement dans un milieu inerte, en quelque sorte, indifférent (pour reprendre l'expression de Clark), qui laisse simplement les forces mobiles produire leur action. Ce point d'indifférence mar

C'est, sous une autre forme, l'antithèse ricardienne de la rente croissante, du profit déclinant qui reparaît (le salaire réel restant par la force des choses à peu près constant). Les phénomènes autrefois localisés dans certains facteurs de production, dans certaines classes d'individus, sont généralisés à l'ensemble des facteurs; au lieu de localisation spatiale, il y a des distinctions de périodes, des rapports dynamiques de rareté, des quantités passant par variations continues de l'état positif à l'état négatif. Ainsi, la précision la plus importante à donner au sujet de la notion marginale consiste dans son homogénéité, dans son caractère quantitatif.

Ce caractère explique de lui-même tous les autres traits essentiels de la conception, les actes rangés dans une même catégorie représentent des expressions de forces strictement équivalentes, ne différant que par leurs fonctions; il n'y a pas d'instrument marginal, mais une fonction marginale, une situation marginale; pratiquement, cette fonction ou cette situation marginale est celle qu'on laisserait vacante la première si les ressources étaient diminuées d'une unité, celle que l'on imaginerait la première si une unité nouvelle de même espèce était recrutée. De même que les unités d'aptitudes analogues, de virtualité économique équivalente concourent seules à la détermination d'une unité marginale, qu'il y a ainsi homogénéité, que la différenciation marginale n'implique pas, qu'elle exclut rigoureusement au contraire toute différence qualitative entre les unités, on doit ne pas perdre de vue non plus la simultanéité des actions.

La fonction marginale est la dernière des fonctions existantes ou la première des actions possibles logiquement, mais non chronologiquement; elle fait partie d'un concert simultané, se combine avec les autres facteurs, exprime à sa manière, comme toutes les autres unités de l'ensemble, un rapport avec l'action

que en même temps un état d'indépendance, de transparence; il est permis d'éprouver alors l'action propre d'un facteur puisqu'elle se trouve seule à l'œuvre, les autres étant momentanément inefficaces. Passé ce point d'indifférence, l'état d'hostilité, d'obstruction économique commencera, l'action du facteur, désormais en surnombre, n'aura même plus le support qui lui était nécessaire et retombera peu à peu dans cet état d'impuissance économique qui avait marqué son point de départ avait qu'il eût atteint le seuil d'efficacité physique collective, un point de vue de cette action. Chaque moment de l'action collective donne aux divers facteurs leur cadre marginal, qui est un résultat actuel, une estampille collective sur toutes les unités du même groupe, prises à un même moment, unies dans le temps comme elles sont assimilées dans leur efficacité virtuelle.

Les diverses phases de l'action, à mesure qu'elles appellent des variations quantitatives dans les divers facteurs, leur impriment une même discipline marginale. L'idée marginale ne se lie pas à des moments individuels successifs, mais à un seul moment collectif; les types marginaux varient avec chaque évolution de la structure économique.

En même temps que l'homogénéité et la simultanéité, la notion marginale implique le caractère impersonnel, collectif, de la fonction limite. Ce n'est que par approximation assez rudimentaire que l'on individualise l'action marginale, la théorie reposant non sur des différentiations individuelles, mais sur des variations de rapports, sur des expressions essentiellement collectives; on doit envisager l'œuvre accomplie et les divers facteurs pris dans leur ensemble; dès lors, chaque type d'organisation implique non une unité marginale placée sur un point déterminé, mais sur tous les points de contact entre les divers facteurs, une série de zones marginales, de faits marginaux, incorporés dans les instruments les plus divers (1).

De même que très peu de biens achevés sont intégralement marginaux, peu de facteurs individuels se trouvent entièrement employés à des fonctions marginales; c'est chacun des instruments, chacune des parties de l'action d'ensemble qui remet en question la formule de coordination des facteurs, suscite la question du rendement maximum et s'ordonne en fonction de la loi des limites. Il faut donc parler non plus, comme on le fait parfois, d'individualité marginale, mais d'adaptation marginale, inhérente aux conditions d'ensemble de l'action, réalisée entre tous les agents économiques disponibles.

Le caractère collectif de l'idée marginale doit être examiné encore plus avant. La notion de marge composite, prise dans une seule et même industrie, n'est qu'un aspect dérivé du con-

(1) Clark, *op. cit.*, p. 108.

cept social. Si en effet, pour reprendre le critérium de Clark, l'unité marginale rapporte juste ce qu'elle coûte, si elle est payée juste ce qu'elle produit, c'est parce que son efficacité est exactement mesurée. De même que chaque ensemble producteur va irrésistiblement vers un point d'équilibre, dans la mesure où les groupements d'une même société économique sont en état de rapports libres, de mobilité, il se forme une zone collective, soutenue par l'accord de tous les facteurs; après être parti de l'individu marginal, on en arrive à la dispersion, à l'omniprésence d'un état marginal, création simultanée de tous les facteurs d'un même milieu. A un moment déterminé, on trouve à la fois une empreinte marginale commune à tous les facteurs de même espèce et une série de pressions marginales répandues sur tous les points de l'action; les unités marginales sont faites de la synthèse de ces faits. Au lieu de synthèses individuelles, on doit réaliser une synthèse collective du travail et du capital marginal, infuse, selon une expression de Clark, dans l'ensemble des forces productrices.

A travers les inégalités considérables des sanctions, des réalisations économiques attribuées à des forces de même espèce, de même puissance, il existe à chaque moment un emploi marginal qui égalise la valeur de ces forces; l'unité marginale n'est que l'expression de cet ensemble d'actions les moins favorisées par le milieu, placées à la limite de l'intérêt. Les zones marginales des diverses industries s'apparentent étroitement les unes aux autres, dans un ensemble bien coordonné, en vertu de cè principe de mobilité, de *self interest*, si constamment invoqué par l'école classique, utilisé, après avoir été à la fois élargi dans son but, limité dans sa plénitude d'action supposée par l'économie psychologique.

C'est à cette affirmation que se réduit en réalité la proposition traditionnelle sur l'égalisation automatique du prix au coût, sur la suppression des profits proprement dits, au sens usuel que l'on donne à ce mot (gain du capital supérieur au simple intérêt). En réalité, cette affirmation ne vaut que pour la région marginale; elle n'explique pas l'action, mais plutôt le terme de l'action, atteint non ce qui meut, mais ce qui arrête l'activité. C'est donc seulement dans la région marginale qu'il y aura nivellement social des conditions de l'activité et, par suite, tendance vers l'équilibre par migrations compensatrices jusqu'à cet état normal de *mobility motionless* (1).

L'homogénéité, la simultanéité des puissances économiques disciplinées par un même type marginal, l'ubiquité, l'immatérialité de ce type d'action expliquent aisément toutes les conséquences de la théorie. On peut la trouver bien abstraite, presque insaisissable; elle correspond cependant à une réalité positive; zone marginale signifie : aire, conditions d'action. L'ancien concept réaliste se mue en concept dynamique; les véritables unités de richesse productrice ne sont pas des individualités; à travers leurs incorporations diverses, ce sont les résultats qui constituent des faits vraiment dignes d'attention, c'est-à-dire, selon l'un des concepts essentiels de la philosophie économique de Clark, des parcelles de capital pur et de travail pur (2), d'énergie dynamique, traduites en valeur, dominant les incorporations de richesse, leur survivant, les dirigeant en dernière analyse. Ce concept de capital et de travail purs peut être rattaché à une affinité de pensée leibnitzienne; c'est la puissance se réalisant plus ou moins complètement dans l'acte, les inégalités de réalisation sont dues, non à des altérations, à des inégalités, à des vices propres de la puissance, mais à l'aide plus ou moins accentuée du milieu. Ce changement de point de vue se rattache à une évolution plus profonde survenue dans les préoccupations, qui vont de plus enplus des choses aux actes, des formes aux résultats.

Les conditions d'existence de l'action ou plutôt de l'occasion marginale suffisent à en révéler toute l'importance réelle; si elle marque l'arrêt, plus exactement le renouvellement prochain de l'activité, le point de moindre résultat positif, elle éclaire par contre toute la région d'activité antérieure. Si elle marque un moment d'indépendance ou de moindre organisation passagère, elle constitue le point critique où la formule générale d'organisation se laisse le mieux approcher. C'est ce qu'exprime Clark lorsqu'il déclare que la productivité marginale, loin d'être une formule extrême, exceptionnelle, réser-

---

(1) Clark, *Essentials of economic Theory*, p. 127 : ... this is a condition of perfect mobility without motion — of atoms ready to move at a touch without the touch that would move them.

(2) Clark, *Distribution of Wealth*, Intr., p. IX; increment signifie « quantity permanent capital ».

vée aux facteurs les moins aptes, aux actes les moins bien venus, s'applique à tous les agents économiques de même puissance, c'est-à-dire à tous ceux qui sont, à un moment donné, exactement interchangeables dans tous leurs emplois possibles. C'est dans ce sens qu'il a pu être dit qu'à chaque moment de l'action toutes les unités représentatives d'une même puissance économique ont non seulement une même rémunération, mais une même productivité effective, une même valeur intrinsèque (1).

Toutes les puissances de même étendue sont marginales à deux points de vue ,parce que quelques parcelles de leur activité sont souvent employées à des usages marginaux et s'incorporent à la zone sociale d'indifférence, et aussi parce que dans leur intégrité elles sont interchangeables. Les vicissitudes de leurs résultats ne peuvent leur être imputées puisqu'elles sont sous la dépendance exclusive du milieu. Ainsi, étant donné une unité de capital ou de travail pur, définie avec le plus de précision possible, s'il s'agit de capital par sa valeur, s'il s'agit de travail par les éléments les plus propres à l'identifier (durée, habileté acquise ou naturelle, et — résumant cet ensemble de signes, les contrôlant tout en étant soumis à leur contrôle — le taux de sa rémunération), son produit marginal marque non pas son efficacité minima, mais son efficacité vraiment propre.

Ce que l'action de ce facteur obtient dans d'autres régions n'est pas le résultat de sa propre efficacité, mais de l'ensemble constitué par cette action et son milieu, actif et passif (forces collaboratrices et terrain d'action). La distribution est juste quand elle s'appuie sur la productivité spécifique; en ne recevant jamais plus, aucune unité n'est lésée.

En somme, la méthode marginale a pour but de réaliser l'individualisation du résultat économique, mais cette individualisation n'est obtenue que par l'établissement préalable du résultat collectif; le résultat individuel se définit en l'état de l'organisation d'ensemble actuelle, se modifiera à chaque changement survenu dans la formule de l'équilibre général. Modelée par les

_____

(1) Clark, *Distribution of Wealth*, pp. VIII-324. L'increment final est un « social increment ». Aucune des unités de même espèce rémunérées à un même moment, à un même taux, malgré la diversité matérielle des tâches remplies, ne se trouve frustrée (« no robbery », p. 323).

exigences actuelles de la collaboration économique, la formule marginale devient elle-même le principe d'un résultat collectif, imprime une estampille non artificielle, arbitraire, mais exacte, à un ensemble d'actes ou de biens de même puissance, exprimant à travers des diversités physiques une identité de ressources et de rendement effectif. La notion de l'effort individuel ne se dégage nettement qu'en raison de la connaissance que l'on a du résultat collectif (1).

La théorie marginale prétend s'exercer non sur des concepts purement abstraits, mais sur une réalité poursuivie, dégagée dans chaque industrie par un effort expérimental constant. Si les groupements de forces productrices ne sont atteints dans leur ensemble que par les révolutions industrielles, les grands courants sociaux inventifs, les substitutions marginales de facteurs, les réadaptations, les petites variations sont inséparables de toute vie industrielle, indispensables aux succès d'une entreprise. C'est cet effort permanent d'observation, de prévision, réalisé par l'ensemble des producteurs d'une même industrie et plus largement par les diverses industries, d'un même groupe économique qui assure à la fois l'évaluation sociale exacte des ressources et leur emploi le plus productif.

On a parfois été tenté de rapprocher cette théorie de celle du fonds des salaires, parce que l'une et l'autre conclueraient à la rémunération minima. Ces deux conceptions sont cependant aussi opposées que possible l'une à l'autre. Au lieu d'être fixé par des faits rétrospectifs, des résultats acquis (disponibilités

---

(1) Le propre de cette théorie est de s'en remettre beaucoup plus à la substitution qu'à la concurrence du soin de fixer la valeur des instruments de production; c'est avant tout le groupement des forces, leur remaniement continuel par le chef d'entreprise qui dégage, en l'état de certaines ressources, de certaines aspirations, la formule d'organisation la meilleure et la productivité intrinsèque de chaque facteur; quant à la concurrence proprement dite, elle n'est qu'un des résultats de cette mobilité économique nécessaire à la cohésion d'un groupe, à son organisation dans le sens du rendement maximum. C'est comme manifestation de cet état général, plutôt que par ses mérites propres, que son rôle économique s'affirme; elle n'est qu'un aspect passager, un moyen de réaliser le classement des instruments de production, une forme de substitution, forme inférieure à la substitution directe, s'affirmant comme un antagonisme de fins, alors que la substitution réalise directement l'économie des moyens en vue de la réalisation la plus complète d'une fin directement envisagée.

préalables en capital et nombre des copartageants), le salaire, comme toute autre rémunération d'ailleurs, est payé sur un fonds mobile susceptible d'accroissement : le prix du produit déterminé par l'énergie du désir qu'il suscite. Au lieu d'être mesurée par le coût initial de l'effort, la rémunération dépend du résultat, étroitement solidaire du milieu. L'adaptation heureuse des forces, c'est-à-dire en somme l'invention, prend le pas sur le travail lui-même en tant qu'élément de production.

Autant que de la théorie du fonds des salaires, la théorie de la productivité spécifique s'éloigne du concept de la cristallisation du travail dans la valeur, de l'étalon de travail, mesure, substance de valeur, donnant lieu à cette revendication du produit intégral dont l'énoncé aboutit à une véritable impasse, tous les facteurs pouvant, au même titre, élever une semblable revendication. L'empreinte du travail, comme de toute autre action productrice, ne se cristallise jamais, se refond, au contraire, sans cesse, dans un creuset qui n'est jamais refroidi. D'ailleurs, la formule de la productivité marginale s'applique à toutes les forces économiques; aucun contraste semblable à celui jadis établi entre le travail et la terre, par exemple, ne se représente.

La loi commune des rémunérations des producteurs est de tendre vers le plus faible prix possible, les divers facteurs n'existant que comme actions, résultats, parcelles d'utilité. La distribution reste bien, comme dans l'ancienne théorie, liée aux phénomènes de consommation, mais au lieu d'une consommation révolue, d'une consommation qui est la rançon même de la production, c'est la consommation prochaine rendue possible qui doit être prise en considération. Non seulement, en effet, tous les éléments économiques semblables, soit par identité, soit par équivalence d'aptitude, sont marginaux, mais dans un ensemble donné tous les facteurs sont soumis à la loi de détermination marginale. Lorsqu'on oppose la rémunération d'un facteur, considéré comme instable dans sa consistance, à l'ensemble des autres facteurs, présumés immuables, conservant sur le prix global l'entier résidu qui n'est pas obtenu par le facteur supposé variable, on ne donne qu'une vue volontairement simplifiée de la réalité, une coupe qui ne montre qu'un aspect de l'objet étudié; il y a comme une immobilisation partielle destinée à mieux mettre en lumière l'un des mouvements caractéristiques du système (1).

Dans un ensemble économique organisé, toutes les rémunérations sont marginales vues du dedans, résiduelles si on les envisage en bloc, extérieurement. Chaque parcelle de capital et de travail a une rémunération mesurée par le produit de la moins rare de toutes les unités de même puissance (2). Normalement

(1) Clark, *op. cit.*, chap. XII (pp. 172-87), chap. XIII (pp. 188-205) : « ... in a merely static adjustement of shares in distribution, both wages and interest must be determined directly, and not residually » (p. 205). — Quand le revenu de l'un des deux termes du rapport (capital et travail) a seul été calculé directement, l'autre apparaît comme un résidu (p. 204). — L'auteur déclare (p. 2) avoir eu pour but de placer la rente du sol sous la même loi économique que l'intérêt (c'est-à-dire l'ensemble des revenus réels, opposés aux revenus personnels ou salaires); il ajoute que cette conception a pour résultat non de supprimer, mais bien plutôt de généraliser la théorie de la rente. — Le revenu marginal et le revenu résiduel ne sont point deux réalités différentes, mais deux aspects d'un même revenu, successivement rapproché du résultat qu'il sanctionne (aspect marginal) et des rémunérations des autres facteurs (aspect résiduel).

(2) On a parfois tenté d'opposer cette théorie à celle de Walker, attribuant au travail, largement entendu, le rôle de *residual claimant*, c'est-à-dire le prélèvement de la part discrétionnaire, les autres agents étant réduits à une part minima. La formule de Walker, envisagée de près, n'est pas très éloignée de la théorie de Clark. L'attribution reconnue au travail est en effet, d'après Walker, calquée non sur le produit physique du travail, mais sur sa production en valeur, c'est-à-dire, en somme, sur la productivité effective, sur le résultat économique positif. L'une et l'autre théorie s'accordent donc, à travers leurs différences de formules, sur le principe de l'appropriation mesurée par l'individualisation du produit, chaque facteur ayant sur le produit total une assignation mesurée par son énergie productrice indépendante (Walker, *The wages Question*, Londres, Macmillan, 1882, 1re partie, chap. VIII, p. 128. « I hold that wages are, in a philosophical view of the subject, paid out of the product of present industry and hence that production furnishes the true measure of wages », v. p. 150 : l'afflux de nouveaux travailleurs tend à déterminer une chute des salaires, non par accroissement du diviseur (le dividende étant supposé constant), mais parce que le produit du travail s'amoindrit, en vertu de la loi du *diminishing return;* v. *The Doctrine of rent and the residual claimant theory of wages* (Q. J. O. E., t. V, 1890-91, pp. 417-37) : la tendance sociale en vertu de laquelle les salaires s'incorporent la part la plus importante du surproduit industriel a pour condition préalable un accroissement de capital plus rapide que l'accroissement de population. Cet état de rareté ne produit d'ailleurs tous ses résultats que dans la mesure où les intéressés en assurent la réalisation (cette aptitude de réalisation est d'ailleurs, comme l'avance de la richesse sur la population, l'un des traits caractéristiques des principales civilisations économiques contemporaines). — La théorie de Walker, dans son ensemble, diffère peu de la théorie de Clark (v. la com-

donc, une richesse n'est évaluée, payée, qu'en fonction de ses facteurs marginaux, les résultats supra-marginaux ne laissant pas plus de trace économique actuelle que les satisfactions supra-marginales; ces éléments n'ont ·d'importance que comme perspectives, probabilités plus ou moins lointaines de coûts marginaux.

La production supra-marginale est normalement privée de rémunération; le facteur de production touche des rémunérations égales pour toutes les unités; normalement, l'intermédiaire ne perçoit aucune différence proprement dite, aucun résidu. Les produits supra marginaux, comme les satisfactions supra marginales tendent à se placer hors de la sphère de l'échange.

On a critiqué dans cette théorie l'empreinte trop vivante de Ricardo; en réalité, l'isolement des unités productrices comme l'isolement des doses de capital et de travail a un caractère quelque peu artificiel; il implique une indépendance, un détachement des unités ou des doses les unes à l'égard des autres, qui est souvent loin d'exister dans la réalité. L'une et l'autre théorie supposent l'action économique plus libre qu'elle ne l'est en général.

L'abstraction des concepts est même plus accentuée encore chez Clark que chez Ricardo, puisque au lieu de représenter l'action successive de quantités concrètes, détachables, elle met en jeu des énergies aux incorporations diverses, des valeurs. C'est une théorie que l'on peut considérer, sous certains rapports, comme ayant un caractère atomique, mécaniste, impliquant une divisibilité parfaite dans les actes de production; si elle a par ailleurs le sens de l'unité organisée d'un ensemble de forces groupées pour un même but déterminé, elle méconnaît l'unité organique intérieure des forces d'un même ordre.

Cependant, si elle est loin de coïncider avec la réalité, elle marque en tout cas le sens de l'effort principal à faire pour pénétrer cette réalité. La position, l'attitude marginale, c'est-à-dire le point d'option, la région de liberté constituent, dans la mesure où ils peuvent être dégagés ou approchés, l'objet vraiment précieux de l'investigation économique.

C'est dans cette région que peuvent être comparées non seu-

paraison des deux théories dans Clark, *op. cit.*, pp. 204-5); la conclusion commune des deux auteurs est que le développement du capital est, dans son ensemble, favorable aux travailleurs.

lement les unités de même espèce dans leurs produits divers, mais les unités de formes et d'origines différentes dans leurs produits équivalents. La zone marginale marque la transition entre deux formules d'intégration économique, l'une ayant produit son maximum d'efficacité, l'autre dont la réalisation est déjà imminente. En se dépouillant du caractère particulièrement réaliste qu'elle avait d'abord affecté, la théorie marginale prend un caractère plus positif; elle désigne non plus des réalités individuelles, corporelles, mais des cadres, des organisations, des opportunités d'actions.

VI. — Loi commune d'évaluation des services, réactions propres des divers facteurs

Réunis sous une même loi, les divers facteurs de production ne s'individualisent que mieux : chacun d'eux réagit à sa manière, selon ses ressources originales. L'unité de loi souligne les caractères propres des divers facteurs au lieu de les effacer.

L'économie traditionnelle partageait les facteurs de la production en deux catégories : d'un côté la terre, la richesse non discrète, de l'autre le travail et le capital assujettis à la discipline du coût, protégés et attirés par la ligne du minimum de subsistance; la tendance des théories marginales est plutôt de considérer comme distinction principale celle du facteur humain et du capital (ce dernier terme comprenant de plus en plus l'universalité de la richesse), le capital simple moyen, l'homme moyen et fin tout à la fois de l'œuvre économique, l'entier capital d'une société semblable à une vaste machine actionnée par l'énergie humaine, qui en fixe la forme et le travail.

L'une des caractéristiques essentielles de la théorie nouvelle est de concentrer sa principale attention sur la rémunération du travail; le concept de productivité marginale trouve son principal terrain de démonstration dans le salaire; ce fait s'explique dans une assez large mesure déjà par le principe dynamique de la théorie générale; la valeur tenant à des actes, à des résultats, les éléments économiques s'appréciant non par ce qu'ils sont, mais par ce qu'ils font, il était naturel que l'évaluation des actes dominât l'évaluation des choses.

A vrai dire, il peut sembler difficile d'élever, après l'école classique anglaise, l'importance économique du travail, mais c'était l'un des traits distinctifs de l'école ricardienne que de considérer les quantités de travail éparses dans les choses comme la mesure anticipée de leurs rapports d'échange et en même temps d'établir une cloison étanche entre la valeur du travail et la valeur des choses. Il n'y avait là d'ailleurs que l'effet d'une logique rigoureuse : de même que les choses valaient les unes à l'égard des autres à concurrence de la quantité de travail qu'elles incorporaient, le travail valait proportionnellement à la quantité d'énergie d'entretien contenue en lui. C'est ainsi que le travail était tout à la fois considéré comme le collaborateur le plus essentiel et le copartageant le plus modeste. Ces deux affirmations devaient perdre l'une et l'autre de leur rigueur par suite de l'interversion réalisée dans le critérium de la valeur : la richesse étant ramenée non au travail qu'elle a coûté, mais à celui qu'elle a réalisé.

Les interversibilités de formules qui permettent de considérer comme applicables à tous les facteurs les mêmes modes de rémunération (la rémunération marginale et la rémunération résiduelle n'étant que deux modes d'expression d'une même réalité) ont pour résultat d'ensemble l'effacement progressif de l'idée de lutte devant celle de solidarité, de collaboration. Le capital, de plus en plus développé, ne remplit pas, à l'égard du travail, le rôle d'une puissance rivale de plus en plus écrasante, sa coopération est au contraire de plus en plus facile, sa productivité marginale de plus en plus distante de sa productivité totale, de plus en plus inférieure à la productivité marginale de l'agent humain.

De même que l'erreur économique de la valeur-coût avait eu sa manifestation la plus importante, la plus durable aussi dans une théorie particulièrement défectueuse du salaire, c'est par une conception particulièrement compréhensive de la contribution économique du travail, que les théories psychologiques se sont surtout caractérisées. Il ne doit rien rester de la théorie du fonds des salaires, en tant que limitation automatique, sujétion pure et simple des lois du salaire, à celles de la population. La rémunération n'est pas fixée préalablement mais ultérieurement au travail; ce n'est pas en arrière mais en avant du travail qu'elle se détermine; elle dépend non d'un fonds inflexible mais d'un fonds essentiellement mobile, d'un flot (et non d'un fonds) plus ou moins abondant, non de par la volonté du producteur, mais en raison de l'énergie attractive exercée sur le consommateur, envisagé en tant que collectivité sociale — rémunération créée par l'activité de celui-là même qui la reçoit, déterminée non en vertu d'une action mécanique nécessaire, mais par une adaptation plus ou moins heureuse de l'effort au désir collectif.

Réintégré purement et simplement, en principe, dans la loi économique commune, le travail humain, en vertu de sa nature propre, réagit d'une manière plus prompte peut-être, sous l'action de cette loi. La comparaison du travail et des autres agents, de plus en plus éloignés de lui (capitaux aux formes de plus en plus définitives, jusqu'au plus nécessaire, au plus extérieur de tous, la terre) permet d'apprécier ce que l'on peut conserver de vues traditionnelles sur la valeur et la distribution et en même temps remet en lumière les rapports étroits, l'action réciproque d'élargissement et d'éclaircissement qui unissent les notions de coût et d'utilité.

La synthèse du coût et de l'utilité devait être particulièrement marquée dans la théorie de la distribution. Cette notion renferme, en effet, l'un et l'autre concept, qui doivent être considérés non comme deux forces antagonistes en état de composition passagère, mais comme deux séries progressives convergentes, deux limites ayant pour but commun de discipliner l'action. L'action stimulante du coût sera particulièrement prompte : le coût ne se réduit pas uniquement au travail; c'est ce qui a été démontré par la théorie psychologique de la valeur, qui a rectifié la notion de coût non pour l'éliminer, mais pour la fortifier, en substituant au coût-souvenir, aussi inefficace que l'utilité rétrospective totale, le coût-action (emploi alternatif, désir irréalisé le plus énergique, modelant le prix du désir immédiatement supérieur).

Mais, si le travail n'a pas le privilège de renfermer cette notion si diverse, si hautement spéculative, il a du moins celui d'y être compris, de par sa définition même, tout entier sauf d'infimes et presque insaisissables exceptions; tout travail fidèle à sa définition est un coût. La productivité spécifique du travail se trouvera, par suite, beaucoup plus énergiquement défendue

que celle de tout autre facteur. L'action économique est placée dans le rayon d'influence du coût, sous ces trois images ré-
gressives : coût d'utilisation, d'acquisition, de production, les
deux derniers ayant une valeur d'influence dans la mesure où
ils sont la prévision fidèle du premier (coût d'utilisation), seul
directement efficace.

A la différence des autres agents, le travail a toujours un
coût d'utilisation; même s'il n'a pas d'utilité alternative actuelle, externe, il a une alternative interne; il ne dépend jamais
sans contrôle de la rémunération qui lui est offerte; en admettant qu'aucun usage alternatif plus rémunérateur ou même quelconque ne se présente pour lui, il peut s'abstenir, se réserver.
C'est ce qui est exprimé sous une autre forme quand on rappelle
le caractère mixte de moyen et de fin réalisé par l'activité humaine; une activité ne devient travail que si, sous cette forme,
elle donne plus qu'elle ne coûte par le sacrifice de la forme
alternative qui est la conservation de son indépendance, quelle
que soit sa forme, repos ou jeu (épargne ou dépense d'activité).

Ainsi, toute parcelle d'activité est disputée entre deux séries
de fins; elle a une valeur nécessaire, contrôlée directement par
son coût d'utilisation. En outre, il y a entre le coût d'utilisation
et le coût de production du travail des rapports particulièrement intéressants à signaler; leur proximité dans le temps empêche entre eux (ou rend extrêmement rare) toute disproportion
contraire à l'action. Le coût d'utilisation pourra être très supérieur au coût deproduction, il ne s'abaissera pas au-dessous de
lui; dans une production à longue échéance, les erreurs de prévision, les coûts de production démesurés sont un péril permanent; ils le seront moins au regard du travail, qui a pour caractéristique d'être un courant vivant. Sans doute des erreurs
d'évaluation du coût seront commises dans les adaptations lointaines ayant quelque rapport avec les capitalisations (culture
professionnelle plus ou moins heureusement choisie). Le travail n'est pas étranger à toute empreinte des modalités, des
accidents qui atteignent les choses, mais les erreurs susciteront
des corrections plus immédiates, plus efficaces (1).

(1) En tous cas, et c'est en définitive tout ce qui reste de l'ancienne théorie du fonds des salaires, le travail vaut en général
au moins son coût de production immédiat, c'est-à-dire l'équivalent non de la force d'entretien dépensée pour sa production,

La vivification du coût, l'expression fidèle du coût de production par le coût d'utilisation se réalisera donc d'autant plus qu'une richesse sera plus dépendante du travail, qu'elle lui devra plus complètement sa forme et que son utilisation sera plus rapprochée de son origine.

A cet égard, le sol occupe non une place essentiellement distincte parmi les richesses, mais un des degrés les moins favorisés. La raison qui s'oppose à l'isolement économique du sol doit être trouvée dans ce fait que jamais une terre n'existe et ne se conserve en tant que richesse sans un certain alliage de capital et de travail; d'autre part, il n'y a pas de richesse, si artificielle soit-elle, qui ne soit à quelque degré un produit de la nature; c'est la double loi de toute richesse de n'exister qu'après un certain effort d'adaptation et de ne pas être indéfiniment extensible par l'effort humain qui, aussi bien, est lui-même conditionné, limité par des exigences naturelles, dépendant d'un pouvoir qui est rare, comparé au désir. Plus une richesse a pour élément principal un agent naturel, faiblement mélangé d'efforts producteurs, plus il est exact de dire qu'elle n'a plus d'autre coût efficace que son coût d'acquisition, d'utilisation : si l'on considère un service possible rendu par ce bien, la valeur de ce service a pour témoignage le service possible sacrifié; dès qu'une richesse de ce genre, en présence d'une utilisation déterminée, n'est enlevée à aucun autre désir, sa valeur s'évanouit, momentanément en tous cas. L'événement de la terre sans rente, c'est-à-dire sans rémunération, sans valeur, est un phénomène qui, sans avoir aucun caractère de nécessité, peut résulter de l'action des forces économiques et auquel le facteur di-

mais celle déjà plus largement fixée, pour tant qu'elle soit inspirée par le souvenir de la première, qui est jugée nécessaire à la reproduction de la force de travail. Le salaire de subsistance évaluée, désirée, loin d'être le prototype, encore moins la limite, n'est au contraire que le support, la dernière ligne de défense infranchissable donnée au travail, l'alternative minima qui ne joue qu'à défaut de toute autre plus élevée. Ces vues se trouvaient déjà contenues en substance dans les considérations de Jevons ainsi résumées : la productivité du travail varie sous la dépendance de la réalisation d'un certain salaire minimum; si le prix du travail s'abaisse, la réaction normale est une augmentation de productivité, pour que le salaire personnel demeure intact malgré l'avilissement relatif des unités de travail. Si le prix du travail augmente, les alternatives internes de l'activité l'emportent assez vite sur l'alternative travail (*Th. éc. pol.*, pp. 261-6).

rectement intéressé n'opposera qu'une résistance particulièrement faible.

Plus un objet est indépendant, soit par son origine, soit par ses conditions d'existence actuelles, de l'effort humain (peu importe, en effet, qu'il en ait été indépendant dès l'origine, pourvu qu'il s'en trouve actuellement tout à fait détaché), plus il a le caractère d'un agent naturel, c'est-à-dire extérieur à l'homme, sans soutien actuel emprunté à l'activité économique, plus sa valeur est artificielle, due entièrement au milieu. Le milieu physique est, économiquement, un produit du milieu social; quand les courants de désirs s'altèrent, se détournent, les parties flexibles du milieu se transforment sous leur action, les autres deviennent des résidus de richesses, la constance de leur forme expliquant l'inconstance de leur valeur (1). La terre peut donc être considérée comme le prototype non pas unique, mais principal des richesses tardives, au coût immatériel, retombant en banalité ou se raréfiant sous la pression du milieu social, subissant les variations de valeurs les plus déconcertantes sans que d'elles-mêmes elles opposent à ces mouvements une réaction propre bien appréciable. Sans doute il n'est pas impossible, économiquement, de produire de la terre, ainsi que s'est attachée non pas à le démontrer (cela n'avait jamais été nié), mais à le mieux mettre en relief, l'école psychologique; la distinction entre agents naturels et artificiels n'a rien d'absolu, comme toutes celles qui départagent les choses vivantes; elle est d'allure dynamique et non statique, mais elle demeure néanmoins.

A l'égard des biens dans lesquels l'élément matériel donné par la nature est insignifiant, l'effort producteur étant presque tout, le prix sans être ni confondu avec le coût de production, ni déterminé par lui, sera cependant, dans un rapport d'attraction réciproque très marqué avec lui; la synthèse du coût et de la rareté, c'est-à-dire en somme des divers aspects, des diverses époques du coût, sera plus proche de se réaliser (2). L'étude

---

(1) Sur ce point, Clark et Fisher ont donné les démonstrations dont les diversités n'accentuent que mieux la conclusion commune (Clark. *Essentials of economic Theory*, pp. 29-34. — Fisher, *Nature of Capital and Income*, chap. XIV) : nécessité d'éliminer la fiction d'un capital latent, invariable.

(2) Comme l'a indiqué notamment Fisher, la prétendue loi de la valeur-coût n'était qu'une formule elliptique anticipée de la loi de l'utilité; du propre aveu des auteurs qui ont formulé cette théo-

de la productivité, qui n'est qu'une perspective nouvelle ouverte sur la théorie de la valeur, application et confirmation à la fois des thèses essentielles de cette théorie, a, entre autres résultats, celui de montrer plus nettement encore les liens qui existent entre une théorie complète de l'utilité et une rectification, une synthèse élargie de l'idée de coût, ces deux notions apparaissant de plus en plus comme les termes de deux séries tendant vers une même limite, réunies dans la notion synthétique de désir.

VII. — TENDANCES COMPRÉHENSIVES DE LA THÉORIE MARGINALE APPLIQUÉE A LA DISTRIBUTION

Deux questions sont encore soulevées par la théorie de la productivité marginale, toutes deux concernant les limites de son application. L'une est relative au pouvoir qu'elle laisse, sur la fixation du prix des services, aux actions placées hors du processus économique proprement dit, à la mesure dans laquelle le prix des services, du travail en particulier, peut être déterminé par d'autres influences que l'action souveraine du résultat, le témoignage du produit spécifique. L'autre question met en jeu l'extension proprement dite de la théorie, ses possibilités d'application à toutes les formes de la coopération économique.

L'ancienne théorie de la valeur-coût, du salaire naturel, avait amené l'économie classique à nier l'action efficace, profonde, des efforts, même collectifs, de discussion des travailleurs sur leur propre salaire. La seule action, importante d'ailleurs, ouverte aux salariés consistait dans l'élévation du niveau de vie, ayant pour résultat la raréfaction relative de la main-d'œuvre, prévenant ainsi l'extension démesurée du diviseur; toute action sur le dividende (fonds des salaires) leur était irrémédiablement interdite.

Tout au plus un effort de discussion était-il estimé susceptible de produire des résultats locaux en modifiant la répartition

rie, la loi du coût ne jouait que dans la mesure où une adaptation avisée pouvait proportionner l'effort au désir, le sacrifice au prix obtenu; la discipline du désir était implicitement postulée, il lui manquait d'être directement envisagée (Fisher, *Nature of Capital and Income*, pp. 188-90).

intérieure de ce fonds inflexible, en créant dans ce patrimoine des attributions privilégiées pour telle ou telle catégorie profession-nelle, mais sans agir socialement sur l'ensemble des salaires, ce qui était obtenu par certains travailleurs devant être perdu pour les autres.

A l'opposé de cette théorie se trouve la croyance en un pouvoir décisif de la pression syndicale sur la distribution du revenu; cette opposition économique procède, comme beaucoup d'autres, d'interprétations divergentes des mêmes prémisses. C'est ainsi que la thèse du pouvoir presque illimité des coali-tions repose, comme la théorie la plus restrictive, sur la même idée du fonds des salaires, du pouvoir de détermination des salaires par les producteurs, supposé tour à tour invincible ou réductible par la contrainte directe.

C'est cette affirmation de base que la théorie psychologique s'est attachée avant tout à renverser. Le salaire naturel, normal dépend des résultats du travail, l'effort de défense profession-nelle a un caractère économique, dans la mesure où il vient assurer la concordance de la rémunération et du produit (non bien entendu du produit intégral, mais du produit spécifique). La loi de la productivité marginale, comme toute loi économi-que, n'exprime qu'une tendance livrée dans son application à des volontés qui la réalisent avec plus ou moins de rapidité et de fidélité. Ainsi aucune nécessité ne s'oppose à ce que le prix d'un service soit plus ou moins inférieur à sa productivité mar-ginale; ce sera le rôle de la discussion collective d'assurer la rémunération normale du facteur économique. Il ne semble pas qu'elle puisse aller plus loin; elle ne peut, en effet, élever d'une façon durable la rémunération au delà du produit, envi-sagé dans ses relations vraies avec les autres produits, toute tentative de cette nature se réduirait à une sorte de voie de fait sans résultat positif autre qu'un désordre plus ou moins accen-tué.

Mais il serait inexact de ne pas reconnaître que l'organisation professionnelle peut, sans dicter d'une façon directe des taux de rémunération supérieurs au niveau marginal, exercer une action appréciable sur la productivité. Ainsi, une limitation dans l'offre de la main-d'œuvre — soit qu'elle affecte le nom-bre des ouvriers ayant l'accès d'une profession, en consacrant une certaine spécialisation, en défendant les emplois contre l'afflux des sans travail des autres professions, soit que, aidée par des lois sociales protectrices, elle se traduise par une réglementa-tion de l'âge, de la durée quotidienne du travail — agit réelle-ment sur la productivité marginale et, par suite, peut augmenter naturellement, économiquement, la valeur du travail (1). A un autre point de vue, le développement des retraites, sous toutes leurs formes, raréfie la main-d'œuvre, empêche l'avilissement de l'effort, prévient la réalisation de cette contrainte extrême, l'acceptation d'un salaire quelconque pour assurer la conserva-tion même de la vie.

Ces règles d'ensemble, particulièrement mises en relief à l'égard du travail, s'appliquent à tous les autres agents de pro-duction; les valeurs ne sont pas arbitraires, mais les actes exer-cés sur la rareté, quels qu'en soient la forme, le but, atteignent la valeur. D'une façon générale, les actes de cette nature sont conformes à l'intérêt bien entendu, au développement économi-que, dans la mesure où ils assurent une répartition mieux équi-librée des forces, antiéconomiques, au contraire, lorsqu'ils se traduisent par une diminution finale de productivité. Cette ques-tion fait réapparaître sous une nouvelle forme l'un des problè-mes les plus complexes de l'action économique : l'antinomie de la richesse naturelle et de la richesse pécuniaire, l'une pa-raissant parfois être l'antagoniste de l'autre, l'activité étant ainsi disputée entre deux buts antithétiques. L'hypothèse de leur dissociation ne résiste pas à un examen inspiré par l'idée psychologique. L'enrichissement collectif, qui constitue le crité-rium et la mesure du succès d'un acte économique, consiste avant tout dans l'augmentation du pouvoir, dans la faculté plus ou moins abondante de satisfaction, de réalisation. La valeur d'un agent de production ne doit jamais être obtenue en paralysant son action, mais en donnant à cette activité un champ plus étendu, des alternatives plus variées, en suscitant une abon-dance ambiante, une rareté comparative (véritable création de valeur) et non en détruisant ou en mutilant une force utilisable.

L'universalité de la loi marginale a encore été mise en ques-tion, non plus dans sa compréhension, mais dans son extension :

---

(1) Clark, *Essentials of economic Theory*, chap. XXV, pp. 451-70.

la théorie du profit, si tardivement, si imparfaitement encore dégagée dans toute sa netteté par l'économie anglaise, plus complète chez les économistes américains, n'est encore que faiblement rattachée à la théorie d'ensemble de la distribution marginale et peut être considérée comme une survie — de plus en plus effacée — de l'ancienne conception résiduelle (1). L'intellectualisation du rôle de l'entrepreneur, organisateur et non simple détenteur des forces productrices, apparaît sensiblement chez Walker, mais le caractère de sa rémunération reste

(1) La conception du rôle caractéristique de l'entrepreneur marque l'une des différences les plus profondes entre les deux traditions économiques française et anglaise. Cette différence est importante à la fois dans son principe (elle révèle l'orientation psychologique des préoccupations de l'école française) et dans ses conséquences, car elle souligne une obscurité, une désharmonie dans la théorie ricardienne de la distribution. La fonction de l'entrepreneur est considérée par l'école ricardienne, sous son aspect objectif, comme un pouvoir plutôt que comme un service, pouvoir résultant de la détention du capital, assez largement discrétionnaire, sanctionné par une attribution résiduelle, c'est-à-dire comprenant le produit entier, sauf ce qui lui est enlevé sous l'action des lois du salaire et de la rente. Sans doute, le gain de l'entrepreneur est composite, participe sous certains rapports du salaire, mais, dans sa partie essentielle, il dépend d'un état de choses déterminé, marque une emprise exercée sur les activités plutôt qu'une activité essentielle. L'école française réagit à la fois contre l'importance démesurée attribuée à son pouvoir et l'ombre laissée sur l'importance de son activité. Une conception plus intellectuelle de la production économique (l'industrie considérée comme un agent de succès plus important encore que le travail proprement dit) révèle d'elle-même l'unité, l'originalité de la fonction du chef d'entreprise. Là où l'on voyait une mission hétérogène, un ensemble de rémunérations aux sources diverses, on aperçoit au contraire l'unité d'une mission coordinatrice; la fonction caractéristique de l'entrepreneur est de vivifier un ensemble de forces, de les adapter à un milieu en donnant à l'organisation dont il assure ainsi la vie son maximum de puissance. — Il réalise, en quelque sorte, une production de second degré, façonne, discipline des forces productrices, tandis que le travail proprement dit s'exerce plus directement sur la matière. En définissant son utilité, on indique du même coup les règles qui disciplinent son activité; au lieu d'être le centre nécessaire de la vie économique, il en constitue le service le plus important, le plus délicat; son pouvoir, au lieu d'avoir un assez large caractère de nécessité, se subordonne à l'intelligence exacte de sa mission; il dirige l'association des producteurs (plus ou moins nettement perçue, d'autant plus efficace qu'elle est plus réellement libre), interprète les désirs, les ordres de la collectivité sociale, réalise d'avance l'utilisation maxima des forces. — En soulignant son originalité, on ne le réintègre que plus énergiquement dans la loi économique commune, celle de la rémunération basée sur le service social. Ces vues générales n'ont pas encore complètement pénétré l'économie anglo-américaine, bien qu'à vrai dire elles aient exercé sur elle une influence déjà sensible.

résiduel; comme la rente ricardienne, le profit n'entre pas dans· le prix. Il est réservé aux entrepreneurs les plus aptes, toute organisation industrielle comprenant à sa base un assez grand nombre d'entrepreneurs qui ne touchent aucun profit appréciable.

La notion résiduelle survit chez Clark; le rôle de l'entrepreneur est bien de réaliser la synthèse vivante des forces productrices, de les réunir sous son pouvoir; la propriété effective· du capital (et par suite le support des risques), la direction technique, sont autant d'éléments qui peuvent être associés à sa fonction, mais ne lui sont pas essentiels Cette fonction peut, selon les circonstances, être active ou assez largement passive. Elle est active dans la mesure où l'entrepreneur a dû imaginer· la formule de cette synthèse, où il doit la remanier sous le contrôle d'une expérience sans cesse refaite, parce qu'elle se meut au milieu d'éléments essentiellement inconstants. Il est certain qu'une conception purement passive de l'entreprise est incompatible avec les conditions réelles de la vie économique, qui condamne d'elle-même toute cristallisation dans les formules productrices. L'aboutissement logique de la théorie est donc l'accentuation du caractère actif de l'entrepreneur; cependant, à diverses reprises, Clark affecte de considérer l'élément passif comme le plus important; dans un état d'équilibre, l'utilité de l'entrepreneur deviendrait nulle, les forces économiques, plus actives que jamais, seraient définitivement fixées dans leur direction, les synthèses productrices toutes faites ne trouveraient plus aux mains des chefs d'entreprise que de simples lieux de réunion, l'utilité et la rémunération de cette fonction disparaîtraient du même coup (1).

C'est ce qui est exprimé sous une autre forme quand le caractère dynamique du profit se trouve indiqué. Etant donné que toute force productrice est rémunérée selon son pouvoir, sa désirabilité, son ophélimité marginale aperçue, discernée, escomptée dans une perspective plus ou moins lointaine, le profit ne peut être qu'un excédent momentané du prix global sur l'ensemble des valeurs composantes (dont il n'est normalement que la synthèse). Cet excédent existe tant que la formule d'équilibre

(1) V. Clark, *Distribution of Wealth*, p. 111; caractère provisoire du profit expliqué par le désir du profit et la compétition qui en résulte.

entre les diverses forces productrices n'est pas complètement réalisée.

L'entrepreneur qui se trouve avoir découvert, réalisé cette formule avant ses concurrents jouit d'une alternative dont il choisit le terme le plus avantageux : vendre ses produits au prix général du marché, calculé d'après une formule productrice moins parfaite que la sienne, ou vendre à un prix moins élevé que le prix courant, plus élevé cependant que celui du prix de revient individuel, un plus grand nombre de produits; dans les deux cas, il s'agit d'un simple bénéfice temporaire de priorité; l'entrepreneur réalise des profits ou des pertes, des différences positives ou négatives, selon que ses formules personnelles avancent ou retardent à l'égard de la formule moyenne collective. Le profit disparaît et renaît sans cesse.

Après avoir été presque confondu avec l'intérêt, il se trouve rapproché beaucoup plus exactement de la rente. Le profit est même, à vrai dire, dans la théorie de Clark, la seule rente effective, définitive, les autres rémunérations étant toutes susceptibles de deux expressions : gains marginaux, si on en considère la structure interne, gains résiduels ou rentes, si on les envisage du dehors. Une certaine analogie existe entre cette théorie et celle de Carver qui, lui aussi, considère le profit comme une rémunération provisoire sans cesse éliminée par le jeu normal des forces économiques, mais renaissent à chaque transformation produite dans le jeu de ces forces Seulement, au lieu de considérer le profit comme le résultat d'une vente au-dessus du prix marginal, il le considère plutôt comme un tribut prélevé sur les producteurs, un achat obtenu à un prix inframarginal (1). Le profit s'élimine moins par la concurrence des entrepreneurs que par un effort de défense, un progrès d'information réalisés par les agents directs de production; sous cette forme, le profit est assuré d'une durée plus grande peut-être que lorsqu'il est considéré surtout comme une vente supra-marginale.

On peut reprocher à cet ensemble de conceptions de ne voir qu'un aspect du profit, de méconnaître le caractère normal de la fonction, l'aspect marginal du gain. L'acte de synthèse éco-

---

(1) Carver, *Répartition des Richesses*, trad. Roger Picard, pp. 215-6.

nomique ne peut être considéré comme susceptible de devenir purement automatique; l'hypothèse d'une immobilisation, d'un simple lieu d'attraction des forces productrices est purement artificielle, ne contient pas une simplification mais une déformation de la nature des choses, les excédents, les différences positives ou négatives qui sanctionnent le succès ou l'insuccès industriel constituent les variations individuelles et non la nature économique du profit. Comme tout service, le service central, coordonnateur, s'incorpore aux produits, sa rémunération est soumise à la loi marginale, comme l'a affirmé Hawley (1), l'un des premiers auteurs qui se soient efforcés de restituer ainsi son unité complète à la théorie de la distribution. Le service de l'entrepreneur consiste sans doute en une série d'actions plus variées que celles des autres agents producteurs, mais cette variété ne fait que mieux apparaître l'unité de sa mission. Pour lui comme pour les autres facteurs, l'aspect résiduel n'est qu'une réflexion opérée sur ses résultats, il exprime le rapport de ces résultats avec ceux des autres services, mais ne les fixe pas d'une manière intrinsèque. La productivité marginale ne saurait donc laisser hors de son cadre aucune forme, aucune phase de l'action économique; à travers ses subtilités de forme, elle renferme des directions utiles en montrant que la valeur propre de tout résultat économique s'affirme sous la dépendance étroite de son milieu dont l'action, très largement déterminante, laisse toujours place à un pouvoir individuel de réaction — en s'appuyant sur l'idée de solidarité économique — en ramenant l'acte essentiel de la production non à une formule, essentiellement vaine, de création matérielle, mais à un effort d'adaptation et, en dernière analyse, d'invention sans cesse renouvelé.

(1) Hawley, *Enterprise and Profit*, Q. J. O. E., vol. VII, 1892-93, pp. 459-79. — *Reply to final objections to the Risk Theory of Profit* (*ib.*, pp. 603-20). — L'auteur considère que le profit est soumis au même principe dynamique, à la même loi générale que les autres rémunérations : la rémunération de l'entrepreneur doit atteindre, dans un certain état des forces productrices, un niveau assez élevé pour décider l'entrepreneur à assumer le risque qui est la caractéristique même de sa fonction; c'est à ce niveau que s'établit, entre le profit et les autres rémunérations (soumises à une loi analogue, celle du minimum d'encouragement) l'état d'équilibre économique.

CHAPITRE IX

La Théorie de la Rente

La loi de productivité marginale envisage les rapports établis entre une rémunération et un service, expression d'un jugement collectif, appréciation d'un résultat social. La théorie de la rente (à travers l'extrême diversité des notions que ce concept a successivement évoquées) suggère l'individualisation du revenu, repose sur une comparaison rétrospective entre la rémunération reçue et son coût économique, entre le désir réalisé et le plus fort des désirs éliminés.

I. — NOTION PSYCHOLOGIQUE DE LA RENTE : RAPPORT EXISTANT ENTRE LE DÉSIR SATISFAIT ET LE PLUS FORT DÉSIR ÉLIMINÉ.

Etendue par conquêtes successives du domaine limité, précaire, circonscrit par Malthus et Ricardo à l'intégralité du champ économique, la théorie de la rente n'est faite en réalité que des oppositions perpétuelles et de la synthèse fondamentale des deux notions d'utilité et de coût, vivifiées l'une et l'autre par une considération plus nette de l'idée de fin. Sous sa forme primitive, elle a rappelé l'idée d'utilité à l'économie politique classique, pressenti (selon le témoignage de Wieser (1) notamment) la véritable direction de la valeur; sous sa forme actuelle, elle suffirait à défendre la science économique contre l'oubli de la notion de coût qu'on lui a parfois reproché.

(1) *Der natürliche Werth*, Préface, p. IV.

En se généralisant, la théorie de la rente s'est trouvée nécessairement attirée sur le terrain psychologique; préoccupée à
l'origine de phénomènes purement objectifs, de différences pécuniaires, elle prend au contraire pour point d'appui là notion
de revenu subjectif où la théorie de l'intérêt devait se retremper
comme elle. A travers cette évolution si profonde, la rente
conserve un même caractère d'ensemble qui est de mettre en
jeu le rôle de l'individualité économique dans ses rapports avec
les phénomènes collectifs, de montrer la réflexion d'un phénomène collectif par un milieu individuel, ou plus exactement
du phénomène appartenant à un groupe plus étendu par un
groupe moins étendu. La rente demeure, à proprement parler,
une perception individuelle de la rareté supérieure ou inférieure
à son expression collective, inférieure dans la rente du producteur, supérieure dans la rente du consommateur (la plus tardivement apparue, si discutée encore, la plus insaisissable selon
les uns, la plus positive, la plus chargée de signification économique selon les autres, en tous cas la plus caractéristique de
l'évolution accomplie et la plus complexe).

Mais ces rapports, considérés d'une façon fragmentaire, unilatérale par la théorie primitive, suggèrent, comme on le verra,
des conclusions très différentes quand on les suit à travers les
manifestations de l'activité économique, sous tous leurs aspects,
positifs et négatifs (1). Le phénomène exceptionnel mais durable dans ses manifestations, créateur d'inégalités définitives,
avait suggéré des considérations assez pessimistes, fourni une
base toute préparée à la doctrine des *single taxers;* la rente dispersée à travers toute la vie économique, instable et renaissante,
tantôt positive, tantôt négative, phénomène aussi universel dans
son existence qu'éphémère dans ses manifestations, suscite des
conclusions plus optimistes.

Au lieu d'être considérée comme une limite opposée au libre
jeu de l'activité humaine, comme un phénomène d'inertie, elle
apparaît au contraire comme la source d'intérêt, le mobile effectif des actes économiques. Sous sa forme primitive, la rente
apparaissait comme une anomalie, une rupture d'équilibre,

(1) V. Gide et Rist, *Histoire des Doctrines économiques*, pp. 621-
56. — Frézouls, *La Théorie de la Rente et son extension récente
dans la Science économique*, Montpellier, 1908, p. 23.

parce que l'état économique normal, naturel, consistait dans une balance parfaite entre les rémunérations et les coûts; c'était la réalité économique vue du dehors.

Sous son aspect intérieur, elle est toute différente, a pour objet direct d'organiser non l'équilibre inter-économique, transactionnel, mais un déséquilibre favorable dans chaque économie associée à un acte collectif. C'est le point de vue dynamique, interne, substitué au point de vue statique et en quelque sorte matériel. L'équilibre économique d'ensemble, dans la mesure toujours incomplète où il se réalise, n'est que l'expression synthétique d'une multitude de déséquilibres harmonieusement adaptés entre eux. La notion d'équilibre appliquée au monde économique représente le résultat ou plutôt la limite d'une action, elle n'en explique pas le moteur initial; c'est le phénomène de la rente qui exprime l'effort, ou plutôt la conspiration d'efforts incessants aboutissant à cet équilibre collectif de plus en plus approché, jamais atteint.

Un coup d'œil d'ensemble sur la théorie contemporaine de la rente révèle, avant tout, la diversité des formules de détail qu'elle a inspirées. Le rapport- rente, qui exprime le mode d'adaptation d'un élément individuel à son milieu, est essentiellement multiple comme les divers points de vue sous lesquels peuvent être envisagés l'élément pris comme centre d'observation et le milieu plus ou moins étendu dans lequel il se trouve situé.

La notion de rente, de résultat différentiel, rappelle, si l'on rapproche rapidement ses deux conceptions traditionnelle et contemporaine, ricardienne et psychologique, les rapports et les oppositions qui existent entre l'ensemble de ces théories économiques. Elle surgit d'elle-même, sous ses deux formes, de l'application de la loi de *diminisning return*.

Dans sa projection physique, ce principe suscite la rente ricardienne, revenu du sol, pouvant sans doute être rappelé de plus ou moins loin à l'occasion d'autres richesses, mais imparfaitement, d'une façon toujours passagère: revenu sans coût, richesse originairement gratuite, plus exactement captation de richesse gratuite par un propriétaire privilégié.

La théorie contemporaine se place au contraire au centre même de la théorie de la valeur, au lieu de ne considérer la loi de *diminishing return* que sous son aspect physique, elle fait constamment état des deux projections externe et interne de cette loi — plus exactement de ce fait essc. ... ...s actes extérieurs successifs identiques, soumis par su ... .. discipline d'une même valeur collective, s. .t inégaux à la   dans les efforts qu'ils impliquent, dans les résultats qu'il   )duisent. Chacun d'eux suscite donc, selon ses condition ,   s d'existence, la question d'un double rapport entre le prix qui en est l'équivalent conventionnel et, d'autre part, l'utilité actuelle et le coût actuel dont ce prix représente la limite commune, limite parfois séparée d'eux par une longue série d'expériences intermédiaires.

La rente ricardienne, fixée dans les diversités de coûts pécuniaires, n'envisageait volontairement qu'un aspect de la question (celui des coûts inégaux), les utilités inégales restant hors de ses préoccupations. Ce dernier aspect se trouve au contraire examiné maintenant dans toute son ampleur; c'est le problème du prix objectif, de la diversité économique, opposée au courant de conformité qui a suscité la valeur objective. Mais tout juste parce que les divergences, au lieu d'être considérées à l'occasion d'une seule catégorie de richesse, dans une seule direction, sont au contraire étudiées dans leur extension et leur intensité réelles, dans leur instabilité, dans la multiplicité de leurs rapports, elles sont incompatibles avec ce cloisonnement dans la réalité économique impliqué à quelque degré par la théorie de Ricardo.

Le problème de la rente se ramène, en somme, à la détermination du maximum de diversité possible dans un système économique ordonné. On a observé avec raison que la théorie ricardienne avait pour caractéristique et pour imperfection principales la pénétration très aiguë et la généralisation trop hâtive d'un fait dynamique; elle a surtout omis de considérer la pénétration respective, la collaboration continuelle des directions statiques et dynamiques, plaçant d'un côté le domaine des rémunérations normales, de l'autre celui des rémunération dynamiques, sans considérer suffisamment la souplesse, la multiplicité de leurs liens (l'impénétrabilité de la rente et du prix était une formule qui caractérisait bien cette attitude).

La théorie psychologique, en montrant la multitude des divergences que suscite, accentue ou atténue tout jugement collectif de valeur, révèle du même coup la fonction de ces divergences à l'égard de cette unité, donne un aperçu des variations harmoniques revêtues par cette formule d'identité. Au lieu d'une séparation entre deux domaines, l'un celui de la conformité nécessaire, de l'universalité progressive, l'autre livré à la dissemblance irréductible, il y a, entre les jugements de valeur individuels et collectifs de continuelles interpénétrations; la rente et le prix réagissent constamment l'un sur l'autre, exprimant, réalisant les aspects successifs d'une même synthèse mouvante.

Si l'on suivait le développement historique de la théorie de la rente, on la verrait successivement étendue, par analogie, de la terre, qui en est l'objet le plus apparent, aux autres richesses, puis des richesses objectives, des différences pécuniaires, au domaine psychique. Mais si l'on veut au contraire exposer la théorie dans son unité logique, c'est la rente intérieure, la rente du consommateur qui en constitue la base, le principe directeur, et c'est par elle que l'on doit commencer.

II. — CONCEPTIONS DIVERSES DE LA RENTE DU CONSOMMATEUR

La rente intérieure, rente de l'acheteur, du consommateur, sous les modalités diverses qu'elle affecte, exprime essentiellement une différence de niveau entre le désir social et le désir individuel. La théorie de l'utilité marginale implique la rente intérieure : l'évaluation d'un groupe de richesses est calquée sur l'expérience marginale, seule expérience valant sensiblement ce qu'elle coûte; toutes les autres expériences, à mesure que l'on remonte la courbe, sont productrices de rente; la dernière expérience elle-même contient, pour pouvoir être raisonnablement tentée, un excédent d'énergie de l'utilité sur le coût; ce n'est pas l'expérience sans rente, mais à rente minima. Partout où il y a action, il y a rente, tout au moins rente représentée, spéculée.

La rente exprime l'attirance propre d'un mobile, l'utilisation d'un milieu par un caractère, l'affirmation simultanée de la conformité d'un acte avec son milieu et de son originalité relative à l'égard de ce milieu. Sous sa forme la plus complexe, mais la plus universelle, la rente consiste en un enrichissement de vie intérieure : comme l'intérêt, elle trouve son fondement vraiment positif dans l'idée de revenu psychique, cette notion qui exprime l'adaptation de la richesse à la personnalité humaine, s'efforce de saisir le reflet de la personnalité dans son effort pour se compléter, se prolonger par la richesse extérieure. Le revenu, sous sa forme primitive, est une synthèse, un flot de désirs organisés, suscités, limités les uns par les autres, s'assujettissant tout cet outillage qui est fait en premier ressort du corps humain et progressivement de toute l'industrie humaine et de la richesse matérielle.

La théorie de la rente s'est éveillée plus tôt que celle de l'intérêt, parce que plus tôt aussi elle a aperçu d'une façon peu distincte encore mais sensible la génération, non seulement de la valeur par l'utilité, mais du capital par le revenu et, par suite, la notion indépendante de revenu. La théorie ricardienne, en affirmant cette double anomalie apparente d'une valeur indépendante du coût originaire, d'un revenu sans capital préalable, suggère déjà la vraie nature de ces deux notions, si solidaires l'une de l'autre, également précieuses (1).

Sous une autre forme, on peut dire que la rente mesure le degré de gratuité d'un résultat. La rente du consommateur est celle qui dégage avec le plus de netteté le caractère propre de ce phénomène : l'attirance d'un mobile, le principe de sélection entre les fins, c'est-à-dire le ressort principal des actes économiques examiné en lui-même, dans sa structure intime. La rente exprime la valeur originale d'une fin, comme le prix consacre la valeur publique d'un moyen; elle s'élève plus ou moins haut, selon que la différence positive entre l'utilité réalisée et le coût d'utilisation est plus ou moins accentuée (2).

---

(1) Parmi les raisons qui expliquent la formation de la théorie ricardienne, on doit signaler la condition de la propriété foncière anglaise au début du XIXme siècle, la terre assez largement hors du commerce (Frézouls, *op cit.*, pp. 10-16). Par contre, l'assimilation juridique de la terre aux autres richesses, en Amérique, a été l'un des faits servant de base à la réaction opposée à l'exclusivisme de cette théorie depuis Carey (v. Clark, *Essentials of economic Theory*, ch. XI, pp. 174-91).
(2) La différence peut être négative; sans doute, l'école psychologique s'est peu préoccupée, d'une façon directe, du caractère con-

Tel est le principe général de la rente (rente du consommateur, du producteur, de l'acheteur servant de trait d'union entre les deux premières). Les formules de détail de la rente de
consommation et d'achat ont donné lieu à de graves divergences. La formule de Marshall définit la rente par une différence
entre deux évaluations pécuniaires (1) : un objet est acheté un
shelling par exemple, c'est là l'évaluation du désir collectif
marginal et même, en vertu des propositions fondamentales sur
la constitution des marchés et des prix, l'évaluation marginale
universelle, dont l'expression se trouvera répercutée, consolidée par l'acquisition finale de chacun des acheteurs.

A cette évaluation donnée, publique, ultime, on doit opposer les évaluations individuelles diverses et mouvantes; ces évaluations seront obtenues par voie de question. Chaque acheteur
devra se représenter le prix maximum auquel il paierait l'objet
actuellement recherché plutôt que de s'en passer, la rente étant
faite de la différence entre ce prix extrême et le prix effectivé-
ment payé. La rente représente donc la relation existant entre
deux représentations générales, deux systèmes de valeur, affirmant
à la fois leurs divergences et l'effort réalisé pour les atténuer.
Toute série d'achats donne ainsi une série dégressive de rentes
pour tous les acheteurs d'un même groupe, seule la dernière
fraction d'achat ramène le niveau du désir individuel à l'état
d'égalité sensible avec le coût collectif; il ne serait même pas
exact de dire que le dernier achat est dénué de mobile, il est
seulement exact qu'il marque le dernier degré d'effacement du
mobile initial, qu'une fois accompli il abolit toute perspective
de rente ultérieure.

tinu de la quantité rente, passant de l'état positif à l'état négatif
(comme l'intérêt). Mais la possibilité d'une rente négative, rare,
anormale sans doute, suffit à transformer l'ancienne notion de
rente, révèle l'omniprésence de ce phénomène qui renferme la
sanction de tous les actes relatifs à la richesse. Les rentes de producteur sont d'ailleurs à cet égard régies exactement de la même
manière. Tarde, *Psychologie économique*, t. I, p. 126).

(1) Marshall, *Principles of economics*. L. III, ch. VI, pp. 124-
135. Marshall reconnaît d'ailleurs les difficultés d'évaluation de
l'utilité totale (p. 131) : ainsi, l'utilité réunie de deux objets répondant à une même fin est supérieure à la somme de leurs utilités
séparées; la perte totale du thé et du café constituerait un déficit
psychique plus élevé que la somme des deux déficits alternatifs
causés par la disparition isolée de l'un ou de l'autre (c'est le principe de la combinaison organique des richesses, se substituant à
l'idée de juxtaposition mécanique).

Une autre formule, encore plus extensive, se trouve chez Clark (1) : peu d'achats sont intégralement marginaux; la plupart des objets, dans une économie développée, sont des synthèses d'utilités; si l'une de ces utilités effleure parfois la région marginale, les utilités jointes demeurent fort au-dessus et la plupart des achats (même souvent les derniers achats d'une série) donnent lieu à des superpositions plus ou moins complexes de rentes. Lesdésirs vont à travers les objets sans confondre leur existence avec eux, ne leur demandant que des incorporations passagères; les actes d'achat ou de consommation ne doivent pas être divisés par séries objectives, mais par séries subjectives.

Les conclusions de cette théorie sont extrêmement optimistes; c'est ce que Clark indique lorsqu'il déclare que la plupart des objets, sauf ceux d'une nature tout à fait rudimentaire, qui ne satisfont qu'un désir à la fois, ont une valeur d'usage considérablement et perpétuellement supérieure à leur valeur d'échange. La compression des diverses valeurs composantes, dont leur valeur est la synthèse s'explique par ce fait que la plupart de ces valeurs élémentaires ne se sont incorporées à l'ensemble qu'après avoir été réduites au niveau marginal, quand elles étaient incorporées à d'autres richesses. Aucun acheteur donc ne paiera un prix exactement mesuré par l'énergie actuelle de l'ensemble des désirs mis en jeu. La rente de l'acheteur subit une correction analogue à celle que l'on a parfois apportée à la rente foncière, le terme final de la terre marginale n'existant que représenté par la terre apte à une seule culture (la théorie ricardienne, en concentrant toute son attention

(1) Clark, *Distribution of Wealth*, ch. XV, pp. 219-30 : une partie seulement des utilités d'un objet entre dans l'unité marginale de consommation d'un individu. — « In general, when fine articles — composite things, bundles of distinct elements — are offered to society, the great composite consumer, each element has somewhere in the social organism the effect of fixing a part of the total value. In no other way can the article, as a whole, get a valuation. To no individual are all its utilities final. » (*op. cit.*, pp. 243-4). — Les valeurs reposent sur les utilités marginales contenues dans les biens plutôt que sur les biens pris dans leur intégralité (p. 244). — « There is a social increment of util'ties — a vast and composite addition to the service-rendering qualities of things — that appears at every step in the increasing wealth of the world. These are the strategic elements wich rule the market. The measure of them fixes values (p. 245).

sur la production du blé, semble avoir parfois été tentée de réduire la généralité des terres à ce type exceptionnel).

Pour toutes les autres terres à usages multiples, la décroissance et l'abolition finale de la rente ne se produisent qu'au
regard de l'usage le plus rare auquel la terre se trouve apte, la
rente afférente aux autres usages relativement subalternes demeurant intacte à travers toute l'évolution parcourue dans chaque
forme d'utilisation économique d'un sol déterminé.

La théorie de la rente subjective, si simple dans sa formule
générale, reposant sur un fait si évident, mais en même temps
sujet à des interprétations de détail multiples, a fait l'objet
de critiques très vives. Hobson s'est particulièrement attaché à
souligner les impossibilités, les contradictions numériques qui
en seraient inséparables (1). Pour que les différences subjectives, les rentes intérieures dont on a pu apercevoir l'existence
eussent un caractère positif, il faudrait que l'on pût les dénom-
brer, les additionner; c'est ce qui apparaît comme tout à fait
impossible (2).

(1) V. Hobson, *Economics of Distribution*, ch. II, pp. 40-55.
Hobson s'élève surtout contre le fractionnement excessif imposé
aux actes économiques, il estime que l'on doit substituer à ce morcellement des actions et des doses la notion d'unité organique des
séries et des périodes.

(2) Pour prendre un exemple concret, on dira couramment, si
un voyage est absolument nécessaire pour assurer une acquisition de richesse égale à mille et que le billet de chemin de fer
nécessaire coûte 25, que la rente d'achat de ce billet s'élève à 975.
Mais cette même rente est destinée à reparaître plusieurs fois :
chacune des dépenses indispensables au voyage, si on la suppose
seule mise en question (toutes les autres étant mises hors de cause)
impliquera une marge de rente égale à la différence entre l'intérêt
total de l'opération (1.000) et le chiffre de la dépense à exposer
(*op. cit.*, pp. 41-3). — Les emplois multiples seront encore plus
évidents si, au lieu d'examiner les actes divers d'une même opération d'ensemble, on embrasse toute l'activité concentrée pendant
un certain temps autour d'un même revenu. — Quand on analyse
toutes les dépenses successives d'un même budget et que pour chaque article distinct on fait état de la différence existant entre le
paiement effectif et l'estimation subjective, il faut, semble-t-il,
pour que les gains successifs ainsi dégagés aient plus qu'une existence purement illusoire, qu'ils puissent se totaliser, qu'ils permettent la constitution du revenu subjectif dans ses rapports avec
le revenu matériel, un même revenu objectif donnant des som-
mes subjectives différentes, dans un même milieu, selon le degré
d'adaptation du revenu au caractère de son possesseur et à l'ensemble du milieu. Or, cette addition est impossible; on a en réalité commis une confusion, pris pour des éléments successifs, distincts, la répétition plus ou moins complexe d'un même fait initial.

Dans toute série d'achats, les acquisitions les plus urgentes, celles qui mettent en jeu la conservation même de l'existence, ont une estimation subjective illimitée, un prix maximum virtuel égal à la totalité des ressourcse. Toutes les acquisitions de cet ordre ont rapporté une rente égale au total de l'actif disponible, diminué seulement de leur prix effectif relativement modique; toutes les rentes ultérieures sont conditionnées par ces rentes initiales. En additionnant ces avantages successifs, on multiplierait artificiellement une réalité unique, apparue seulement, sous diverses incarnations.

Hobson conclut non pas à l'inexistence de la rente d'achat ou de consommation, mais à la nécessité d'une conception à la fois plus collective et plus objective de cette rente. Il faut se détacher des actes économiques isolés, qui n'ont pas d'existence indépendante, ne peuvent servir de base à des bilans distincts, constituent seulement en bonne comptabilité des coûts diminuant la recette finale, non des sources indépendantes de richesse. Il importera donc de diriger son observation vers l'ensemble des achats d'une même période pour un même budget. La rente de consommation ou d'achat, pendant cette période et pour ce budget, sera égale à la différence existant entre les recettes et les dépenses nécessaires à la vie (1).

A la rente subjective et prospective se trouve substituée la rente objective et rétrospective, identifiée avec l'épargne, la survie du revenu matériel d'une période écoulée. C'est la notion même de revenu psychique qui est toute entière remise en question; par un retour, assez marqué d'ailleurs chez Hobson, aux préoccupations dominantes de l'économie traditionnelle, le point d'appui principal des démonstrations se trouve cherché dans l'état de la richesse objective.

Si l'on admet au contraire que l'objet principal et l'instrument le plus précieux des recherches économiques ne consistent pas dans les aspects extérieurs, dans les variations quanti-

_____

(1) *Op. cit.*, p. 49 : « consumer 's rent... will be equivalent to that portion of the income wich is either spent on other things than necessaries, or is saved »; — à la méthode de Marshall, Hobson substitue celle de la déduction : le prix du billet ne procure pas le bénéfice du voyage, il s'en déduit (p. 43); — l'objection tirée des difficultés inextricables d'évaluation de l'utilité totale se trouve exposée aussi dans Nicholson *Principles of political Economy*, Londres, Black, 1893, vol. I, pp. 59-65).

tatives de la richesse, mais dans l'interprétation des mouvements imprimés à la richesse matérielle pour la réalisation des fins humaines, la théorie d'Hobson apparaît comme ayant inutilement réduit à des proportions si modestes la rente de consommation. Un résidu plus ou moins important de richesse matérielle est un fait dénué de toute signification propre, qui a besoin d'être interprété par un grand nombre de faits concomitants.

Si un caractère positif peut être aisément attribué à un excédent de richesse créée, aux variations de ce produit net social, de cet excédent du pouvoir humain sur les exigences de son entretien, une simple conservation de richesse peut signifier un déficit momentané ou définitif dans la richesse intérieure. Le seul examen d'un budget ne peut permettre d'apprécier le progrès ou la régression du revenu réel; pour estimer en pleine connaissance de cause l'importance économique d'un excédent de richesse épargnée, il faudrait évaluer le déficit de consommation qui en a été la rançon, puis les possibilités de consommation future que ce résidu représente. Loin de simplifier la question de la rente, on la compliquerait de tous les problèmes de l'intérêt.

En réalité, cette formule d'ensemble paraît construite sur une hypothèse d'immobilité psychique, d'adaptation fixe, entre l'ensemble des désirs et le revenu. Si cette condition se réalise, si un individu, sans diminuer sa consommation effective, sans laisser atteindre l'intégrité de son énergie économique, en arrive à réduire ses dépenses, le résidu de revenu ainsi réalisé ne pourra évidemment s'expliquer que par la création d'une rente intérieure, rente de consommation proprement dite si elle vient d'un perfectionnement apporté dans l'utilisation de la richesse, rente d'achat si elle est produite par une utilisation plus fructueuse des ressources pécuniaires. Mais, même lorsqu'une coïncidence semblable se rencontre, c'est l'accroissement de revenu subjectif qui constitue la réalité vraiment digne d'intérêt; l'excédent pécuniaire n'est qu'un signe, un mode de révélation de ce fait essentiel, non un signe infaillible, mais tout au plus un élément de présomption.

La critique de la théorie d'Hobson amène incidemment à mieux préciser la nature propre de l'épargne, la tendance traditionnelle a été longtemps de la considérer comme une attente;

cette notion un peu vide se trouve rectifiée déjà chez Hobson (1); l'épargne n'est pas une stagnation de richesse, le simple retard d'un fait de consommation, elle consacre un résultat définitif; on peut seulement expliquer ainsi son utilité, son efficacité. Seulement, Hobson lui donne un sens trop arrêté, anticipe sur ses résultats définitifs; il faut en réalité être plus réservé: l'épargne est un changement imprimé aux directions de la richesse, une option en faveur d'un usage plus ou moins déterminé; on ne saurait l'assimimler dans tous les cas à un enrichissement.

La théorie d'Hobson, en essayant d'intégrer purement et simplement la théorie de l'épargne dans la théorie de la rente, réunit deux actes dont le mécanisme respectif est tout différent; l'épargne se rattache à une action exercée au dehors, la rente à une impression reçue. Comme à tous les autres actes, l'idée de rente se mêle aux actes d'épargne; il y a par exemple une rente d'épargne, attachée à toute l'épargne intra-marginale, à l'épargne qui coûte à son auteur un sacrifice moindre que le sacrifice collectif marginal rémunéré par le taux courant de l'intérêt (2). Mais, pas plus qu'aucune autre manifestation de la vie économique, l'épargne ne s'identifie avec la rente qui en est simplement la sanction positive ou négative.

La notion de rente doit donc demeurer dans le domaine des faits psychiques; les formules de Marshall, de Clark répondent bien à des réalités. La distance considérable, incommensurable sur certains points, qui existe entre les utilités totale et marginale est un fait essentiellement positif qui contient toute l'explication de la théorie contemporaine de la valeur. Plus ce fait s'accentue, plus il porte témoignage en faveur du progrès économique général. Quant à l'impossibilité d'additionner purement et simplement les rentes subjectives éprouvées pendant un certain temps, loin d'établir l'irréalité de ces phénomènes, elle en accentue le vrai caractère. Chaque détermination économique porte l'empreinte des déterminations antérieures; c'est ce

(1) Hobson (*Economics of Distribution*, p. 249) critique l'assimilation par Marshall de l'abstinence à l'attente; il estime qu'elle doit être ramenée à un effort positif non à une simple notion négative.

(2) Mixter, *The theory of Savers 'rent and some of its applications* (Q. J. O. E., t. XIII, 1898-99, pp. 245-69).

qui fait à la fois sa continuité et sa part d'irréductible diversité à leur égard.

Les éléments d'une série d'actes économiques ne se juxtaposent pas comme les éléments d'une figure inerte; le tout est autre chose que l'addition pure et simple des parties. Chaque fraction d'une période, chaque acte composant d'un même dessein d'ensemble ont été, au moment où ils s'accomplissaient, des centres reliant toute l'expérience acquise d'un certain ordre à toute l'expérience préparée; leur rendement propre a été nécessairement évalué en fonction de ces éléments. Il y aurait évidemment erreur à accumuler ces résultats successifs, mais l'erreur serait tout aussi manifeste si on en méconnaissait la réalité, non pas coexistante, mais mouvante. Ces profits successifs ont inspiré, sanctionné des actes dont chacun engageait, conservait, non sans le renouveler plus ou moins, le dépôt des résultats accumulés de toute la vie économique antérieure; les éléments matériels dans lesquels s'incorporaient ces résultats ont pu rester dans une large mesure constants, mais chacun des faits de conscience par lesquels s'est effectuée la représentation du résultat a eu son originalité propre

Si, après avoir pris pour unité un acte d'importance réduite, on envisage une synthèse d'actes réunis par une même fin ou groupés dans une même période, la différence positive ou négative se calculera autrement; on n'additionnera pas algébriquement les différences successives, on prendra, comme constituant deux termes collectifs, la somme d'énergie aliénée, la somme d'énergie acquise, le résultat ne se confondra pas avec celui que donnerait l'addition des rentes successives.

C'est que les problèmes successifs sont profondément distincts; ils ont un caractère si impérieusement pratique, c'est-à-dire lié à l'action, que chaque solution est inextensible à un problème différent. Le cadre général de ces divers problèmes est le suivant : dans un certain état des ressources et des désirs existants, l'alternative restant libre sur un seul point, quelle est, dans ces limites d'indétermination, la solution qui assure le résultat le plus désirable? Il y a entre les fragments et l'ensemble de la période économique cette différence essentielle : la zone d'indétermination inégalement étendue. Le rendement d'un acte isolé, celui d'un système d'actions coordonnées, d'une période, impliquent des problèmes psychologiques distincts. L'actualité, l'individualisation des jugements de rente ne fait que reproduire d'une façon plus directe les caractères inséparables de tout jugement de valeur. Les uns et les autres sont des jugements d'action qui ne s'additionnent ni ne se répètent, mais réagissent les uns sur les autres en vue de combinaisons toujours inachevées.

On ne saurait donc considérer comme illusoire la notion de Marshall, exprimée sous une forme en plus complète harmonie avec la complexité et la diversité des faits chez Clark. La rente du consommateur qui, chez Marshall, se dégage d'une série de chiffres (s'élevant plus ou moins au-dessus du prix collectif mais le rejoignant toujours), d'une suite de concepts exactement disciplinée, découpée en quelque sorte d'après les contours de la richesse extérieure, est représentée, chez Clark, parmi des faisceaux de désirs, poursuivant leur évolution, sans la modeler servilement sur les aspects de la richesse matérielle, imprimant leurs directions aux valeurs objectives, aux prix du marché, sans en reproduire eux-mêmes les aspects directs, les divisions.

La rente ainsi définie, rapport établi entre une attitude individuelle et un milieu, constitue certainement une réalité; ce n'est peut-être pas la réalité à laquelle il convient de s'arrêter exclusivement, il se peut qu'elle ne constitue que le point d'appui préalable d'un phénomène encore plus instructif, mais c'est incontestablement dans ce rapport, renouvelé à chaque instant, que se trouve le moyen initial de situer, d'expliquer psychologiquement, une action économique déterminée. A vrai dire, au lieu de son inconsistance, on pourrait lui reprocher (lorsque l'analyse s'arrête à ce phénomène, sans essayer de le dépasser) son caractère trop certain, trop consolidé, placé dans une trop large mesure en dehors du domaine actuel de l'action, qu'il domine de toute la force d'un résultat social consacré.

Plus les utilités gratuites s'incorporent à la vie économique, plus les valeurs d'échange se trouvent à des distances considérables des utilités les plus urgentes, plus les comparaisons entre richesses s'effectuent sous l'inspiration de désirs relativement apaisés, plus le discernement des valeurs devient subtil, plus aussi le pouvoir d'action sur les valeurs devient énergique. Ces divers progrès sont concomitants; la fonction propre du jugement de valeur est en effet d'agir sur la valeur; il ne saurait être un constat indifférent; il renferme nécessairement une direction.

L'existence de ces rentes, accumulées par un effort collectif antérieur, ouvre donc un champ plus large à la spontanéité, étend le pouvoir de diversification exercé sur la richesse. Mais, en elles-mêmes, ces différences existent préalablement à l'action, consistent, comme la rente ricardienne, en des revenus non gagnés, laissent subsister cette notion d'inertie qui s'attachait à l'attitude du rentier, bénéficiaire passif d'un effort social.

Une formule plus significative de la rente intérieure peut être dégagée des critiques de Carver (1) contre la formule de Clark. Une conception vraiment efficace de la rente ne saurait être basée sur cette seule empreinte, reçue passivement du milieu social par un patrimoine individuel. Tout achat, dans une civilisation économique avancée, donne un rendement psychique qui serait payé beaucoup plus cher si, par suite d'un accident économique local, toutes choses égales d'ailleurs, l'objet acquis se raréfiait subitement. Si une régression d'allure plus générale rapprochait les valeurs d'échange des degrés relativement élevés de l'utilité, il serait évidemment contradictoire de prétendre que toutes les richesses seraient payées à ce prix hypothétique, virtuellement consenti pour échapper à la privation d'une seule d'entre elles. Le résultat produit serait, en pareil cas, la concentration du revenu sur un nombre plus restreint de richesses, l'appauvrissement non par excès de dépenses (impossible au delà de certaines limites), mais par moindre consommation.

Cette image courante du revenu subjectif nécessaire, profit banal de l'ensemble des efforts économiques accumulés, se trouve déjà exprimée sous une autre forme dans la théorie classique des prix; le nivellement de la valeur et du coût, la diffusion du profit des mains de l'entrepreneur dans celles de la collectivité est comme une rente objective de consommation. Quand de la notion du prix normal on arrive à celle de prix d'équilibre, le concept objectif se transforme en notion psychique, le mouvement unilatéral en action mutuelle; le prix d'équilibre implique, au lieu de cette égalité inerte en quelque sorte, de cet équilibre stable entre les deux forces coût et prix, un équilibre à tendance plus humaine obtenu comme une formule

(1) Carver, *Répartition des Richesses* (trad. Roger Picard, pp. 47-8).

transactionnelle entre deux énergies collaboratrices plus que rivales, dont chacune atteint le maximum de réalisation compatible avec la réalisation de l'autre, l'une et l'autre manifestant leur plus haut degré de puissance en fonction du système auquel elles concourent, de façon à donner leur expression collective la plus élevée.

C'est dire que la formule du prix d'équilibre implique, chez les divers partenaires d'un marché des gains intramarginaux, qu'une même action peut créer simultanément, sans qu'il soit nécessaire que l'existence ou l'accroissement des uns suscite la suppression des autres; à la conception ancienne d'un gain uni-substantiel, prédéterminé, disputé entre partenaires rivaux, se substitue l'idée de gains naissant d'adaptations variées, simultanées. L'affirmation de la rente subjective n'est qu'un autre mot, plus exactement un autre point de vue, comprenant les mêmes faits essentiels que ceux recouverts par la notion de prix d'équilibre.

La notion de différence individuelle, si elle constitue le principe d'unité, le fonds même de la théorie de la rente, ne doit pas être envisagée uniquement sous son aspect réceptif. La différence entre le prix collectif et le prix individuel est un fait qui crée surtout une possibilité de rente; le désir individuel, plus énergique à un moment donné que le désir social, est (comme l'effort individuel privilégié, plus puissant qu'un effort social identique) le fait à utiliser, la ressource offerte à l'action économique pour la constitution d'une rente; mais l'intérêt définitif doit être réservé à l'acte par lequel cette ressource donnée sera utilisée. Ainsi, avec une somme d'argent égale à 100, on achète un objet dont le prix subjectif, celui que l'on donnerait éventuellement, est égal à 1.000; si l'on se borne à constater que la rente d'achat est de 900, on a sans doute émis une affirmation vraie en principe (toujours hasardée dans sa formule numérique), mais un grand nombre d'autres achats possibles auraient eux aussi donné lieu à des différences. La rente d'achat pourra être définie en fonction d'une alternative dont l'un des termes sera constitué par le désir réalisé et l'autre par le désir le plus énergique demeuré irréalisé et qui aurait pu être satisfait par les mêmes moyens pécuniaires que lui. L'objet acquis a coûté 100, il aurait, à la rigueur, été payé 1.000; pour appré-

cier le mérite économique de l'acte accompli, il faut se demander si, avec la même dépense, un autre objet dont la possession a pour prix subjectif extrême 1.001 par exemple, n'aurait
pas pu être acquis; s'il en a été ainsi, l'acte, bien qu'ayant
donné une rente d'achat, au sens le plus général de ce terme,
constitue une erreur.

Directement inspirée de la notion psychique de coût, la comparaison se fait non du passé au présent, du réel à un possible
plus ou moins lointain et conditionnel, mais du présent au présent, du réel au possible le plus immédiat : la zone actuellement ouverte à l'activité libre, la richesse qui va naître comp-
tent seules. Etant donné un acte réalisé, son coût est égal à
l'alternative la meilleure, à l'acte le plus efficace qui aurait
pu être accompli et qui se trouve éliminé. La rente positive ou
négative de cet acte sera la différence positive ou négative entre l'alternative choisie et la meilleure alternative éliminée. Si
cette alternative valait mieux que l'acte accompli, il y a rente
négative, quel que soit l'accroissement de richesse actuelle réalisé par rapport à l'évaluation subjective.   La rente demeure
bien l'empreinte d'un état collectif sur un état individuel, mais
une empreinte façonnée dans une assez large mesure par celui
qu'elle atteint; la rente est avant tout une réaction : l'avantage
produit par l'action collective seule suscite diverses possibilités
d'action; à l'égard de l'action même qu'il s'agit d'apprécier,
cet avantage constitue une tradition de richesse, un fait analogue à celui de la capitalisation dans le domaine des opérations
productrices, un coût à sauvegarder.

La possession d'un moyen d'achat déterminé signifie la possession virtuelle alternative d'une série d'objets; l'acte d'acquisition ne crée pas cette possibilité, qui lui est antérieure, il
la transforme en certitude limitée; le bilan de l'acte s'établit
sur la base des forces dont il a disposé et de celles qu'il res-
titue.

C'est en se plaçant sur le terrain de cette alternative actuelle
que la mobilité de la rente apparaît. Une rente négative, au
sens usuel de ce mot, serait peu compatible avec la théorie courante : un objet dont la possession est évaluée moins que son
prix collectif ne sera pas acquis ou ne pourra l'être que par
suite d'une erreur assez rarement commise. Des rentes négati-

ves seront au contraire assez fréquentes, lorsqu'il s'agira non d'établir une différence unique entre deux termes, mais de comparer une série plus ou moins nombreuse d'alternatives diverses, dispersées dans le temps. La rente, selon la conception de Marshall et de Clark, ne pourrait demeurer comme base d'une formule définitive que si l'acte accompli était le seul réalisable.

La rente d'utilisation, cette expression synthétique susceptible d'embrasser à la fois la rente de consommation et la rente d'achat, met donc en jeu un principe d'activité; c'est un résultat conquis, une alternative meilleure découverte. Sous cette première forme, le caractère multiple de la notion de rente apparaît aussi avec une très grande clarté; les contradictions apparentes entre les divers auteurs, l'instabilité même des points de vue adoptés par plusieurs d'entre eux ne font que révéler le caractère largement compréhensif de la notion dans laquelle tous ces concepts divergents, instables, insuffisamment définis, se concilient et se fixent.

La notion de rente est aussi large que celle de différence, de bilan : étant donné un résultat et sa cause, il y a de multiples manières d'envisager la place occupée par l'un et l'autre à l'égard de l'ensemble des faits concomitants; selon qu'on remonte plus ou moins haut dans les rapports qui unissent le groupe de phénomènes considérés et son milieu, que l'on prolonge plus ou moins dans le temps cette comparaison, que l'on confronte sur un champ plus ou moins étendu l'acte réalisé et le faisceau de possibilités dont il est né et auquel il a mis fin, le résultat de l'expérience pourra être différent. On est obligé d'en revenir à l'extension de la formule donnée incidemment par Jevons (1) : il y a rente partout où il y a différence, positive ou négative. La rente se produit chaque fois qu'un fait économique traverse deux ou plusieurs milieux différents; il y a donc plusieurs façons, toutes vraies, d'envisager la rente; le point de vue le plus intéressant est celui qui embrasse la différence existant entre le réel et un possible non pas lointain, presque purement hypothétique, mais le possible, le plus prochain, le plus près du réel. Ces caractères se retrouveront d'ailleurs tous dans l'étude de la rente du producteur.

(1) *Théorie de l'Economie politique* (trad. Barrault), p. 293 : la loi de la rente est un corollaire de la loi d'indifférence.

II. — Rente du producteur. Interprétation psycho-sociologique des rapports de la rente et du prix

La théorie classique de la rente foncière, dont les écoles psychologiques devaient recueillir les éléments essentiels en leur donnant la plénitude de leur signification, repose sur deux faits également nécessaires, encore qu'ils soient très inégalement mis en relief : la rareté absolue, l'inextensibilité invincible des bonnes terres, de celles qui apportent une contribution propre à la production des richesses et, d'autre part, l'existence de terres économiquement improductives, c'est-à-dire donnant, par leur coopération avec une quantité de travail et de capital déterminé, plus e   tement par l'incorporation, la réunion en elles-mêmes d'une   rtaine quantité de travail et de capital, un produit net qui rémunère seulement ces deux derniers facteurs.

L'agent naturel se trouve à la fois privilégié et amoindri à l'égard des autres facteurs (capital et travail), en raison de son manque d'élasticité; les conditions de son existence n'étant pas dirigées par des causes d'ordre économique, il reste toujours partiellement hors des cadres de la valeur. La théorie de la rente consacrait donc le caractère exceptionnel de la valeur économique de la terre. Ces deux affirmations concourent à suggérer un principe essentiel de la théorie : rente signifie avant tout revenu créateur de richesse, valeur économique en formation, énergie déterminée, définie par sa fin non par son origine, service apprécié pour lui-même, détaché de tout lien avec un capital antérieur. C'est cette idée commune qui réunit les deux principales formes successivement données au concept de rente.

Le terme rente est parfois considéré comme synonyme de revenu en nature (chez Clark, par exemple), émanation directe d'un objet individuel, décrit, non évalué (capital-good), l'intérêt constituant, dans son ensemble, le même revenu, la même réalité périodique, le même produit, mais envisagé sous un autre point de vue, évalué et rapporté à la collectivité du capital social, considéré lui aussi uniquement dans sa valeur : d'un côté, une multitude de rapports infinimemnt variés, mécaniques, physiques, psychiques même (le gain du travail humain est une rente comme tous les autres); de l'autre, un simple rapport arithmétique.

La rente est considérée, dès lors, comme une fraction matérielle du produit; sous sa forme primitive, elle est une partie du blé récolté sur une terre déterminée (la part dévolue au propriétaire foncier) (1).

Incomplet, provisoire, risquant de confondre sous une même expression la rente brute et la rente nette, extérieur en quelque sorte au phénomène qu'il prétend définir, ce concept a du moins le mérite d'en souligner l'extension réelle, la véritable universalité. Au lieu de signifier revenu rare, privilège, la rente est avant tout l'expression concrète, immédiate, d'un résultat révélant, créant économiquement sa source.

Une seconde formule plus exacte, plus généralement adoptée, est celle que l'on trouve indiquée chez Fisher (2) : rapport entre une quantité, un bien non évalué et la valeur du revenu créé par ce bien; la rente est alors le bénéfice ou la perte, le bilan d'une expérience économique. Mais une même idée fondamentale soutient, à travers ces expressions plus ou moins exactes, l'idée de rente : la notion de revenu neuf. Cette notion devait suggérer d'elle-même celle de revenu éphémère. Cette dernière notion ne semble pas se trouver dans la théorie ricar-

(1) Clark, *Distribution of Wealth* : la rente d'un instrument est constituée par la quantité d'objets qui peuvent être considérés comme produits par lui (d'où, la rente influe sur le prix comme tous les autres éléments de l'offre, p. 356). D'ailleurs, la définition de la rente chez Clark est si large que toutes les rémunérations y sont comprises; la rente est une modalité particulière de calcul du revenu, non une forme distincte de revenu (la rente et l'intérêt constituent le même revenu vu sous deux angles différents, p. 124).

(2) *Nature of Capital and Income*, chap. XI. p. 186 : quatre catégories de rapports peuvent être envisagées entre un capital et son revenu :

$$\text{1}^\circ\ \frac{\text{Quantité de services par unité de temps}}{\text{quantité de capital}} = \text{productivité physique.}$$

$$\text{2}^\circ\ \frac{\text{Valeur de services par unité de temps}}{\text{quantité de capital}} = \text{productivité en valeur.}$$

$$\text{3}^\circ\ \frac{\text{Quantité de services par unité de temps}}{\text{valeur de capital}} = \text{rendement physique}$$

$$\text{4}^\circ\ \frac{\text{Valeur de services par unité de temps}}{\text{valeur de capital}} = \text{rendement en valeur.}$$

La rente correspond au second rapport (productivité en valeur, p. 187). — La théorie de Clark tendrait au contraire à assimiler la rente au premier rapport (productivité en nature).

dienne; la rente s'y trouve représentée comme le résultat d'une conspiration du milieu, une résistance des éléments à l'action humaine. Son domaine est étroit, mais fortement défendu; la pression progressive des hommes sur les richesses doit avoir pour résultat d'étendre graduellement ce domaine.

Cependant, le revenu-rente ne portant pas en lui-même, aux termes de cette théorie, sa propre raison d'être, pourrait disparaître par suite d'une modification du milieu (modification du rapport numérique existant entre la population et les terres fertiles, diminution de la population ou augmentation de la quantité de terres fertiles disponibles); il serait aussi impossible à ses bénéficiaires de le défendre qu'il est actuellement impossible à la collectivité d'en éluder la charge; il constitue essentiellement une création du milieu.

Cet ensemble de notions devait être profondément rectifié. La rente, au lieu d'être une création pure et simple du milieu, dépend de l'utilisation toujours renouvelée des ressources de ce milieu. La rente du producteur n'est que le prolongement de la rente de l'acheteur et du consommateur; elles forment d'ailleurs une série continue, révèlent un même phénomène essentiel, la justesse ou l'erreur d'une évaluation préalable. La rente de consommation met surtout en jeu l'observation de la loi du *diminishing return* psychique, la descente du désir social plus rapide que celle du désir individuel; la rente du producteur repose sur le *diminishing return* physique, elle se réalise quand on sait appliquer un effort individuel au point où il se trouve en état d'énergie moins émoussée que l'énergie moyenne collective, dans une direction déterminée.

Il n'est pas d'ailleurs d'acte économique concret qui, à quelque degré, ne mette en jeu, sous des formes multiples parfois, les deux problèmes : une utilité étant donnée pour constante, faire porter l'effort et le calcul sur la différence des coûts respectifs; étant donné un coût supposé fixe, faire varier l'utilité dans le sens le plus favorable. La rente affecte, par définition, la variable du système, mais en réalité aucun élément n'est fixe, il y a un élément nominalement, verbalement fixe : c'est celui qui est arrêté dans sa forme par le prix, coût de l'acheteur, utilité du vendeur, mais pour l'un et pour l'autre il a, selon l'ensemble de leur situation économique, des significations si différentes, si instables, que sa rigidité, son objectivité doivent être considérées comme beaucoup plus apparentes que réelles (1).

C'est à l'occasion du revenu du travail que l'on peut le mieux saisir la continuelle pénétration des deux rentes. Clark représente le rendement d'une journée de travail par une série de rémunérations pécuniaires matériellement égales, psychiquement aussi dissemblables que possible. Entre les efforts de la première et de la dernière heure, strictement identiques dans leur pouvoir objectif (et il faut qu'ils le soient, puisque les véritables unités envisagées ne sont pas des heures, mais des actes de travail), il y a non seulement différence mais contraste; ce sont des quantités d'ordre différent (2); la première heure, plus exactement le premier acte de travail, est un exercice salutaire désiré, régulateur de l'équilibre des forces dont il utilise le trop-plein; la dernière heure, acceptée ou subie, marque à la fois l'accroissement le moins désiré de la fortune physique et le prélèvement le plus onéreux sur une fortune morale dont l'appauvrissement s'accélère de plus en plus. Le théorème de Bernoulli est doublement mis en action : une fortune physique monétaire augmente, une fortune morale est directement atteinte.

La dernière heure de travail (heure restant toujours synonyme conventionnel d'action) est le point où les deux séries sont proches de devenir tangentes, où la fortune morale, seul critérium définitif de l'expérience économique, subit une déperdition presque égale à son acquisition, souffre plus de l'effort (identique au précédent, mais plus coûteux, c'est-à-dire attiré vers une alternative plus attrayante) qu'elle n'est accrue par un supplément de salaire identique à ceux reçus pour la même quantité de travail, mais de plus en plus avili, c'est-à-dire apte à la réalisation de désirs de plus en plus faibles. Toute action est ainsi étreinte dans cette sorte d'étau des deux rentes; c'est, sous

---

(1) On pourrait reprendre, en l'intervertissant, la formule de Marshall sur les deux lames d'une paire de ciseaux, l'action de l'instrument paraissant être l'œuvre exclusive du facteur mobile, bien qu'elle soit une résultante de l'action combinée des deux (*Principles*, p. 820). En matière de rente, c'est au contraire le facteur constant, au milieu de l'accroissement des autres facteurs, qui semble expliquer le phénomène et en être la cause exclusive, alors que ce phénomène est avant tout collectif, traduisant un rapport des facteurs entre eux et avec leur milieu.

(2) *Distribution as determined by a Law of Rent* (Q. J. O. E., vol. V, 1890-91, pp. 289-317).

une autre forme, le phénomène de la progression du coût, désir non satisfait, désir relativement pauvre, incorporant, par l'effet de son dénuement progressif, une valeur plus grande aux objets qui lui servent d'instruments, tandis que le désir progressivement satisfait s'attache de moins en moins à s'assurer des moyens de ation ultérieure.

En réalité, dans un acte complexe comme la production des richesses, sous quelque forme et à quelque phase qu'on l'examine, la rente finale, décisive, est une rente de consommation. La rente de production proprement dite, la différence pécuniaire, l'excédent du prix reçu sur le sacrifice encouru n'est qu'un véhicule, un moyen terme. La comparaison a toujours lieu entre deux désirs, le désir abandonné au commencement de l'opération et celui que l'on retrouve au terme, la fin comparée non avec le moyen (qui, par lui-même, quelle que soit son efficacité, sa sûreté, n'a pas de signification économique), mais avec la fin alternative.

L'attrait d'une rente pécuniaire et par suite son pouvoir de détermination économique dépend uniquement des alternatives pécuniaires en premier ressort, psychiques en dernier ressort, à l'entrecroisement desquelles cette rente se trouve placée. La rente du travail a cet avantage de dégager plus clairement la nature de la comparaison essentielle qui est à la base de toute détermination, simple ou complexe, d'établir nettement l'universalité du rapport rente. D'abord rattaché aux éléments fixes, inextensibles et incompressibles, à la terre, puis aux éléments de richesse qui participent plus ou moins du caractère définitif de la terre et paraissent emprunter à leur lenteur de formation, de dissociation, une stabilité plus grande de situation économique (1), le rapport-rente prend un tout autre caractère; il demeure un indice de rareté, mais de rareté créée, non de rareté subie.

L'action économique semble parfois disputée par deux directions : d'une part, elle tend à accroître la mainmise humaine sur les forces de la nature, résume, dénombre, stimule dans

_____

(1) Ce point de vue est encore celui auquel se place Marshall (*Principles*, p. 412) quand il établit la série continue et dégressive des quasi-rentes, exemplaires de plus en plus effacés d'une catégorie économique dont la rente foncière demeure l'exemplaire-type.

une large mesure cet accroissement de puissance, cet effort de conquête (1). Sous cet aspect, elle crée des utilités gratuites, mais sous un autre aspect elle semble vouloir reprendre ou retenir ce qu'elle donne en suscitant la rareté (2). En réalité, il n'y a pas opposition, mais collaboration, harmonie entre ces deux tendances; on en trouve déjà l'affirmation chez J.-B. Say, en contradiction sur ce point avec Ricardo. Abondance et rareté expriment simplement la proportion établie entre une série de forces. Il y a peu d'utilités entièrement gratuites; celles qui ne font pas l'objet d'achats immédiats sont le résultat d'efforts anciens et le plus souvent aussi d'efforts collectifs continués; au lieu de ce contraste que l'on voudrait établir entre deux séries d'utilités séparées l'une de l'autre, il y a une organisation des désirs et, par suite, des efforts mus par ces désirs, dans leurs rapports de coexistence et de succession.

La rente est une formule heureuse de rareté, non purement matérielle, imposée du dehors, mais recherchée, réalisée par la variation de l'effort beaucoup plus que par la constance, l'inflexibilité relative du milieu. Au lieu d'être un revenu réel, la rente tend à devenir de plus en plus un revenu personnel; au lieu de dépendre de l'état d'un facteur isolé, elle est rattachée à une synthèse productrice.

Rattachée non à la rareté absolue d'un facteur privilégié, mais à la rareté relative d'un facteur quelconque, la rente participe du caractère collectif de la rareté ainsi définie; l'ancienne théorie considérait la rareté passive, la quantité constante au milieu d'un accroissement de besoins et d'efforts; la théorie contemporaine envisage la rareté dynamique, l'action exercée sur le point où elle assure la réalisation du désir le plus fort, soit dans la collectivité (s'il s'agit de production), soit dans le milieu individuel, s'il s'agit d'utilisation.

La rente, revenu personnel rattaché à un fait d'activité, consiste dans le surcroît de richesse donné par l'action qui réalise

(1) V. notamment Auguste Comte, *Traité de Sociologie*, t. II, pp. 138-77, au sujet de l'influence de l'activité économique sur la puissance intellectuelle créatrice, l'accumulation des richesses ayant pour condition préalable l'effort de création scientifique, pour résultat la possibilité d'un développement altruiste plus efficace.

(2) V. notamment Ricardo, *Principes d'Economie politique*, trad. française, éd. Guillaumin, p. 217 et notes de J.-B. Say.

le maximum de puissance économique; plus exactement, elle
est constituée par l'excédent de richesse que donne la combinaison choisie, comparée à la combinaison possible immédiatement inférieure. La rente signifiait déjà, dans l'ancienne
théorie, source de richesse, mais source découverte fortuitement, conservée sans lutte personnelle. Elle doit au
contraire éveiller l'idée d'adaptation neuve, souligner l'importance économique de l'invention, véritable prototype de la
création de richesse. Rattachée non à tel ou tel objet matériel
déterminé, isolé, mais à un ensemble de forces bien adaptées,
la rente sanctionne essentiellement une combinaison intellectuelle. Son résultat psychique amène à constater le caractère
essentiellement psychique de sa cause.

Le caractère dynamique de la rente apparaîtra encore mieux
si l'on envisage ses rapports avec le phénomène du prix. La
théorie ricardienne place le phénomène de la rente hors de l'action directe du coût et du prix; c'est essentiellement un revenu
sans coût et insusceptible de pénétrer dans le prix; le coût marginal, le prix collectif sont des phénomènes qui le déterminent
du dehors, mais sans pénétration intérieure; le caractère dynamique de la rente est objectif, il résulte d'une direction nouvelle de l'activité sociale, mais repose sur le contraste de cette
activité et de l'immobilité, de l'inertie en quelque sorte de l'un
des facteurs.

C'est au contraire le dynamisme interne, psychique, de la
rente qui devrait être mis en relief par une plus juste notion de
ses rapports avec le prix. La rente ricardienne se présentait
comme un revenu séparé, déraciné en quelque sorte du coût,
les circonstances sociales expliquaient ce point de vue, la terre
était peu considérée comme un bien susceptible d'échange;
assez largement inaliénable, elle apparaissait comme tout à fait
réfractaire à l'idée de capitalisation. Cette observation (qui demandait à être mise au point, même dans le milieu où elle se
produisait alors et qui s'éloigne de plus en plus de la réalité à
mesure que le sol s'intègre plus complètement dans les cadres
de la vie économique, se laisse entraîner par son mouvement,
existe de moins en moins comme bien privilégié, de plus en
plus comme véhicule de valeur) contenait cependant une part
de vérité; c'est la première formule qui ait été donnée du revenu

produit physique, mais créateur économique du capital. Mais la théorie ricardienne s'immobilise dans la considération d'un seul moment, la création de la valeur d'un objet par la valeur de son produit, création d'autant plus certaine que le lien entre le service et sa source est lui-même plus direct, plus assuré dans son avenir. Une parcelle de sol, bien libre, simple fraction du milieu naturel, soumise à l'action économique sans lui imposer jusque-là aucune sujétion, devient, par transformation soudaine, une richesse d'une espèce privilégiée, inassimilable aux autres biens.

Ce trait caractéristique de la rente demandait à être mieux défini, puis généralisé. Après avoir précisé l'origine de la rente, il était nécessaire d'en indiquer la durée; considérée d'abord comme le revenu invinciblement durable, la rente est au contraire un revenu éphémère qui ne subsiste qu'en se recréant. Il suffit, pour s'en convaincre, d'envisager sous son véritable aspect la notion de coût. Le coût étant constitué par l'alternative la meilleure, l'acte le plus efficace qui aurait pu être accompli et se trouve éliminé, la rente est faite de l'excédent qui sépare le réel du possible le plus proche. Le coût n'est pas, à proprement parler, la perte subie, mais la puissance aliénée, la moindre acquisition. La rente se résout en une création de richesse, mais la solidité de ses résultats n'est qu'une cause certaine de sa propre instabilité. Quand une réalisation s'affirme supérieure à la réalisation moyenne obtenue par les mêmes ressources, il se peut que ce résultat n'engage en rien l'avenir, que les conditions ultérieures de l'action ne soient nullement modifiées; dès lors, l'action prochaine remettra en question la balance favorable du rendement à l'égard du coût. Il en sera ainsi, notamment, pour la rente du travail, dont le caractère instable se manifeste avec le plus de fréquence.

Si la rente, au lieu de se présenter comme un fait isolé, constitue la première manifestation d'un excédent de pouvoir définitif, si un courant de revenu plus ou moins stable apparaît avec elle, ce courant est immédiatement rattaché à sa source, symbolisé par elle; une richesse nouvelle se forme ou la valeur d'une richesse déjà ancienne augmente (le phénomène est, au fond, le même). Dès que la rente a surgi, si elle est destinée à se perpétuer avec une certitude, une régularité même relatives, elle suscite la création d'un capital qui pèse sur le bilan des prochaines expériences.

Ce phénomène de la capitalisation (1), si on l'envisage largement, équivaut non pas à la suppression de la rente, mais à la nécessité de son renouvellement par d'incessantes variations dans le groupement des forces. La rente présente, en suscitant la valeur du revenu actuel, grève l'action prochaine d'un capital plus lourd à conserver; le résultat-rente se transfigure en coût. C'est pour une raison analogue que la rente de consommation est considérée comme ne pouvant être exactement calquée sur la différence entre le prix qui aurait été payé au cas de nécessité et le prix du marché. Cette différence est le résultat d'une véritable capitalisation collective; elle s'incorpore en réalité à la matière de l'expérience actuelle, comme un coût à sauvegarder.

Cette annexion graduelle des rentes au coût a été indiquée en matière de rente du sol, par Hobson (2) notamment. Cette théorie peut se résumer ainsi : quand une terre est apte à plusieurs usages d'importance inégale, l'usage supérieur implique comme coût toutes les rentes des usages inférieurs.

En réalité, l'incorporation de la rente au coût va encore plus loin; ce ne sont pas seulement les différences anciennes, c'est encore la différence actuelle, la rente spécifique qui, en s'affirmant, suscite une capitalisation, une création de richesse qui suffit à altérer le phénomène de la rente. On a souvent observé que la rente, au sens ricardien, n'existe qu'au profit du propriétaire entre les mains duquel se produit la transmutation d'une terre banale en terre rare; quant aux acquéreurs qui lui succèdent, la rente, c'est-à-dire, pour revenir à la définition de Ricardo, le revenu donné par les qualités indestructibles et originales du sol, s'altère profondément, devient un revenu non plus

---

(1) V. Frézouls, *Théorie de la Rente*, p. 137.
(2) V. Hobson, *The Economics of Distribution*, p. 120 : quand un sol est apte à plusieurs usages, seuls les produits obtenus par le mode d'exploitation du dernier degré n'incorporeraient aucun élément de rente à leur prix; l'exploitation immédiatement supérieure implique dans son prix de revient et par suite dans le prix de ses produits la rente obtenue par l'usage immédiatement inférieur. À mesure qu'on s'élève dans la hiérarchie des usages alternatifs, les rentes des usages inférieurs s'incorporent au coût et s'impriment par suite nécessairement dans le prix. — V. critique de la théorie dans Haney, *Rente and Price*, Q. J. O. E., t. XXV, 1010-11, pp. 119-38.

gratuit mais acquis; la mainmise humaine consacre l'existence du coût.

Cette remarque a une portée plus étendue : les réalités économiques ne sont pas liées aux catégories juridiques, dès qu'une rente a communiqué une valeur à sa source, cette source représente un coût.

Si une même rente ne se reproduit normalement pas deux fois, s'il est dans sa nature de se transfigurer en coût, aussitôt consolidée, il est également dans sa nature de renaître constamment, comme l'indiqueront les rapports de la rente et du prix. Cette ancienne affirmation : « la rente n'entre pas dans le prix », qui était le thème fondamental de la théorie traditionnelle, reposait sur une conception à la fois trop étroite et trop absolue. La rente était trop identifiée avec le fermage ; cette identification une fois admise, il était facile d'établir que la remise de la rente n'abaisserait pas le prix des produits agricoles, qu'elle augmenterait simplement les bénéfices personnels du fermier. La rente apparaissait comme un prélèvement, comme un article passif du bilan, sans que l'on se préoccupât d'envisager l'aspect actif du phénomène.

La rente était ainsi dénuée de toute vertu créatrice, de tout pouvoir propre : de même que sa remise ne devait pas abaisser le prix des produits, sa confiscation totale ou partielle ne paraissait pas susceptible de l'élever. L'attribution de la rente à la collectivité avait été parfois considérée, sur la base des principes posés par la théorie ricardienne, comme une sorte de mesure compensatrice équivalant à une réintégration totale des instruments de production dans le domaine de la loi économique. C'est avec raison que l'on a pu considérer la doctrine des *single-taxers* comme une déduction assez directe de la théorie ricardienne. Déjà, Stuart Mill avait été amené à une conclusion pratique de ce genre, que l'on retrouve notamment chez Walras (1).

Le caractère synthétique (2) attribué à la rente, c'est-à-dire son existence comme produit attribuable à un ensemble de ri-

(1) V. Gide et Rist, *Histoire des Doctrines économiques*, pp. 612-56.
(2) V. Hobson (*Economics of Distribution*, p. 137) : « The truth is that a certain harmony of combination of factors of production exists for various productive purposes ».

chesses, à un acte déterminé, devait imprimer à la théorie toute entière un caractère bien différent. Si la rente ainsi envisagée est un revenu plus personnel dans sa source que ne l'était la rente ricardienne, puisqu'elle résulte d'une organisation heureuse des forces, elle est plus impersonnelle quant à son bénéficiaire; son analyse ne dépend pas de l'attribution finale qui lui est donnée, en réalité elle s'émancipe de la double direction individualiste personnelle et réelle (revenu d'un bien isolé attribué à son propriétaire) que lui avait imprimée l'ancienne théorie.

La rente sanctionne la valeur économique individuelle et collective de toute action; elle est l'indice de la recherche sans cesse recommencée de la variation utile; un acte de répétition passive, s'efforçant de réaliser simplement une conservation d'énergie, de sauvegarder le dépôt des anciennes rentes sans y rien ajouter, l'acte à rente zéro marquerait en réalité le commencement d'une déchéance économique. La rente sanctionne l'alternative vraie, le choix conforme au résultat maximum. Le milieu social, le désir collectif plus faible (rente de consommation) ou plus fort (rente de production) que le désir individuel constitue une possibilité banale en quelque sorte, de rente, possibilité sans cesse élargie ou diminuée selon les ressources propres déployées au cours de l'action.

En même temps qu'une idée de sanction, la rente éveille une idée de réaction. C'est cette dernière idée qui est nécessairement appelée par l'examen de la formule traditionnelle, perpétuellement discutée, sur les rapports de la rente et du prix. La rente n'entre pas en effet dans le prix à la manière dont paraissaient y entrer les divers éléments du coût, les parts de producteurs, en ce sens qu'elle ne s'impose pas à lui, ne le détermine pas nécessairement. Elle ne fait d'ailleurs que se conformer à la loi commune de toutes les rémunérations de producteurs, qui suivent le prix au lieu de le déterminer.

Le propre de la rente est donc d'exprimer les résultats du prix pour tous les partenaires d'une même action économique qui l'ont accepté comme loi commune; mais il suffit que ce résultat soit exactement dégagé pour n'être jamais subi passivement. Une rente nulle ou négative suscite un changement de direction; une rente positive n'incite pas à l'immobilité, mais provoque une répétition plus ou moins variée, puisque en rai-

son de son importance, de sa certitude, elle suscite un coût à
sauvegarder, grève d'un risque de plus les opérations futures.
La décision nouvelle ainsi suggérée modifiera la distribution des
forces et, par suite, les évaluations sociales qui en sont la conséquence.

Ce mouvement d'action et de réaction continue se trouve décrit chez Clark : la détermination des prix, c'est-à-dire la répartition des richesses entre les groupes producteurs, détermine la
répartition entre sous-groupes, entre catégories distinctes de producteurs d'un même objet; mais, d'autre part, sous la pression
des mouvements accomplis à travers les groupes et les sous-
groupes, l'état des stocks se modifie et par suite le système des
prix se refait (1).

Les rapports de la rente et du prix suggèrent d'eux-mêmes
la conception dynamique, interpsychologique du fait social, le
milieu imprimant aux actions individuelles leur signification propre, mais cette pression si énergique suscitant une série d'adaptations qui modifient, créent en quelque sorte de nouveau un
milieu dont l'objectivité n'est que relative, la nécessité temporaire; ce milieu n'est lui-même qu'un tissu d'interactions psychiques qui se pénètrent, se combinent entre elles dans un essai
sans cesse renouvelé.

Cet aspect protéiforme de la rente suffit à résumer sa fonction,
si différente de celle entrevue par la théorie classique; après
avoir été synonyme de revenu extérieur à l'action, réfractaire
au renouvellement, elle exprime au contraire une nécessité de
renouvellement et a pour mesure la part d'initiative manifestée à l'occasion d'un acte déterminé. Après avoir eu pour prototype le revenu du sol, la rente a pour manifestation caractéristique le profit industriel, la combinaison originale des éléments économiques, la synthèse de richesse organisée dans les
conditions les plus harmonieuses.

_____

(1) « The income of each subgroup in the whole series, then, de-
pends directly on prices. A philosophy that goes behind such market prices, however, brings us to what are called natural or normal prices... These normal values are also, in another way, phe-
nomena of distribution; for a certain force that operates whitin
the sphere of group distribution establishes the normal standards
to wich market values tend to conform... The movements that
make prices natural are, in fact, efforts on the part of diffe-
rent men to get their natural shares of income. » (Clark, _Distribu-
tion of Wealth_, pp. 15-16).

En résumé, la théorie psychologique de rente a utilisé, développé tous les éléments précieux contenus dans la théorie de
Ricardo; vivifiant la notion de rareté objective, elle en a fait
la notion de rareté dynamique, psychique, consacrant une fois de
plus la synthèse du coût et de la rareté. Après avoir devancé,
préparé la théorie moderne de la valeur, la théorie de la rente
a révélé, en s'appuyant sur elle, toute l'étendue de ses propres
ressources et atteint, à travers les innombrables diversités de
situation, l'un des aspects essentiels de l'activité économique.

CHAPITRE X

Théorie de l'Intérêt

C'est peut-être dans la théorie de l'intérêt que l'effort constructif des écoles psychologiques s'est affirmé avec le plus de
vigueur; elles trouvaient devant elles un champ relativement
libre : autant la théorie de la rente avait été déjà fortement
dessinée dans l'économique classique, autant étaient superficielles, divergentes, la plupart des vues, parfois sommaires, inspirées jusqu'alors par le phénomène de l'intérêt. L'histoire critique des doctrines (épuisée par Böhm-Bawerk, reprise à grands
traits par Fisher) (1), si elle donne des conclusions négatives
sur la valeur des explications successivement proposées, suggère
avec d'autant plus de force un résultat positif appréciable :
l'inefficacité des explications purement objectives, la nécessité
de l'analyse psychologique s'affirmant avec le maximum d'évidence devant le plus « fuyant » (2), le plus complexe peut-être
des problèmes suscités par la Répartition des Richesses.

L'ensemble des idées, des tendances, qui forment en quelque sorte le fonds commun du groupe psychologique anglo-américain a trouvé sa synthèse la plus expressive dans la théorie de
Fisher, caractérisée par une continuité réelle, mais aussi par un
effort d'émancipation à l'égard de l'école autrichienne, par son

_____

(1) Böhm-Bawerk, *Histoire critique des Théories de l'Intérêt du
Capital* (trad. Joseph Bernard, Paris, 1903). La première partie de l'ouvrage de Fisher (*The Rate of Interst*, New-York, Macmillan, 1907, chap. I-IV) contient d'abord un « epitome » de l'œuvre historique de Böhm-Bawerk, tant d'après l'ouvrage précité
qu'à travers *Positive Theorie des Kapitales*, du même auteur (1889
— 3mo édition, Innsbruck, 1909).
(2) Carver, *Répartition des Richesses* (p. 177).

rattachement à une filiation nationale (1). En restituant à la
théorie son point d'appui psychologique, pressenti par Turgot,
Condillac, formulé puis partiellement obscurci par Böhm-
Bawerk, en l'y affermissant, elle lui donne cette unité, inconnue jusque-là, qui coordonne en les respectant les diversités de
formes du phénomène de l'intérêt, révèle sa véritable place
dans la vie économique, en aborde l'explication d'un point de
vue plus positif que jamais, l'acuité psychologique de la méthode s'étant développée au profit de l'objectivité du résultat.

I. — RATTACHEMENT DE LA THÉORIE DE L'INTÉRÊT A LA THÉORIE DES PRIX ET A LA NOTION GÉNÉRALE DE REVENU.

L'intérêt constitue un indice de la préférence que l'on
accorde dans une société déterminée à un dollar de revenu présent sur un dollar de revenu futur (2). Cette définition souligne d'elle-même les deux tendances maîtresses de la théorie :
l'intérêt n'est qu'une manifestation particulière du prix, un des
aspects du revenu.

Par le premier de ces caractères, la théorie se rattache à
Böhm-Bawerk (3) : l'intérêt exprime le rapport d'échange qui
fait communiquer les diverses périodes du temps rassemblées en
un même marché; l'intérêt est un *agio*, il apparaît sous sa forme
pure, non comme un surcroît (ainsi qu'on l'envisageait souvent),
mais comme un déficit, une moindre valeur; sa physionomie la
plus vraie se manifeste dans l'escompte, l'ancienne idée de richesse perpétuelle, de productivité inépuisable ou de captation
indéfinie de richesse, plus ou moins latente dans les anciennes
explications, fait place à une vue toute opposée : intérêt signifie pouvoir déclinant de la richesse, empreintes progressivement
affaiblies d'un désir économique de même espèce, le terme intérêt évoque l'idée de moindre capital.

(1) V. dédicace de l'ouvrage *The Rate of Interest*, à la mémoire
de John Rae, qui posa les fondations sur lesquelles l'auteur s'est
efforcé de bâtir.
(2) Fisher, *op. cit*, p. 3.
(3) Sur les rapports existant entre la théorie de Fisher et celle
de Böhm-Bawerk (*agio theory*), v. notamment *The Rate of Interest*, Préface, p. VII.

Comme toute forme de valeur, l'intérêt repose sur l'utilité, la *time-preference*, l'élection exercée entre les diverses images d'une même richesse à des moments différents est une forme de la désirabilité (1) (un grand nombre de théories antérieures se rattachaient au contraire à l'idée de coût; on peut citer plus spécialement parmi elles la théorie de l'abstinence, la plus proche de la théorie psychologique, celle dont on a pu dire qu'elle n'est, sous certains rapports, que la théorie de l'agio elle-même vue sous l'aspect traditionnel de la valeur-coût) (2).

Mais il manquait à l'école autrichienne cette conception nette du revenu qui a si complètement renouvelé la pensée économique; l'intérêt demeurait directement rattaché au capital, de là peut-être cette régression constatée de l'*histoire critique* à la *théorie positive*, la notion psychologique aperçue au terme de l'exégèse historique ayant été compromise ensuite par l'alliage d'éléments surannés, par une persistance de l'illusion réaliste, « productiviste ».

Ce n'est pas d'une comparaison entre richesses matérielles que naît l'intérêt; les biens capitaux subissent son action, ils ne la déterminent pas. A l'origine de toute formule d'intérêt il y a nécessairement une vue directe sur le revenu, c'est-à-dire sur cette réalité dynamique constituée en dernier ressort par l'activité humaine elle-même (3).

(1) *Op. cit.*, p. 88, définition de la *time preference* : « the (percentage) excess of the present desirability (or ophelimity or utility) of present goods over the present desirability of an equal amount of future goods. » (Böhm-Bawerk désigne un concept analogue sous l'expression : « perspective undervaluation of the future ». Rae, sous le terme : « effective desire for accumulation » — exprimait un aspect opposé du même fait : le coefficient de désirabilité du présent par rapport au futur.

(2) *Op. cit.*, p. 43. Telle qu'elle est généralement entendue, la théorie de l'abstinence demeure cependant assez distante de la théorie de l'agio, surtout en ce qu'elle considère l'abstinence ou l'attente comme une réalité distincte, un coût spécifique, un sacrifice valant par lui-même et non comme une forme du rapport établi entre la collectivité des désirs et le revenu. — On a parfois rapproché aussi de la théorie de l'agio la notion médiévale de la mora (*op. cit.*, pp. 5 et 54) : indemnité pour la dépréciation de la richesse restituée trop tard.

(3) *Op. cit.*, pp. 14-5, toute tentative pour déduire le taux de l'intérêt du rapport existant entre le revenu du capital et la valeur de ce capital est une pétition de principe. L'ordre logique des quatre concepts économiques essentiels est le suivant : quantité de capital (*capital wealth*), quantité de revenu (*income-services*), valeur de revenu (*income-value*), valeur de capital (*capital-value*).

Le phénomène de l'intérêt consiste essentiellement dans une déperdition d'énergie attractive, constatée entre un service, un revenu et la richesse qui lui sert de source. Pour mesurer l'importance de l'intérêt, on doit considérer d'abord les jugements de valeur placés hors de son action directe. On peut concevoir une hypothèse extrême dans laquelle il y aurait traduction littérale de la hiérarchie des désirs par la hiérarchie des richesses, incorporation totale de l'utilité à la valeur. Il faudrait que chaque désir eût un instrument unique, c'est-à-dire sans substitut et sans survie. L'économie extérieure se calquerait alors exactement sur l'économie psychique interne des tendances. Ce serait un système de valeurs aussi intenses que brèves, chaque moment de la vie économique susciterait une vue complète sur l'ensemble des richesses, le capital réfléchirait directement le revenu dans ses aspects successifs — mais non dans sa continuité; à chaque instant surgirait une nouvelle économie, sans attache antérieure, sans perspective.

Si une telle identité de contours entre l'économie psychique et l'économie objective est à une aussi grande distance de la réalité concrète, si entre les deux hiérarchies des fins et des moyens se manifestent des divergences assez grandes pour avoir pu dissimuler longtemps leur solidarité (essentielle à travers la complexité, l'instabilité de ses formules), c'est que la plupart des richesses sont des instruments non pas uniques, mais multiples. Multiplicité actuelle, par la coexistence d'un plus ou moins grand nombre de richesses identiques, multiplicité successive, série plus ou moins longue de services identiques productibles par un même bien, tels sont les deux faits dont la synthèse se réfléchit dans la plupart des jugements de valeur.

La multiplicité des moyens pour une même fin soulève le problème de la *scarcity*, aspect véritablement universel de la valeur, objet propre de la théorie marginale. L'effort de l'évaluation — en tant qu'elle se meut à travers ce que l'on peut appeler les conditions spatiales, l'étendue coexistante de la richesse — a pour but de saisir le point par où le désir est véritablement lié à une certaine forme de richesse, de telle sorte qu'on ne pourrait atteindre l'un sans l'autre. Le problème se développe, identique dans ses termes essentiels, de plus en plus complexe dans ses applications, à mesure que l'on remonte des biens de consommation aux richesses intermédiaires, aux services producteurs. A travers l'extrême diversité des fonctions, il s'agit d'atteindre l'unité de puissance, de niveler la valeur d'un groupe de richesses — identiques sinon par la forme, du moins par le pouvoir d'action — en la ramenant à l'utilité et au coût de la fonction marginale qui exprime la signification individuelle de chaque parcelle de richesse, tous les autres résultats étant dus à la force organique du groupe.

Lorsqu'on remonte aux services producteurs, chacun d'eux a pour prototype de valeur l'unité marginale de son groupe, dont la puissance dépend : 1° de l'abondance relative du facteur envisagé, c'est-à-dire de son rapport numérique avec les autres facteurs réunis; 2° de la rareté synthétique du groupe producteur, exprimée par l'objet qui résume son effort collectif; 3° du rapport de rareté interne, d'économie psychique entre le désir dont la réalisation a été ainsi poursuivie et l'ensemble des tendances.

Cette dépression de la valeur, cette désolidarisation des parcelles de richesse (qu'elle ait lieu, au premier degré, dans l'intérieur d'un groupe homogène ou qu'elle s'étende, à travers l'étude de la distribution, au rapport existant entre les éléments d'un groupe hétérogène) est en raison directe de la maîtrise exercée par un groupe social sur son milieu.

Un problème parallèle résulte de l'action multiple de la richesse à travers le temps. Le développement de la puissance économique s'exerce ici en sens inverse; au lieu de s'affirmer par l'effacement de la valeur, il tend à susciter des valeurs nouvelles. La réalisation anticipée du revenu futur est l'un des signes les plus certains de la maîtrise intellectuelle exercée sur le milieu; à mesure que les manifestations encore lointaines de la richesse deviennent des buts d'action présente plus nombreux, plus attirants, la puissance économique se développe de plus en plus.

Si dans le domaine des richesses présentes, des services coexistants, l'évolution part de la valeur parfois infinie, c'est-à-dire nécessaire à la vie, équivalente à la vie elle-même et par suite insusceptible d'aucun échange concevable, pour arriver à la valeur zéro, à l'utilité gratuite, dans le domaine des services successifs on va de la valeur nulle, c'est-à-dire du service tenu pour inexistant, inaperçu, vers la valeur infinie, toute évolution vers l'agrandissement des perspectives de valeur signifie non plus dépendance aggravée, rareté matérielle, mais perspective de puissance assurée, multiplication des services (1).

On peut donc concevoir deux attitudes économiques extrêmes à l'égard du temps, irréalisables toutes deux dans leur plénitude, elles dessinent. les tendances qui se partagent toute action exercée sur la richesse : l'impatience absolue, l'horizon économique limité au présent, le capital ne valant que son revenu actuel, la coexistence des deux valeurs par le rétrécissement de l'horizon même du jugement de valeur. A l'autre extrémité, la patience indéfinie : la valeur de tout capital actuellement égale à la pleine valeur accumulée de tous ses revenus successifs. Ces deux hypothèses extrêmes seraient, par leur résultat final, concordantes sur un point important : elles serviraient de base à une économie ne connaissant que le présent, où tous les biens atteindraient leur valeur maxima de suite, où la distinction des périodes dans la maturité des richesses serait indifférente (indifférence absolue dans le premier cas par suppression pure et simple de toute considération sur l'avenir, indifférence relative dans le second cas, par nivellement subjectif des périodes).

La première attitude, celle de l'impatience absolue, impliquerait un assujettissement complet au courant des impressions subies, ce serait l'attitude la plus opposée à l'organisation d'un acte économique; l'autre attitude, considérée avec raison comme significa-

---

(1) Le développement de la puissance économique manifesté par « *l'effective desire for accumulation* » a été tout spécialement étudié dans l'ouvrage de Rae (*The sociological Theory of Capital*, ed. Mixter, Macmillan, 1905; v. sur Rae, Mixter *A Forerunner of Bohm-Bawerk*, Q. J. O. E., t. XI, 1896-7, pp. 161-91, et *Bohm-Bawerk on Rae*, Q. J. O. E., t. XVI, 1901-02, pp. 385-412). Le titre complet de l'ouvrage de Rae (Boston, 1834) était : *Statement of some new Principles on the subject of political Economy exposing the fallacies of the system of free trade and some other doctrines maintained in the Wealth of Nations*. Rae insistait avant tout sur la formation du capital : si le capital privé se forme par acquisition, le capital public doit être suscité par création; la capitalisation se lie aux progrès de l'invention (« *invention is the only power on earth that can be said to create* », p. 15), tandis que l'école d'Adam Smith donnait à l'épargne le principal rôle dans le progrès économique; c'est à cette préoccupation essentielle du développement de l'initiative productrice que l'on peut rattacher en partie le protectionnisme de Rae.

tive en elle-même d'un progrès économique, entraînerait également si elle se continuait sans limite, une passivité complète; elle impliquerait l'illusion d'une expérience économique perpétuelle et susceptible d'être acceptée, sans réaction, telle qu'elle est, pendant un temps indéfini. Il est donc permis de dire du concept de la *time-preference* ce qui a été dit de la théorie marginale; si les limites de sa puissance explicative peuvent être discutées, son exactitude ne saurait l'être, quand il est nettement défini. Toute action économique suppose une préférence pour le moment de réalisation d'un certain résultat, une différenciation établie entre deux ou plusieurs reproductions possibles d'un fait objectivement identique, envisagées à des moments différents et constituant par suite des dates différentes d'une même vie psychique.

A la loi d'indifférence qui suscite l'uniformité de valeur des richesses identiques (plus exactement substituables et coexistantes) correspond la loi de différenciation subjective des richesses identiques mais successives. Ces deux faits se combinent, s'éclairent mutuellement. Il est certaines richesses à l'égard desquelles l'impatience peut être considérée comme négligeable (les biens arrivés à leur période définitive de formation et qui se consomment en une seule fois); mais dès que l'on remonte le cours de la production, la *time-preference* intervient nécessairement (1).

Dans tout acte de production, des ressources présentes deviennent matière première d'un revenu futur et cette considération suffit à rendre insoutenable (du moins sous sa forme la plus rigoureuse) la théorie de la valeur-travail (directement dérivée de la théorie de la valeur-coût) (2).

Il serait contraire à la logique de considérer comme égaux le coût de production, synthèse de ressources présentes, et la valeur, expression future du résultat. Le mobile de la produc-

---

(1) *Op. cit.*, pp. 169-71, 226-8; Fisher insiste sur la fonction de l'intérêt dans le mécanisme de la distribution et notamment sur le paralogisme impliqué dans la revendication du produit intégral futur au profit du travail présent. « Capitalists are not robbers of labor but labor-brokers » (*op. cit.*, p. 41).

(2) *Op. cit.*, pp. 19-20 : la valeur dépend de l'utilité marginale, l'utilité marginale de la rareté et la rareté, en partie, du coût de production (formule beaucoup plus prudente que le syllogisme si souvent rappelé de Jevons; v. dans le même sens, *op. cit.*, pp. 40-2).

tion consiste dans l'espoir d'obtenir un surcroît qui récompense son sacrifice; l'égalité exacte du coût et du prix constituerait la base d'un bilan nécessairement déficitaire.

Toute utilisation des forces économiques est donc à la fois, dans des proportions extrêmement variées, une manifestation de prévoyance et d'impatience. Toutes deux se trouvent impliquées dans l'expression synthétique : *time-preference*, qui évoque l'idée d'un arbitrage entre les divers moments possibles d'une même réalisation. Plus la vision s'étend loin, plus l'action, dont elle n'est que la première forme, se développe avec une ambition progressive, plus il y a de nuances dans les rapports qui unissent le fait actuel à la série des événements futurs.

La première condition de l'intérêt est donc une certaine vision, une conception du revenu futur; cette vision a pour soutien le sentiment de la continuité de la vie économique; elle se relie, comme l'idée de valeur, à la notion même de personnalité; un certain ensemble de biens est rattaché d'avance à un courant de services, sa signification actuelle exprime non seulement, comme dans le jugement de valeur immédiat, sans lendemain, le rapport actuel entre un caractère et son milieu, mais une vue sur le développement de ce caractère et l'évolution de ce milieu dans leurs rapports respectifs et dans leurs liens avec l'action présente. La *time-preference* évoque l'idée d'une limite d'action possible, d'un échange d'influences effectives entre les diverses époques d'une vie économique, individuelle ou collective.

En rattachant exclusivement un aspect important de la valeur à l'idée de temps, on affirme avec d'autant plus d'énergie sa dépendance à l'égard de la vie intérieure. Ce qui est véritablement en question, c'est le retentissement psychique beaucoup plus que le facteur externe; il s'agit moins de ce que sera devenu le milieu extérieur que de l'inaltérabilité plus ou moins complète de la tendance, de la durée, de la stabilité plus ou moins grande de l'être moral.

Le résultat le plus immédiat de cette théorie est d'éloigner toute explication de l'intérêt par le capital; le capital, loin d'être synonyme de richesse consolidée, de travail cristallisé, n'est qu'une réalité de seconde main, un point de repère, une promesse, une croyance de revenu, l'expression statique révisible, parfois éphémère, d'une réalité dynamique : le revenu. Cette synthèse de revenu futur, loin de dominer, de susciter l'intérêt, se circonscrit et se définit sous son action.

Il résulte de cet effacement de la notion de capital un point de vue tout à fait nouveau sur la-fonction de l'intérêt. La tendance générale a longtemps été de considérer l'intérêt comme un revenu complexe destiné à assurer la perpétuité du capital, comme un tribut définitif imposé par le possesseur d'un bien, un surplus dont l'accumulation a pu apparaître comme disproportionnée avec l'importance du service rendu. En réalité, cette croyance reposait sur une véritable pétition de principe : si un bien durable, illimité dans la série de ses produits successifs, a une valeur présente limitée, la raison unique en est qu'au delà d'un certain degré d'éloignement la promesse de revenu qu'il contient n'a plus de valeur présente, plus d'influence ressentie sur les conditions actuelles d'action. Le contraste de la valeur limitée d'un objet et de la durée illimitée de son revenu n'est qu'une forme de cette interposition continuelle du phénomène de l'intérêt entre le revenu et le capital, entre le service et sa source.

Lorsque, au lieu d'envisager un bien de durée illimitée, aux perspectives de revenu perpétuelles (il n'est guère que le sol qui présente ce caractère; on peut l'appliquer aussi dans une certaine mesure aux êtres vivants, qui ont peut-être été des premiers à servir d'objets au prêt à intérêt), on considère des biens physiquement improductifs, c'est alors surtout que se pose la question de savoir si l'intérêt n'est pas bien plutôt un tribut qu'une rémunération proprement dite, obtenu en raison de la situation stratégique de son possesseur, bien plus que du service rendu. C'est en résumé le débat, non encore clos, soulevé par le prêt d'argent, présenté souvent comme une perpétuation artificielle du revenu.

Quand on se place au point de vue psychologique, l'improductivité physique de l'argent, comme l'improductivité physique de l'échange, par exemple, cesse de soulever une difficulté réelle; les deux préjugés doivent tomber devant une même raison : la transformation physique, l'accroissement matériel de la richesse ne sont que des moyens de susciter ou d'augmenter son rendement psychique, si l'on peut élever ce rendement au maximum sans opération matérielle, en situant simplement la richesse à l'endroit et au moment où elle répond au désir le plus énergique, l'acte accompli, loin d'être improductif ou même d'une productivité inférieure, constitue au contraire le service le plus net, le plus réellement productif. Le surcroît de valeur imprimé à la richesse, dans l'un et l'autre cas, rémunère le choix heureux du milieu et du moment; ce parallélisme a été noté par Condillac et Turgot (1), qui ont identifié, au point de vue économique, l'intérêt et le change, deux primes de transport, dont l'une (le change) s'applique spécifiquement à la monnaie et à ses dérivés immédiats, l'autre (l'intérêt) a une portée universelle, mais saisit l'ensemble de la richesse sous son aspect pécuniaire.

C'est à l'occasion du prêt d'argent, qui n'embrasse qu'une très faible partie du champ encyclopédique de l'intérêt, que la nature du phénomène a été le plus souvent méconnue et qu'il importe de rectifier des erreurs persistantes. Il a paru plus difficile d'admettre la restitution d'une somme supérieure au capital prêté que la restitution d'une terre ou d'un cheptel après un certain laps de temps, augmentés d'une partie du produit obtenu pendant ce même temps; on a souvent considéré que le prêt d'argent à intérêt ne pouvait se justifier, s'expliquer en tout cas que par la conversion de la somme prêtée en une richesse physiquement productrice. Les deux idées de productivité et de perpétuité apparaissent donc profondément solidaires l'une de l'autre, rattachées à la survie d'une même conception : la théorie physiocratique de la richesse matérielle, du revenu-croît, très progressive au regard de la conception antérieure de la richesse-métal, portant déjà en elle-même le germe de l'évolution vers la notion encyclopédique et psychologique de richesse, mais encore bien éloignée de ce terme.

A la différence d'un bien au revenu successif, synthèse de revenu soumise à un décompte préalable, une somme d'argent est un revenu immédiat (2), net, susceptible de recevoir en une

(1) V. Gide et Rist (*Histoire des Doctrines*, p. 56); Turgot (*Mémoires sur les Prêts d'Argent*, p. 122) exprime cette idée dans les termes suivants : la différence des temps comme celle des lieux sont des différences réelles dans la valeur de l'argent.
(2) Le caractère de la monnaie, prototype du bien présent, dans la plus complète acception du terme, explique la situation spéciale de la monnaie à l'égard de l'intérêt; elle pourrait, en raison de ce que l'on peut appeler son ubiquité dans le temps, sa durée, être accumulée sans intérêt (elle est parfois comparée à un titre de créance à vue). D'autre part, sa faculté continuelle d'utilisation immédiate donne à l'intérêt, lorsqu'il s'appli-

fois son utilisation intégrale; ce revenu peut être consommé directement ou aliéné en échange d'un revenu de même nature
réalisable à une époque plus ou moins lointaine, ayant la même
valeur présente que lui et, par suite, une importance pécuniaire
assez supérieure à la sienne pour compenser le désavantage
résultant de son utilisation différée. Il n'y a pas perpétuation d'un capital, mais création renouvelée, transformation répétée d'un revenu présent en revenu futur, c'est-à-dire transmutation d'un capital à valeur pleine, tout proche de sa réalisation, en capital d'une valeur inférieure à celle de son revenu et
lui demeurant inférieure jusqu'au jour de l'échéance. A chaque échéance, le capital est recréé par la volonté propre de son
auteur; il ne se perpétue point par une force extérieure à l'action de ce dernier.

A travers les biens capitaux, ce sont les revenus qui s'échangent; sur les capitaux successivement productifs, que l'on ne
pourrait transformer immédiatement en la somme de leurs revenus, l'intérêt agit implicitement, il n'est pas une opération sur
laquelle il n'influe (vente, location, détermination de la mise
en culture); lorsqu'il s'agit d'un objet de consommation, d'un
capital tout entier réductible à un revenu présent, le propriétaire
qui se dessaisit de cet objet pendant un temps plus ou moins
long, se place, de propos délibéré, dans la situation du propriétaire d'un capital au revenu différé, il abandonne l'avantage de sa situation; au jour de la restitution, il n'y a aucune
raison pour distinguer comme deux masses séparées le capital
et le revenu, puisque le capital n'est autre chose que la promesse du revenu, promesse distinguée de l'acte seulement quand
elle en est distante.

A l'échéance donc, on reçoit non un fonds indestructible,
augmenté d'une redevance supplémentaire, mais un revenu
ayant la même valeur que le revenu aliéné (ce point de vue se
rattache par certains côtés à la conception de Fisher sur l'unité

que à cette richesse particulière, des contours extrêmement nets;
l'impatience se trouve immédiatement satisfaite, aucune attente
complémentaire, aucun investissement nouveau n'ont à intervenir;
aussi l'intérêt se calcule-t-il en termes pécuniaires; dans tout acte
économique, si complexe soit-il, on essaie de reconstituer le placement ou le prêt d'argent qui en résumera la signification, donnera
la formule de l'opération, de là cette tendance, persistante malgré
les efforts réalisés pour la dissiper, à enfermer l'intérêt dans le
cercle des phénomènes purement monétaires.

de nature économique des contrats, tous réductibles à des ventes, tout droit étant réductible à la propriété, d'où l'intégration de l'homme parmi les richesses) (1).

Il n'est donc pas nécessaire, pour que l'intérêt s'explique, qu'un excédent de richesse matérielle ait été produit; on ne doit pas confondre deux questions distinctes : explication de l'intérêt (c'est-à-dire détermination du service auquel il répond) et origine du fonds sur lequel il est payé. L'intérêt est dû parce que l'on a reçu un revenu présent qui, sur le marché, valait le revenu futur contre lequel il a été échangé. Un propriétaire qui conserve son capital indéfiniment réalise ainsi une série d'échanges au prix du marché.

Quant aux emprunteurs successifs, les destinations diverses qu'ils peuvent donner au revenu acquis sont extrêmement variées; les moyens par lesquels ils se libèrent sont aussi divers que ceux par lesquels se libère un acheteur quelconque. L'emploi du revenu à la création d'un revenu matériel de même espèce n'est que l'un des mobiles possibles de l'emprunt; le revenu futur (intérêt et capital réunis) promis en échange du revenu présent se paie sur l'ensemble des revenus disponibles du débiteur à la date du remboursement.

Ainsi, l'intérêt se rattache essentiellement à un phénomène de consommation; c'est avant tout l'échange d'une expérience psychique désirée, immédiate, contre une expérience de même nature et de même importance différée ou plutôt un choix entre deux biens extérieurs objectivement identiques, mais donnant lieu à deux expériences diversement appréciées, inégales à cause de leurs dates, c'est-à-dire du milieu interne transformé entre les deux dates envisagées. C'est la forme la plus discutée de l'intérêt qui en constitue l'application la plus nette; aussi bien en rattachant l'intérêt à la consommation ne s'éloigne-t-on pas de la notion de productivité; on l'élargit, on rapproche l'une de l'autre ces deux notions longtemps considérées comme opposées et qu'une continuité profonde relie cependant.

Au lieu de cette antithèse très artificielle de la création et de la destruction de la richesse, la notion synthétique d'utilisation — médiate (production) ou immédiate (consommation) —

(1) V. *Nature of Capital and Income*, ch. I, par. 2, p. b, ch. II, par. 3, p. 20.

devient l'idée coordinatrice des phénomènes économiques. De même qu'il y a unité dans le processus physique de la richesse (ni création, ni destruction, mais transformations successives), il y a surtout unité dans le processus psychique; on opposait à tort l'attitude passive du milieu dans la production à l'attitude passive attribuée à l'homme dans la consommation. La consommation implique activité, initiative; c'est une sorte d'opération industrielle interne qui a pour avant-dernier instrument la richesse parvenue à son dernier degré d'élaboration extérieure, pour dernier instrument l'organisme (1) et qui retentit finalement non d'une manière prévue, inévitable, mais selon les ressources d'un milieu psychique original, — dont le résultat essentiel consiste non dans un phénomène hédonistique, dans la réalisation d'un état passivement accepté qui constituerait un but définitif, mais dans un enrichissement du *stream of consciousness*.

L'intérêt est donc un phénomène essentiellement dynamique, personnel : les théories à base matérielle, à tendances productivistes, des plus naïves aux plus ingénieuses, aux plus complexes (théories d'Henry George sur la reproduction, de Böhm-Bawerk, dans ses considérations sur la supériorité technique des biens présents) ont pour défaut commun d'envisager l'intérêt comme reçu du dehors, imprimé de lui-même dans les choses. Le même caractère général s'attache aux théories procédant de l'idée de coût : ces théories considèrent l'intérêt comme la contre-partie nécessaire, le contre-poids d'une force antérieurement dépensée; elles estiment qu'il doit être mesuré par la somme des efforts, des sacrifices nécessaires à la constitution d'un capital. La direction prospective doit ici, comme dans l'ensemble du champ économique, remplacer la direction rétrospective : ce n'est pas la richesse fixée mais l'effort actuel pour modeler la richesse qui a une importance décisive. A travers ses formes multiples, on verrait à tort dans le phénomène de l'intérêt une résultante de l'activité vivante objective; il faut placer son centre d'unité dans la vie intérieure; il exprime dans leurs essais d'adaptation réciproque le rythme du désir et l'écoulement de la richesse objective. Le problème qu'il sou-

(1) *Nature of Capital and Income*, ch. X, par. 2 et 3, pp. 166-9; v. dans le même sens Smart, *Distribution du Revenu* (trad. Guéroult), 1ʳᵉ partie, ch. VIII, p. 53.

lève est au fond celui de la pénétration de ces deux réalités, l'une purement psychique, l'autre objective dans ses formes intermédiaires, mais finalement modelée, entraînée par le mouvement de la vie psychique : le caractère et le revenu.

II. — INFLUENCE DU CARACTÈRE SUR L'INTÉRÊT

, La supériorité de l'ambition économique aux ressources extérieures et internes à la fois s'exprime de deux manières essentielles : l'expansion des désirs dépasse le cercle des richesses, c'est le phénomène général de la rareté qui apparaît quand on considère comme deux ensembles, sans distinction particulière de périodes, les tendances ressenties et les instruments de réalisation disponibles. A côté de ce phénomène général (le monde trop étroit pour l'ensemble des aspirations humaines) apparaît une forme spéciale de la rareté, la rareté dans le temps, le monde extérieur trop lent. Non seulement un petit nombre des tendances a pu seul être conservé dans le champ de l'action effective, mais on n'a pas, au moment voulu, l'instrument possible, prochain, encore attendu; la rapidité de l'ambition suscite cet effort vers une maturité hâtive de richesse qui a pour mesure l'intérêt.

Ces deux faits essentiels sont profondément solidaires l'un de l'autre : la rapidité de l'ambition économique et son extension ne peuvent être séparées. Ce serait donc prendre une vue bien insuffisante de l'intérêt que de le rattacher à un simple mobile particulier (la réalisation intellectuelle imparfaite de l'avenir, par exemple), alors que le caractère tout entier s'y révèle. L'un des principaux mérites de la théorie de Fisher (inspirée sur ce point par celui qu'il considère comme son véritable précurseur) est d'avoir montré toute la richesse des affinités psychiques de l'impatience et expliqué ainsi la généralité objective presque encyclopédique de l'intérêt.

Parmi les facteurs sous l'action desquels s'organise le jeu et se construisent les formules variées d'équilibre de ces deux forces indispensables l'une et l'autre à toute action : l'impatience et l'*effective desire of accumulation*, on doit considérer d'abord le cadre de durée attribué à l'expérience économique. Les buts d'action peuvent se limiter à une existence individuelle ou embrasser une série de vies réunies dans un même intérêt; l'individualisme successif ou au contraire le sentiment d'une forte solidarité entre les générations suscitent, en l'état des mêmes ressources objectives, les résultats les plus opposés.

Les autres facteurs n'auront, à côté de celui-ci, qu'une importance secondaire; ils détermineront la puissance de prévision, la force de réalisation d'un dessein : il s'agit ici de la volonté de prévoir, de la conception même du dessein initial. On peut faire à ce sujet un retour sur l'insuffisance psychologique de l'économie traditionnelle; le *self-interest*, strictement entendu, limiterait le champ de l'effort à l'horizon toujours borné d'une existence individuelle; l'accumulation de la richesse suppose, au delà d'un certain degré, le détachement personnel de la richesse; le phénomène de l'intérêt, situé au cœur de la vie économique, touche directement aux régions les plus hautes du sentiment moral.

L'excédent de durée de l'expérience préparée sur l'expérience ressentie, l'énergie de la projection sympathique en vertu de laquelle plusieurs vies successives se réunissent dans la notion d'une même personnalité, ont pour principale mesure, pour support essentiel, le sentiment familial (1). Les actes individuels les plus importants prennent ainsi d'eux-mêmes un caractère social, l'expérience immédiate se subordonne à l'expérience lointaine; par contre, elle la domine déjà, enrichie par la vision anticipée du résultat de ses directions et de ses sacrifices.

En même temps que cette force de réalisation de l'expérience collective, il faut considérer la notion plus étroite de l'expérience économique individuelle, dans sa conception quantitative et qualitative à la fois, dans ses perspectives de durée et dans son contenu. Dans le premier ordre d'idées, Fisher signale une succession rythmique des divers taux d'impatience adaptés aux âges de la vie : dans la première jeunesse, impatience très grande faite à la fois d'inexpérience générale et d'une confiance énergique dans des ressources de réalisation encore intactes; — désir d'accumulation élevé, dans la maturité, lorsque les charges sont dans une période progressive, que le champ des réalisations possibles apparaît plus circonscrit; — retour du

(1) Fisher, *The Rate of Interest*, ch. XV, pp. 296-7.

taux d'impatience élevé à la fin de la vie, quand l'horizon des désirs futurs devient de plus en plus court, sommaire, que l'accumulation équivaut, au point de vue strictement individuel, à un sacrifice vraisemblablement définitif. Tel est le dessin de l'expérience individuelle, plus ou moins corrigé par la notion (jamais complètement absente) de l'expérience collective.

Après avoir considéré en premier lieu la correction continuelle du point de vue individuel par la solidarité successive, celle qui exerce l'action la plus forte peut-être, la plus originale, en tous cas, sur l'objet qui nous occupe, on se trouve amené à définir l'action de la solidarité actuelle, la pression du milieu social en examinant les conditions mêmes de l'expérience individuelle, l'influence des habitudes de vie sur l'impatience. L'habitude à laquelle on tient par les liens les plus forts, qui affecte presque l'énergie d'un devoir, est le plus souvent celle qu'on ne s'est pas créée à soi-même, qui a été transmise soit par « hérédité sociale » (ou imitation coutume), soit par imitation mode — à tendances aussi dominatrices l'une que l'autre, l'une aspirant à la perpétuité, l'autre à l'universalité.

Ces habitudes agissent, selon les situations, dans les sens les plus divers; leur action suggère cependant deux remarques générales : en cas de fluctuation du revenu, elles agissent dans le sens non d'une atténuation, mais plutôt d'une accentuation de l'instabilité économique; quand le revenu augmente, la force des anciennes habitudes de vie a pour résultat de maintenir le taux d'impatience à un niveau peu élevé, dans la mesure où on reste rattaché à son propre passé, le revenu abondant suggère le désir d'accumulation volontaire qui se superpose à l'accumulation fortuite antérieure. Un résultat symétrique tend à se produire quand il y a contraction économique; la survie des habitudes modelées sur une fortune meilleure accélère l'impatience, précipite le déclin du revenu. Mais la pression des habitudes, qui a pour effet général de retarder l'adaptation individuelle, économique, au revenu, a aussi pour résultat assez fréquent d'accélérer le taux d'impatience. Autant est habituelle la survie des anciennes habitudes à un changement de fortune défavorable, autant rapide est souvent la désuétude de l'ancien *standard of life* lorsque le revenu augmente soudain.

Tels sont les traits de caractère d'après lesquels la perspective du désir dans le temps se détermine; après avoir envisagé les éléments qui influent sur la conception même du but, on doit se préoccuper des moyens qui assurent la persistance de la réso-lution. Les deux faits psychiques qui déterminent l'aptitude à l'accumulation de la richesse sont la prévoyance et la maîtrise de soi-même (1). Ces deux faits sont généralement liés l'un à l'autre : une imagination suffisamment vigoureuse permettant de vivre par avance plusieurs années devant soi, élargissant la notion du présent économique, tend à suggérer d'elle-même un intérêt pour ce qui apparaît, ce qui est ressenti comme déjà pré-sent. La sollicitude lointaine, la sympathie élargie sont des résultats presque inévitables du développement de la connais-sance. La maîtrise de soi-même désigne donc surtout une dis-cipline des désirs réalisée dans le sens indiqué par la connais-sance, une prévoyance active égale à la prévision.

Tel est l'ensemble des éléments psychiques qui déterminent dans quelle mesure on veut et on peut à la fois s'émanciper de l'étreinte du présent immédiat, dans quel sens on entend réagir sur sa propre expérience économique, soit en essayant de cette domination momentanée qui transmute des richesses futures en richesses présentes, soit en contraignant à la solidité, à la durée des éléments pris à même le courant de l'expérience fugitive. Une partie plus ou moins grande de l'avenir se trouve ainsi annexée en quelque sorte au présent, mais cette annexion est forcément limitée. La préférence du fait psychique présent à l'égard du fait psychique futur ne saurait jamais abdiquer com-plètement ses droits et elle les reprend même assez vite, si attrayantes que puissent être les conditions de l'échange.

La vision la plus judicieuse, l'intérêt le plus fortement sym-pathique à l'égard de l'expérience future, ne sauraient impliquer le sacrifice entier de l'expérience présente; une préparation directe trop lointaine irait à l'encontre du but poursuivi; l'inté-rêt ne s'explique pas uniquement par une sorte de déformation visuelle, de myopie, il implique aussi une part faite aux impré-vus de la route, au caractère inventif de l'évolution.

Cette nécessité de l'équilibre des deux forces, cette attitude perpétuelle de l'action entre l'accumulation et l'impatience a

(1) *The Rate of Interest*, ch. VI, pp. 102-4, ch. XV, pp. 297-8.

été particulièrement mise en relief par Giddings (1). Cet auteur
explique le désir d'accumulation par un surcroît volontaire de
consommation prévue; ce n'est pas un phénomène négatif, un
fait d'abstinence, mais un reploiement momentané du désir sur
lui-même en vue de conquêtes nouvelles, d'où une source commune à l'impatience et au désir d'accumulation : l'ambition supérieure aux données pures et simples de l'expérience, le désir
de plier cette expérience dans la plus large mesure possible à
sa volonté d'agir sur la richesse. L'accumulation, qui exprime
une domination exercée sur les choses au moyen d'une contrainte que l'on s'impose à soi-même, n'implique pas une consommation de richesse simplement ralentie, mais une expérience
enrichie; impatience et accumulation s'efforcent d'obtenir une
réalisation plus intense, en profondeur actuelle ou future, que
celle donnée par l'acceptation passive du milieu; c'est donc au
fond le même mode d'activité qui suscite ces deux courants
alternatifs, l'un stimulant l'autre chez les partenaires d'un
même acte de crédit, l'un succédant à l'autre chez un même
individu, selon les fluctuations du cadre objectif ou de l'horizon intérieur, suscitant dans leurs déplacements successifs des
formules imprévues de rapports. Il s'agit au fond de substitutions de richesses à travers le temps répondant à la même idée
initiale que les substitutions entre richesses coexistantes : la recherche du maximum de revenu psychique.

La préférence normale (sinon universelle) accordée à une
expérience psychique désirable présente, sur une expérience
future identique (du moins dans ses conditions objectives de
réalisation) ne suffirait pas à susciter l'intérêt. Böhm-Bawerk
l'affirmait déjà quand il plaçait à côté du fait psychique le fait
objectif : provision inégale de biens présents et futurs; il y a
lieu seulement de réunir en une seule notion ces deux faits qui
agissent non pas isolément, mais par leur pénétration réciproque. La *time-preference*, véritable rareté dans le temps, rareté
dans la rareté, inégalité successive de la *scarcity*, est, comme la
notion initiale dont elle procède, une synthèse subjective et
objective à la fois.

---

(1) Q. J. O. E., vol. V, 1890-91, pp. 242-8 : *The growth of capital and the cause of interest;* v. idée analogue dans Clark, *Philosophy of Wealth*, ch. III, p. 46.

Pour définir la rareté successive, on peut imaginer aisément
un monde économique où elle n'existerait pas, un milieu économique constitué uniquement par des biens présents, c'est-à-
dire tous également susceptibles d'être utilisés de suite, sans
intervalle de maturité, sans perspective d'accroissement, un
univers définitif dont toutes les ressources seraient offertes à
l'humanité, libre d'avancer ou de retarder par une consommation plus ou moins rapide le terme inévitable de son existence
collective. Quelle que fût sous un pareil régime la configuration donnée à l'expérience économique, l'intérêt n'existerait
pas; les désirs s'échelonneraient bien dans le temps, mais rien
de leur hiérarchie successive, de leur perspective ne se réfléchirait dans ce milieu physique, situé sur un même plan. La loi
d'indifférence s'appliquerait intégralement, toutes les richesses
de même pouvoir auraient une même valeur définitive, fixée par
le plus faible désir satisfait, quels que fussent le lieu et le moment de leur utilisation effective (1). Dans cette hypothèse d'un
monde inorganique, la notion de temps se réduirait à une simple notion de durée inefficace, de cadre extérieur en quelque
sorte à l'expérience, les éléments du milieu seraient arbitrairement réversibles, l'expérience serait simplement déroulée dans
le temps, au lieu d'être créée successivement à chaque moment
de son existence. Il semble qu'un certain nombre des critiques
élevées contre la légitimité de l'intérêt se soient implicitement
appuyées sur une hypothèse de cette nature, qu'elles aient
imaginé l'appropriation abusive, rémunération décevante du
temps, abstraction faite de son contenu, de l'attente, abstraction faite de ce qui est attendu — de même que certaines critiques contre la rente incriminaient en elle une sorte de tribut
levé, d'appropriation tentée sur une réalité inappropriable, sur
un espace supposé vide (2).

On sera peut-être incliné à ne voir dans l'intérêt que la traduction du mouvement des forces vivantes, reproduisant passivement en quelque sorte le rythme de leurs courants producteurs,
de leurs générations successives. Cette dernière hypothèse ne
s'éloignerait peut-être pas beaucoup de la précédente par ses

(1) *The Rate of Interest*, ch. IX, pp. 180-5; cpr. sur l'épargne à
zéro intérêt, Carver, *Répartition des Richesses*, trad. Picard,
pp. 194-5.
(2) Fisher, *op. cit.*, p. 4.

résultats définitifs; dans l'un et l'autre cas, l'intérêt se réduirait purement et simplement à un tribut imposé à l'occasion d'un phénomène extérieur, obtenu sans le concours de l'action humaine.

Mais la réalité est toute différente : on en est suffisamment averti si l'on considère que la production physique, la succession des êtres, des choses, n'a de signification économique que par ses rapports, non pas même avec l'utilité, mais avec la rareté. Un afflux de richesses plus abondant, plus rapide que le désir, équivaudrait à la disparition ou du moins à l'effacement momentané d'une richesse, à sa réintégration dans le milieu donné, de libre accès, dont l'existence n'est pas en question, qui apporte son aide à l'action économique, sans influer sur elle. De même que la densité de la production venant à dépasser l'énergie du désir supprimerait la rareté, que si ce phénomène se généralisait à un très grand nombre de richesses il tendrait, non pas à effacer la notion de valeur, mais à la concentrer hors du monde objectif, spatial, dans le domaine des faits psychiques, successifs, et nécessairement limités, jusqu'à un certain point concurrents, une production plus rapide que ce courant de conscience (dont le revenu extérieur n'est qu'un signe, un instrument plus ou moins parfait) supprimerait la rareté dans le temps. La rareté ne serait pas aperçue comme plus grande au regard des désirs présents que des désirs futurs; on n'aurait pas de raisons valables pour essayer de presser encore une allure suffisamment rapide.

Dans les deux hypothèses extrêmes successivement envisagées (réserve inerte de richesses, courant rapide de production naturelle), le bien futur ne serait pas sollicité par l'action présente, dans le premier cas à cause de son inexistence naturelle, dans le second cas parce qu'on n'aurait aucun intérêt à se préoccuper de lui.

Ce n'est point à cause de la productivité, mais de la production lente, trop lente, que l'intérêt existe. Il s'appliquerait même à une richesse inorganique, limitée, venant au jour lentement comme un minerai laborieusement extrait, jusqu'à épuisement définitif (1). L'action vraiment profonde ne vient pas directement de l'évolution extérieure, mais de l'expérience psy-

(1) *Op. cit.*, ch. IX, pp. 185-6.

chique elle-même; l'intérêt exprime le rapport intercinétique du *stream of consciousness* et de la richesse objective.

La théorie de l'intérêt ainsi conçue suggère d'elle-même la notion de temps, telle qu'elle sert de base à une tentative célèbre de synthèse philosophique : le temps, synonyme d'activité vivante, saisi dans toute sa réalité à travers l'impatience — ce heurt du désir trop rapide et de l'évolution impassible des choses — exprimant la continuité variée, la série irréversible, l'invention toujours renouvelée, le retentissement original et multiple d'un passé dont les empreintes successives sont un obstacle à sa reproduction servile (1).

L'impatience, stimulant nécessaire de l'intérêt, n'est que l'éveil du processus intellectuel qui va se déployer et aboutir à la modification de la richesse. C'est notamment pour n'avoir pas vu le fait dynamique, l'action efficace sur la richesse, dont l'intérêt n'est que le signe, que la théorie de l'abstinence, continuée, renouvelée en la forme par la théorie de l'attente, était incomplète; elle semblait attribuer des résultats économiques à un état de choses purement négatif, à une notion purement formelle, l'attente, abstraction faite de son objet, de sa fin. Très rapprochée sous certains rapports de la notion d'impatience, puisqu'elle se rattache en somme à la notion de patience inégale, elle n'atteint pas l'explication psychologique véritable, non seulement à cause de sa direction (étant tournée vers le coût, objectif, simple notion dérivée au lieu de l'être vers le désir, seule une notion principale), mais plus encore, parce qu'elle reste à la surface du phénomène, au point de départ de l'action (inégale rapidité d'un courant déterminé de richesse et d'un courant de désirs, plus lent ou plus rapide que lui, patient ou impatient), sans considérer aussi l'action collective réalisée par la pression multiple des désirs aux rythmes divers sur la richesse extérieure, l'adaptation de la richesse à l'allure des désirs, adaptation variée, harmonique, trouvant dans le taux de l'intérêt le nombre qui la détermine.

Si l'intérêt implique la résistance initiale, l'extériorité de l'évolution de la richesse à la poussée des désirs, il sanctionne une reconstitution de la série des richesses, modelée sur l'état

---

(1) V. Bergson, *Evolution créatrice,* 12ᵐᵉ édition, Paris, Alcan, ch. I, pp. 1-24.

actuel et les perspectives du désir, évolutions multiples réalisées dans la limite de leur pouvoir par les désirs individuels,
évolution collective exprimant la réaction totale d'un groupe
social sur son milieu.

Le taux de l'intérêt exprimera donc le rapport d'échange
entre revenu présent et revenu futur, la limite de réaction possible sur les données de l'expérience objective, le pouvoir de
transmutation que l'on exerce sur sa propre expérience, la faculté de substitution qui permet de vivre par avance son expérience future ou de reporter l'expérience présente dans un
avenir plus ou moins éloigné. Le taux de l'intérêt, dans ses
fluctuations, exprime, comme toute formule de valeur, cette
réalité complexe, inséparable, de tout acte économique : domination exercée sur le milieu, sujétion imposée par ce même
milieu.

Le rapport d'échange entre les biens présents et futurs variera
ainsi d'une manière continue sous l'action de toutes les composantes de cette synthèse complexe : la rareté successive. Cette
notion de continuité, si fortement imprimée dans l'économie
pure par ses doubles origines mathématiques et psychologiques
a pour résultat d'unifier les deux problèmes (scindés notamment
chez Böhm-Bawerk) (1) de l'existence et du taux de l'intérêt.
Pas plus que le problème du prix et de ses variations, le problème de l'intérêt et de ses états successifs ne doit être divisé.
Un choix se trouve réalisé entre deux richesses, identiques
objectivement, diverses par les milieux psychiques qui doivent
retentir de leur action.

Entre deux utilisations successives possibles de la même
richesse, l'arbitrage s'effectuera d'après les modes les plus variés ; normalement, on sera amené, par le mécanisme même du
libre choix, à préférer une richesse présente à une richesse future,
mais le sens général de cette décision, résultant de l'ensemble
de l'économie des richesses et des désirs, pourra être interverti ; dans certains cas, il pourra y avoir indifférence, dans d'autres intérêt négatif, bien futur préféré au bien présent. L'intérêt
zéro, l'intérêt négatif ne sont, à vrai dire, que des phénomènes
extrêmement rares; ce n'est pas que dans bien des cas, dans une
zone assez étendue de désirs, il n'y ait constamment un grand

(1) Fisher, *op. cit.*, ch. IV. p. 54.

nombre de désirs futurs préférés à des désirs présents. Il en est ainsi de tout le cycle des désirs périodiques nécessaires à la vie; dès que ces désirs sont assurés d'une réalisation présente minima, on préfère de beaucoup à un superflu actuel la continuité d'une expérience même très réduite.

Il y a donc constamment des désirs futurs plus impérieux que les désirs présents de même ordre; mais il ne s'ensuit pas que les biens futurs soient préférés aux biens présents.

Pour que la préférence successive accordée aux désirs se traduisît littéralement dans la hiérarchie des biens successifs, il faudrait que l'utilisation de ces biens fût, par sa date, nécessairement subordonnée à leur apparition, qu'une richesse devînt absolument inutilisable une fois passé le moment précis de sa maturité. S'il faut absolument choisir entre une richesse présente, répondant à un désir faible et une richesse future répondant à un désir beaucoup plus fort, l'intérêt sera négatif, le bien futur aura une valeur présente supérieure à celle du bien actuel.

Il en va ainsi à l'égard des richesses promptement périssables, et si ces richesses représentaient un contingent très important dans l'ensemble du milieu économique, si l'étalon de valeur s'était modelé sur elles, l'intérêt négatif serait devenu un phénomène normal. Dans bien des cas, on épargnerait même à intérêt négatif si on y était contraint, mais le plus souvent un bien présent est apte à satisfaire à la fois des désirs présents et des désirs futurs; il assure une position stratégique dominante à l'égard du temps, l'alternative porte sur le moment où l'on utilisera une richesse possédée, non sur celui où on acquerra une richesse encore future. L'épargne en nature, la conservation pure et simple est donc le moyen le plus ordinaire qui permette de faire échec au renversement de la *time-preference* (1).

D'ailleurs, on ne peut assimiler complètement l'accumulation à un placement à zéro intérêt; quand un bien présent ne doit pas être économiquement utilisé de suite et qu'aucune prime n'est offerte pour encourager son échange en monnaie de biens futurs, il n'est pas prêté . tuitement, mais conservé. L'échange à zéro intérêt ne sera accepté que dans la mesure où la conservation du bien sera onéreuse; il n'y aura pas zéro intérêt, mais intérêt compensé par les incertitudes et charges à supporter. Quant à l'intérêt négatif, il se produira soit quand les frais de conservation l'emporteront sur l'importance actuelle de l'utilisation, soit quand la richesse présente sera appelée à disparaître bientôt.

Ainsi, la préférence accordée aux biens présents sur les biens futurs est faite d'un ensemble de raisons plus complexe que la seule prééminence des désirs présents. La seule règle vraiment universelle consiste dans la recherche de l'adaptation maxima du milieu aux désirs; le bien présent est préféré au bien futur dans la mesure où il signifie alternative large et durable; le bien futur est au contraire préféré dans la mesure où il signifie richesse efficace, opposée à une richesse désuète; dans les deux cas, c'est le degré d'existence utile de la richesse qui détermine la *time-preference*.

Ainsi, l'effacement ou l'interversion de la *time-preference* est un phénomène insusceptible de généralisation, étant toujours circonscrit à quelque moment et à quelque richesse; ce phénomène implique à la fois préférence accordée à un désir futur sur un désir présent de même espèce et improbabilité de survie d'un bien présent. De même qu'un milieu économique composé de richesses définitives et non renouvelables susciterait l'intérêt égal à zéro, un milieu composé de richesses à la fois inextensibles et corruptibles susciterait l'intérêt négatif. Dans son ensemble, le phénomène de l'intérêt est donc synthétique, exprime une réflexion originale sans doute, mais inspirée directement par l'état du milieu; après avoir montré la part très considérable qui revient au caractère, il importe de préciser l'influence du revenu sur l'état de l'intérêt.

III. — INFLUENCE DU REVENU SUR L'INTÉRÊT. — INTÉRÊT NOMINAL ET INTÉRÊT RÉEL. — UNIVERSALITÉ DU PHÉNOMÈNE DE L'INTÉRÊT.

La pression du revenu est analysée d'abord (selon la méthode de déduction isolatrice) dans deux hypothèses abstraites : celle d'un revenu certain et définitivement fixé dans sa forme, puis d'un revenu certain mais flexible. On examine ensuite l'action du revenu réel, toujours (bien qu'à des degrés infiniment variables) flexible et incertain.

Le revenu rigide et certain, qui ne peut être modifié que par l'échange, met en relief la nature propre de l'intérêt, phénomène d'échange, que l'on dénature quand on essaie, pour l'expliquer ou le justifier, de le ramener à d'autres opérations (usage du capital par exemple). L'influence du revenu sur la *time-preference* dépend de son volume actuel (revenu abondant créant une marge à l'accumulation, revenu réduit limitant ou supprimant cette marge), mais plus encore de ses perspectives, le revenu croissant accélérant l'impatience, le revenu déclinant, suscitant l'accumulation (1). On peut rapprocher à cet égard les vues de Fisher de celles exposées dans la *Theory of Prosperity* de Patten (2). L'un et l'autre considèrent que la cause principale de l'accentuation du phénomène de l'intérêt n'est pas dans un état de richesse insuffisante, mais au contraire dans un état de richesse progressive suggérant une progression encore plus rapide du désir. Si l'accumulation monotone d'une certaine forme de richesse suscite l'usure du groupe de désirs auquel cette richesse répond, un accroissement de richesses harmonique, varié, éveille des désirs, révèle leur force, suscite leur expansion, les incite à se chercher un domaine encore plus large. Sous la dépendance du volume, de la composition du revenu (plus le revenu présent abonde en objets de consommation immédiate, en moyens de subsistance, plus l'accumulation est encouragée) et de son aspect dynamique *(time-shape)* qui constitue la plus irrésistible des influences, celle dont l'action peut être plus ou moins amortie, jamais complètement neutralisée par le caractère, un taux d'impatience se constitue chez chaque possesseur de revenu; selon que ce taux individuel est inférieur ou supérieur à celui du marché, on investit son revenu présent, on presse la maturité de son revenu futur. Le placement et l'emprunt ne constituent pas deux attitudes essentiellement différentes, mais expriment un même effort d'adaptation du revenu au désir, dans le sens de la réalisation de l'utilité maxima.

(1) *Op. cit.*, chap. VI, pp. 92-98.
(2) V. Henry-R. Seager : *Professor Patten's Theory of Prosperity (Annals of the american Academy of political and social Science*, March, 1902, pp. 74-90).

La redistribution dans le temps s'arrête quand le taux individuel d'impatience a atteint le niveau du taux social; jusqu'à ce point marginal, tous les échanges ont donné lieu à une rente, *savers's rent* (1) ou *borrower's rent* (moins étudiée mais tout aussi réelle). Le taux social, objectif au regard de chaque opération individuelle, expression collective de ces décisions individuelles, qui la commandent en lui obéissant, est limité, encadré par l'équation de l'offre et de la demande. Quant au résultat de l'opération, il se juge d'après l'accroissement de richesse intérieure (2), d'utilité subjective réalisé dans le groupe échangiste. L'intérêt n'est pas économiquement perçu parce que le capital matériel engagé demeure intact, ayant donné un surcroît de biens échangeables au moins égal à l'intérêt lui-même; au lieu d'être individuel et matériel, le critérium devient psychologique et collectif. Conserver intacte la richesse extérieure engagée dans l'opération serait un but, à certains égards trop borné, à d'autres irréalisable; à l'intégrité matérielle de la richesse se substitue, en tant que mobile et que sanction, l'accroissement social du revenu réel, le maximum de productivité interne positive.

Le revenu certain et flexible (3) permet à l'impatience de se manifester autrement que par l'échange, d'imprimer directement sa marque sur le monde économique; une voie d'action se trouve ainsi ouverte non pas seulement aux impatiences individuelles nivelées par l'échange, mais à l'impatience collective, qui façonne d'avance le revenu à sa mesure. A travers le revenu, encore indéterminé dans sa forme, docile, l'impatience, qui ré-

---

(1) Mixter, *The theory of saver's rent and some of its applications*, Q. J. O. E., t. XIII, 1898-99, pp. 245-64.

(2) V. Fisher, *op. cit.*, ch. VII, p. 132. Le taux de l'intérêt tend à être tel que le quadruple résultat suivant se produise : 1° détermination du taux d'impatience individuel par le courant de revenu, tel qu'il est finalement modifié et arrêté par les transactions réalisées; 2° égalisation des taux de préférence des divers contractants d'un même marché, ce qui signifie que les échanges individuels de revenus se prolongent au taux du marché, de façon à atteindre le point de désirabilité maxima; 3° liquidation du marché, c'est-à-dire équilibre des prêts et des emprunts; 4° remboursement de tous les prêts au moyen de l'intérêt (somme algébrique des modifications apportées aux courants de revenus des divers partenaires égale à zéro, valeur des versements effectués au moment où sont intervenus les divers contrats égale à la valeur actuelle des remboursements).

(3) *Op. cit.*, chap. VIII, pp. 137-78.

fléchit elle-même les traits essentiels de la physionomie morale d'une société, s'exprime à son tour dans son outillage économique. Elle envahit, en deçà et au delà de l'échange, toutes les régions de la vie économique, ordonne les formes de la production, les modes de consommation.

Plus le champ des alternatives productrices est varié, plus l'impatience, enrichie dans ses moyens d'action, tend à devenir relativement constante dans son taux, par suite des réactions compensatrices que les valeurs des diverses formes de revenus subissent à la suite des opérations intervenues (1). C'est la manifestation et la confirmation d'une modalité générale de la valeur; la multiplicité des désirs assure leur stabilité relative, non par immobilité, mais au contraire par une mobilité réciproque, une rapidité de réactions qui maintient entre les divers éléments du système une certaine stabilité de rapports, garantit contre les successions relativement brusques de valeurs infinies (c'est-à-dire incommensurablse les unes aux autres) et de valeurs nulles, comme en suscitent les désirs peu variés, relativement primitifs, trop liés à la conservation directe de la vie (2).

Ainsi, quand des adaptations se trouvent constatées entre l'état de la production et l'état de l'intérêt, on doit les interpréter non comme une sujétion de l'intérêt à l'égard de la production, comme une expression empirique du phénomène extérieur de la production par la formule de l'intérêt, mais avant tout comme la trace d'une détermination initiale de la production par l'état de l'impatience, détermination qui n'est pas plus unilatérale qu'aucun autre rapport économique, l'état des ressources réagissant à son tour sur l'impatience.

Cette considération peut permettre de mesurer la part de vérité et d'illusion contenues dans les théories objectives (productivité du capital, coût de capitalisation) : fausses en tant qu'elles affirment le caractère donné, nécessaire de l'intérêt, elles sont vraies dans la mesure où elles constatent l'expression normale des ressources de l'organisation productrice d'un

(1) *Op. cit.*, p. 176 : « the existence of a large number of available income streams acts as a balance wheel which tends to check any excessive changes in the rate of interest. »

(2) Ce sont deux traits caractéristiques de l'économie pure, comparée à l'économie traditionnelle, que d'avoir substitué à la notion d'uniformité celle de diversité harmonique, à la notion d'immobilité celle de mouvement compensateur.

milieu par le taux de l'intérêt (phénomène essentiellement intellectuel, mais d'autant plus rattaché aux réalités); les deux termes se trouvant en état de réaction réciproque continuelle (1). Une remarque analogue peut être faite au sujet de la théorie de Böhm-Bawerk sur la supériorité technique des biens présents; Fisher n'a pas de peine à démontrer que la supériorité des biens présents n'est pas technique mais psychique, que c'est seulement par une projection, un dédoublement illusoire de la notion de l'agio que l'auteur de la *Théorie positive* en était arrivé à donner à sa théorie, originairement psychologique, un complément qui n'est en réalité, si on l'analyse, qu'une redite encombrante (2).

Parmi les éléments de cette reconstitution des théories objectives il en est un qui mérite d'être retenu : la notion du *roundabout process;* ce n'est pas contredire mais interpréter exactement la pensée de Böhm-Bawerk que de traduire cette notion non par l'excellence nécessaire des longues productions, mais par une constatation de fait; les procédés les plus longs en usage à un moment déterminé sont logiquement plus productifs que les autres procédés possibles plus courts, puisque sans ce'a il n'y aurait aucune raison de les employer et par suite il est avantageux d'être nanti de biens présents en vue d'une utilisation future, même éloignée, pour ne pas risquer d'être arrêté dans le choix de ses moyens (3).

---

(1) Fisher constate que les deux théories les mieux établies parmi celles qui rattachent l'intérêt à la notion de coût (Rae, *The sociological Theory of capital;* Landry, *L'intérêt du Capital*, Paris, Giard et Brière, 1901) admettent l'une et l'autre que le rapport existant entre le rendement et le coût agit sur le taux de l'intérêt dans la mesure seulement où l'excédent marginal du revenu sur le coût se trouve en harmonie avec le degré de préférence accordé aux biens présents sur les biens futurs. Ces théories sont moins contredites, à proprement parler, que complétées par les diverses notions qui servent de base à la théorie psychologique de l'intérêt (théorie du revenu, étude des rapports existant entre le coût et le revenu, distinction du coût-travail et des interactions) (v. Fisher, *op. cit.*, pp. 37-8). Il convient de noter que la théorie de Landry mentionne déjà expressément, parmi les causes de l'intérêt, la dépréciation des biens futurs; au lieu de voir dans cette notion le point de départ d'une synthèse, elle la considère comme un facteur dont l'action doit être complétée par celle des éléments objectifs.

(2) V. *op. cit.*, ch. IV, pp. 58-71.

(3) *Op. cit.*, p. 353. La productivité plus grande des longues périodes productrices constitue, dans la théorie de Böhm-Bawerk,

De même que la nécessité du *roundabout process* suscite l'intérêt, la diminution de l'intérêt suggère le *roundabout process*, l'armature d'un pays se fortifie à mesure que le taux de l'intérêt s'abaisse; ce phénomène a surtout été noté chez Rae (1). Des disponibilités importantes en bien présents mises au service de l'action économique impliquent une mainmise étendue sur le milieu, suscitent la recherche du maximum d'énergie productrice présente; si on se trouve en l'état d'une pensée économique tournée de préférence vers l'avenir, le procédé capitalistique fécond, durable — même long — se trouve spontanément choisi.

Si au contraire les biens présents disponibles sont rares, le mécanisme de l'opération devient plus complexe, la prévoyance a pour résultat immédiat de susciter un surcroît d'impatience; on pourvoit aux désirs futurs non avec des biens présents, mais avec des biens futurs; la réalisation d'un désir futur est alors un objet de désir présent qui s'assure des biens présents en sacrifiant des biens futurs, en enlevant à la réserve générale des désirs futurs une partie de ses ressources qui seront dirigées vers un point d'accumulation particulièrement important.

Une même opération se réalise donc en définitive : l'accumulation finale, mais, dans le premier cas, elle est réalisée directement, dans le second, c'est une opération à deux degrés. Cet exemple peut servir à démontrer l'unité foncière du phénomène de l'intérêt : la distinction si énergiquement établie parfois entre les prêts de production et de consommation, si importante qu'elle puisse être sous certains rapports, laisse intacte l'identité de l'opération. Un revenu présent est obtenu en échange d'un revenu futur : quel que soit le sort ultérieur fait à ce revenu présent, c'est toujours son acquisition, son accroissement, qui constitue le but direct de l'opération; de même que le terme initial est identique (acquisition d'un revenu objectif déterminé), le terme final est identique lui aussi (accroissement du

non une vérité nécessaire, mais un fait général; cpr. Fetter, *The Roundabout Process in the Interest Theory*, Q. J. O. E., vol. XVII, 1902-3, pp. 163-80.

(1) *The sociological Theory of capital*, pp. 128-9; — « *Low interest, lending, accumulation and durability of instruments* » sont considérés comme des phénomènes étroitement connexes (v. Fisher, *The Rate of Interest*, p. 290).

revenu subjectif), quelle que soit la série plus ou moins longue d'intermédiaires qui les séparent (1).

Le caractère intellectuel, actif de l'intérêt se manifeste d'une façon très nette par l'influence dominante qu'exerce sur ce phénomène le développement de l'invention, de l'initiative heureuse qui, par une adaptation mieux comprise, augmente la signification, le rendement psychique de la richesse (2). Les résultats de l'invention se résument, à grands traits, en deux phénomènes successifs : l'invention en voie de progrès agit surtout comme perspective de revenu, forme ascendante du revenu accélérant l'impatience; arrivée à son maximum de réalisation, elle agit comme afflux de richesse, cause d'accumulation. Ainsi, les sociétés les plus différentes se rencontrent parfois dans leur réaction intérêt (taux élevé en Chine, longtemps progressif aux Etats-Unis); mais les élévations de niveau passagères, inégales, des sociétés dynamiques diffèrent essentiellement de l'impatience constante des sociétés sans horizon économique, une observation prolongée ne saurait les confondre; une fois de plus, la statistique cinétique se révèle seule significative.

Si la flexibilité du revenu agit dans le sens de l'unité et de la stabilité sociale de l'intérêt, son incertitude, quand elle dépasse un certain point, tend à désintégrer le marché (3), à livrer le taux de l'intérêt aux fluctuations les plus imprévues. Les constatations faites à l'occasion du revenu abstrait, supposé certain, ne demeurent qu'à l'état de tendances toujours incomplètement réalisées à l'égard du revenu réel.

La théorie psychologique de la valeur s'est attachée à l'analyse de la notion de risque, l'a reliée au théorème des rapports de la fortune physique et de la fortune morale, l'a invoquée à l'appui de plusieurs de ses conclusions essentielles (fausseté psychologique de la valeur-coût, — risque ressenti supérieur au risque mathématique — antithèse du jeu et de l'assurance — instabilité et renaissance perpétuelle de la rente, etc.). L'action économique, envisagée à la manière non d'une série inflexible de causes et d'effets, mais d'un ensemble de desseins unis par une solidarité aussi intime que diverse, révèle par ce seul

(1) *Op. cit.*, chap. XIII, pp. 246-52.
(2) *Op. cit.*, chap. X, pp. 198-206.
(3) *Op. cit.*, chap. XI, pp. 207-20.

changement de point de vue, son caractère incomplètement déterminé, la spontanéité de son principe, l'incertitude de ses
résultats. L'action exercée sur la richesse consiste en une série
de choix prolongée au delà des actes objectifs de production et
d'échange, jusqu'à la réaction psychique finale où chaque élément de richesse trouve sa signification et sa sanction. Le risque est considéré comme un état intérieur, une connaissance
incomplète, non comme une incertitude objective (1); il se
combine avec l'impatience, exerce sur elle des actions multiples. Un revenu futur aléatoire équivaut à un moindre
revenu, mais cette formule simple, algébrique en quelque
sorte, recouvre une multitude de réactions possibles, selon l'importance du risque, sa généralisation ou sa localisation plus ou
moins marquée dans les diverses périodes en perspective, à
travers la série des revenus divers d'une même unité économique, et selon les ressources du caractère. L'action du risque est
symétrique en quelque sorte à celle de l'invention; le risque
(moindre connaissance) est, sous certains rapports, l'antithèse
de l'invention (lumière nouvelle sur un rapport ignoré jusque-
là); à d'autres points de vue, ils sont mutuellement complé-
mentaires, s'appellent l'un l'autre.

Les résultats du risque oscilleront, comme ceux de l'invention, entre deux pôles extrêmes; considéré comme un revenu
décroissant, le revenu futur aléatoire suscite une réaction-assu-
rance, une pression énergique en faveur des biens futurs; si l'on
ne voit en lui, au contraire, qu'un revenu avili, c'est la réaction-
jeu, l'impatience aggravée qui devient à peu près inévitable.
Ce dernier résultat se produira surtout quand le risque sera généralisé à l'ensemble du revenu et atteindra l'avenir tout à fait
immédiat, celui qui est encore presque identifié par la conscience avec le présent. Quand l'état du risque, du revenu, du
caractère en arrive à rendre impossible toute intervention,
même timide, du facteur assurance, quand le revenu futur prend
une indétermination telle qu'il échappe à tout essai d'évaluation économique susceptible d'être sanctionnée par un contrat

(1) Fisher, *The Nature of Capital and Income*, chap. XV,
p. 266 : « chance is always an estimate », ce qui implique à la
fois l'affirmation du déterminisme objectif des événements et du
caractère psychique des forces économiques. La réalité économique
importante consiste dans le risque ressenti.

collectif, devient une monnaie sans accès sur le marché commun, il se constitue tout un crédit particulier, occulte, livré aux
transactions les plus arbitraires, où l'avilissement indéfini du
revenu futur se complique d'une plus-value illimitée du revenu
présent.

Dès lors, le jeu proprement dit, c'est-à-dire l'action qui
cherche dans le risque son objet principal au lieu de l'accepter
comme une rançon nécessaire, se substitue au prêt. L'intérêt
cesse en effet d'avoir une existence économique normale dès
qu'il est privé de son double point d'appui objectif (existence
d'un revenu futur appréciable à échanger contre un revenu présent) et collectif (possibilité d'un contrôle social, confrontation
perpétuelle des préférences individuelles et du jugement formulé par le groupe économique qui les coordonne et en dégage
la signification d'ensemble). Cette conclusion ne s'éloigne pas
beaucoup de celle adoptée en matière de prix. L'action sociale atteint efficacement l'action économique, non dans la
mesure où elle essaie de la déterminer directement du dehors,
en lui imposant une formule d'échange, mais dans la mesure où
elle assure à chaque action individuelle la plus grande marge
d'alternatives, facilite l'interaction, le contrôle réciproque des
diverses unités composant un groupe économique.

L'intérêt se détermine donc en l'état de la richesse générale
et des ressources psychiques, plus exactement chaque sorte de
richesse suscite un rapport d'intérêt; par le jeu de l'échange, il
se forme un taux encyclopédique exprimé en termes monétaires.

Une théorie superficielle, artificielle, confondant le signe et
la chose signifiée, survivant d'ailleurs plutôt à l'état de préjugé que d'opinion proprement dite, rattache l'intérêt à la situation monétaire, fait dépendre ses fluctuations de l'abondance
plus ou moins grande de la monnaie ou tout au moins des disponibilités métalliques spécialement mises à la disposition du
crédit. La situation monétaire est en réalité dénuée de toute
puissance réelle sur le phénomène de l'intérêt pris en lui-même;
par contre, l'intérêt nominal, l'expression monétaire du rapport intérêt varie sous l'influence de l'appréciation ou de la
dépréciation de la monnaie (1). Une monnaie en voie de dépré-

(1) V. *The Rate of Interest*, chap. V, *Appreciation and Interest*
(pp. 77-86) — chap. XIV, *Inductive Verification (monetary)*

ciation suscite un intérêt nominal plus élevé (cette élévation peut se produire directement, sous forme de stipulation prévoyante du créancier dans l'acte d'obligation; le plus souvent elle est une suite nécessaire de la demande sociale de capitaux, de la multiplicité des emprunts suscitée par l'augmentation des profits et la facilité escomptée des remboursements) (1), l'afflux métallique agit sur l'intérêt nominal, mais pour mieux dégager l'indépendance de l'intérêt réel. La double action exercée par le stock métallique sur le prix et sur l'intérêt nominal paraît confirmée par l'expérience économique contemporaine, l'accroissement dans la production de l'or ayant suscité non une baisse (comme l'auraient indiqué les notions courantes), mais une hausse de l'intérêt.

L'altération survenue dans la valeur de la monnaie agit cependant sur l'intérêt réel, obliquement, par surprise : les fluctuations de valeur plus ou moins obscurément prévues ne le sont en général que d'une manière affaiblie. Le taux nominal varie trop peu, des déplacements de richesses s'ensuivent, les plus fréquents ont lieu, à notre époque, au détriment des créanciers et, d'une façon plus générale, les titulaires de redevances fixes, les profits industriels s'en trouvent augmentés. Ainsi, l'intérêt et le salaire présentent sur ce point une certaine solidarité: si, d'une façon générale ils varient en raison inverse l'un de l'autre, dans leurs interférences avec la situation monétaire ils tendraient plutôt à s'opposer au profit (2).

Après avoir retracé les circonstances qui agissent sur le phé-

---

(pp. 257-88) — chap. XVI, *Inductive refutation of Money-Theory* (pp. 317-26).

(1) *The Rate of Interest*, ch. XIV, p. 258 : si la valeur de l'or augmente de telle sorte que l'emprunteur s'attende à voir se contracter la marge de ses profits, il sera particulièrement réservé dans ses emprunts, à moins que l'intérêt ne s'abaisse, et son peu d'empressement à emprunter, diminuant la demande sur le marché de la monnaie abaissera le taux de l'intérêt. D'autre part, si l'inflation (abondance et dépréciation de la monnaie) se produit, il verra hausser les profits et sera stimulé à emprunter des capitaux, à moins que l'intérêt ne s'élève; cet empressement à emprunter élèvera l'intérêt (v. sur la concordance de cette théorie. — reprise dans *The purchassing Power of Money*, New-York, Macmillan, 1911, chap. IV, § I, — avec les faits économiques, Rist, *La hausse du taux de l'intérêt et la hausse des prix*, 'Revue économique internationale*, mai, 1913, § VI).

(2) *Op. cit.*, chap. XIV, p. 288. v. *The purchasing Power of Money*, chap. XIII.

nomène de l'intérêt, Fisher s'attache à montrer la place exacte
occupée par ce phénomène dans l'ensemble de la vie économique (1). La critique commune qui peut être adressée aux
anciennes théories est de n'avoir pas situé ce phénomène à sa
véritable profondeur. En réalité, il est peu d'évaluations qui
n'impliquent un décompte d'intérêt. C'est seulement quand on
arrive aux actes finaux, aux services et aux biens dont l'utilisation est imminente que le phénomène de l'intérêt n'entre pas
en jeu; dès qu'un intervalle de temps sensible, c'est-à-dire pouvant être rempli par une action ou susceptible de retarder l'efficacité d'une action intervient entre un projet et une réalisation,
entre une cause et un effet désiré, l'impatience se projette sur
l'évaluation, sur l'acte qui en résulte. L'attitude économique
d'un groupe social, au sens le plus profond de ce mot, l'état
d'adaptation de ses désirs à son milieu, ne peut trouver
d'empreinte plus fidèle que le taux de l'intérêt, indiquant à la
fois le taux de dépréciation actuelle d'un revenu attendu dans
un laps de temps déterminé et le point précis où, après un
estompement progressif, le futur économique passe à l'état de
petite perception, n'impressionne plus utilement l'action. La
théorie de la valeur-coût, la revendication du salaire égal à
l'entier produit du travail, affirmations dérivées d'une même
logique purement statique, éliminant le temps de ses calculs,
tombent d'elles-mêmes lorsqu'on les met en face de l'expérience économique se déroulant dans le temps.

Aux vues de Fisher sur l'intérêt on peut comparer celles de
Clark, diamétralement opposées dans leur formule caractéristique : au lieu de signifier substitution de revenus, prisme
changeant de la valeur, l'intérêt évoquerait, aux yeux de
Clark (2), l'idée d'une source perpétuelle de richesse. La no-

_____

(1) *The Rate of Interest*, chap. XII, pp. 225-35.
(2) Clark, *Distribution of Wealth*, p. 135 : *The power of capital to create the product is the basis of interest*, — dans un état
statique il n'y a point de place pour l'abstinence, le taux de l'intérêt reste constant. La création du capital est un problème dynamique *(op. cit.*, p. 136). — Le capital pur a une durée illimitée;
on ne peut donc ajouter à la durée de la période de vie d'une
parcelle de capital, on peut seulement ajouter une nouvelle unité
aux unités préexistantes. Abstinence signifie élection définitive,
revenu non point différé, mais touché sous la forme de biens créa-
teurs de richesses et non sous celle de richesses prêtes à être consommées *op. cit.*, p. 126; — cf. Fisher, *Mathematical Investigations*, p. 31. L'épargne peut, sous certains rapports, être

tion de temps, d'impatience, serait tout à fait étrangère à son
explication. En réalité, Clark et Fisher considèrent deux moments différents : Fisher se place au moment de la décision à
prendre sur la destination d'un revenu donné; Clark se place
en l'état de la détermination prise antérieurement, devenue irré-
vocable dans son principe et dans son bénéfice. Mais on peut
reconstituer, chez Clark et Fisher, la projection d'une même
vue d'ensemble à travers deux phases différentes de l'action.
Le point initial, la phase dynamique envisagée par Fisher révèle
plus pleinement le mécanisme de l'opération que ne le fait
l'examen de la période statique, celle qui se déroule une fois
les difficultés de l'adaptation initiale vaincues. Clark décrit
l'effort dispensé de l'attente, pourvu d'un milieu qui lui assure
le maximum d'efficacité, Fisher l'effort réagissant dans une
large mesure sur son propre milieu.

Le même principe d'activité spontanée peut être retrouvé au
fond de l'une et de l'autre théorie : l'intérêt n'est pas un phénomène imposé du dehors, mais suscité, modifié par une série de
réactions où tous les aspects du caractère laissent leur empreinte.
Ce n'est pas la seule action du temps ni le simple fait passif de
l'attente, mais la réaction des désirs, sous la pression de la résistance du temps, qui le suscite et le modifie. Comme l'indique
Clark, en concordance complète d'idées avec Fisher, une décision prise sur le moment et la forme de l'utilisation d'un revenu
ne se résoud pas en une simple attente, c'est une aliénation
définitive.

De même, la formule de perpétuité que l'on trouve chez
Clark, loin de contredire les vues de Fisher sur le tourbillon de
la richesse corporelle, ne fait que les confirmer. La perpétuité
du capital pur est essentiellement psychique; c'est une perpétuité d'organisation. Comme le revenu suit les contours et l'allure de l'expérience psychique mouvante, le capital pur exprime dans leur structure arrêtée les idées directrices de l'action.

Aussi nette chez Clark que chez Fisher apparaît la distinction entre les deux courants respectifs de la productivité physique et de l'évaluation : l'intérêt est bien, pour Clark, un pro-

considérée comme une forme de dépense (achat d'un capital), de
même l'emprunt d'un capital est une forme de production (*op.
cit.*, p. 34).

duit du capital, mais du capital pur, c'est-à-dire de la valeur du capital, de la richesse construite, organisée, non des capitaux-biens.

Ces deux conceptions, l'une plus traditionnelle, tournée de préférence vers les formules de stabilisation, l'autre plus imprégnée de l'idée de renouvellement, voyant dans les aspects statiques non des réalités attractives, mais des clichages éphémères, des immobilisations hypothétiques de la perpétuelle évolution des choses, sauvegardent cependant l'une et l'autre — et à travers leurs propres oppositions ne font que mieux apparaître — les lignes principales de la théorie psychologique de l'intérêt.

IV. — OBJECTIONS OPPOSÉES A LA THÉORIE PSYCHOLOGIQUE DE L'INTÉRÊT.

Les principales critiques soulevées par la théorie psychologique de l'intérêt peuvent être examinées à l'occasion des deux idées qui dominent cette théorie dans son dernier état : rattachement de l'intérêt à la notion de valeur et au concept de revenu (1).

La notion de *time-preference* a été attaquée dans son principe même : une préférence subjective, un jugement individuel de forme qualitative ne sauraient déterminer le phénomène — psychologique peut-être lui aussi — mais quantitatif, objectif que constitue le taux social de l'intérêt. En reconnaissant elle-même la nécessité de preuves, d'exemples collectifs, la théorie se serait infligé une sorte de désaveu implicite.

La continuité établie entre les jugements individuels et les jugements collectifs n'est en réalité que l'application de l'une des idées qui soutiennent l'économie psychologique : la conception interpsychologique des faits sociaux. En traversant à la fois le domaine des jugements d'action individuels et collectifs, la théorie de la *time-preference* ne fait que réaliser, comme

---

(1) V. Simiand : Etude sur l'ouvrage : *The Rate of Interest*, de Fisher (Année sociologique 1908-9, t. XI, pp. 688-96), — *Méthode positive en Science économique* (pp. 55-82), critique générale des théories psychologiques à l'occasion de *l'Intérêt du Capital*, de Landry.

la théorie des prix, par exemple, cette continuité inter-psychique qui rencontre un terrain particulièrement favorable dans le domaine économique, où le pouvoir correcteur des jugements individuels, les limites de l'autorité du fait collectif (si considérable que puisse être cette autorité) sont plus nettement visibles peut-être que partout ailleurs.

Ce n'est pas dans son principe seulement, mais, plus encore, dans ses justifications de fait que la notion de *time-preference* a été attaquée. Elle aurait négligé certains éléments de l'expérience économique, n'aurait donné des autres qu'une analyse incomplète, une interprétation arbitraire.

Plusieurs sociétés ont ignoré ou condamné le prêt à intérêt; ou ces sociétés ont ignoré, condamné en même temps la sous-évaluation des richesses futures — et ce sentiment n'a pas dès lors le rôle essentiel qu'on lui attribue dans la vie économique, — ou la *time-preference* et le phénomène de l'intérêt n'ont pas entre eux le lien nécessaire que l'on avait cru apercevoir (1).

La théorie de Fisher a répondu d'avance à cette objection en montrant, plus nettement qu'on ne l'avait fait jusqu'alors, la multitude de formes sous lesquelles se manifeste l'intérêt : le prêt à intérêt n'est que l'une de ces formes et n'absorbe pas plus le champ d'action de l'intérêt réel (différence entre les valeurs présentes d'un même élément économique, selon ses divers moments de réalisation) que la rente-fermage n'embrasse dans toute son étendue le phénomène de la rente réelle (différences de valeur d'un même élément économique selon les milieux dans lesquels se projette son action), ou que l'échange n'épuise l'innombrable catégorie des jugements de valeur.

Le prêt à intérêt a seulement pour caractéristique de mettre au premier plan, d'isoler parfois tout à fait l'action de la *time-preference* : dans les autres actes économiques, les changements de période se combinent avec des changements de forme dans le revenu; ici, au contraire, la détermination du moment devient l'objet principal de la décision.

L'ignorance du prêt à intérêt ne signifie donc pas inexistence de l'intérêt, indifférence économique à l'égard du temps, mais diffusion de l'intérêt à travers les diverses formes de l'activité,

(1) V. Simiand : *Année sociologique*, t. XI. Etude sur l'ouvrage *Die Entstehung des Kapitalzinses*, de Hainisch, p. 698.

sentiment plus confus, moins énergique de la *time-preference*, absence d'organisation capitalistique proprement dite, moindre utilité des échanges directs entre revenus présents et futurs.

La prohibition du prêt à intérêt a une signification différente : elle implique une lutte entre le pouvoir social et un besoin économique déjà affirmé. Elle doit être interprétée non comme une affirmation d'indifférence entre les biens présents et futurs (puisqu'elle suffirait au contraire, à elle seule, à démentir l'hypothèse d'une telle indifférence), mais, généralement, comme une appréciation défavorable portée sur les suites économiques et sociales des échanges réalisés entre ces deux catégories de biens, comme un effort tenté pour réduire de tels échanges à l'état d'actes gratuits et rares : appréciation plus ou moins exacte, effort plus ou moins heureux selon l'état des ressources actuelles, des tendances, des possibilités de développement d'une société.

L'intermittence du prêt à intérêt, si elle ne prouve rien contre l'action continue de l'intérêt, a du moins pour résultat de mettre en relief la diversité d'états dont est susceptible la *time-preference*, ressentie bien avant d'être analysée, éprouvée concurremment avec d'autres désirs avant de l'être d'une manière tout à fait distincte, tantôt dépourvue d'instrument économique direct par suite de sa propre organisation psychologique encore incomplète, tantôt privée de cet instrument par suite d'obstacles artificiels et utilisant alors des substituts plus ou moins imparfaits et coûteux.

C'est, d'ailleurs, la solidarité de l'intérêt implicite et de l'intérêt explicite que la théorie de la *time-preference* s'efforce surtout d'établir dans l'appel qu'elle fait à l'expérience économique pour démontrer les rapports étroits de variations concomitantes, l'analogie profonde de signification existant entre ces quatre faits essentiels : intérêt bas, — abondance des prêts consentis par un groupe économique (si on établit sa situation à l'égard des autres groupes), — accumulation du capital, — outillage industriel durable (1).

_____

(1) V. Fisher : *The Rate of Interest*, ch. XV, pp. 289-316. La même analogie de signification économique unit naturellement les quatre faits opposés : intérêt élevé, emprunts abondants, dissipation de capital, outillage périssable.

Mais cet essai de justification objective a été considéré, comme très imparfait : une place trop modeste aurait été faite, en principe, à la preuve expérimentale, réduite à une simple fonction de contrôle limité, sans que l'on ait attendu d'elle aucun point d'appui positif, aucune inspiration directe. En outre, les faits invoqués seraient à la fois trop arbitrairement choisis et présentés par ensembles trop massifs pour pouvoir offrir une signification nette et autoriser une conclusion scientifique quelconque (1).

La première partie de l'objection ne fait, en réalité, que rappeler l'opposition actuelle des méthodes en matière de sciences sociales. C'est la légitimité de l'expression des liens sociaux en termes d'action humaine, de finalité, c'est surtout le rôle constructif de l'interprétation psychologique qui se trouvent, sous une nouvelle forme, mis en question. La théorie de la *time-preference* a surtout affirmé l'état d'imperfection actuelle de l'information économique objective, la multitude des faits en fonction desquels s'organise l'intérêt, elle en a déduit à la fois l'impossibilité de demander à l'expérience la justification directe, complète d'une théorie et en même temps la présomption de vérité qui s'attache déjà à un essai d'explication que ne contredit aucun des faits, d'ordres multiples, auxquels se rattache la détermination d'un phénomène aussi universel, aussi complexe que l'intérêt (2).

(1) V. Simiand : Année sociologique, t. XI, p. 695.
(2) V. Fisher, *op. cit.*, ch. XV, p. 289 : dans une étude aussi vaste, il serait vain de tenter une vérification statistique exhaustive; les faits que nous pouvons connaître sont trop pauvres et leur disposition ne nous permet pas d'isoler les causes diverses qui se trouvent à l'œuvre... le meilleur résultat que nous puissions nous promettre est de montrer que les faits, dans l'état où nous les trouvons, sont dans une certaine mesure concordants avec la théorie que nous avons soutenue.
Cette démonstration suffit pour que notre but direct soit atteint et cela pour une double raison : la théorie devrait se soutenir par sa propre valeur d'analyse, même sans l'appui d'une vérification statistique, en outre si l'analyse était réellement inexacte, un examen même très rapide des faits suffirait probablement à la réfuter.
A la fin du chapitre (p. 316) l'auteur ajoute : cette vérification inductive est naturellement très imparfaite, puisque nous ne pouvons jamais affirmer que « toutes choses soient égales d'ailleurs » ni, par suite, isoler et mesurer l'action des divers facteurs, comme le fait la science physique, plus exacte dans ses inductions. Cependant, cette étude inductive garde quelque valeur

Si la théorie de la *time-preference* est loin d'avoir reçu une démonstration expérimentale proprement dite, s'il est même exact que, par sa nature, elle dépasse les limites d'une vérification expérimentale tout à fait directe, elle peut du moins être considérée, à l'heure actuelle, comme l'explication qui unit par le lien le plus intelligible, le plus simple, l'ensemble de faits le plus nombreux.

La théorie psychologique a eu également le mérite de suggérer le besoin d'une information économique étendue, en montrant combien est large le cercle des interactions de la *time-preference*, qui s'étend à tous les éléments du caractère moral et du milieu physique. Loin d'être rattaché à un sentiment abstrait, supposé uniforme dans sa direction, l'intérêt se lie avant tout à une interprétation vivante de l'expérience objective.

En même temps que les complexités propres de la *time-preference*, la théorie psychologique a eu soin de montrer son état de combinaison presque continuelle avec d'autres facteurs (et notamment avec le sentiment du risque).

La *time-preference* est isolée dans un intérêt légitime de méthode, comme doit l'être tout élément qui a un mode d'existence, une loi d'évolution propres, même si cet élément ne se présentait que rarement ou même jamais à l'état isolé.

D'ailleurs, le mérite d'avoir nettement caractérisé l'action de l'intérêt dans toute son énergie, d'avoir envisagé ce phénomène dans sa véritable profondeur est de ceux qui ont été le moins discutés à la théorie psychologique actuelle. Il a seulement été prétendu que ses affirmations sur ce point se retournaient peut-être contre l'un des principes essentiels dont on avait cru pouvoir les déduire.

Ce n'est pas seulement, en effet, dans sa conception générale, en tant que dérivée de la notion psychologique de valeur, mais encore dans son essai de renouvellement par la notion de

---

par le seul fait qu'elle ne contredit pas la théorie; car une théorie fausse rencontre habituellement des faits avec lesquels on ne peut la concilier.

C'est donc, en définitive, en partie pour des raisons de fait, tirées de son imperfection actuelle, que l'expérience objective a, d'après l'auteur, une fonction de contrôle plutôt qu'un rôle constructif dans la formation des théories économiques en général et en particulier de la théorie si complexe, si longtemps mal connue, de l'intérêt.

revenu que la théorie de la *time-preference* a été critiquée : la théorie de Fisher est fondée sur la dépendance de l'intérêt à l'égard du revenu; d'autre part, la notion concrète de tout revenu est pénétrée par l'influence omniprésente de l'intérêt; un phénomène premier (intérêt) serait donc expliqué par un phénomène second (revenu) d'où. au cœur même de la théorie, « un ingénieux mais essentiel cercle vicieux » (1).

Il suffit, pour répondre à cette dernière objection, de rappeler la définition du revenu chez Fisher : un flux de services à travers une période de temps (2). Ce fait économique essentiel peut être envisagé sous des points de vue multiples (et notamment à un point de vue purement descriptif, sans évaluation ni du revenu, ni de sa source); l'intérêt n'exprime que l'une des modalités des rapports que les revenus ont entre eux et avec leurs sources respectives.

Non seulement la notion même de revenu se réalise sans intervention nécessaire de l'intérêt, mais certaines parties des revenus concrets s'évaluent complètement en dehors de son influence. Les services qui ne sont séparés de leur utilisation possible par aucun intervalle de temps économiquement appréciable sont incorporés à ce que l'on pourrait appeler le faux présent économique, et par suite on les évalue sans aucun décompte; ils constituent dans leur ensemble un lieu de vision pleine, d'énergie intégrale, d'où l'on peut mesurer avec exactitude l'effacement progressif des valeurs, sous l'action de la *time-preference*.

Quant aux revenus futurs, dont les capitaux de longue durée projettent, comme des écrans, les valeurs de plus en plus réduites, ils se trouvent évalués sous l'action du taux actuel de l'intérêt. Incorporés ensuite au revenu social, ils constituent, dans leur ensemble, l'un des termes du rapport : $\dfrac{\text{revenu présent}}{\text{revenu futur}}$, dont l'état déterminera, dans une large mesure, le taux ultérieur de l'intérêt. Il n'y a pas là cercle vicieux, mais succession d'influences et de moments, application du rapport fonctionnel, du lien interpsychique, du « cercle de fait », seul

(1) V. Simiand : Année sociologique, t. XI, pp. 695-6.
(2) Fisher : *The Nature of Capital and Income*, p. 52.

susceptible de donner à la complexité des rapports sociaux la forme logique qui leur convient.

En résumé, la théorie psychologique de l'intérêt vaut surtout, dans son état actuel, par le renouvellement du problème, par l'esquisse d'une solution plus compréhensive que toutes celles tentées jusqu'ici, mettant en relief à la fois l'unité foncière du phénomène de l'intérêt, la diversité, la complexité de ses formes, les limites de contingence de ses variations.

La principale originalité de cette théorie a consisté à envisager l'intérêt comme une réaction que l'on étudie sans préoccupation de défense ou de condamnation proprement dites : le phénomène de l'intérêt se rattache aux lois les plus générales de la logique économique. Les transformations sociales, les réglementations législatives peuvent influer sur les modalités extérieures de ses manifestations, elles peuvent même en modifier le bénéficiaire; dans la mesure où elles influent sur l'état général de la richesse, sur sa distribution notamment, elles peuvent n'être pas sans action sur le fait même de l'intérêt, mais cette action est toujours combinée avec celle de très nombreux facteurs économiques et le nombre, la complexité, la puissance de ces forces sont tels que le résultat final pourrait être très éloigné du but poursuivi. Le phénomène de l'intérêt apparaît en définitive comme un phénomène économique naturel contre lequel des mesures prohibitives seraient sans pouvoir définitif (1).

(1) V. Notamment Fisher : *The Rate of Interest*, ch. VII, § 5, pp. 127-8.

CONCLUSION

Après avoir exposé les buts poursuivis par l'économie psychologique anglo-américaine, retracé l'allure qu'elle imprime aux principales théories, il importe de considérer en terminant ses résultats.

L'œuvre accomplie doit être envisagée dans ses rapports avec la tradition de doctrine économique qu'elle a renouée et renouvelée à la fois, ainsi que dans ses liens avec les idées psychologiques qu'elle a prises pour point d'appui.

I. — CONTRIBUTION DE L'ÉCONOMIE PSYCHOLOGIQUE AU DÉVELOPPEMENT DE LA SCIENCE ÉCONOMIQUE.

On a parfois exagéré le caractère novateur du mouvement qui vient d'être étudié (1). L'idée psychologique se trouvait au centre même de la science économique, qui n'aurait pu se constituer, ni se développer sans elle; des conceptions artificielles ont seulement été remplacées par des idées plus proches de la réalité; aux propositions sommaires, elliptiques même du début il a été substitué une analyse de plus en plus curieuse, affinée, de l'activité humaine dans ses rapports avec la richesse. Par la nature même de ses liens de continuité variée avec la science traditionnelle, l'économie psychologique se trouvait exposée aux critiques les plus diverses. On lui a parfois reproché de négliger certains éléments utiles de la théorie classique,

(1) V. sur la disproportion qui a parfois existé entre les prétentions émises au nom de l'économie pure et ses services réels, si importants d'ailleurs, Gide et Rist, *Histoire des Doctrines économiques*, liv. V, chap. I, pp. 637-8.

d'appauvrir l'armature d'idées générales, de faits positifs dont cette théorie s'était munie (1).

D'autre part, certains adversaires de l'économie classique ont cru en retrouver la reconstitution trop fidèle dans l'économie pure, à travers des essais de renouvellement plus formels peut-être que réels (2).

Le premier ordre de critiques s'est attaché à l'aspect le plus visible, le plus primitif aussi du mouvement psychologique. Il y a eu en effet, dans une certaine mesure, entre l'économie traditionnelle et l'économie pure, ce rapport de succession ryth-mique si fréquent dans l'histoire des idées. L'économie pure, dans son ensemble, a surtout développé, approfondi ce qui avait été négligé, méconnu avant elle. A un système économi-que trop étroitement dominé par l'action des producteurs, elle a substitué l'économie de la demande; il a pu paraître qu'à une vue exclusive succédait un système diamétralement opposé et qu'à suivre trop fidèlement les suggestions nouvelles, la science économique risquait de s'égarer dans un monde de rêve, uniquement préoccupé de l'analyse subtile des désirs, ignorant de l'effort.

Ces critiques, qui ont pu être, dans une certaine mesure, adressées au mouvement psychologique dans son premier état, aux théories de Jevons notamment, cesseraient d'être exactes si on les appliquait à l'ensemble de l'œuvre scientifique qui vient d'être étudiée : les méthodes, les points de vue nouveaux n'ont pas eu pour résultat définitif le sacrifice ou l'effacement des éléments précieux contenus dans l'économie traditionnelle, mais au contraire leur développement compréhensif.

(1) Telle est notamment la tendance affirmée par deux auteurs demeurés largement indépendants à l'égard des écoles psychologi-ques proprement dites, bien qu'ayant fait, l'un et l'autre, dans leur œuvre, une place importante à l'idée psychologique. Mar-shall (*Principles of Economics*, appendice I, pp. 813-21) estime que la théorie de Jevons est, par son contenu comme par son mécanisme logique, moins riche que celle de Ricardo.
Hobson (*Economics of Distribution*, chap. III, pp. 55-112) es-time que les théories du coût et de l'utilité constituent deux expli-cations systématiques, exclusives, incomplètes l'une et l'autre en-tre lesquelles une fusion doit être tentée.
(2) V. notamment Thorstein Veblen : *Why is Economics not an evolutionary Science*, Q. J. O. E., t. XII (1897-98, pp. 373-97); — *Professor Clark's Economics* (Q. J. O. E., t. XXII, 1907-8, pp. 147-95); — Simiand : *Méthode positive en Science économique* (Paris, Alcan, 1912), chap. I, pp. 1-37.

L'analyse du désir, loin de faire oublier la notion de l'effort, a montré que ces deux notions ne peuvent être disjointes, le désir fixant la signification de l'effort, l'effort servant à établir l'énergie actuelle du désir, leur action combinée, leur interprétation réciproque ayant seules une importance économique réelle. C'est sur cette base que l'ancienne notion de coût se reconstitue avec une cohésion plus forte et un pouvoir plus grand, que l'idée de production prend sa signification la plus large, la plus exacte, celle d'adaptation active, inventive, réunissant en une chaîne continue, à travers leurs diversités de formes, tous les actes par lesquels se trouve assuré, augmenté le rendement psychique d'un objet, d'un milieu déterminés.

D'autre part, le mécanisme des théories marginales a été, en partie, inspiré par la théorie classique de la rente; — le phénomène de la rente pris en lui-même, dépouillé de sa singularité primitive, tend à désigner à la fois un aspect essentiel de toute activité (l'élément de variation dans le procédé, dans le résultat, qui distingue un fait humain d'un fait purement mécanique) et l'un des signes les plus nets du progrès économique (la distance existant entre l'énergie virtuelle d'un désir et son expression monétaire, l'indépendance relative des désirs à l'égard des richesses).

Ce point d'appui traditionnel a constitué, d'ailleurs, l'élément le plus favorable à l'efficacité novatrice du mouvement psychologique.

Quant à l'originalité propre de ce mouvement (méconnue parfois dans sa portée véritable), elle s'est surtout manifestée par un effort d'unification des faits, de simplification des idées, par la réalisation d'un plus haut degré de généralité, d'intelligibilité dans les théories.

Ce caractère essentiel a été souvent expliqué par un désir de réconciliation, une affirmation de continuité entre le sens commun et la pensée scientifique; on peut y voir aussi un indice de plus des affinités profondes unissant l'économie psychologique contemporaine aux théories économiques et philosophiques de Cournot.

La valeur-utilité succédant à la valeur-travail, les prix expliqués par la discipline inter-psychique des désirs et non par la contrainte extérieure, étroite des coûts de production, — la

distribution commandée, renouvelée sans cesse par la productivité psychique, au lieu d'être avant tout subordonnée aux
conditions de subsistance, de conservation physique des agents
de production, — l'intérêt rattaché non plus à des phénomènes
objectifs, monétaires, mais à l'allure intérieure des désirs comparée au flux extérieur des richesses, — peuvent être considérés comme autant d'essais de reconstitution des théories selon
l'ordre indiqué par la raison des choses : ordre rationnel et réel
à la fois déterminé non par un critérium fixe, extérieur, mais
par les caractères de simplicité, de permanence, d'harmonie
qui lui sont propres et qu'il imprime aux idées, dans la mesure
où elles s'inspirent de lui (1).

Cette tendance a parfois été critiquée; on a, d'une manière
plus ou moins explicite, reproché à l'économie pure de réaliser
un rapprochement excessif entre l'explication scientifique et
l'explication philosophique, au détriment de la première (2).

En réalité, l'économie psychologique a surtout marqué son
passage en se libérant de toute dépendance à l'égard des idées
philosophiques préconçues (optimisme naturaliste, utilitarisme
moral notamment) qui avaient, dans une assez large mesure,
imposé du dehors à la science économique certaines interprétations, certaines conclusions déterminées (3).

Ainsi émancipée de toute dépendance philosophique extérieure, elle a développé en elle-même, il est vrai, une force
de suggestion philosophique propre en élevant, comme on l'a
vu, le degré de généralité des notions fondamentales, — en
soulignant les liens qui unissent l'activité économique aux diverses formes de l'activité humaine. Mais en même temps qu'elle
montrait sous leur aspect le plus compréhensif les rapports qui

(1) La raison des choses est, pour Cournot, l'ordre suivant
lequel les faits, les lois, les rapports objets de nos connaissances
s'enchaînent et procèdent les uns des autres (*Essai sur les Fondements de nos Connaissances*, t. I, p. 20); — sur les principaux
caractères de l'ordre rationnel chez Cournot. V. Milhaud : *Note
sur la Raison chez Cournot*, Revue de Métaphysique et de Morale,
1905, pp. 307-18.
(2) V. notamment dans ce sens Hobson, *Economics of Distribution*, chap. III (Détermination des Prix pendant les longues
périodes et de la Valeur, appendice II, pp. 104-12) : la théorie
marginale se préoccupe de la cause finale de la valeur et la définit
exactement, mais ce sont les causes intermédiaires, « efficientes »,
qui intéressent au premier chef la science économique.
(3) V. Introduction, pp. 8-12, 28-31.

unissent les faits même les plus variés, l'économie psychologi-
'que n'a pas méconnu, elle a au contraire mis en relief la diversité de ces faits, les complexités que présente, dans chaque
situation, la détermination précise de leurs rapports.

Ainsi, la théorie de la valeur, devenue le centre d'une
synthèse des jugements économiques, se trouve simplifiée dans
son principe fondamental, mais chaque jugement de valeur, au
lieu d'être réuni à ses antécédents par un lien unilatéral nécessaire, dépend d'un nombre, parfois considérable, de facteurs
dont les réactions mutuelles ne peuvent être déterminées que
très laborieusement.

Le mouvement psychologique n'a donc pas suscité d'illusions
simplificatrices, il en a au contraire dissipé d'importantes (1);
il n'a pas entendu davantage absorber les problèmes d'économie scientifique dans une philosophie générale de la richesse,
mais seulement maintenir, entre les vues méthodologiques, les
principes généraux d'interprétation et l'étude des questions
économiques concrètes, un contact permanent, un contrôle réciproque.

C'est à cet ensemble d'idées que l'on a pu rattacher, entre
autres résultats, une notion plus immatérielle et plus ferme à
la fois de la discipline économique. Au lieu d'être poursuivie
par la délimitation d'un domaine objectif souverain, comprenant un certain ordre d'actes rattachés au même mobile initial,
l'unité de la science économique se trouve établie par la distinction d'un aspect, plus ou moins important, plus ou moins
visible selon les cas, universel cependant, de l'activité humaine.
Une activité, quel que soit son but, appartient à la science
économique dans la mesure où sa réalisation dépend d'un problème d'adaptation et par suite de hiérarchie, de valeur de
moyens, où, en extériorisant ses tendances, elle se trouve amenée à communiquer, jusqu'à un certain point, un caractère
intérieur, un intérêt humain à des objets indifférents en eux-
mêmes et à appliquer des données numériques à ses propres
désirs.

<hr/>

(1) Parmi les idées contre lesquelles l'économie psychologique a
eu particulièrement pour but de réagir, on peut citer les vues,
souvent rappelées, de Stuart Mill sur le caractère définitif de la
théorie classique de la Valeur (*Principes d'Économie politique,*

C'est cette conception qui a surtout permis d'éliminer le péril scientifique de l'historisme tout en utilisant les critiques exactes, les sources de perfectionnement que ce mouvement avait apportées avec lui. La science économique a dès lors pour but essentiel de rechercher, de coordonner l'ensemble des lois de variation des valeurs.

Elle ne saurait ni se réduire à un ensemble de propositions déduites de faits observés dans un milieu déterminé, hâtivement généralisées, ni se disperser en une série de descriptions, d'analyses irréductiblement diverses; elle doit au contraire, utilisant les suggestins et le contrôle d'une expérience aussi précise et aussi variée que possible, reconstituer, à travers les formes multiples de la vie économique, le mécanisme psychique de l'adaptation des richesses aux désirs.

C'est donc vers l'interprétation psychologique des faits, des documents économiques et non (comme on le lui a reproché parfois) vers une idéologie abstraite, vers une analyse volontairement distante de la réalité objective, que l'activité scientifique a été ainsi dirigée.

On peut seulement constater que l'économie psychologique s'est peut-être trop attardée dans les prolégomènes d'une théorie économique positive, a trop faiblement réalisé, suscité l'effort de recherche expérimentale dont elle indiquait elle-même la nécessité et l'étendue. Autant le reproche de régression à l'égard de l'économie classique ou de redite inutile serait peu justifié, autant celui de progression trop lente, d'utilisation incomplète de ses propres principes pourrait, dans une assez large mesure, lui être adressé. Il s'agit moins d'ailleurs d'une lacune proprement dite de l'économie pure que d'un état de cohésion encore insuffisante entre elle et l'économie appliquée; des matériaux économiques ayant déjà reçu un commencement d'adaptation scientifique seraient nécessaires, en quantité plus abondante, pour permettre le développement complet des théories qui viennent d'être étudiées (1).

trad. Courcelle-Seneuil, 3ᵉ édit., t. I, liv. III, chap. I, § 1, p. 502).
(1) V. notamment, dans le sens d'une interpénétration réciproque de l'économie pure et de l'économie appliquée, I. Fisher, Préface à la traduction française de : *Mathematical Investigations in the Theory of Value and Prices* (p. 2).

Aussi, beaucoup de ces théories n'ont-elles pas encore franchi la période de transition qui sépare une hypothèse d'une vérité démontrée; — période nécessairement longue il est vrai, transition extrêmement délicate à saisir en matière économique où les complexités particulièrement graves de la preuve laissent souvent les théories fort en avant des justifications expérimentales.

La contribution scientifique directe du mouvement psychologique anglo-américain consiste donc moins dans des problèmes résolus que dans des problèmes élargis, mieux posés, moins dans des résultats décisifs que dans des suggestions heureuses, dans une interprétation de l'activité économique mieux en harmonie avec l'ensemble des faits et des tendances.

On a vu, dans le cours de ce travail, quelques-unes des confirmations précises reçues par les théories psychologiques (action directrice de la demande sur la valeur, rapports des variations respectives des salaires et de la productivité du travail, rapports de l'intérêt et des prix, etc.) (1); on va rappeler quelques-unes des notions les plus utiles qu'elles ont directement inspirées ou appuyées.

L'idée centrale de l'économie psychologique : la conception intérieure de la vie économique, a suggéré, d'une manière générale, non l'éloignement ou l'indifférence à l'égard des données objectives, mais le sentiment de leur signification incomplète, la nécessité de saisir leurs interpénétrations avec les forces psychiques dont elles jalonnent, stimulent, secondent ou contrarient l'action. En mettant ainsi en lumière le rôle de la spontanéité, de la contingence dans la vie économique, elle a donné à l'explication une forme plus complexe dans le détail (si elle est simplifiée dans ses lignes générales), moins ambitieuse, mais mieux adaptée à la nature de bien des questions qui deviendraient tout à fait énigmatiques si on cherchait à les résoudre en s'inspirant d'un déterminisme rigoureux d'allure purement rationnelle (limites de variations de certaines valeurs, problème des crises, etc.).

Au nombre des résultats de cette direction générale de pensée, on doit retenir une conception moins formelle de la liberté

(1) V. *supra*, pp. 71, 174, 373.

économique — ramenée, dans ses termes essentiels, moins à la concurrence qu'à la substitution. La concurrence n'est qu'un aspect intermittent, extérieur de l'activité économique; la substitution, c'est-à-dire en somme la coordination des désirs, pénètre cette activité sous toutes ses formes. Alors même que l'action, presque toujours imparfaite, de la concurrence ferait complètement défaut, au cas de monopole absolu, les valeurs auraient encore un minimum d'organisation, elles ne seraient pas purement arbitraires (1); leur discussion, leur hiérarchie exacte a dès lors pour garantie dernière la diversification des richesses, leur multiplicité et surtout la discipline intérieure des désirs : garanties susceptibles d'être fortifiées par l'organisation collective du pouvoir des consommateurs.

Le principe d'ordre économique le plus essentiel repose donc sur un état de solidarité intérieure et interpsychique. Par la nature même des problèmes qu'elle a envisagés de préférence, par la direction générale de ses conceptions, l'économie psychologique a été amenée à percevoir, à expliquer le rôle considérable de l'organisation volontaire des activités, de la solidarité — non pas nécessaire, automatique — mais organique, incomplète, perfectible, dans la vie économique.

Les préoccupations, considérées comme excessives, de l'économie traditionnelle à l'égard de la production matérielle des richesses, l'assujettissement de la valeur à l'effort surtout physique de la production avaient suscité, par réaction contre ces tendances primitives et aussi par un prolongement des notions théoriques d'abord associées à ces tendances, une vue des problèmes économiques trop étroitement subordonnée à la distribution matérielle des richesses.

En plaçant au contraire au premier plan le problème, considérablement élargi, de la consommation, c'est-à-dire de l'adaptation, du rendement psychique des richesses, la théorie psychologique n'a pas méconnu l'importance de leur distribution proprement dite, mais elle a considéré comme plus essentielle

---

(1) L'économie psychologique se trouve ainsi en concordance de vues très marquée avec la théorie économique de Cournot (V. Cournot : *Recherches sur les Principes mathématiques de la Théorie des Richesses*, chap. V, pp. 61-73; — *Principes de la Théorie des Richesses*, liv. I, chap. VII, pp. 106-22).

encore leur distribution intérieure entre les désirs, d'où dépend en dernière analyse leur degré d'existence utile.

En même temps qu'elle mettait ainsi en pleine lumière l'idée de production immatérielle, universelle, elle montrait que l'aspect le plus réel, le plus fondamental sous lequel puissent être envisagées les activités est celui sous lequel s'affirme leur collaboration, leur union.

C'est aussi et surtout par l'allure d'ensemble de ses théories que l'économie psychologique a été amenée à se pénétrer de la notion de solidarité. En donnant à la détermination des valeurs une direction prospective et non plus rétrospective, elle a imprimé au débat économique le caractère d'une adaptation bien plus que celui d'une revendication.

De même, les jugements de valeur, en cessant d'être soumis à l'action dominante d'un seul facteur (quantités respectives de travail contenues dans les diverses richesses), expriment avant tout l'efficacité sociale d'une richesse, d'un acte déterminés. L'individualisation d'un effort, d'un résultat matériel, est dépourvue de signification propre, seul le rapport vivant, mouvant de rareté dynamique qui unit cet effort, ce résultat à son milieu a une importance réelle. La plus haute valeur d'une richesse, d'un effort, dépend avant tout de la découverte de la formule la plus complète de solidarité entre ces éléments et leur milieu. L'organisation intérieure des désirs doit se répercuter dans l'interdépendance des richesses et dans la discipline des utilités.

En même temps que l'interprétation individualiste de l'activité économique, le mouvement psychologique a efficacement combattu les conceptions trop purement matérielles de cette même activité : il a montré l'absence de signification propre, d'existence indépendante des mobiles économiques, les rapports continuels de la vie économique avec l'ensemble de la vie morale (rapports non unilatéraux, mais largement mutuels), l'action libre, diverse des désirs, de plus en plus substituée à la domination inflexible des besoins, le caractère de plus en plus dynamique de l'adaptation économique, fortement marquée à l'empreinte d'une finalité intérieure au lieu d'être passivement déterminée sous la double pression de la concurrence et du milieu extérieur.

L'économie psychologique a ainsi souligné l'erreur non seulement du matérialisme historique proprement dit, mais de toutes les interprétations unilatérales qui ont voulu, dans des termes plus ou moins absolus, subordonner l'ensemble des actions humaines à l'action économique et l'activité économique aux mobiles d'ordre matériel, aux forces physiologiques dominant, effaçant l'action des forces psychiques, au lieu d'être de plus en plus maîtrisées par ces mêmes forces (1).

En éloignant cette interprétation, l'économie psychologique se trouvait plus énergiquement encore mise en garde contre les conceptions qui attribuent trop d'importance aux antagonismes sociaux (à la lutte des classes notamment). A cet égard, on peut noter la concordance de vues existant entre les divers représentants de l'économie psychologique, à travers la variété extrême de leurs tendances sociales.

Ces vues se trouvent d'accord avec les conclusions les plus générales des deux principales écoles sociologiques françaises contemporaines : école sociologique proprement dite, montrant inscrit dans les faits le passage progressif de la solidarité mécanique, basée sur l'uniformité, à la solidarité organique, qui consiste dans la diversité coordonnée des fonctions; — théorie psychosociologique plaçant au nombre des lois d'évolution générale celles du passage de l'unilatéral au réciproque, du caractère souvent transitoire des oppositions.

Elles sont également confirmées par l'ensemble de l'expérience économique contemporaine; chaque contradiction apportée par les faits à l'individualisme classique ou à des théories sociales dérivées dans une certaine mesure des prémisses ricardiennes (2) accentue la rectitude générale d'une interprétation qui a pour idées centrales les notions de solidarité et de spontanéité.

Ainsi, les écoles psychologiques et en particulier l'école anglo-américaine ont su sauvegarder la tradition scientifique constituée par l'économie classique et séparer de cette tradition

(1) V. sur la nécessité d'envisager l'activité économique comme mue par des forces psychiques plutôt que physiologiques, Clark, *Philosophy of Wealth*, p. 53.
(2) Sur les rapports du socialisme marxiste et des théories ricardiennes, v. Gide et Rist, *Histoire des Doctrines économiques*, liv. IV, chap. III, pp. 529, 550.

les conclusions pratiques qui en constituaient, en quelque sorte, l'élément adventice, relié par un lien plus ou moins fragile à la théorie économique proprement dite, ou appuyé sur les parties les plus faibles de cette théorie.

La contribution propre du mouvement psychologique au développement général de la science économique apparaît donc à la fois comme une œuvre de continuité et d'initiative utile.

II. — Possibilités de développement de la psychologie économique.

Après avoir indiqué les répercussions du mouvement qui vient d'être étudié sur la conception générale de la science économique, on doit envisager un aspect plus spécial mais essentiel de l'œuvre accomplie : l'importance et la valeur des vues ouvertes sur l'étude psychologique des désirs.

En affirmant l'existence d'un rapport non plus lointain, indéterminable, mais direct, quantitatif, entre les variations respectives des désirs et des valeurs, l'économie psychologique a été amenée à accuser une solidarité assez étroite avec la théorie interpsychologique des faits sociaux, à montrer les ressources offertes par cette explication pour l'intelligence de faits économiques importants, complexes (prix, rente, intérêt notamment).

Mais la conséquence principale de ce point de vue nouveau a été d'établir un rapprochement entre le problème pratique de la mesure des valeurs et le problème de la mesure psychologique. L'économie psychologique s'est, avec raison, attachée à montrer que l'activité économique se distingue essentiellement non par la nature des mobiles qui la déterminent, mais par la forme qu'elle imprime à l'universalité des mobiles humains. L'activité économique peut être considérée comme une tentative empirique, synthétique de mesure s'exerçant à travers tous les désirs; toutes les tendances ont en effet, par certains de leurs instruments de réalisation, des points d'incidence économique plus ou moins nombreux. La mesure économique se caractérise non seulement par l'étendue universelle de son do-

maine mais encore par l'extrême fréquence de ses applications;
c'est dans ce sens qu'il peut être dit avec exactitude que l'économique étudie les actes humains dans la vie quotidienne :
parmi les témoignages importants qu'un désir puisse donner de
sa propre vitalité, on doit en général mentionner le nombre,
l'importance des efforts économiques que ce désir a suscités.

L'économie psychologique appliquait une de ses notions
fondamentales de méthode en essayant de réaliser l'utilisation
théorique de cette mesure instinctive des mobiles (1). Quant
aux formes, aux limites de cette utilisation, le mouvement
psychologique, à ses débuts (surtout dans la période jevonienne),
a été, comme on l'a vu, jusqu'à un certain point tributaire des
erreurs qui avaient caractérisé dans leur ensemble les premiers
essais de mesure des éléments psychiques; il a eu une tendance
à considérer les calculs économiques comme ayant pour objet
des unités de plaisir susceptibles d'être directement perçues,
dénombrées (2).

Mais dans la période qui vient d'être étudiée, l'économie
psychologique, et en particulier l'école américaine, cesse d'être
solidaire de l'erreur primitive, reconnaît le caractère indirect
des essais de mesure psychologique spontanément réalisés par
la vie économique, considère ces essais comme nécessairement
appuyés sur les mesures physiques, atteignant les éléments
psychiques non dans leur profondeur, leur intégrité, mais dans
leurs contours, dans leurs points d'affleurement avec le monde
matériel.

Les jugements de valeur ne donnent donc pas d'information
directe sur l'énergie intrinsèque des multitudes de désirs dont
ils représentent simplement la limite d'adaptation. L'acceptation d'une même échelle de valeurs établit seulement, entre
les membres d'un groupe économique, à la limite des échanges, un état de proportionnalité entre l'énergie respective des
désirs que ces échanges mettent directement en jeu.

Quant à l'énergie intrinsèque des désirs (ce, que l'on peut
appeler leur force économique intérieure, leur pouvoir d'ab-

(1) Sur la continuité qu'elle s'est proposée d'établir entre les
découvertes à demi instinctives de la pensée pratique et la découverte scientifique proprement dite, v. chap. I, pp. 42-43.
(2) V. chap. II, pp. 75-77.

sorption des représentations et des actes), elle demeure réservée, peut être considérable là où le pouvoir d'expression économique est faible, extrêmement réduite au contraire là où, par suite d'une concentration de richesse abondante, ce pouvoir est considérable.

Enfin, la mesure économique s'applique non à un désir directement ressenti, mais à une expression anticipée de ce désir, dans son état-limite, expression exacte seulement dans la mesure où l'état des moyens extérieurs et de l'économie intérieure des tendances ont été aperçus dans leur rapport vrai.

On ne peut donc reprocher à l'économie psychologique anglo-américaine, dans son état actuel, d'avoir donné une interprétation hâtive, trop ambitieuse, des jugements de valeur.

En même temps qu'elle montrait dans l'énergie intérieure des désirs la cause la plus profonde de la formation des valeurs (et non cet élément purement capricieux dénué d'intérêt propre qu'avait envisagé l'économie traditionnelle), elle a nettement perçu, entre l'énergie originaire des désirs et leur énergie économique, l'action — unificatrice, modératrice dans ses tendances générales — du milieu économique.

Elle a aussi entrevu, indiqué la nature de l'analyse qui permetrait de saisir, avec le maximum possible de pureté, les mouvements propres des désirs à travers leurs empreintes économiques.

C'est ainsi qu'elle a eu au plus haut degré la préoccupation de distinguer des mouvements réels, absolus des valeurs (ceux qui procèdent d'une variation dans l'état des désirs), leurs mouvements apparents, relatifs, ceux qui ont une cause monétaire (l'extension ou la contraction de l'unité de mesure de la valeur, les rapports des richesses demeurant en principe intacts). Si elle s'est attachée à limiter nettement dans sa signification propre le rôle nominal, en quelque sorte, joué par les fluctuations monétaires dans l'évolution d'ensemble des valeurs d'un système économique (1), elle a eu soin de montrer que le résultat général, superficiel, de cette catégorie de phénomènes s'accompagnait souvent de résultats obliques, en quelque sorte,

_____

(1) V. notamment en matière d'intérêt le champ d'influence des phénomènes monétaires transféré de l'intérêt réel à l'intérêt nominal, chap. X, pp. 372-3.

profonds par suite de l'adaptation incomplète des réalités économiques au nouveau langage monétaire, d'où le déclassement
plus ou moins prolongé de certaines richesses, des changements
dans la distribution se répercutant à leur tour sur l'économie
sociale des valeurs.

Elle a estimé nécessaire d'assurer l'adaptation exacte de
l'expression des valeurs aux fluctuations monétaires, la préoc-
cupation.pratique de la sécurité, de l'équité dans les échanges
se joignant chez elle à la préoccupation théorique de dégager
dans leur pureté les mouvements réels des valeurs (1).

Elle a distingué les deux modalités principales de ces mouvements réels, dont les uns ont pour origine une modification
quantitative de la richesse extérieure, amenant un changement
d'expression économique du désir, les autres une altération
constitutionnelle du désir, suscitant le plus souvent, comme
résultat définitif, une modification dans l'état de la richesse.

L'économie psychologique s'est surtout préoccupée de l'influence des quantités de richesses disponibles sur l'état des
désirs (ayant considéré que la loi essentielle de la valeur est
une loi de dégression du désir). Elle s'est attachée à montrer
que les fluctuations survenant dans la quantité de richesse
n'agissaient sur la valeur qu'à travers le désir, c'est-à-dire
selon des proportions qui ne sont jamais simples (comme s'il
s'agissait d'une action matérielle), mais soumises à la contingence, à la diversité des actions vitales, psychiques. Si d'une
manière générale la richesse plus abondante recule le point de
dépendance des désirs à son égard, réduit leur représentation
économique à un état plus faible, si la richesse plus rare donne
au contraire un rôle économique à certaines formes du désir
plus urgentes jusque-là muettes, la rapidité, la plénitude d'application de cette loi générale s'exprimera, à l'occasion des
diverses tendances, par les formules les plus variées. L'écono-

(1) V. notamment chap. VII, p. 251. — La préoccupation de
distinguer les changements absolus et les changements relatifs des
valeurs, d'atteindre les changements absolus à travers les changements relatifs rattache une fois de plus l'économie psychologique à la tradition intellectuelle de Cournot (V. *Recherches sur
les Principes mathématiques de la théorie des richesses*, chap. II,
pp. 15-28; — *Principes de la Théorie des Richesses*, liv. II, chap. I,
pp 141-162).

mie psychologique a insisté sur les diversités que révélerait à
cet égard une étiologie économique des désirs, sur leurs coeffi-
cients variés d'élasticité; elle a également insisté sur l'utilité
de considérer dans leurs rapports, dans leur signification mutuellement complémentaire, les deux dimensions économiques
d'un désir : taux de la valeur, nombre des acquisitions effec-
tuées, le sacrifice total consenti étant surtout significatif dans
la mesure où il peut être comparé à l'importance d'un revenu
individuel ou collectif déterminé.

L'économie psychologique a également montré combien serait insuffisant le rapprochement pur et simple d'une seule
richesse et d'un seul désir, elle a mis en lumière les liens qui
unissent une richesse déterminée à ses substituts plus ou moins
prochains, à ses compléments, souligné toute l'importance du
jeu multiple des deux lois d'alliance et de suppléance des désirs, indiqué en définitive comment tous les désirs éprouvés dans
un même groupe économique forment un ensemble vivant dont
aucune partie n'est complètement indifférente à l'autre, des
interactions plus ou moins rapides, plus ou moins profondes se
produisant constamment entre les éléments même les plus éloignés les uns des autres.

Elle a eu soin d'indiquer aussi comment l'expression économique d'un désir dépend, à des degrés divers, de l'ensemble
des richesses disponibles, considérées non seulement au point
de vue qualitatif, dans leurs affinités, leurs équivalences de
fonctions, mais au point de vue quantitatif, dans leur importance
totale. Les variations survenues dans l'état de richesse générale
d'un individu, d'un groupe social influent nécessairement sur la
puissance d'expression économique de leurs désirs et par suite
sur les valeurs qui se forment sous leur influence dominante. Il
y a dans les mouvements de valeur dus à cette cause générale
des phénomènes se rapprochant quelque peu des mouvements
apparents dus aux fluctuations de valeur de la monnaie. Au
lieu d'une modification objective, générale dans la valeur propre de l'instrument des échanges, il s'agit d'une altération
locale, relative, de l'expression monétaire. Ces mouvements
ne peuvent être étudiés que si l'on détermine le lieu de formation d'une valeur, c'est-à-dire de consommation principale
d'une richesse.

Les fluctuations de valeurs résultant d'une altération dans
la densité de richesse auront pour caractéristique d'atteindre l'ensemble des richesses ayant une même localisation
sociale. L'étude psychologique des prix doit ainsi être complétée par une certaine connaissance des modifications survenues dans la distribution des richesses, par une étude concrète
des revenus, des budgets.

L'économie psychologique s'est occupée à un moindre degré
des évolutions de valeurs qui ont leur source principale dans
des modifications constitutionnelles des désirs. Si elle a réservé
la part qui revient, dans le monde économique, aux phénomènes de cette nature, elle n'a pas indiqué en détail les conditions de l'analyse qui permettrait de discerner, en présence
d'un changement de valeur, dans quelle mesure il y a non plus
répercussion psychologique d'un fait objectif, phénomène
d'élasticité du désir, mais répercussion extérieure d'une évolution psychologique initiale, modification constitutionnelle d'une
tendance amenant un changement d'abord dans les valeurs,
puis dans les conditions et l'étendue de la production d'une
richesse ou d'un groupe de richesses.

Ainsi, envisagé dans ses résultats psychologiques, le mouvement qui vient d'être étudié a eu le mérite d'éloigner les formules conventionnelles qui dissimulaient l'aspect le plus intéressant des faits économiques; il a ainsi fait nettement apparaître
à la fois l'intérêt, la complexité, les ressources explicatives
d'une interprétation psychologique des valeurs. Il a aussi indiqué les conditions principales que devrait remplir cette analyse
psycho-économique, le caractère des conclusions qu'elle est
susceptible de donner.

L'interprétation des mesures économiques, si elle ne peut
donner une mesure proprement dite de l'énergie des désirs, permettra du moins une détermination approximative, de plus en
plus précise, des diverses forces qui se combinent dans les jugements de valeur, détermination d'autant plus sûre, à l'occasion
de chacun d'eux, qu'elle sera appuyée par le rapprochement
d'un plus grand nombre de valeurs solidaires.

On a parfois tenté de mettre l'idée générale de la méthode
psychologique dans les sciences sociales en opposition avec le
renouvellement contemporain des méthodes de la science psy-

chologique proprement dite. En réalité, le rapprochement de
ces disciplines est loin d'établir entre elles une contradiction :
la psychologie scientifique tend à s'éclairer de tout le cortège
physique, physiologique des faits de conscience, trop longtemps
détachés de leur propre milieu; les sciences psychologiques ap-
pliquées tendent à rectifier une erreur inverse : ainsi, l'économie
politique ayant d'abord essayé d'expliquer l'enchaînement des
actes relatifs à la richesse comme une série de quantités, de rapports physiques, il était nécessaire de la compléter en y intro-
duisant l'élément négligé jusqu'alors, tenu tour à tour pour
insaisissable ou banal, c'est-à-dire l'aspect intérieur, caractéristique, proprement humain de l'activité.

Ce rapprochement met donc en relief non un contraste, mais
un phénomène de sympathie, d'interpénétration scientifique, il
souligne une préoccupation commune de contrôle des théories
par les faits, permet d'apprécier le rôle essentiel de l'observation intérieure qui reste, quelle que soit l'importance de ses
procédés auxiliaires, des moyens de contrôle accumulés autour
d'elle, la méthode caractéristique de la psychologie pure ou
appliquée, de la science qui a pour objet propre l'explication
des phénomènes psychiques comme des nombreuses sciences qui
s'attachent à l'étude des divers produits de l'esprit. En même
temps qu'elle poursuivait la réalisation d'une indépendance
plus complète de la discipline économique, l'économie psychologique s'est donc préoccupée de réagir contre l'isolement des
connaissances; c'est par un enrichissement réel des concepts, une rectification indispensable des points de vue, un
affermissement des bases positives de la science que ce mouvement a marqué son passage, affirmé son originalité.

La constatation essentielle qui doit être faite en terminant est
que les écoles psychologiques — et particulièrement le groupe
anglo-américain, — en mettant plus complètement en lumière
le côté humain des faits économiques, en soulignant l'interpénétration de la vie économique et de la vie morale, en accentuant l'indépendance nécessaire de la théorie à l'égard des
doctrines, se sont résolument placées dans le sens du progrès
scientifique.

INDEX ALPHABÉTIQUE

TABLE DES MATIÈRES

DEUXIÈME PARTIE. — Applications

Vu :

Montpellier, le 16 avril 1918.

*Le Doyen de la Faculté des Lettres
de l'Université de Montpellier,*

J. VIANEY.

Vu et permis d'imprimer :

Montpellier, le 18 avril 1918.

Pour le Recteur :

Le Vice-Président du Conseil de l'Université,

MAIRET.

Imprimerie de l'*Economiste Méridional*, 9, boulevard du Jeu-de-Paume, Montpellier.

www.ingramcontent.com/pod-product-compliance
Lightning Source LLC
Chambersburg PA
CBHW072005270326
41928CB00009B/1548